旅游城市

每个城市都包括城市解读、旅游片区、旅游资源三大板块。

旅游片区

每个城市划分为若干旅游片区，全面介绍，同时突出重要旅游点。

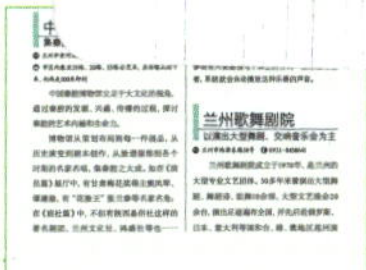

旅游景点

每个旅游景点包括介绍、攻略、链接等板块，力求景点收录全面。

旅游资讯

每个城市旅游资讯板块，包括交通、住宿、美食、购物、娱乐等内容。

印象宁夏 PP.400～401

图游宁夏 PP.398～399

如何使用本书

1 多角度解读

全书从地理、历史、文化等多个角度解读甘肃、宁夏。以主题地图、分类景观、精美图片等形式，力图给读者呈现出一个更直观、丰富的甘肃、宁夏。

主题地图 精美而实用的地图，是了解甘肃、宁夏的最好窗口。书中还有大量的区域旅游地图、景区导览图。

分色标签 每个城市都有一个特定的检索色，便于翻阅。

2 专题知识

对于认识甘肃、宁夏具有重要意义的关键词条，书中特设专题，图文并茂，让读者迅速读懂。

3 精华景点

三维立体图更深度地引导读者鉴赏那些特别重要的必游景点。

4 攻略

大部分景点配有地址、交通、门票、链接等丰富的实用攻略。

5 资讯

每个城市都包括交通、住宿、美食、购物、娱乐等资讯。

发现者旅行指南

甘肃·宁夏

（第2版）

北京·旅游教育出版社

目录
CONTENTS

地图目录

专题目录

发 现 者 旅 行 指 南
甘肃

手绘
甘肃

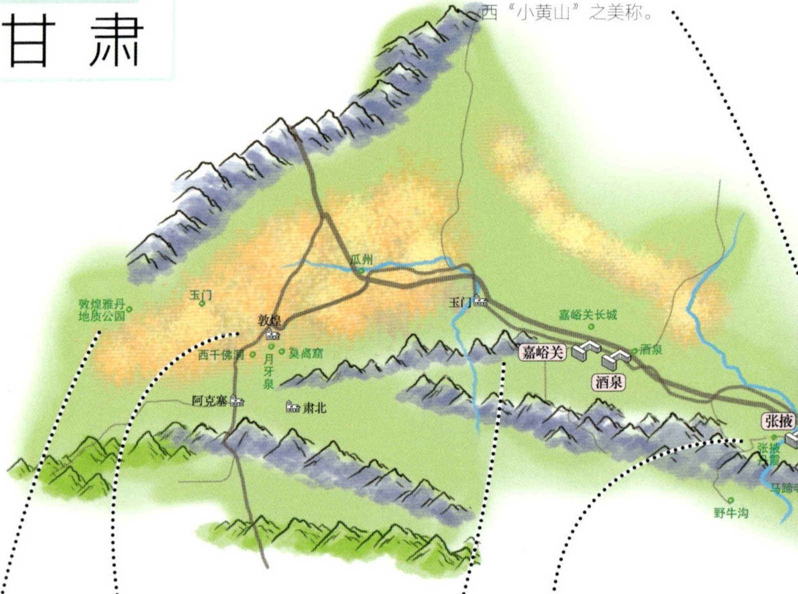

▶ **山丹焉支山**

为祁连山支脉，属自然风景区，风光秀丽，景色怡人，有河西“小黄山”之美称。

▶ **张掖丹霞**

彩色丘陵的独特地貌，十分壮观，被誉为“中国最美的七大丹霞”之一。

▶ **敦煌鸣沙山·月牙泉**

这里沙山与泉水共处，历来以“沙漠奇观”著称于世。

▶ **兴隆山**

境内两山对峙，一水中流，奇峰叠翠，飞泉流湍，素有“陇上名胜”之称。

▶ **七一冰川**

位于嘉峪关市西南的祁连山腹地，是整个亚洲地区距离城市最近的可游览冰川。

▶ **桑科草原**

水草丰茂，牛羊肥壮，是草原旅游、避暑和体验藏族游牧生活的绝美之地。

▶ **敦煌雅丹**

又称雅丹魔鬼城，其规模之大、形态之奇异，实属举世罕见。

▶ **冶力关**

地貌奇特、地形多样，林海苍茫、清溪潆洄。冶木河贯穿全区，自然景观秀美。

▶ **碌曲尕海湖**

为甘南草原第一大淡水湖，四周天然牧场广布，水草丰茂，珍禽遍布。

甘肃山水

▶ 吐鲁沟

地貌构造奇特的国家森林公园。沟中巨石崔嵬，林木葱茏，峰峦叠翠。

▶ 黄河三峡

分别为炳灵峡、刘家峡、盐锅峡。滔滔黄河穿境而过，两岸群峰景致令人惊叹。

▶ 麦积山

除闻名于世的石窟景观外，景点山奇林郁，溪石联映，素有“秦地林泉之冠”之美誉。

▶ 水帘洞

为拱形自然洞穴，雨季洞檐流水如注似帘，洞内人文遗迹相映生辉。

▶ 崆峒山

既有北国之雄，又兼南方之秀，自古就有“崆峒山色天下秀”之美誉。

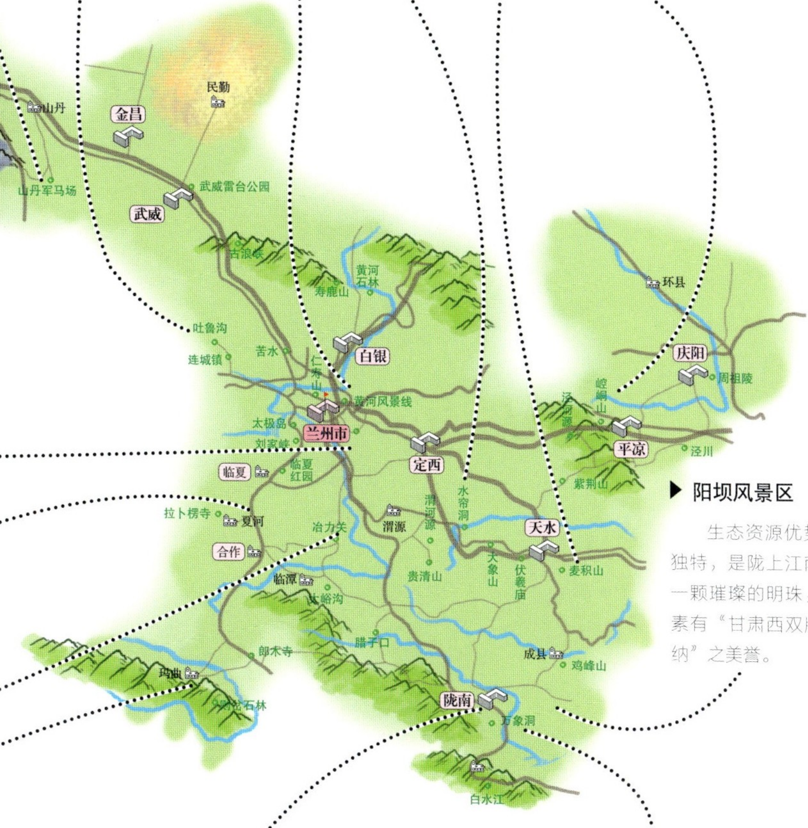

▶ 阳坝风景区

生态资源优势独特，是陇上江南一颗璀璨的明珠，素有“甘肃西双版纳”之美誉。

▶ 文县天池

中国四大天池之一，位于海拔2400余米的天魏山上，有一种“养在深闺人未识”的野趣。

▶ 万象洞

属典型的喀斯特地貌。洞中步移景异，宛如包罗万象的阆苑仙宫，被称为“华夏北方第一洞”。

手绘
甘 肃

▶ **张掖大佛寺**

寺内有中国最大的室内卧佛涅槃像，有“塞上名刹，佛国胜境”之称。

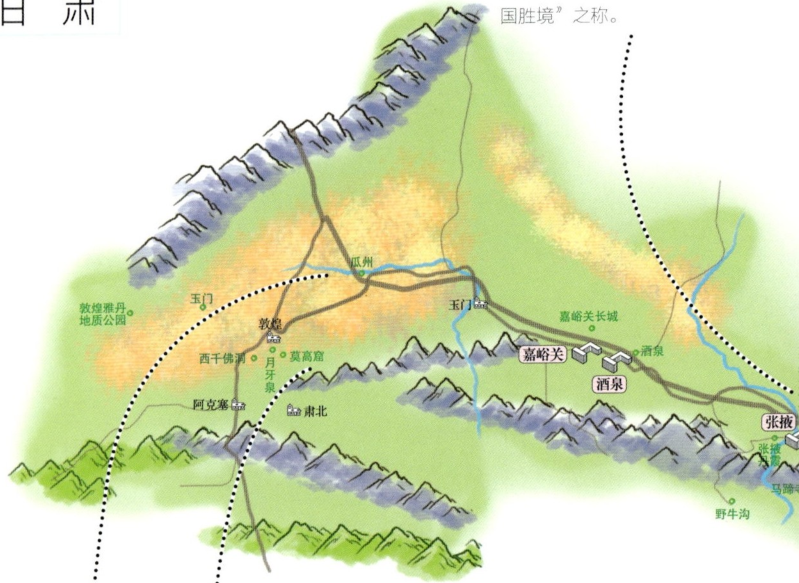

▶ **武威白塔寺**

甘肃古代最大的藏传佛教寺院，为藏传佛教凉州四寺之一。

▶ **安西榆林窟**

与莫高窟同为姊妹窟，因其河谷中遍生榆树而得名。

▶ **夏河拉卜楞寺**

世界最大的藏学学府、藏传佛教格鲁派六大宗主寺之一。

▶ **安多合作米拉日巴佛阁**

仅有的一座供奉藏传佛教各派宗师的高层藏式建筑名刹。

▶ **莫高窟**

俗称千佛洞，被誉为“东方罗浮宫”，以精美的壁画和塑像闻名于世。

▶ **碌曲县郎木寺**

素有东方“小瑞士”和香巴拉“小江南”美誉，是安多地区闻名遐迩的大寺院之一。

甘肃石窟和寺庙

▶ **山丹大佛寺**

始建于北魏，内设高35米的释迦牟尼讲经说法泥塑像一尊，为世界室内坐佛之最。

▶ **炳灵寺石窟**

窟内的北魏造像，内容丰富、形式多样，造像技巧大大超越了前代。

▶ **庆阳北石窟寺**

始建于北魏，石窟群规模宏大，被誉为“甘肃四大石窟”之一。

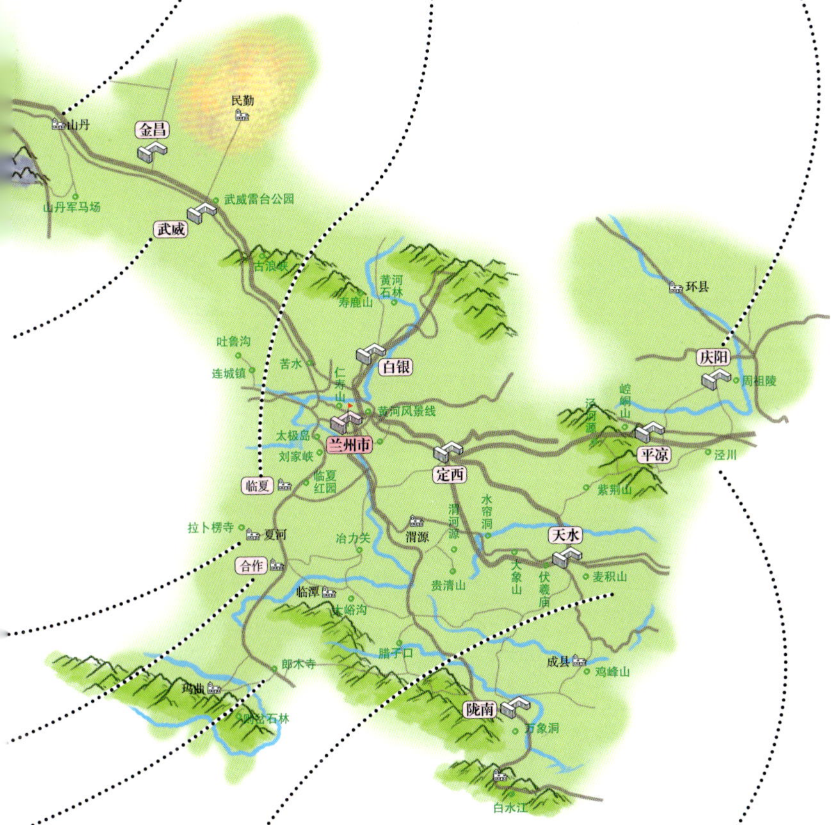

▶ **麦积山石窟**

为中国四大石窟之一，是闻名世界的艺术因山势不高，状如麦垛而得名。

▶ **泾川大云寺**

曾是武则天敕令珍藏《大云经》的皇家寺院。

手绘
甘 肃

甘肃段黄河

长达913千米的黄河甘肃段，共分为两段。黄河从青海玛多进入甘肃玛曲，走了个回弯，之后北上再次进入青海境内；然后回转在临夏再次进入甘肃境内；流经兰州、白银之后，进入宁夏境内。甘肃段黄河沿途分布着众多奇特的自然景观，更有着目不暇接的名胜古迹。各族群众在黄河的哺育下，创造出了独特的黄河上游民族风情和黄土高原民间艺术。

北
G2012
G2012
五佛寺
G6
景泰黄河石林
G70
G6
中卫市
G109
寺儿湾石窟
G6

丝绸之路是古代中国连接亚洲、非洲和欧洲的陆上商业贸易路线。在2014年第三十八届世界遗产大会上，中国与吉尔吉斯斯坦、哈萨克斯坦联合提交的“丝绸之路：长安—天山廊道的路网”成功入选联合国教科文组织《世界遗产名录》，成为首例跨国合作、成功申遗的项目。

你知道吗

自从西汉张骞通西域以后，中国和中亚及欧洲的商业往来迅速增加。通过这条贯穿亚欧的大道，中国的丝、绸、绫、缎、绢等丝制品，源源不断地运向中亚和欧洲。因此，希腊、罗马人称中国为“赛里斯国”，称中国人为“赛里斯人”。所谓“赛里斯”，即“丝绸”之意。19世纪末，德国地质学家李希霍芬将这条东西大道誉为“丝绸之路”。

丝绸之路三条线

北线：由西安（东汉时往东延伸至洛阳）沿渭河至宝鸡，过陇县，越六盘山、过固原和海原，沿祖厉河至靖远，渡黄河到武威。北线路程较短，沿途供给条件差，是早期的路线。

南线：由西安（东汉时由洛阳）沿渭河过陇关、天水、临洮、临夏，由永靖渡黄河，穿西宁，越偏都口至张掖。

中线：与南线在天水分道，过陇山至兰州，渡黄河，溯庄浪河，翻乌鞘岭至武威。南线补给条件虽好，但绕道较长。因此，中线后来成为主要干线。

南北中三线会合后，由张掖经酒泉、瓜州至敦煌。自玉门关、阳关入新疆后有北中南三道：北道也称新北道，西汉时期已经存在，隋唐以后其地位更加重要；中道在汉代的时候称为“北道”，途经的高昌、交河、轮台、龟兹、疏勒等城镇，是“丝绸之路”中道上的历史名城；南道曾是中国汉代出阳关通西域的交通要道，也是一条最早的国际交通大道。

丝绸之路的影响

丝绸之路跨越了亚欧大陆，是古代东西方文明与文化的融合、交流和对话之路，是人类历史上规模最大的文化线路。

申遗成功后，新的丝绸之路将极大地促进全球各种文明间的交流。更为重要的是，将提升沿线国家政府保护人类遗产的力度，形成一股保护文物的强大力量，使古丝绸之路再现勃勃生机。

手绘
甘肃

敦煌风光

“敦，大也；煌，盛也。”当年的敦煌是繁荣兴盛的丝路重镇，东西文化在这里碰撞交流，商旅如织，驼铃声声，繁荣一时。由于宋代以后海运开通，古丝绸之路渐趋衰落，明嘉靖七年（1528年）嘉峪关封闭，敦煌成为边塞游牧之地。

敦煌学：以敦煌遗书、敦煌石窟艺术、敦煌学理论为主，兼及敦煌史地为研究对象的一门学科。它是研究、发掘、整理和保护中国敦煌地区文物、文献的一门综合性学科。

莫高窟历史一瞥：莫高窟始建于东晋十六国时期，开凿历经千年，直到元朝结束，此后逐渐衰落荒废。1900年，道士王圆箓发现藏经洞——洞内藏有大量经卷、文书、织绣和画像等珍贵文物。然而，由于晚清政府腐败无能，洞内宝藏几乎被悉数盗往国外。

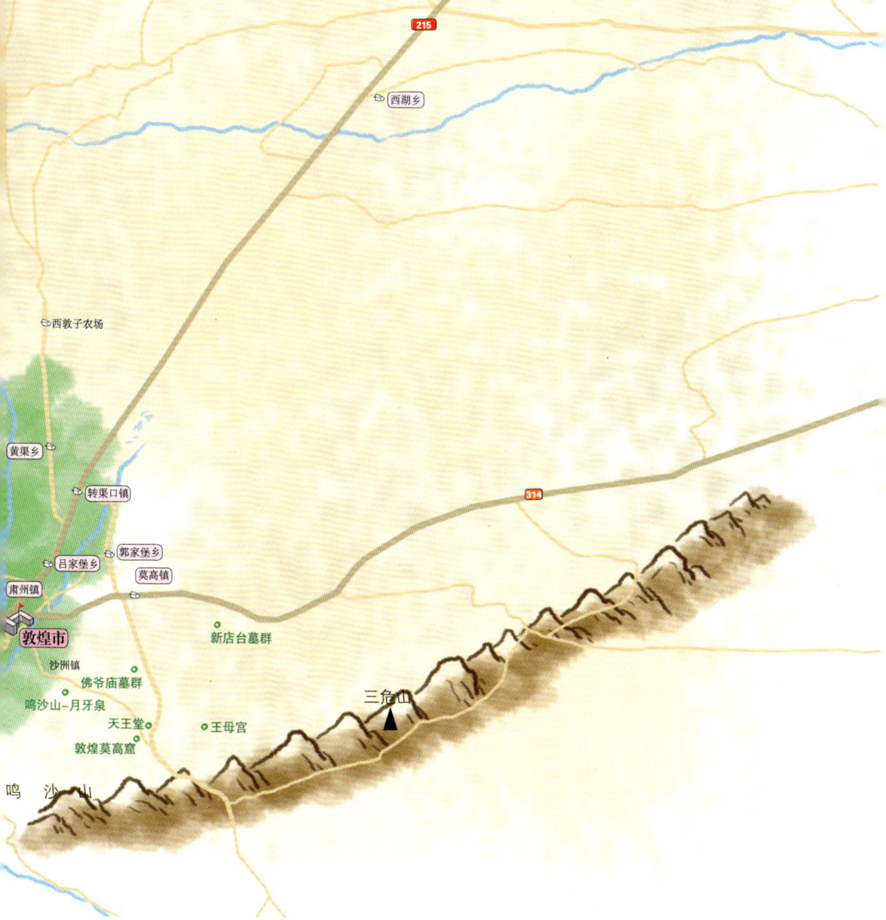

手绘
甘肃

北滨河西路
环行中路
南滨河西路
环行东路
广河路
合水北路
生产街
化工街
西固西路
蓝星公寓
兰苑建国宾馆
兰炼第三中学
合水南路
柳泉中学
兰州石化文化宫
兰炼二小
兰炼一中
西固公园

甘肃警察职业学校
九洲城
徐家山国家森林公园
凤凰台森林公园
五一山
文庙
白塔山公园
甘肃大剧院
体育公园
北滨河中路
南滨河中路
阿波罗大酒店
水车博览园
甘肃书院
甘肃省中医学校
小西湖
甘肃省政府
兰州市政府
七里河区图书馆
七里河体育场
兰州民俗中学
保利大厦
兰州西关清真大寺
兰州第二中学
锦江阳关酒店
庆阳路
西津东路
大清宫
中国友好国际大厦
比科新大厦
天银宾馆
兰州汽车南站
工林路清真大寺
明珠大厦
天主堂
亚欧大酒店
兴中大厦
兰州理工大学图书馆
大工大厦
金轮宾馆
兰山公园
兰州画院
五泉山

兰州城区
仁寿山公园
兰州植物园
兰州电力学校
地震博物馆
九州通西路
长风公园
甘肃政法学院
安宁东路
桃海商业广场步行街
西北师范大学
体育公园
王府饭店
建宁东路
建宁西路
黄河
北滨河西路
南滨河中路
兰州城市学院
百合公园
甘肃农业大学
银滩公园
火星街小学
水上公园
西部欢乐园
长信国际酒店
西津西路
怡园

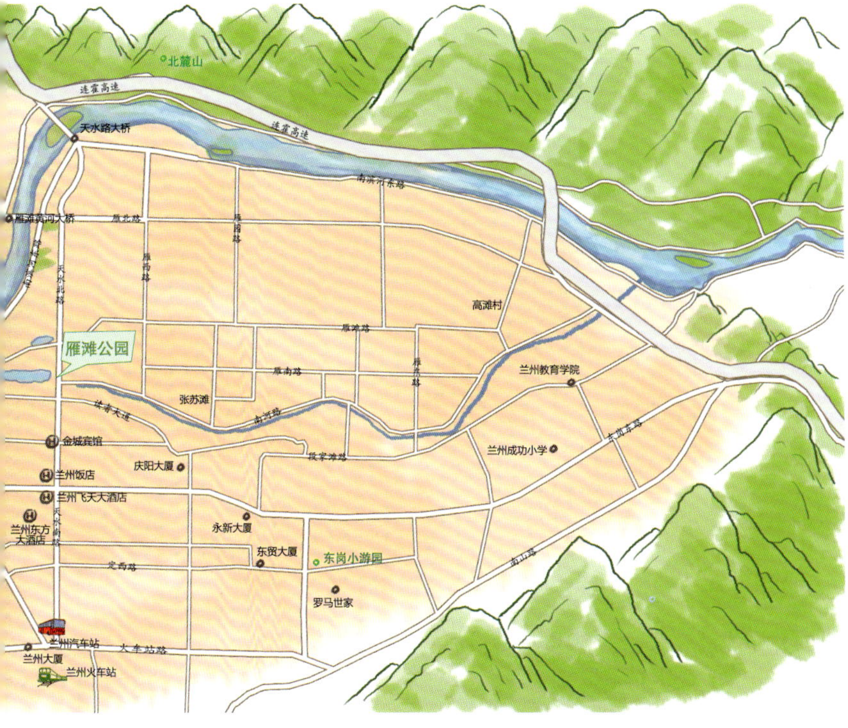
连霍高速
天水路大桥
南滨河东路
雁滩黄河大桥
雁北路
雁西路
高滩村
雁滩路
雁滩公园
雁南路
兰州教育学院
张苏滩
南河路
金城宾馆
段家滩路
兰州成功小学
庆阳大厦
兰州饭店
兰州飞天大酒店
兰州东方大酒店
永新大厦
东贸大厦
东岗小游园
定西路
南山路
罗马世家
兰州汽车站
火车站路
兰州大厦
兰州火车站

摄影
甘肃

古丝路上的悠悠驼铃

丝绸之路是一条有着2000年悠久历史的欧亚大陆通道，象征着古代文明的辉煌与梦想。这片神奇的土地孕育了神奇的文明。走进甘肃走廊，就是融入丝绸之路，就是踏进一条充满传奇色彩的历史长河。

佛教艺术的殿堂

甘肃是一座巨大的佛教艺术宝库，保留着古老辉煌的佛教文明。麦积山精美的石窟和莫高窟神奇的飞天，让这里散发着浓厚的文化气息。走进甘南，拉卜楞寺、郎木寺那浓厚的宗教氛围，让人的灵魂也得到净化。

摄影
甘肃

祁连山色美如画卷

蔚蓝的天空，碧绿的草地，洁白的雪山，悠闲的牛羊……这就是美丽的祁连山。它像一条美丽而纯洁的哈达围绕着脚下的土地和子民，威武却又不失高贵，圣洁而永恒，如女神一般屹立不倒。

黄河润泽的土地

黄河是华夏文明的摇篮。黄河自青海东流，进入甘肃。在长达913千米的黄河干流甘肃段上，形成了黄河玛曲第一弯的壮美奇观和刘家峡、八盘峡等高峡平湖。在甘肃境内的黄河流域，诞生了灿烂辉煌的大地湾、马家窑等彩陶文化和黄河农耕文明。

万里长城的尽头

长城，是中华民族用自己的勤劳智慧筑成的历史丰碑。它像一条巨龙，穿越戈壁，翻山越岭，蜿蜒东行。在河西走廊，“天下第一雄关”嘉峪关、长城第一墩、阳关、玉门关、汉长城等古长城遗存，已成为游人凭吊历史，体验“一步千年，一眼万里”的旅游名胜。

多彩的民族风情

甘肃是一个多民族的大家庭。古代东西方各民族沿着丝绸之路在这里杂居融合，在这片土地上世代耕耘。裕固族、东乡族、保安族是这片土地上独有的少数民族。走进甘肃，仿佛走进了一座民族大观园。

印象 甘肃

石窟文化

文殊寺石窟

文殊寺石窟群始建于东晋明帝太宁年间，经过魏晋时期的建设修缮，到唐宋时期达到鼎盛，声名远扬。

莫高窟

莫高窟始建于十六国的前秦时期，历经十六国、北朝、隋、唐、五代、西夏、元等历代的兴建，形成巨大的规模，是世界上现存规模最大、内容最丰富的佛教艺术圣地。

炳灵寺石窟

炳灵寺石窟，西晋初年开凿在黄河北岸大寺沟的峭壁之上，最早称为唐述窟——羌语“鬼窟”之意。

麦积山石窟

麦积山石窟，因该山状如堆积的麦垛而得名。据文献记载，后秦时开窟造像，创建佛寺，后经10多个朝代、1500多年的开凿重修，遂成为我国著名的大型石窟之一。

马蹄寺石窟

马蹄寺石窟是集石窟艺术、祁连山风光和裕固族风情于一身的旅游区。石窟由胜果寺、普光寺、千佛洞、金塔寺，以及上、中、下观音洞7处组成，共有70余处窟龛。

印象
甘肃

敦煌文化

月牙泉

鸣沙山—月牙泉风景名胜区，位于甘肃省敦煌市城南5千米处。古往今来，它以“山泉共处，沙水共生”的奇妙景观著称于世，被誉为“塞外风光之一绝”。

莫高窟

又名“千佛洞”，是我国三大石窟艺术宝库之一，被誉为20世纪最有价值的文化发现、“东方罗浮宫”。坐落在河西走廊西端的敦煌，以精美的壁画和塑像闻名于世。

飞天

飞天是甘肃敦煌莫高窟的名片，是敦煌艺术的标志，只要看到优美的飞天，人们就会想到敦煌莫高窟艺术。敦煌莫高窟492个洞窟中，几乎窟窟画有飞天，总计4500余身。

彩塑

敦煌彩塑技艺是甘肃古老的汉族传统雕塑工艺。彩塑是敦煌石窟的主体。敦煌彩塑历经北魏、西魏、隋、唐、宋、元、明、清代，目前尚存3000多身。敦煌保存古代彩塑之多、历时之长、技艺之精，为世界所罕见。

藏经洞

1900年6月22日，举世闻名的甘肃敦煌莫高窟藏经洞被发现。敦煌莫高窟下寺道士王圆箓在清理积沙时，无意中发现了藏经洞，并挖出了4至11世纪的佛教经卷、社会文书、刺绣、绢画、法器等文物5万余件。

玉门关

玉门关始置于汉武帝开通西域道路、设置河西四郡之时，因西域输入玉石时取道于此而得名。汉时为通往西域各地的门户，故址在今甘肃敦煌西北小方盘城。

印象
甘 肃

丝路风光

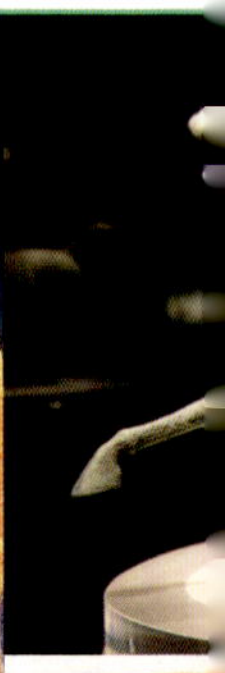

嘉峪雄关

嘉峪关，又被称为“天下第一雄关”。位于河西走廊的西端，是明长城西端的第一重关，也是古代丝绸之路的交通要冲。

甘肃彩陶

甘肃新石器时代文化以丰富的彩陶为特征，经仰韶、马家窑、齐家、四坝、辛店、沙井等文化，延续了5000多年，形成了一部完整的彩陶发展史。

《马踏飞燕》(武威天马)

《马踏飞燕》于1969年在甘肃武威擂台东汉墓中出土，创制于220年前后，高34.5厘米、长41厘米。造型生动，铸造精美，比例准确，四肢动势符合马的动作习性，令中外许多考古学家和艺术家叹为观止。

张掖丹霞

张掖丹霞不仅具有一般丹霞的奇、险，而且更美于色。在方圆10多平方千米的范围内，随处可见红、黄、橙、绿、白、青灰、灰黑、灰白等多种鲜艳的色彩，把无数的沟、山丘装点得绚丽多姿。

魏晋砖画

魏晋砖画位于甘肃嘉峪关市东北的魏晋古墓群中，约有700幅。这些壁画多一砖一画，或数块砖组成一幅连环画，被誉为巨大的“地下画廊”。

河西走廊

河西走廊是中国内地通往新疆的要道。东起乌鞘岭，西至古玉门关，南北介于南山（祁连山和阿尔金山）和北山（马鬃山、合黎山和龙首山）间，长约900千米，为西北至东南走向的狭长平地。

印象 甘肃

甘南景致

甘肃花儿

花儿是流行于甘肃、青海、宁夏等广大地区的一种山歌，是当地人民的口头文学形式之一。花儿曲调具有浓郁的抒情性。

郎木寺

郎木寺是一座小镇，在四川和甘肃两省的交界处，周围被草原、树林、山丘、红色的石崖围绕，环境优美，有“东方小瑞士”之称。

甘南藏戏

甘南藏戏藏语称“南木特”，即“传记”之意。它诞生于甘南藏族自治州，是从藏族民间舞蹈、民歌、僧歌演变而来的，现已传至四川甘孜、阿坝一带以及青海黄南自治州等方言区。

甘南草原

甘南草原是黄河首曲最大的一块生态湿地，也是河曲马、黑颈鹤、藏原羚和梅花鹿栖息的乐土。夏秋时节，这里草长莺飞、野花烂漫、蜂飞蝶舞，构成一幅美丽的画卷。

拉卜楞寺

拉卜楞寺的藏语全称为“噶丹夏珠达尔吉扎西益苏奇具琅”，意为“具喜讲修兴吉祥右旋寺”。它是藏传佛教格鲁派六大寺院之一，被誉为“世界藏学府”。

印象 甘肃

黄河风韵

黄河铁桥

黄河铁桥位于兰州城北的白塔山下、金城关前，有“天下黄河第一桥”之称，是兰州市内标志性建筑之一。

刘家峡

刘家峡水库位于黄河上游，是第一个五年计划期间，中国自己设计、自己施工、自己建造的大型水电工程，竣工于1974年。

水车

兰州水车又叫“天车”“灌车”“老虎车”，它历史悠久，外形奇特，是古代黄河沿岸最古老的提灌工具。如今兰州水车的制造工艺已列入国家非遗保护名录，从而使兰州水车重新焕发了生机。

《黄河母亲》雕塑

位于兰州市黄河南岸的《黄河母亲》雕塑，具有很高的艺术价值。它由甘肃著名的雕塑家何鄂女士创作，由“母亲”和 “男婴”构图组成，分别象征着生生不息的黄河母亲和茁壮成长的华夏子孙。

景泰石林

景泰黄河石林景区有着美丽的自然旅游资源。景区内群山环抱，环境幽静，空气清新，风景秀丽，集东西南北自然景色之大成，在全国实属罕见，在北方更是独树一帜。

印象
甘 肃

甘肃风物

兰州拉面

兰州拉面是中国十大面条之一，是甘肃省兰州地区的清真风味小吃。它以“汤镜者清，肉烂者香，面细者精”的独特风味，赢得了国内乃至全世界顾客的好评。

白兰瓜

又称“兰州蜜瓜”，一般重量为1.5～2千克。白兰瓜皮厚瓜甜，汁丰肉嫩，最早引自美国，后成为兰州特产。这种瓜不仅香甜可口，富有营养，还有清暑、解渴、开胃、利尿之功效。

临夏砖雕

临夏砖雕是和建筑物紧密结合的一种实用艺术，它成熟于明、清，到近代又吸收了绘画、木雕的艺术特色，使这一民间艺术形式更加完美，有着独特的艺术风采。

庆阳香包

庆阳香包又称“绌绌”，是甘肃庆阳的一种汉族民俗物品，是一种小巧玲珑、精致漂亮的刺绣品。按照剪纸的图样，在丝绸布料上用彩色的线绣出各种各样的图案，内芯填充上丝绵、香料，然后缝制成不同的造型。

夜光杯

甘肃酒泉的夜光杯是一种琢玉而成的名贵饮酒器皿。当把美酒置于杯中，放在月光下，杯中就会闪闪发亮，夜光杯由此而得名。而今，采用祁连山的老山玉、新山玉、河流玉精制的夜光杯，色彩绚丽，造型优美，玲珑剔透，早已远销海外。

保安腰刀

据《积石山县志》记载，聚居于大河家乡甘河滩村、梅坡村、大墩村及刘集乡高李村的保安族人民擅长打刀技术，所产刀具构造精巧、质量上乘、工艺自成一体，称为“保安腰刀”。

自驾甘肃

线路 1

陇西北
探寻丝路足迹之旅

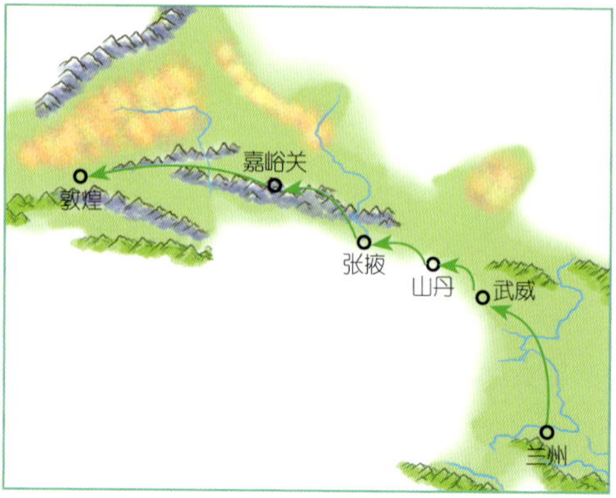

兰州 水车博览园

武威 文庙

山丹 山丹军马场

张掖 丹霞地质公园

嘉峪关 嘉峪关

敦煌 莫高窟

这条线路从省会兰州出发，一路向甘肃西北而行，沿途经过著名的自然景观张掖丹霞地貌、人文景观莫高窟。让我们在丹霞与石窟中沿着丝绸之路的足迹，一起去感受陇西北的豪迈与壮丽。

第一站 兰州。在兰州停留两天，游玩黄河大桥，感受黄河磅礴的水势，之后去看《黄河母亲》雕塑并游览水车博览园。另外，甘肃博物馆及白塔山公园也值得一玩。

第二站 武威。沿着 G30 行驶，抵达武威后先游览古老的天梯山石窟，进一步感受西北石窟文化的瑰丽浩瀚，之后游览凉州四寺之一的白塔寺以及古色古香的武威文庙。

第三站 山丹。顺着连霍高速前往山丹，抵达后先参观山丹大佛寺的雄伟壮丽，之后前往山丹军马场骑马飞扬，纵横奔驰，享受自由的快乐。

第四站 张掖。沿 G312 前往张掖，首先去丹霞地质公园，之后游览张掖的马蹄寺。地质公园的悬崖、山峦呈现出鲜艳的丹红色，色彩斑斓、气势磅礴。

第五站 嘉峪关。为明代万里长城的西端起点，主要景点包括城楼、关城、游击将军府等，其余景点散落在嘉峪关市郊，如悬壁长城、长城第一墩等。

第六站 敦煌。来到敦煌先去莫高窟，欣赏那里规模浩大的石窟和壁画艺术；之后游览鸣沙山–月牙泉景区，那里沧桑、辽阔、寂静的美景一定会让人陶醉。此外，“春风不度”的玉门关、沧桑的雅丹地质公园也不容错过。

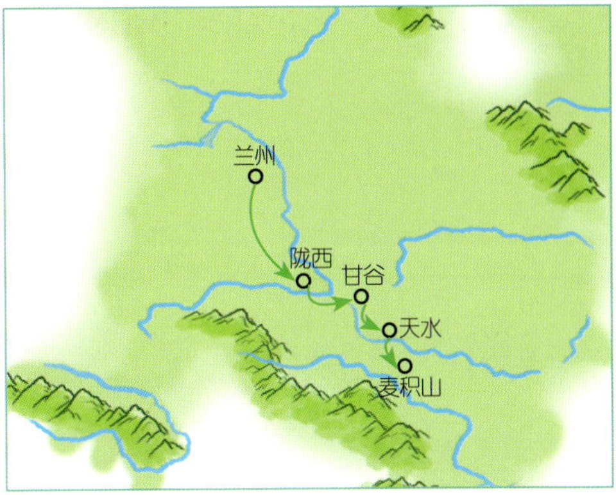

线路 2

陇东南
领略历史文化之旅

兰州 黄河铁桥

陇西 仁寿山公园

甘谷 大象山石窟

天水 伏羲庙

麦积山 麦积山石窟

这一条线路向甘肃东南方行进，由兰州到天水，中途经过陇西、甘谷两县，一路上的大象山石窟、伏羲庙、麦积山石窟都值得一玩。

第一天 兰州。上午游黄河铁桥，俯瞰滔滔江水；下午游白塔山公园——位于黄河铁桥附近，以山顶的古老白塔最为著名，山间还有多座宫殿式的建筑；傍晚时，可以前往张掖路步行街吃饭、购物。

第二天 兰州。上午参观兰州博物馆，欣赏里面珍贵的国宝《马踏飞燕》铜像和《驿使图画》砖；下午去《黄河母亲》塑像前拍照，之后还可以去兰州文庙逛一逛。

第三天 陇西。驾车沿 G22 前往陇西县停留半天，游玩陇西县的仁寿山公园。仁寿山公园树木葱茏、殿堂林立、凉亭巧布，是游人踏青游览、逢节聚会的旅游胜地。

第四天 甘谷。驾车沿 G30 前往甘谷县。它是古丝绸之路上甘肃东南部融石窟和古建为一体的重要文化遗存之一。这里的大象山石窟窟龛相连，巍峨壮观，实在不容错过。

第五天 天水。驾车沿 G30 抵达天水市，先游览天水伏羲庙。它是目前我国规模最宏大、保存最完整的纪念上古“三皇”之一伏羲氏的明代建筑群。游览伏羲庙，可以进一步感受上古文化。

第六天 麦积山。驾车前往麦积镇，游览麦积山石窟。麦积山周围风景秀丽，在中国的著名石窟中，自然景色最佳，素有“小江南”的美誉。

自驾甘肃

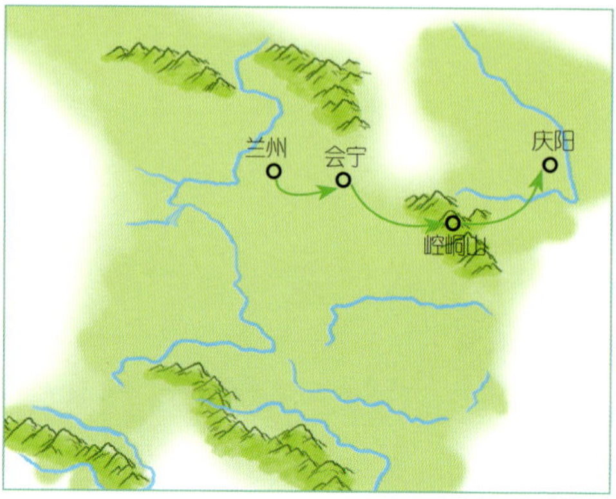

线路 3

陇东
游访自然山水之旅

兰州 黄河

这一站由兰州出发前往甘肃东部，途经会宁、崆峒山、庆阳等地。会宁自古以来就是交通要道，素有“秦陇锁钥”之称；崆峒山是道教圣地，清幽灵静；庆阳境内有著名的北石窟寺，还有号称“华夏公刘第一庙”的公刘殿。

会宁 红军会宁会师旧址

第一站 兰州。来到黄河水奔腾不息、牛肉面日夜飘香的魅力“金城”，先游黄河铁桥看黄河水的波涛翻涌，之后游览《黄河母亲》雕塑、西关清真大寺等旅游地，期间吃牛肉拉面、坐羊皮筏子，进一步感受西北黄河文化的独特魅力。

崆峒山 崆峒山

第二站 会宁。从兰州出发沿青兰高速驶向会宁。会宁历史悠久，中国工农红军三大主力曾在会宁胜利会师，所以来到这里一定要游览红军会宁会师旧址。景区内有纪念馆、陈列馆、革命文物等，是缅怀革命先烈、了解长征史诗故事的红色旅游圣地。

庆阳 北石窟寺

第三站 崆峒山。沿着 G22 前往崆峒山，那里是道教圣地，也是天然的动植物王国。景区峰峦雄峙，危崖耸立，似鬼斧神工；林海浩瀚，烟笼雾锁，如缥缈仙境；高峡平湖，水天一色，有漓江神韵。

第四站 庆阳。沿青兰高速前往庆阳市，游览北石窟寺。它是甘肃四大石窟之一。石窟背靠青山，面对碧流，有大小雕像 2126 尊，窟龛密集，形如蜂房，是陇东地区内容最为丰富的石窟。之后可以游玩周祖陵森林公园及南梁革命纪念馆等地。

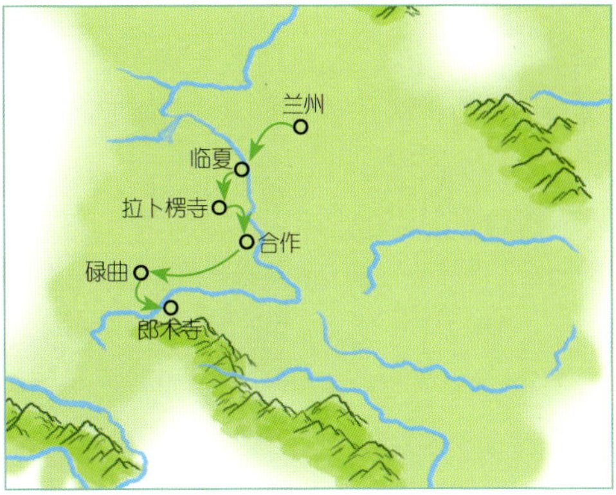

线路 4

陇南
甘南草原自然之旅

兰州 西关清真大寺

临夏 刘家峡

拉卜楞寺 拉卜楞寺

合作 当周草原风景区

碌曲 尕海湖

郎木寺 郎木寺

这条线路去往甘南，那是一片自然圣洁之地。沿途有回族的清真寺、藏族的寺庙，以及壮美的山川、美丽的草原与湖泊，可尽情感受纯净自然的魅力。

第一站 兰州。游览西关清真大寺，它由穆斯林客商建于明朝洪武年间，具有鲜明的阿拉伯伊斯兰风格。之后可游览五泉山公园、大众巷、兴隆山等地。

第二站 临夏。沿 G213 向西行驶，抵达临夏永靖县的刘家峡景区，游览刘家峡水电站、炳灵寺石窟、太极岛、刘家峡水库等景点。刘家峡水库地处高原峡谷，被誉为“高原明珠”，景色壮观。

第三站 拉卜楞寺。沿兰郎高速公路驶向夏河县，游览拉卜楞寺。它是我国藏传佛教格鲁派六大寺院之一，由一组具有藏族特色的宏伟建筑群组成，蔚为壮观。

第四站 合作。沿 S2 前往合作，游当周草原风景区。景区内绿草连天，天高云淡，地势平缓开阔，可以感受到浓郁的草原风情。

第五站 碌曲。沿 G213 前往碌曲县，这里历史上被泛指为“羌中”。境内的尕海湖清澈美丽，波光荡漾。另外，则岔石林也值得一逛。

第六站 郎木寺。它是一座小镇，周围被草原、树林、山丘、红色的石崖围绕，环境优美。镇上有两座历史悠久的藏传佛教寺院，寺院之间有一条白龙江，景色十分美丽。

解读甘肃

地理

黄河

面积和区划

甘肃省简称“甘”，古属雍州。地处黄河上游，东接陕西，南控巴蜀、青海，西倚新疆，北扼内蒙古、宁夏，是古丝绸之路的锁匙之地和黄金路段。全省东西蜿蜒1600多千米，总面积约45万平方千米。

甘肃省现辖兰州、白银、定西、天水、陇南、平凉、庆阳、武威、金昌、张掖、嘉峪关、酒泉12个地级市和临夏回族自治州、甘南藏族自治州2个自治州。省会兰州。甘肃有张掖、武威、天水、敦煌（县级）4个国家历史文化名城。

人口和民族

截至2018年末，甘肃省常住人口约为2637万。其中，城镇人口约1257万，占总人口的47.69%。

甘肃是一个多民族聚居的地区，现有54个少数民族分布，少数民族总人口255万。世居甘肃的少数民族有回、藏、东乡、土、裕固、保安、蒙古、撒拉、哈萨克、满等16个，其中东乡族、裕固族、保安族为甘肃的独有民族。甘肃省内现有甘南、临夏两个民族自治州，有天祝、肃南、肃北、阿克塞、东乡、积石山、张家川7个民族自治县，有39个民族乡。

甘肃省的方言主要有秦陇方言、陇中方言、关中方言等，不过在城市中普通话已经基本普及。在方言地区，只要注意听，一般的方言基本都能听懂，不会遇到太大的语言障碍。

地形

甘肃地貌复杂多样，有山地、高原、平川、河谷、沙漠、戈

丹霞地貌

壁，类型齐全，交错分布，地势自西南向东北倾斜。地形呈狭长状，东西长1655千米，南北宽530千米。甘肃大致可分为陇南山地、陇中黄土高原、甘南高原、河西走廊、祁连山地、河西走廊以北地带六大地形区域。

甘肃省水资源主要分属黄河、长江、内陆河3个流域、10个水系。黄河流域有洮河、湟水、黄河干流、渭河、泾河5个水系；长江流域有嘉陵江水系；内陆河流域有石羊河、黑河、党河、疏勒河（含苏干湖水系）4个水系。

气候

甘肃位于西北内陆，海洋温湿气流不易到达，成雨机会少，大部分地区气候干燥，属大陆性很强的温带季风气候。冬季寒冷漫长，春夏界限不分明。夏季短促、气温高，秋季降温快。省内年平均气温8℃。各地海拔不同，气温差别较大；日照充足，日温差大。

全省各地年降水量36.6~734.9毫米，大致从东南向西北递减：乌鞘岭以西降水明显减少，陇南山区和祁连山东段降水偏多。受季风影响，降水多集中在6~8月，这3个月的降水占全年降水量的50%~70%。

由于身处西北内陆，紫外线强，气候干燥，早晚温差大，因此到甘肃旅游要做好防晒、防干燥等工作，还要准备稍厚一些的衣物以备不时之需。

黄河流过的热土

甘肃地域狭长，丝绸古道横贯东西，黄河从这片古老的土地上流过，为这里留下了悠久古老的历史和梦幻迷人的自然景观。

黄河在甘肃省共流经兰州、白银两市和临夏、甘南两州。兰州是全国唯一一个黄河穿城而过的城区，人们逐水而居，在这里留下了黄河水车等人文景观；白银的景泰黄河石林威武神秘，吸引着众多的游人前来一探究竟；临夏州的黄河三峡如同上帝的神笔，书写着“高峡出平湖”的奇观；甘南的玛曲县是唯一一个以黄河命名的县（玛曲的意思即为黄河），天下黄河第一弯就静静地躺在这片土地上……

黄河像一位慈母，千百年来无私地哺育着甘肃这片贫瘠的土地，于是兰州人在黄河岸边修建了《黄河母亲》雕塑，以感恩黄河。《黄河母亲》已经成为兰州的标志，是每一个到甘肃旅游的人不可错过的景观。

绵延千里的河西走廊

甘肃的河西走廊，到处充满着大自然

的神奇诱惑：这里大漠连绵，戈壁茫茫，沙脊如刀，跌宕起伏。置身于绵延千里的河西走廊，不时会见到“海市蜃楼”一样的沙海幻影。

河西走廊是中国内地通往新疆的要道，东起乌鞘岭，西至古玉门关，南北介于南山（祁连山和阿尔金山）和北山（马鬃山、合黎山和龙首山）间，为西北—东南走向的狭长平地，形如走廊，因位于黄河以西，又称河西走廊。

河西走廊斜卧于祁连山以北，地势平坦，其周围由山区河流搬运下来的物质堆积于山前，形成相互毗连的山前倾斜平原。这里的莽莽戈壁之中隐藏着无数不为人知的美景。敦煌雅丹国家地质公园风蚀地貌千奇百怪，凝固着大自然与岁月的痕迹。鸣沙山沙丘连绵起伏，可以骑着骆驼，在阵阵驼铃声中进入沙海深处，去寻找一片净土；也可以赤足爬上沙丘，顺坡滑下，体验滑沙的乐趣。鸣沙山沙岭环抱中的月牙泉，形如月牙儿，千古不竭，成为沙漠奇观。

在敦煌一带的茫茫沙漠里，还掩藏着众多的古城遗迹，阳关、玉门关、河仓故城、寿昌故城这些大名鼎鼎的历史胜地，就分布在这片古老的土地上。

如诗如画的祁连山

祁连山绵延在青海和甘肃的边界上，早在秦汉以前就已载入文献。汉朝时，名将霍去病马踏祁连，终将匈奴势力逐出河西，当

河西走廊

河西走廊历代均为中国东部通往西域的咽喉要道。汉唐以来，成为古代丝绸之路的一部分。15世纪以后，渐次衰落。

河西走廊又被称为“西北粮仓”。这里水草丰美，物产丰富，这一切都是靠祁连山积雪和冰川的融水滋养、灌溉而“造就”的。

河西走廊作为古丝路的枢纽路段，连接着亚非欧三大洲的物资贸易与文化交流。

河西走廊的文物品类极其丰富，艺术成就很高，文物价值突出，简牍、彩陶、壁画、岩画、雕塑、古城遗址等，各具特色，交相辉映。

从兰州出发，过乌鞘岭，便正式进入河西走廊。自东南往西北，河西走廊依次经过武威、金昌、张掖、酒泉、嘉峪关5市，西端一直延伸到玉门关附近。

时匈奴人不禁哀叹："失我祁连山，使我六畜不蕃息；夺我焉支山，令我妇女无颜色。"

祁连山是由一系列平行排列的山岭和谷地组成的，海拔300~5000米，主峰海拔5547米。祁连山下是优良的牧场，这里到处是漫山遍野的草地和数不清的牛羊。草色青葱碧绿，沿着缓缓倾斜的小山丘直上云霄；原野上五颜六色的鲜花怒放；小溪水潺潺流过，把大草原切割成一块块的；朝远处看，高达几千米的山峰屹立，山顶白雪皑皑。

祁连山上的七一冰川距嘉峪关市116千米，是亚洲距离城市最近的冰川。冰川远望似银河倒挂，白练垂悬；近看则冰舌斜伸，神秘莫测。透明梦柯冰川位于肃北蒙古族自治县境内的大雪山中，被《中国国家地理》杂志评为"中国最美的冰川之一"，是祁连山区最大的山谷冰川。

甘肃的自然景观

国家级自然保护区

兴隆山国家级自然保护区
祁连山国家级自然保护区
敦煌西湖国家级自然保护区
安西极旱荒漠国家级自然保护区
民勤连古城国家级自然保护区
白水江国家级自然保护区
莲花山国家级自然保护区
尕海—则岔国家级自然保护区
太统—崆峒山国家级自然保护区
连城国家级自然保护区
小陇山国家级自然保护区
盐池湾国家级自然保护区
安南坝野骆驼国家级自然保护区
太子山国家级自然保护区
洮河国家级自然保护区
敦煌阳关国家级自然保护区
漳县珍稀水生动物国家级自然保护区
张掖黑河湿地国家级自然保护区
黄河首曲国家级自然保护区
多儿国家级自然保护区

国家地质公园

敦煌雅丹国家地质公园
刘家峡恐龙国家地质公园
景泰黄河石林国家地质公园
平凉崆峒山国家地质公园
和政古生物化石国家地质公园
天水麦积山国家地质公园
张掖丹霞国家地质公园
炳灵丹霞地貌国家地质公园
宕昌官鹅沟国家地质公园
临潭冶力关国家地质公园

国家森林公园

吐鲁沟国家森林公园
石佛沟国家森林公园
松鸣岩国家森林公园
云崖寺国家森林公园
徐家山国家森林公园
贵清山国家森林公园
麦积国家森林公园
鸡峰山国家森林公园
渭河源国家森林公园
天祝三峡国家森林公园
冶力关国家森林公园
沙滩国家森林公园
官鹅沟国家森林公园
大峪国家森林公园
腊子口国家森林公园
文县天池国家森林公园
莲花山国家森林公园
寿鹿山国家森林公园
周祖陵国家森林公园
小陇山国家森林公园
大峡沟国家森林公园

历　史

丝绸之路骆驼队伍

丝绸古道的繁华

梵宫佛刹、瀚海金沙、古道驼铃……神奇的丝绸之路是世界史上的一条重要通道。位于丝绸之路黄金路段的甘肃，是历史上东西方政治、经济、文化交流的大动脉，留下了丰厚的历史宝藏。

丝绸之路以西汉都城长安（今西安）为起点，跨越陇山山脉，穿过河西走廊，通过玉门关和阳关，抵达新疆，并最终延伸至非洲和欧洲。丝绸之路兴盛于西汉时期。汉武帝在位期间，张骞奉命出使西域，为丝绸之路的开辟奠定基础。东汉时，班超又奉命出使西域，在31年的时间里，走遍西域50多个国家，为西域回归、民族融合作出了巨大贡献。

丝绸是古代中国沿商路输出的代表性商品，其他流转于丝绸之路上的商品还有茶叶、皮毛、玉石、珠宝、香料等。隋唐时期，丝路空前繁荣，胡商云集京师长安，定居者数以万计。唐代中叶，战乱非常频繁，丝路被阻，规模远不如前，海上丝路逐渐取而代之。

敦煌是古丝绸之路上的重镇，在古代的国际贸易、文化交流中起着不可替代的重要作用。汉武帝战胜匈奴，统一河西后，揭开了敦煌辉煌史的第一页。丝绸之路的开通和西汉政府的移民政策，为敦煌的繁荣昌盛奠定了基础，其逐渐发展成为西北军政中心和文化商业重地。著名的敦煌莫高窟在这一时期也经历了大规模的开凿。

今天，走进丝绸之路，可以重踏久远的驼铃古道，追寻人类文明的印迹；可以步入艺术荟萃的梵宫佛刹，欣赏精美绝伦的古代壁画和珍贵文物；也可以尽情欣赏连绵的雪山、奔涌的大河、广袤的大漠、丰饶的绿洲和“大漠孤烟直，长河落日圆”的边塞美景。

历史大事记

商周时期

商代时，居于今甘肃泾河、陕西渭河流域尚处于氏族部落阶段的周朝的祖先周部落，改善耕作，开拓了我国最早的农业。

西周时，秦人的祖先在省境东部，即今天水地区定居下来，筑城建邑。

秦汉时期

公元前688年，秦国设邽县（今天水麦积区南）、冀县（今甘谷县），这是甘肃历史上建立最早的2个县。

汉武帝时期，先后置武威、酒泉、张掖、敦煌组成河西4郡。西汉张骞和东汉班超先后出使西域，促进了东西文化和贸易交流，著名的丝绸之路开始兴盛。

汉匈百年大战

汉匈百年战争又称汉匈战争，是指西汉武帝时期对匈奴的一系列战役，先后历经130余年。这一时期，汉朝政府对匈奴既采取和亲政策，又实行战争政策。

西汉初年，刘汉王朝刚刚建立，国库空虚，而此时北方匈奴却日益强大起来，不断发兵南下抢掠骚扰。这一时期，西汉对匈奴的态度以和亲为主。

汉武帝时期，经过汉初70余年的休养生息，社会经济获得了很大发展，国家富足，军事力量也强大起来，于是，汉武帝废和亲政策，集中力量对匈奴进行军事打击。汉军与匈奴多次交战，最关键的战役主要有三次。第一次为元朔二年（前127年），卫青横扫河套南部直至陇西；第二次为元狩二年（前121年），霍去病等人两次由陇西、北地出击匈奴各部，深入河西走廊，大败匈奴；第三次为元狩四年（前119年），卫青、霍去病率10万精骑及数十万步兵穿越沙漠寻歼匈奴主力，此战后，近百年的匈奴边患问题基本解除。

然而，汉匈真正的战事一直延续了300年之久。直到东汉永元三年（91年），大将军窦宪、耿秉深入瀚海沙漠大破匈奴，才彻底解决汉朝历时300年的匈奴之患。

嘉峪关的沧桑往事

嘉峪关所在地是甘肃省西部的河西走廊最西一处隘口，古丝绸之路到了嘉峪山隘口处，狭谷穿山，危坡逼道，非常险要。

嘉峪关关城城楼

古代的西域包括天山以南的新疆南部和东部，这里有许多在绿洲上发展的“城邦”，对内地汉族政权时附时叛。到明代，东部的吐鲁番日渐强大，常引兵进犯河西走廊各城，嘉峪山隘口为必经之地。

明洪武五年（1372年），宋国公、征虏大将军冯胜在班师凯旋途中，选址在嘉峪塬西麓建关。自嘉峪关建成后，这里便为西部国防重地，对保障河西地区的安全起着重要作用。明代，政府军和吐鲁番兵曾数次在嘉峪关作战。

清代，林则徐因禁烟获罪，被贬新疆，路经嘉峪关，见关城如此雄伟，写诗赞道：“除是卢龙山海险，东南谁比此关雄。”从此，嘉峪关便被称为“天下第一雄关”。

神秘的西夏王朝

西夏是我国历史上一个短暂而辉煌的王朝，在长达190年的时间内，曾先后与同时

隋唐时期

隋炀帝大业三年（607年），改州为郡，以郡统县，并分郡为上、中、下三等，甘肃省境共设16郡、76县。
唐贞元以后，唐朝政府悉调西北戎军平定“安史之乱”。汉唐以来成为东西交通咽喉之地的河西走廊空虚，吐蕃乘机占领河西。

宋元时期

11世纪初叶，党项族西夏（1038—1227年）崛起，于宋仁宗明道元年建国，都兴庆府（今宁夏回族自治区银川市），辖区有22州，其中在甘肃境内的有甘、凉、肃、瓜、沙、会6州。西夏后为蒙古所灭。
元世祖至元十八年（1281年），甘肃正式设省，称“甘肃等处行中书省”，简称甘肃行省，治所在甘州（今张掖市）。

西夏王陵

代的宋、辽、金相抗衡，创造了独特的民族辉煌。不幸的是，它最终也没能逃脱“其兴也勃焉”“其亡也忽焉”的历史宿命，在蒙古大军的铁蹄下，这个王朝连同它的辉煌与梦想，统统湮没在历史的烟云中。

西夏王朝的缔造者党项羌族原居于黄河河曲一带，北朝末年逐渐强盛。唐初，党项人开始了长达百年的大迁徙，他们先是到甘肃庆阳，后其中一部分再次迁到陕北米脂、横山一带定居，其中以拓跋氏势力最强。唐末，社会动乱，党项首领拓跋思恭率部参战平定农民起义，因作战有功而升任夏州节度使，封夏国公。五代时期，中原分裂，党项人借机不断扩张自己的势力。

1036年，李元昊击败河西回鹘，把势力一直扩大到敦煌一带。此时，西夏领土东至黄河，西界玉门，南接萧关，北控大漠，雄踞塞上。1038年，李元昊在兴庆府（今银川）称帝，建立西夏国。

1227年，蒙古大军包围夏都，西夏最终因弹尽粮绝，于1227年6月举城投降。处于战争癫狂状态的蒙古大军，对西夏实施了灭绝性的摧毁，他们不但血洗都城，将宫殿、史册付之一炬，而且还将贺兰山下的皇家陵园

人文始祖伏羲氏

伏羲生于陇西成纪（今甘肃天水）。传说中的中华民族人文始祖、中国古籍中记载的最早的王、中国医药鼻祖之一。伏羲为华夏太古三皇之天皇，与女娲同被尊为人类始祖。据中国神话传说，伏羲与女娲一样，有龙身人首、蛇身人首的特征，因而被后人称为龙祖。

伏羲氏像

人物档案

中 文 名：伏羲

别　　名：宓羲、庖牺、皇羲、太昊、伏牺

民　　族：汉族

出生日期：农历三月十八

人物成就：中华民族人文始祖之一

其他作品：八卦

明清时期

明太祖洪武二年（1369年），置陕西等处行中书省（辖甘肃）。

明清时期

清康熙六年（1667年），改陕西右布政使司为巩昌布政使司。次年，又改巩昌布政使司为甘肃布政使司，同时将治所从巩昌移至兰州。

清乾隆二十九年（1764年），裁甘肃巡抚（原驻宁夏，1648年迁至兰州），以陕北总督行巡抚事，并迁陕甘总督署至兰州。

毁盗殆尽。西夏这一短暂而辉煌的王国瞬间消失，退出了历史舞台。

人物简介

神秘出生

上古时代有个叫“华胥氏”的姑娘，偶尔看到一个巨大的脚印，便好奇地踩了一下，之后就有了身孕，并在怀孕12年后生下一个人头蛇身的儿子，取名为伏羲。

统一部落

伏羲团结统一了华夏各个部落，定都于陈地，并创立了中华民族的图腾——龙，龙的传人也由此而来。

龙图腾

为民造福

伏羲统一部落后，发明了文字，结束了“结绳记事”的历史，并教会了人们捕鸟渔猎、驯养家畜、烹饪食物，始造书契以及发明陶埙、琴瑟乐器等。

陶埙

发明八卦

伏羲根据天地间阴阳变化之理，创造了八卦，因而被尊称为八卦祖师。

八卦

永垂史册

伏羲为华夏民族的繁衍生息作出了巨大的贡献，同时留下了大量有关他的神话传说。

伏羲岩画

红色革命圣地

甘肃是一片洒满革命先烈鲜血的土地，是陕甘边革命根据地的重要组成部分、中国工农红军三大主力长征的主要途经地和会师地。全省现存有革命遗址720处，15处全国红色旅游景点景区。这些革命遗址和红色景区所积淀的革命精神、理想信念、思想情怀是中国革命史上的宝贵财富。

1935年6月，中央红军与红四方面军在四川懋功会师。由于张国焘推行分裂路线，两军会合后旋即分开，红四方面军南下，中央红军单独北上。1936年10月10日，红一、红四方面军经历了艰苦卓绝的战斗洗礼后，在甘肃会宁胜利会师，标志着长征的胜利结束。今天，甘肃境内还留存着众多红军长征时期的遗址，如哈达铺、界石铺、腊子口战役遗址等。

甘肃的另一段红色历史属于西路军。西路军是指1936年10月会宁会师后，红四方面军主力2.18万人（占当时红军总数的2/5），遵照中共中央之命令西渡黄河作战的部队。在河西走廊，西路军孤军奋战，由于兵力悬殊，最后粮绝弹尽，几乎全军覆没，在中国革命战争史上写下了悲壮的篇章。今天的西路军高台纪念馆、梨园口战役纪念馆、永昌西路军指挥部、古浪西路军烈士陵园等遗址，向人们展示了那段悲壮的历史。

近现代时期

1932年3月，正宁县建立了甘肃省第一个工农民主政权。同年，成立了中共甘宁青特委。

近现代时期

1987年12月，第十一届世界遗产大会上，敦煌莫高窟和万里长城—嘉峪关被列入《世界遗产名录》。

2014年6月，第三十八届世界遗产大会上，中、哈、吉三国联合申报的“丝绸之路：长安—天山廊道的路网”被列入《世界遗产名录》，甘肃省麦积山石窟、炳灵寺石窟、锁阳城遗址、悬泉置遗址和玉门关遗址5处入选。

国宝文物《马踏飞燕》

《马踏飞燕》为东汉青铜器，出土于甘肃武威东汉时期军事长官张某及其妻子的合葬墓中。1983年10月，《马踏飞燕》被国家旅游局确定为我国的旅游标志。1986年，《马踏飞燕》被定为国宝级文物。

文物档案

中 文 名：《马踏飞燕》
又　 名：《马超龙雀》《铜奔马》《马踏飞隼》等
制成时间：东汉
出土时间：1969年10月
出土地点：甘肃省武威市雷台汉墓
重　 量：7.15千克
馆 藏 点：甘肃省博物馆

马头顶花缨微扬，昂首扬尾，尾打飘结，三足腾空。

铜马昂首嘶鸣，躯干壮实而四肢修长，腿蹄轻捷，飞驰向前。

铜马右后蹄踏一飞燕，飞燕展翅，惊愕回首。

铜马作于220年前后，高34.5厘米、长41厘米。自出土以来，一直被视为中国古代高超铸造工艺的象征。

铜马造型生动，铸造精美，比例准确，四肢动势符合马的动作习性，令人叹为观止。

中国旅游标志

大事年表

- **1969年** 《铜奔马》在甘肃武威雷台一张姓东汉将军墓出土。
- **1971年** 经郭沫若举荐，《铜奔马》运抵北京展出，引起史学界极大震动。
- **1973年** 外交部长陈毅决定让《铜奔马》赴世界各地展览，轰动世界。
- **1984年** 国家旅游局正式将《铜奔马》定为中国旅游标志。
- **1986年** 国家历史文化名城武威市将《铜奔马》定为该城城标。
- **1999年** 《铜奔马》出土30周年国际研讨会在兰州召开。

武威《马踏飞燕》雕塑

甘肃历史名人

在历史长河中，甘肃人文荟萃，名人辈出，在政治、军事、科技、文化等各个领域都出现了不少杰出的人物。

伏羲（生卒年不详）：又称青帝，五天帝之一，传说中的中华民族人文始祖。生于陇西成纪（今甘肃天水），所处时代约为旧石器时代中晚期。相传伏羲人首蛇身，与女娲兄妹相婚，生儿育女。伏羲发明创造了占卜八卦，创造了文字，从而结束了“结绳记事”的历史。

李广（？—前119）：陇西成纪（今甘肃

李广画像

天水秦安县）人，西汉时期的名将。汉文帝十四年（前166年）时，从军击匈奴，因战功升为中郎。匈奴畏服，称之为“飞将军”，数年不敢来犯。元狩四年（前119年），漠北之战中，李广任前将军，因迷失道路，未能参战，愤愧自杀。

李陵（？—前74）：字少卿，陇西成纪（今甘肃天水秦安县）人。天汉二年（前99年）奉汉武帝之命出征匈奴，率5000步兵与数万匈奴战于浚稽山，最后因寡不敌众兵败投降。汉武帝夷其三族，致使其彻底与汉朝断绝关系。李陵的一生充满国仇家恨的矛盾，因而对他的评价一直存在争议。

董卓（？—192）：字仲颖，陇西临洮（今甘肃定西岷县）人。东汉末年少帝、献帝时的权臣，凉州军阀。于灵帝末年的“十常侍之乱”时率军进京，旋即掌控朝中大权。其为人残忍嗜杀，倒行逆施，招致群雄联合讨伐，后被其亲信吕布所杀。

张芝（？—约192）：字伯英，敦煌酒泉（今甘肃酒泉）人，东汉书法家。出身官宦家庭，其父张奂曾任太常卿。张芝擅长草书中的章草，他将当时字字区别、笔画分离的草法，改为上下牵连富于变化的新写法，富有独创性，在当时影响很大，有“草圣”之称。

王符（85—162）：字节信，安定临泾（今甘肃庆阳镇原县）人，东汉政论家、文学家、进步思想家，无神论者。王符一生隐居著书，崇俭戒奢，代表作《潜夫论》思想深刻、观点鲜明、文笔犀利。

赵壹（生卒年不详）：字元叔，汉阳西县（今甘肃天水南）人，东汉辞赋家。一生著赋、颂、箴、诔、书、论及杂文等16篇，今存5篇。

贾诩（147—223）：字文和，武威姑臧（今甘肃武威）人。东汉末至三国曹魏初年著名谋士、军事战略家，也是曹魏的开国功臣。《唐会要》尊其为魏晋八君子之首。

姜维（202—264）：字伯约，天水冀县（今甘肃天水甘谷县）人。三国时蜀汉名将，官至大将军。建兴十二年（234年），诸葛亮死后，姜维希望凭自己的力量复兴蜀汉，后被魏军所杀。

苻坚（338—385）：字永固，略阳临渭（今甘肃天水秦安县）人，十六国时期前秦的君主。苻坚于383年发动淝水之战，但最终败给东晋谢安、谢玄领导的北府兵。

索靖（239—303）：字幼安，敦煌龙勒（今甘肃敦煌）人。西晋将领、著名书法家，敦煌五龙之一，历任州别驾、驸马都尉、尚书郎、雁门太守等职。晋惠帝即位后，赐封关内侯，著有《草书状》等。

李世民（598—649）：祖籍陇西成纪（今甘肃天水秦安县）。唐高祖李渊和窦皇后的次子，唐朝第二位皇帝，史称唐太宗。他统治期间，唐朝出现了著名的“贞观盛世”。

李白（701—762）：字太白，号青莲居士，祖籍陇西成纪（今甘肃天水秦安县）。唐代伟大的浪漫主义诗人，被后人誉为“诗仙”。他的诗歌总体风格清新俊逸，诗歌内容既反映了时代的繁荣景象，也揭露了统治阶级的荒淫和腐败，表现出蔑视权贵、反抗传统束缚、追求自由和理想的积极精神。

吴玠（1093—1139）：字晋卿，德顺军陇干（今甘肃平凉静宁县）人，南宋抗金名将。早年从军御边，抗击西夏，后领兵抗金，在和尚原之战中，大败金兵兀术部，破川陕路金兵进攻。因功官至四川宣抚使。

吴璘（1102—1167）：字唐卿，吴玠弟，德顺军陇干（今甘肃平凉庄浪县）人，宋朝著名军事将领。他智勇双全，与兄长吴玠一起成为著名的抗金大将。在南宋抗金斗争中，与兄吴玠为保卫秦陇、屏障巴蜀，立下了汗马功劳。死后被赠为太师，追封信王。

李梦阳（1473—1530）：字献吉，号空同，庆阳府安化县（今甘肃庆阳庆城县）人。善工书法，得颜真卿笔法，精于古文词，明代中期文学家，复古派前七子的领袖人物。

吴鹏翱（1755—1826）：祖籍陇南阶州吴家道（今武都区汉王乡），生于阶州白马关分州安宁里(今甘肃康县寺台乡)，字云逵，号仙陵山人。清代陇上著名文史学人，以《武阶备志》一书流芳后世。

马福禄（1853—1900）：字寿三，甘肃河州（今临夏）韩集镇阳洼山人，为清代同治年间河州回民起义领导人马千龄之子，中国近代回族穆斯林爱国将领。光绪二十六年（1900年）八国联军侵犯，马福禄随董福祥参与抗击八国联军。

邓宝珊（1894—1968）：原名邓瑜，甘肃天水人。辛亥革命时，参加新疆伊犁起义。1949年1月起义，和傅作义一起促成了绥远起义。新中国成立后，历任西北军政委员会委员、甘肃省省长等职。

“诗仙”李白之雕塑

甘肃的人文景观

世界遗产

莫高窟
长城 · 嘉峪关长城
丝绸之路 · 玉门关遗址
丝绸之路 · 悬泉置遗址
丝绸之路 · 锁阳城遗址
丝绸之路 · 炳灵寺石窟
丝绸之路 · 麦积山石窟

中国历史文化名村

天水市麦积区麦积镇 · 街亭村
天水市麦积区新阳镇 · 胡家大庄村
静宁县界石铺镇继红村
正宁县永和镇罗川村

中国历史文化名镇

宕昌县 · 哈达铺镇
古浪县 · 大靖镇
临潭县 · 新城镇
秦安县 · 陇城镇
永登县 · 连城镇
榆中县 · 金崖镇
榆中县 · 青城镇
永登县 · 红城镇

国家历史文化名城

武威
张掖
天水
敦煌

全国重点文物保护单位

兰州市： 鲁土司衙门旧址、明肃王墓、红城感恩寺、兰州黄河铁桥、青城古民居、五泉山建筑群、兰州府城隍庙、金天观、八路军兰州办事处旧址

嘉峪关市： 万里长城-嘉峪关、果园-新城墓群、黑山岩画

白银市： 会宁红军会师旧址、牛门洞遗址、永泰城址

天水市： 麦积山石窟、大地湾遗址、兴国寺、伏羲庙、胡氏民居建筑、水帘洞-大象山石窟、玉泉观、后街清真寺、秦安文庙、木梯寺石窟、狼叫屲遗址、李崖遗址、马家塬遗址、放马滩墓群

武威市： 重修护国寺感应塔碑、武威文庙、白塔寺遗址、雷台汉墓、天梯山石窟、瑞安堡、武威大云寺、磨咀子和五坝山墓群、旱滩坡墓群、高昌王和西宁王墓、海藏寺、圣容寺

酒泉市： 莫高窟、榆林窟、居延遗址、玉门关及长城烽燧遗址、锁阳城遗址、悬泉置遗址、果园-新城墓群、西河滩遗址、火烧沟遗址、破城子遗址、缸缸洼遗址、火石梁遗址、砂锅梁遗址、六工城遗址、踏实墓群、酒泉鼓楼、大黑沟岩画、五个庙石窟、玉门油田老一井

张掖市： 骆驼城遗址、张掖大佛寺、马蹄寺石窟群、黑水国遗址、许三湾城及墓群、圆通寺塔、文殊山石窟、八卦营城址、张掖鼓楼、西来寺、张掖会馆、东灰山遗址、草沟井城址、甲子墩墓群

庆阳市： 北石窟寺、南佐遗址、凝寿寺塔、东华池塔、湘乐砖塔、罗川赵氏石坊、秦直道遗址庆阳段、塔儿庄塔、白马造像塔、脚扎川万佛塔、环县塔、肖金塔、塔儿湾造像塔、双塔寺造像塔、周旧邦木坊、兴隆山古建筑群、石空寺石窟、南梁陕甘边区革命政府旧址

平凉市： 南石窟寺、武康王庙、延恩寺塔、云崖寺和陈家洞石窟、王母宫石窟、牛角沟遗址、西山遗址、桥村遗址、成纪古城遗址、崆峒山古建筑群、石拱寺石窟

定西市： 马家窑遗址、汪氏家族墓地、寺洼遗址、灞陵桥、辛店遗址、威远楼、榜罗镇会议旧址

陇南市： 大堡子山遗址及墓群、西峡颂摩崖石刻、哈达铺会议旧址、《新修白水路记》摩崖、石沟坪遗址、栗川砖塔

临夏州： 炳灵寺石窟、齐家坪遗址、林家遗址、半山遗址、新庄坪遗址、边家林遗址、临夏东公馆与蝴蝶楼

甘南州： 拉卜楞寺、八角城城址、俄界会议旧址、然闹遗址、磨沟遗址（含墓群）、洮州卫城

文　化

庆城周祖陵

羲皇故里

伏羲是中华民族敬仰的人文始祖。如同亚当、夏娃创造西方文明一样，伏羲、女娲点燃了中华文明薪火，对中华文明进步作出了巨大贡献。甘肃的天水市是伏羲的诞生地，素有“羲皇故里”之称，是中华古文明的重要发祥地之一。

除了伏羲，甘肃还是其他众多人文先祖的诞生地，黄帝诞生在天水轩辕谷，西王母降凡于泾川回中山，周、秦、唐王朝的先祖由此创业兴邦，天下李氏的根在陇西……如今，甘肃东部的天水、平凉、庆阳和陇西，已成为海内外华夏子孙探寻血脉渊源、弘扬民族文化、传承民族精神和观光游览的寻根朝觐圣地。天水伏羲庙、泾川王母宫、庆城周祖陵等一大批人文景区，每年都会吸引成千上万的游人前来祭奠。

西北之魂——甘肃花儿

花儿是流行于甘肃、青海、宁夏等广大地区的一种山歌，因为在歌词中常把女孩子比作花儿，所以当地民众把这种山歌称作“花儿”。在各地花儿中，以“甘肃花儿”最具代表性。甘肃花儿于2009年被联合国教科文组织列入《人类非物质文化遗产名录》。

根据发源地的不同，甘肃花儿分为两类：一是“河州花儿”，发源于河州地区，即今甘肃省临夏县；第二类叫“洮岷花儿”，发源于洮岷地区。作为花儿的发祥地和最主要的传唱地，甘肃临夏回族自治州和岷县被中国民间文艺家协会授予“中国花儿之乡”称号。

花儿在民间传承演唱了500多年。花儿产生于人们的田间劳动、野外放牧、河中放筏以及山路赶脚时。花儿是独具风格的民歌，具有高亢嘹亮、挺拔明快、激越动听的特色。花儿曲

甘肃卷轴

井上靖《敦煌》：对人生、对历史寄予了独特思考，对中国史传文学的叙事模式亦有秉承和借鉴。无数读者从《敦煌》的故事中重新认识中国西部，更有大批游人拿着井上靖的西域小说，走上去往敦煌的漫长征程。

敦煌研究院《敦煌》：六年磨一剑，被媒体誉为让人们看到艺术终极归宿的一部史诗。以十集的篇幅，描述了十个人物的命运故事。对敦煌一千多年的历史和生活有着生动的展示，有命运多舛的舞女程佛儿、寡妇阿龙、商人沙拉、探险者斯坦因等。

余秋雨《道士塔》：让大多数中国人知道敦煌藏经洞的，就是余秋雨的这篇带着幽怨的散文。作者通过对敦煌文献散失的描述，表达对中国文化的沉重回顾。

陈开红《大漠祭》：讲述凉州的农村生活以及对凉州文化、西夏文化的感叹。作品中流露着强烈的民族色彩和文化情结，被誉为“真正意义上的西部小说和不可多得的艺术珍品”。

裕固族风情

裕固族是分布于甘肃的少数民族，为回鹘人的后裔。有东部裕固语、西部裕固语，无文字，通汉语文。未婚女子有戴头面的习俗。裕固族崇尚骑马和射箭，主要从事畜牧业，兼营农业。

民族档案

中文名称：裕固族
人　　口：约1.4万人
分　　布：主要在甘肃肃南裕固族自治县
语　　言：东部裕固语、西部裕固语
宗教信仰：藏传佛教

特色服饰

裕固族的服饰文化非常著名。他们喜欢用红、蓝、黑、白等对比强烈的色彩，给人以深刻的印象。这种以强烈的对比色彩制作的服饰图案醒目，在绿色的大草原中，显得很得体，与裕固族粗犷、豪放的性格相协调。

衣领：高齐耳根，衣领外面边沿用各色丝线上劲合股，模仿天上的彩虹，用多种颜色精心攀绣成波浪形的几何图案。

长袍：一般为高领偏襟，多用绿色或蓝色布料制作，下摆两边开衩。

绣花：衣袍从左肩到右肩会镶一道半圆形花边，偏襟边缘上到领口、下到腋下也会绣上各种动物花边。

大圆顶帽：形似礼帽，用红布缝帽里、白布缝帽面，帽檐缝黑边，镶花边。帽顶都用红线缝成帽缨。

“舜尕尔”，即用红布做成的两块长方形硬布牌，上缀有鱼骨做的圆块、各色珊瑚珠组成的图案，下边有红色线穗。

皮靴：一种冬天穿的前面尖而翘的名为“亢沉”的皮靴，鞋帮上绣花草、小鹿、小羊等动物图案。

甘肃影像

《丝路花雨》（1979年）：大型民族舞剧《丝路花雨》是以举世闻名的丝绸之路和敦煌壁画为素材创作的。舞剧歌颂了画工神笔张和歌伎英娘的光辉艺术形象，描述了他们的悲欢离合以及与波斯商人伊努斯之间的纯洁友谊，演出深受好评。

《大梦敦煌》（2000年）：以莫高窟壁画的千百年创造历史为背景创作的舞蹈作品。该作品感人至深的爱情故事、跌宕起伏的戏剧情节、精彩绝伦的舞蹈表演，常令海内外观众叹为观止。

《敦煌》（2010年）：中央电视台推出的一部纪录片，旨在记录敦煌地区历史文化的发展脉络。该片深入揭示了敦煌两千多年来的文化内涵，全面记录了敦煌地区两千多年波澜壮阔的历史进程和散落其中的故事。

《三枪拍案惊奇》（2009年）：张艺谋在张掖丹霞拍摄的喜剧电影，由闫妮、小沈阳等人合作演绎，虽然剧情不好评价，但片中的风景值得欣赏。

甘肃花儿表演

调丰富，约有近200种之多，格律特殊，演唱形式别致。花儿的数量浩如烟海，如今已记录的有7000多首，其中《上去西山望平川》在花儿中极具代表性。

有花儿的地方就有花儿会。花儿会相传已有二三百年的历史，一般和当地的庙会同时举行，持续5天；各地会期不一，以六月初六莲花山的花儿会规模最大。花儿会期间，远近的百姓都会上山对歌，多时人数常可上万。届时，人们撑着伞、摇着扇，或拦路相对，或席地而坐，拦歌、对歌、游山、敬酒等，活动内容丰富多样。

佛教艺术的宝库

在甘肃丰厚悠久、绚丽多姿的特色文化积淀中，佛教艺术是一枝散发着芳香的硕丽花朵。它以自己浓厚的文化内蕴、鲜亮的艺术风格、纷繁奇异的表现方式，编织了一道独有的艺术风景线。

佛教石窟是甘肃佛教艺术的一项重要成就。古老的丝绸之路不仅是一条商贸之路，也

敦煌莫高窟九层楼

莫高窟，俗称千佛洞，坐落在河西走廊西端的敦煌。它始建于十六国的前秦时期，历经十六国、北朝、隋、唐、五代、西夏、元等历代的兴建，形成巨大的规模，有洞窟735个，壁画4.5万平方米、泥质彩塑2415尊，是世界上现存规模最大、内容最丰富的佛教艺术地。

莫高窟与山西大同云冈石窟、河南洛阳龙门石窟、甘肃天水麦积山石窟并称为中国四大石窟。

莫高窟各窟均是洞窟建筑、彩塑、绘画三位一体的综合性艺术。九层楼是其标志性的一个洞窟。洞窟编号第96号。此窟开凿于初唐，是莫高窟的第一大佛。

大佛是唐代武周证圣元年（695年）由禅师灵隐和居士阴祖所建，为“未来佛”弥勒佛。造像丰盈圆润，是典型的唐代风格。据说当时武则天当政，为了让帝位巩固，就对民间宣扬自己是弥勒菩萨的化身，所以当时的造像我们如今看起来还有很多女性特征。

莫高窟九层楼全景

甘肃天籁

《丝绸之路》：艺术家喜多郎1980年为中日合拍电视纪录片《丝绸之路》创作的背景音乐，包括丝绸之路、宋家皇朝、黑水河幻想、天地创造神、地平线、永远的路等段，是一曲充满中国韵味的乐曲，曾风靡全球。

《咱们的领袖毛泽东》：属于陇东红色歌谣，即甘肃省庆阳市一带的民歌形式。创作于20世纪20年代至50年代前的中国革命战争中。这首歌唱遍了中国各地，是中国红色革命文化一份十分珍贵、耀眼的遗产。

《军民大生产》：1942年，音乐家张寒晖由关中来到甘肃省庆阳市华池县的城壕乡采风，被当地军民热火朝天的劳动场面所深深感染，以华池县当地民歌《推炒面》为基调，创作出了《边区十唱》，后更名为《军民大生产》。

《黄河谣》：不管你有没有看见过黄河，在你听到"野孩子"乐队的《黄河谣》时，心中不免有些悲壮和凄凉。这首曲子在无数场合被无数人翻唱，不论是作为演出的结束曲或作为酒醉后的大声吟唱，常常惹来大把眼泪。

《上去高山望平川》：典型传统的"花儿"曲调，歌词寓意深刻，富于想象，旋律高亢开阔、自由舒缓，富有西北地方色彩。

炳灵寺石窟

是一条壮观的佛教石窟长廊。汉唐时期，随着商旅的驼队，僧侣们也来到这里，在丝绸之路沿线凿窟。据统计，甘肃境内丝绸之路沿线佛教石窟有70多处，天水麦积山石窟、敦煌莫高窟、永靖炳灵寺石窟、武威天梯山石窟最为有名。其中，麦积山石窟和莫高窟更是与洛阳龙门石窟和大同云冈石窟并称中国四大石窟。

甘肃省还有不少佛教的名刹古寺，它们历史悠久，声誉广远，文物价值巨大，文化内涵丰富，如著名的山丹大佛寺、张掖大佛寺、平凉大云寺、武威海藏寺等，都是我国西部佛家的重要寺庙。

除了汉传佛教，甘肃省的甘南等地还是我国重要的藏传佛教圣地。这里有众所周知的藏传佛教六大宗主寺之一的拉卜楞寺，位于甘青川交界处有“中国瑞士”之称的郎木寺，还有张掖马蹄寺、武威白塔寺、卓尼禅定寺等一大批著名的藏族风情浓郁的佛教名刹。

边塞诗的故乡

2000多年来，无数诗人沿着丝绸古道走过甘肃，他们在金戈铁马的征战中实现着自己的人生抱负，也在大漠戈壁、雪山草地的征途中留下了大量的诗词歌赋，其中边塞诗是最为精彩、最让人热血沸腾的一页华章。

边塞诗与军旅、战争题材的诗作有联系却又不能画等号。唐代是我国边塞诗的鼎盛时期，一大批文人投身军旅，开创了边塞诗的繁荣时代。如今流传的边塞诗，绝大部分是这个时期的作品。当时许多知名的诗人、学者，如李白、杜甫、骆宾王、陈子昂、高适、

马蹄寺

岑参等人都在甘肃大地上留下了夺目的诗篇。在那个讲究建功立业的年代里，许多人都是文武双全，他们既是上马杀敌的武将，又是提笔作诗的文人。他们的诗篇中自然流淌着一种金鼓之气，读起来让人血脉偾张，英雄之气油然而生。

唐代的边塞诗令人赞不绝口。这一时期的著名作品层出不穷，如李白的《关山月》《塞下曲》，杜甫的《兵车行》《前出塞九首》，王昌龄的《出塞》《从军行》，王之涣的《出塞》，王翰的《凉州词》，王维的《使至塞上》《老将行》等都是脍炙人口的边塞诗名篇。

甘肃的文化景观

国家级非物质文化遗产

民间文学：天祝土族《格萨尔》（天祝）、陇东红色歌谣（庆阳）、裕固族口头文学与语言（肃南）、东乡族口头文学与语言（东乡）、保安族口头文学与语言（积石山县）、河西宝卷（武威、张掖、酒泉）、东乡族叙事长诗《米拉尕黑》（东乡）

传统音乐：敦煌艺术–音乐技艺研承（敦煌）、花儿（康乐、和政、岷县、临潭、张家川）、佛宫音乐“道得尔”（甘南）、道教音乐（清水）、唢呐艺术（西峰区、环县）、裕固族民歌（肃南）、天祝藏族华锐民歌（天祝）、甘南藏族民歌（甘南）

传统舞蹈：敦煌艺术–舞蹈技艺研承（敦煌）、高高跷（永登）、太平鼓舞（兰州）、攻鼓子舞（武威）、旋鼓舞（武山）、荷花舞（西峰区）、巴当舞（岷县）、甘地蹦子（酒泉）、多地舞（舟曲）、尕巴舞（迭部）、巴郎鼓舞（卓尼）、傩舞（文县、永靖、西固）、锅庄舞（甘南）

传统美术：敦煌艺术–美术技艺研承（敦煌）、夜光杯雕（武山）、藏族唐卡（甘南）、砖雕（临夏）、庆阳香包绣制（庆阳）、木版窗花年画（岷县）、剪纸（庆阳、平凉、定西、天水、白银、张掖、兰州）、马尾编荷包（庄浪）

传统戏剧：道情戏（庆阳）、皮影戏（环县）、曲子戏（敦煌、华亭、通渭）、秦腔（兰州）、灯盏头戏（灵台）、“南木特”藏戏（甘南）、高山戏（武都区）、玉垒花灯戏（文县）

曲艺：兰州鼓子（兰州）、贤孝（凉州区）、回族宴席曲（临夏）、春官歌演唱（平凉）、阿肯弹唱（阿克塞）、藏族民间弹唱（玛曲）、南梁说唱（华池）、甘南“则肉”演唱（甘南）

传统体育、游艺与杂技：高抬（庄浪）、万人扯绳赛（临潭）

传统技艺：敦煌古乐器制作技艺研承（敦煌）、天水雕漆制作技艺（秦州区）、洮砚制作技艺（岷县、卓尼、临潭）、保安族腰刀锻制技艺（积石山）、东乡族擀毡技艺（东乡）、刻葫芦（临夏、兰州）、甘谷脊兽制作技艺（甘谷）、肃北县蒙古族马头琴制作技艺（肃北）、肃北雪山蒙古族马上用具制作技艺（肃北）、舟曲县织锦带（舟曲）、夏河金属饰品制作技艺（夏河）、兰州青城水烟制作技艺（榆中）、兰州黄河大水车制作技艺（兰州）

传统医药：皇甫谧针灸术（灵台）、藏医药（甘南）

民俗：博峪采花节（舟曲）、夏河县香浪节（夏河）、乞巧节（西和）、合水面塑风俗（合水）、兰州羊皮筏子（兰州）、陇东窑洞民居文化（庆阳）、肃北雪山蒙古族服饰（肃北）、裕固族人生礼仪（肃南）、太昊伏羲祭典（天水）、十八路湫神祭典（岷县）、西王母祭典（泾川）、公刘祭典（西峰区）、插箭节（甘南）、“卍”字灯会（金昌）、周祖祭典（庆城）、拉扎节（临洮）

行走甘肃

带什么

户外装备

常规必带

服装、背包、鞋袜

由于身处西北内陆，紫外线强，气候干燥，早晚温差大，因此到甘肃旅游要做好防晒、防干燥等工作，还要准备稍厚一些的衣物以备不时之需。

在够用的前提下，旅行携带的行李背包应越少越好。一般45升以下的背包就足以应付，如果参与一些野外徒步野营活动，那么一大一小两个背包也就足够。

既然是旅行，首选运动鞋和中低帮登山鞋。在甘肃绝大部分地区，一双舒适结实的运动鞋即可。袜子方面，选择弹性较好、排汗良好的运动袜即可。

药品、食品

常规旅游准备一些感冒药品、胃肠类药品和一些去热止痛的药品就可以了，如感冒片剂、感冒冲剂、泻痢停、复方阿司匹林、扑尔敏、抗生素等。甘肃旅游业较为发达，美食也很多，路上简单携带一些喜欢的食品即可。

洗漱用品

毛巾、牙膏、牙刷、香皂、护肤霜、洗发水、梳子、剃须刀，手纸、湿纸巾等。

防护用品

户外旅行拥有一双始终保持双手干爽的手套，可大大加强旅行的安全性；甘肃深处西北内陆，紫外线强，防晒霜可以降低紫外线的影响，避免被晒得脱皮；一副好的太阳镜和一顶带有边檐的帽子也起着相同的作用。

敦煌月牙泉

特殊选带

服装、背包、鞋

甘肃省地处我国西北内陆，昼夜温差较大，游客要注意携带御寒衣服。建议携带外套及毛衫出行，以免感冒。

背包应越少越好。前往敦煌等沙尘较多的地区，最好准备一些塑料袋用来装手机、相机等物品，以免沙土进入机器。

建议选择符合中量级标准的高帮登山鞋。若是能够携带一罐足底清爽喷雾，对足底杀菌除臭很有帮助。

药品、食品

完全背包客以及徒步、探险之类的自助旅游者，要备以下药品：

常备药物：牛黄解毒片、黄连素、牙周宁、息斯敏、乘晕宁。

外用药：云南白药、万花油、创可贴、清凉油、风油精、伤湿止痛膏、眼药水、药棉、纱布、绷带、白胶布。

维生素类：金施尔康、善存片、其他维生素片。

驱蚊药水：甘肃等多地比较潮湿，夏天蚊虫也较多，应自备驱蚊药水。

食物方面，首选巧克力、牛肉干、水果糖、榨菜、饼干等高热量的食物。

帐篷、睡袋、旅行水壶、指南针

若是准备在甘肃的野外露营，需要携带防雨帐篷和睡袋。户外探险随身带个水壶十分必要；万一迷了路，指南针能够给你指引前进的方向。

摄影器材

旅游和摄影向来是不分家的。前往风情多彩的甘肃也是如此，相机是必不可少的装备。普通旅游需求下，家用卡片机基本满足需要。若是想拍摄高质量的自然美景和少数民族的风土人情，带上一支广角镜头和一支中焦变焦镜头基本能满足需要，一支轻便的三脚架也十分有必要。多带几块电池和几张容量大点的SD卡是明智之选。此外，偏振镜、UV镜、清洁套装、防尘防雨塑料袋等物品也十分有用。

西北风光

何时去

舞狮表演

根据时令节气来看，甘肃的最佳旅游时节很长，包括5~10月的近半年时间。西北当然与温和的南部和气候宜人的东中部不同，旅游受气候和温度的影响很大。甘肃兰州以北地区，夏季炎热，冬季严寒，日夜温差大，干燥少雨。甘南地区以天然草场为重要的旅游资源，而夏季是草木生长最丰茂的时节，所以每年的夏季是游甘南的最佳时节。

拉卜楞寺大法会及浪山节是甘肃最大的旅游节庆活动，在甘南地区十分盛行。拉卜楞寺每年举办7次规模较大的宗教法会，其中以“正月毛兰姆法会”和“七月说法会”最为著名。每年8月18日至28日定期举办的兰交会、每年4月的桃花会、春节社火活动等，都很值得一看。

▼ 甘肃旅游月历

月份	节日	
1月	庆阳社火 庄浪文化艺术节 兰州冰雪旅游节	
2月	甘南正月毛兰姆法会 临夏打秋千 兰州民俗文化节	
3月	青龙节 榆中三月品仙桃	陇南汉中旅游文化节 红谷草莓节
4月	兰州什川梨花会 石洞寺文化庙会	兰州安宁桃花会 榆中文化旅游节
5月	嘉峪关丝路·长城音乐文化节 临夏河州牡丹砖雕艺术节	
6月	敦煌滑沙节 庆阳端午香包民俗文化节 永登苦水玫瑰节 兰州石佛沟花儿会	
7月	甘南香浪节 嘉峪关国际滑翔节 平凉崆峒文化旅游节 兰州水车节	
8月	兰洽会 甘南香巴拉旅游艺术节 礼县乞巧节 天祝三峡风光民俗风情旅游节 金张掖第二届美食节	
9月	兰州中国丝绸之路节 中国·时尚兰州服装节 兰州乡村旅游采摘节 皋兰金秋采果节	
10月	兰州乡村旅游采摘节 兴隆山金秋红叶旅游节	
11月	兰州生态山庄、十佳农家乐评选表彰活动	
12月	榆中冰雪节	永靖黄河三峡观鸟节

吃什么

兰州拉面

甘肃饮食以面食为主，面食丰富多彩；但是一般很少吃米饭，南方的游客最好做好心理准备。另外，甘肃地处黄土高原边缘，蔬菜种类较少，一般以土豆（洋芋）为主，绿叶菜较少，品种较单一。甘肃是少数民族较多的地方，清真食品较多，注意尊重当地少数民族的风俗习惯。

兰州拉面

兰州拉面是兰州最为著名的风味小吃，创始于光绪年间，系回族老人马保子首创。兰州拉面以肉烂汤鲜、面质精细而蜚声中外。

靖远羊羔肉

靖远羊羔肉享誉陇上，闻名全国。靖远羊羔肉营养丰富，各营养素之间配比合理，肉质口感佳，属高蛋白、低脂肪类优质肉食品。

静宁烧鸡

静宁烧鸡

静宁烧鸡有近百年的加工卤制历史，个儿大丰满，肉质鲜嫩，清香味美，风味独特。正宗的静宁烧鸡由当地“土鸡”加工而成，体形肥大，色泽金黄，食之鲜嫩。

酿皮子

酿皮子是回族独特的风味小吃之一，味美爽口，经济实惠，既有菜又有饭，同时又是“快餐”，即只要到酿皮子的摊儿上去，一两分钟即可到口，所以受到人们的喜爱。

浆水面

浆水面是以浆水做汤汁的一种面条，广泛流行于甘肃兰州、天水、定西、临夏等地，而以兰州的最为考究，天水的最为味美。浆水面能清暑解热，增进食欲，为夏令佳品。

河州大饼

河州大饼为清真食品，饼里要加香豆子、花椒、胡麻油。河州大饼风味独特，大饼呈葱黄色，又酥又软，还带着韧劲。

唐汪手抓羊肉

唐汪手抓羊肉得名于临夏回族自治州境内的唐汪川。选用肉质佳、无膻味而肥瘦有致的羯羊，当天宰，当天煮，调料上乘，搭配适宜，火候得当，成品香醇可口，肥而不腻。

住哪儿

兰州东方大酒店

甘肃地区除了兰州、嘉峪关和敦煌以外的地方，都比较少见豪华饭店。不过对于背包自助游的旅行者来说，似乎找到干净、安全的住处才是最重要的。西北人朴实诚恳，宾馆、旅店的服务热情周到，大多数都设有标准间、普通双人间和普通多人间。如果不准备包房间，那么在旅游旺季和一些住宿紧张的地方，就要做好同陌生人共处一室的准备。

星级酒店

甘肃省星级涉外宾馆在县级市镇一般都有，但宾馆、旅店从条件到价格难以与东部地区相比。在兰州、敦煌、嘉峪关等旅游热门城市，星级酒店分布较多。这些地区的星级酒店在交通、娱乐等设施方面也十分完善，可放心入住。

快捷连锁酒店

如家、汉庭等快捷酒店，在绝大多数的地级市区及各县区均有分布，各处著名的景区也有分布。须注意的是，在一些大城市和旅游热门城市，无论淡旺季，都往往需要提前预订。

普通宾馆及客栈

甘肃各个大城市及县城广有宾馆分布，除去旅游旺季，价格较为合理，但住宿条件各有不同。此外，在敦煌等地还可以选择住农家乐和居民客栈。农家乐和居民客栈不仅风格各具特色，服务也十分周到，价格跨度也较大，是不错的住宿选择。

青年旅舍

在甘肃兰州、甘南、敦煌等地都有青年旅舍。青年旅舍价格低廉，足以满足探奇为主的青年的需求，而且还提供做饭、洗衣等设施。

野外露营

甘肃气候干燥多风，对于喜欢露营的游客来说是一个不小的考验，需要携带足够的装备才可外出露营，包括野外露营帐篷、睡袋、厚衣物、热水袋等。

少数民族同胞家中

甘肃是一个少数民族大省，民族风情浓郁。若想零距离地体验少数民族的生活，可以考虑向当地人家借宿。可以在旅途中向少数民族人家提出请求，经他们同意后入住。最好自带睡袋、防潮垫，可避免农家被褥不够，席地而睡。同时也要注意尊重当地少数民族的风俗习惯，避免有冒犯风俗禁忌的举动。当您在体验了他们的日常生活劳作，打算离开时，请适当提出物质给予，以表达感谢之情。

怎么走

前往甘肃的交通方式有多种，方式也较为简单。

甘肃的民用机场有不少，主要客流集中在兰州、嘉峪关和敦煌等地。兰州中川机场是甘肃省和我国西部重要的枢纽机场。

甘肃的铁路交通还是比较便利的，兰新高铁更是让祖国的大西北变得不再遥远。在甘肃坐火车旅行是最为经济安全的选择，而且普通列车价格实惠。

乘坐汽车或自驾游甘肃，较为便利，游客可根据实际情况作出选择。甘肃境内有京藏高速、连霍高速等公路干线穿境而过，其中连霍高速横穿河西走廊，将甘肃省最为重要的一些旅游城市连接了起来。

兰州黄河铁桥

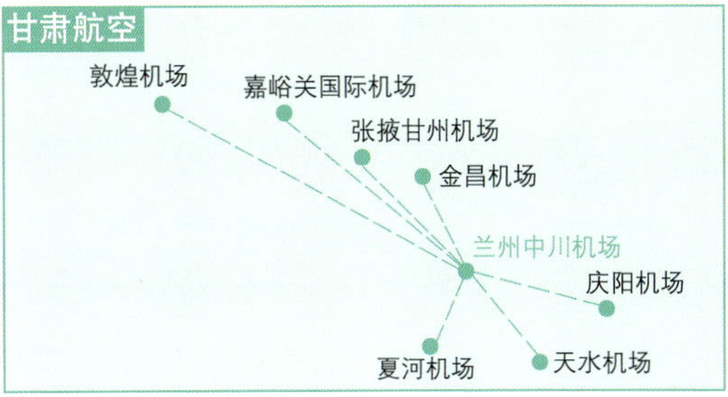

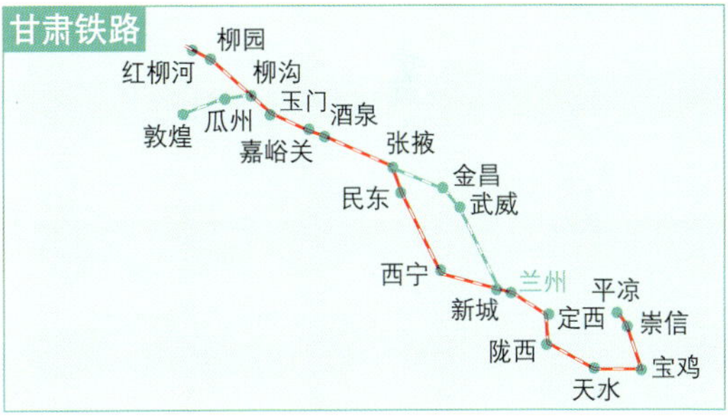

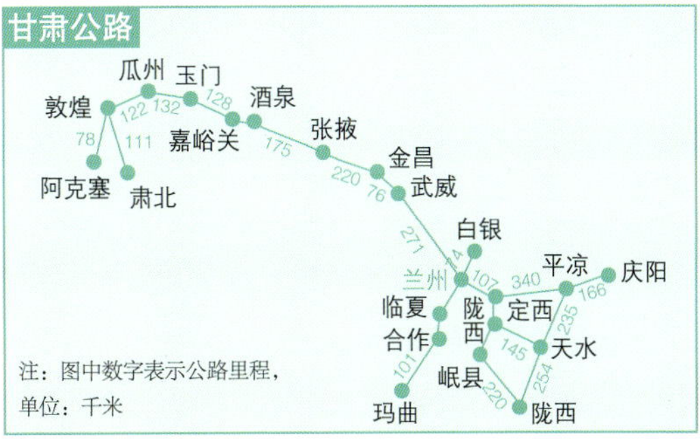

有用信息

旅行准备

甘肃话十句

甘肃读音	意思
猴	女子活泼
片干传	侃大山
没皮脸	不知羞耻
蛮	长相难看
撩片子	事情做得好
瓷松	反应迟钝
增松	胆子大
三愣子	不讲道理
光光	木条
绵	皮肤光滑

通信

甘肃地域辽阔，有大片的沙漠、草原、戈壁等地貌，主要城市都通手机，部分地区手机信号不好，对此要有思想准备。

银行

甘肃地处西部，经济相对落后，不过城市里的商业银行设施还算齐备，一般持具有银联标志的银行卡即可使用。但在小城镇，多是邮政储蓄及农村信用合作社等机构，若是持有邮政绿卡前往，则较为便利。

节约技巧

●选择入住品牌连锁酒店时，除了订房网站外，不妨到团购网站和酒店官网看看，往往有更多惊喜。

●要善于利用淘宝、大众点评及各种团购APP应用，不仅能吃到美味，还能得到众多优惠。

●合理安排行程，不仅可节省时间，又能减少交通费用，可参考有关网站的行程攻略。

●在城市内，尽量选择公共交通。

●淡季出行是省钱的杀手锏。淡季不仅门票价格减半，可避开众多的游人，也可以欣赏到别样的风光。

●在甘肃购买旅行纪念品，大可不必非去商业街区的各种店铺。在当地人开的店铺或是从村民手中，不仅能买到理想的纪念品，而且对当地人的生活有实际的帮助。

风俗禁忌

●西北大部分地区信仰伊斯兰教的民族不吃猪肉，另外游览

裕固族风情

时最好不要提及有关少数民族的政治问题。

●回族忌用食物开玩笑、忌汉族到回族家借餐具，忌妇女袒胸露臂、忌男子戴金饰。

●进入藏族聚居区，藏传佛教寺院殿堂内不允许拍照，如果想对僧人、喇嘛和穿着民族服装的少数民族群众拍照，一定要征得对方的同意。

●蒙古族厌恶黑色，认为黑色是不祥的颜色；在蒙古包内不能随便就座，不能蹲、不能将腿伸向西北方或炉灶，不能在包房内吐痰，出包房不能踩门槛。

●裕固族逢单日不出门办事，认为单日出门不吉利；裕固族户族辈分比较严格。

突发状况

旅途中总是会发生一些意外的情况，但只要做到“事前认真准备，事后冷静处理”，一切都会迎刃而解的。

汽车抛锚：开车自驾游之前，您应当掌握一些简单基本的维修技术。若是途中出现汽车抛锚，先依据经验，判断是否可以自己解决；不能解决或无法判断，则要打电话给保险公司。

钱物丢失：在旅途中，钱物丢失是一件十分重要的事，无论损失大小，总会给美好的旅行蒙上一层阴影。为避免财务损失，应以预防为主。最好做到少携带现金，把现金放到贴身衣物中，只把零钱放在包里；银行卡不要与身份证放在一起。若是钱物丢失，马上联系可以联系的朋友以得到及时帮助，切不可拖拉。另外，可以及时报警。

水土不服、食物中毒或生病：因为水土不服、食物不洁或者天气因素，生病也是难免的事情。特别是一个人的话，更是需要时刻注意。因此，旅途中应带足相关药品（如感冒类、胃肠类药品等）。出行时，要保护好自己，不随便吃东西、避免在太阳下暴晒、少在雨里蹚行等。不幸生病的话，要及时吃药或到医院就诊，若是严重的话要联系朋友及家人。

保护环境

甘肃历史悠久，风景独特。我们每个人都应做到不随便破坏或是占有当地的动植物资源；旅途中尽量减少垃圾的产生，更不能乱丢垃圾，尤其是在偏远地区，应将垃圾带回城市中，进行回收处理。

发现者旅行指南

兰州

概览

亮点

中山桥

也称黄河铁桥，建于清代的古老桥梁，坚固美观，有“天下黄河第一桥”之称。

《黄河母亲》雕像

兰州的标志性雕塑，由“母亲”和“男婴”组成，反映了甘肃悠远的历史文化。

甘肃省博物馆

展示了甘肃的丝路文明、彩陶文明和古生物化石文明，馆内藏品有著名的《马踏飞燕》。

兴隆山

自然景观优美，古建筑众多，被誉为“陇右第一名山”。

水车博览园

一个展现水车文化的主题公园，再现了历史上黄河两岸水车林立的壮观景象。

吐鲁沟国家森林公园

保存着纯天然的自然风景，生物资源丰富，景色优美。

必逛街道

张掖路步行街：一条集购物、观光、餐饮、文化娱乐于一身的多功能的商业街。一直都是兰州的地标以及核心地段，夜景十分迷人。

永昌路夜市街：兰州老少皆爱的夜生活的去处。从早到晚，这里人声鼎沸，在里面走着走着就会觉得自己已淹没在了茫茫人海中。

线路

兰州市区两日游

第一天先到水车博览园欣赏构造独特的兰州水车，随后去见证历史变迁的中山桥，接着到白塔山。午后到黄河风景线感受黄河之都的魅力。

第二天早餐后到甘肃省博物馆，随后去兰州植物园。午后前往仁寿山公园。

兰州西郊一日游

第一天到达兰州西固区后，先欣赏西固古水车，再前往西固公园游览，下午到石头坪森林公园享受秀美宁静时光，最后到万寿寺朝拜。

兰州周边四日游

第一天到兰州后，先前往八路军办事处参观，后到陇上胜地赏泉朝拜；第二天先前往什川旅游区游玩，再到青城古镇访古游览；第三天先到和平牡丹园赏花游玩，再到兴隆山朝拜访古，最后前往官滩沟避暑休闲；第四天先前往鲁土司衙门赏古建筑，再到吐鲁沟国家森林公园欣赏神话般的绿色山谷。

为何去

兰州黄河铁桥

黄河上游的第一座大城市兰州，是河西走廊的重要咽喉。作为历史上“丝绸之路”的重镇，历史和大自然为兰州留下了许多名胜古迹。许多游客第一次走进这座“丝路山水名城，中国黄河之都”的时候，除了欣赏美景，更为这座驰名中外的瓜果名城、夏季避暑的欢乐天堂所深深吸引。

何时去

五泉山雪景

兰州地处内陆腹地，气候干燥，昼夜温差较大，春夏短暂、秋冬漫长。到兰州旅游，以每年春夏交替时节为最佳。夏秋季节到这里，可到黄河沿岸游览，或登白塔山、五泉山，饱览山中美景。此时也是水果最多的时候，可以大饱口福。春冬季比较干燥和阴冷，推荐游览关山森林公园、西关清真寺。

此外，9月前往，还可参加一年一度的“兰州中国丝绸之路节”，届时会有众多游客聚集兰州，热闹非凡。需要注意的是，兰州春天多沙尘，昼夜温差大，要做好防尘防寒准备。

区域解读

区号：0931

面积：13 085.6 km²

人口：约370万人

地理 GEOGRAPHY

区划

兰州市为甘肃省省会，是西北地区第二大城市。兰州市辖5个区（城关区、安宁区、西固区、七里河区、红古区），3个县（永登、皋兰、榆中）。

地形

兰州市位于陇西黄土高原的西部，处在青藏高原向黄土高原的过渡地区。境内大部分地区为海拔1500~2500米的黄土覆盖的丘陵和盆地，地势西部和南部高，东北低。

祁连山脉分布在市境的南北两侧。榆中县南部和永登县西北部的石质山地海拔都在3000米以上，其中马衔山海拔3670米，为兰州市最高峰。

黄河在兰州市自西南流向东北，横穿全境，切穿山岭，形成峡谷与盆地相间的串珠形河谷。

兰州黄河谷地盆地西起青石关，东至桑园峡，东西长60余千米，南北最宽约9千米，最窄处不足1千米，平均海拔约1500米。兰州市城区是唯一黄河穿城而过的城区。

气候

兰州地处季风气候区与非季风气候区的过渡地带，具有典型的温带半干旱大陆性季风气候，具有温差大、降水量少的特点。

兰州的年平均气温为10.3℃。这里春天干燥而多风，冬季又灰蒙蒙的缺少色彩，夏秋两季是旅游的最佳季节。兰州深处内陆，昼夜温差大，到兰州旅游要注意早晚添衣保暖。

兰州——漂在黄河上的城市

兰州被誉为黄河之都，提起兰州，绝对不能不提到黄河。从青海一路安安静静流淌过来的黄河，从兰州市中间横穿而过，流淌千年。

城因水而灵动，在黄河流域的诸多城市中，很少有像兰州这样亲近黄河、凭借黄河风水得益、摄取黄河的气质涵育城市品位、运用黄河的宠幸大做开发文章、尽展黄河之风采的城市。黄河为这座城市带来了生机，也为这里带来了悠久灿烂的历史文化。

黄河在甘肃境内蜿蜒100多千米，流经兰州市区。兰州市城区两面临山，地势狭长。黄河从中穿越，把这块带状盆地划割为南北两片，尤其在城区中心，河床笔直舒展，水流平缓。

黄河两岸是兰州全市最美的风景线，在这条几十千米的狭长区域内，分布着丰富的旅游景观。在南北两山遥相呼应的五泉山公园和白塔山公园，是登高览胜的绝佳去处；被誉为“天下黄河第一桥”的中山铁桥，历经百年风雨，完成历史重任，成为旅游观光的著名景点；以《黄河母亲》为代表的雕塑群优雅而美观，静静地伫立在黄河两岸，守候着它们的母亲；在水车博览园，高大而古老的水车缓缓转动，让人们仿佛穿越时光，回到了梦中也未曾有过的从前。

历史 HISTORY

历史大事记

● 秦汉时期

始皇三十三年（前214年），秦朝大将蒙恬西征，大败匈奴。秦朝开始在今天兰州东部城关区东港镇附近设立榆中县。

西汉元狩二年（前121年），霍去病率军西征匈奴，在兰州设金城郡驻军，为汉开辟河西四郡打通了道路，兰州也成为丝绸之路的重要驿站。

西汉神爵元年（前61年），赵充国平定西羌、屯兵湟中后，西汉在金城郡的统治得到加强，先后又新置七县。

● 隋唐时期

隋文帝开皇三年（583年），因金城城南有皋兰山，改金城郡为兰州，置总管府。

隋大业十三年（617年），金城校尉薛举起兵反隋，称西秦霸王，建都金城。不久迁都于天水，后为唐所灭。

唐宝应元年（762年），兰州被吐蕃所占；大中二年（848年），河州人张义潮起义，收复陇右十一州地，兰州又归唐属。

● 宋元时期

宋仁宗景祐三年（1036年），党项元昊击败吐蕃，占领河西及兰州地区。

宋神宗元丰四年（1081年），北宋乘西夏宫廷内乱，调军攻夏，收复兰州。此后宋夏隔河对峙，时相攻伐。

南宋宋高宗绍兴元年（1131年），兰州在宋廷统治半个世纪后，被金将宗弼（即金兀术）攻占。

金哀宗天兴三年（1234年），蒙古灭金，占领兰州。

● 明清时期

明代时，为防止元军卷土重来，在嘉峪关修长城，在兰州建卫所、屯粮草、驻重兵，以支援和巩固长城一线的防御。这一时期，在兰州黄河古渡口架设浮桥，兰州号称镇远。

明太祖洪武二年（1369年），明军战败元军，攻取兰州，次年置兰州卫。

明惠帝建文元年（1399年），明肃王朱楧迁府兰州。

清康熙五年（1666年），陕甘分治，设甘肃行省，省会由巩昌（今陇西）迁至兰州。从此，兰州一直为甘肃的政治中心。

清乾隆二十九年（1764年），陕甘总督衙门自西安移驻兰州，裁减甘肃巡抚。

清光绪三十三年（1907年），由美国人满宝本和德国人德罗设计的黄河铁桥，在兰州黄河上开始建设，历时3年建成。该铁桥被誉为“天下黄河第一桥”。铁桥的修建开启了兰州近现代历史。

● 近现代

1941年，兰州正式设市。

1949年8月，彭德怀指挥的第一野战军发动兰州战役，守卫兰州的马步芳部被歼大部，马步芳败逃西宁，兰州解放。

1953年7月，经过40余年的分段建设，陇海铁路全线修成通车，火车通到兰州。

2012年8月，兰州新区成为继上海浦东新区、天津滨海新区、重庆两江新区、浙江舟山群岛新区后，国务院批复的第五个国家级新区，这也是西北地区第一个国家级新区。

薛举称帝金城

薛举是隋朝末年群雄之一，祖籍河东汾阴（今山西运城万荣县），父亲薛汪时移居到金城（今甘肃兰州一带）。薛举性格武勇豪迈，加上家中有财产，在地方上结集许多豪杰人士，后担任金城的校尉。

隋大业十三年（617年），国力衰落，各地大乱，金城一带饥民和盗贼起事，金城令郝瑗受命募兵镇压。薛举以势胁迫郝瑗并与他一起将地方官逮捕，开仓救济灾民而获得支持。随后薛举在兰州称帝，自称西秦霸王，年号秦兴。

称帝兰州后，薛举欲进攻关中，但是为李世民所败，薛举因此有降唐之心。然而，因为郝瑗反对，薛举于是欲联合突厥莫贺咄设合攻长安，可后因莫贺咄设为李世民所怀柔而失败。之后薛举因病去世，其子薛仁杲继立，谥薛举为武皇帝，未及安葬，薛仁杲就被唐军消灭。

史书上记载薛举性格较为残忍，对战俘加以杀害，甚至使用割舌鼻等酷刑，因此无法获得人民广泛的支持。因此，薛举为唐所败也在情理之中。现今兰州市内的庄严寺，据说即为薛举当年在兰州称帝时的皇宫。

名单

兰州历史名人

清代文学家朱克敬

清代诗人、医生王三祝

清代文人马虎臣

清代科学家张国常

近代教育家刘尔炘

民国著名画家孔寿彭

爱国将领俞方皋

孔寿彭之画作

文化 CULTURE

天下第一鼓——兰州太平鼓

兰州太平鼓是流传在兰州市郊区农村的一种传统民间艺术，至今已有600多年的历史。相传明朝大将徐达为统一河山奉命西征，久攻兰州不克，于是走访民间，从兰州百姓挑水的水桶中受到启发，创造了三尺长鼓，让士兵将兵器藏在长鼓中，乔装打扮，混入城中攻克了城关。当地百姓欢欣鼓舞，赞美此鼓为“太平鼓”，兰州太平鼓由此而得名。

兰州太平鼓素有“天下第一鼓”之称。太平鼓呈圆筒形，鼓身高70～75厘米，鼓面径长45～50厘米，鼓重19～22千克。双面蒙牛皮，绘有二龙戏珠等图案。鼓带较长，可挎在肩上，便于击打，同时又可将鼓抛向任何一个方向。兰州太平鼓舞是群舞，鼓队有24～48人，多的达到108人。兰州太平鼓经过几代民间艺人和艺术工作者的编排、加工和完善，逐渐形成了“低鼓”“中鼓”“高鼓”三种基本打法。

进入21世纪以来，兰州太平鼓的生存面临着前所未有的危机。太平鼓的活动人数

太平鼓表演

大量减少，年轻的乡村“好家”也不如以前多了。加强对兰州太平鼓的挖掘、保护是一项重要的任务。2006年，兰州太平鼓被列入第一批国家级非物质文化遗产。

欲与天公试比高——苦水高高跷

在许多老兰州人的记忆里，很多当地的古老技艺令他们追忆不已，艺高人胆大的苦水高高跷就是这样的一门技艺。

兰州市永登县苦水街高高跷，起源于元末明初，距今已有近700年的历史。苦水高高跷的兴盛与苦水堡的建立是分不开的。从江南迁徙而来的移民，不仅带来了先进的生产技术，而且还带来了浓郁的江南风俗。苦水镇二月二闹社火这一风俗习惯形成了苦水街南北二街闹社火的竞技；而一个竞技的民间情结，造就了苦水高高跷独一无二的传承谱系。苦水高高跷就在这种竞技当中不断地发展变化并保存至今。

苦水高高跷的突出特点是它的高。一般有9尺到1丈那么高，也就是说有3米多高，加上表演者的身高，苦水高高跷可达4.7~5米，居全国之冠。制造高跷的材料是上好的松木，脚蹬用柳木。苦水镇二月二社火表演期间，高高跷连演3天，每天都有五六万人前去观看，场面极为热闹有趣。

苦水高高跷以传统秦腔本戏为主要表演内容，表演时表演者穿上传统的戏剧服装，画上秦腔剧中人物的脸谱，拿上道具，踩上高高跷，排成长队，在太平鼓队强大阵容的引导下上街表演。传统中踩高跷都是男子的专利；而现在，苦水街的青春女子也加入踩高跷的行列，为苦水高高跷增添了新的色彩。

转动着的古老艺术——黄河水车

几十年前，兰州附近的河谷中，人们总能看到不少慢悠悠转动着的大水车，它们提取黄河水，浇灌岸边的粮田、菜地和果园，也为黄河增添了无限的风光。这种简单的水利机械，虽然外表粗糙，但却省工、省力，几百年来一直默默无闻地造福着兰州黄河两岸的百姓。

黄河大水车车高10米多，由一根长5米、口径0.5米的车轴支撑着24根木辐条，呈放射状向四周展开。每根辐条的顶端都带着一个刮板和水斗。刮板刮水，水斗装水。河水冲来，借着水势缓缓转动着10多吨重的水车，水斗装满了河水被逐级提升上去。临顶，水斗又自然倾斜，将水注入渡槽，流到需灌溉的农田里。

如今由于水电站的兴建，黄河水车在灌溉方面所发挥的作用已经微乎其微，但兰州人对黄河水车的感情却难以割舍，兰州市修建了水车博览园供人们参观游览，现在水车博览园已经成为兰州市著名的旅游景点，黄河水车正在用另外一种方式造福兰州人。

兰州水车

中华第一面——兰州拉面

有人说，兰州的历史文化可以用一条河、一本书、一碗面来概括，这其中的一碗面即是著名的兰州拉面。拉面已经成为兰州的代名词，它的美味早已飘过了中华大地。

但当你到了兰州，“兰州拉面”的称呼很容易给你贴上外地人的标签，因为当地人称它为兰州牛肉面。兰州牛肉面原为西北游牧民族招待高级宾客之风味食品，距今已有160余年的历史。正宗的兰州牛肉面有一清（汤清）、二白（萝卜白）、三红（辣子油红）、四绿（香菜绿）、五黄（面条黄亮）五大特点。兰州牛肉面是回族人马保子于1915年始创的，马保子的清汤牛肉面名气大振，他一直经营到1925年，之后由其子马杰三接管经营，马杰三继续在“清”字上下功夫，不断改进牛肉拉面，直到后来名震四方，兰州拉面的美名传遍天下。

兰州牛肉拉面一般要选择新鲜的高筋面粉。和面一般要求冬天用温水，其他季节则用凉水。和面时，还要放入适量的灰。灰实际上是碱，它是用戈壁滩所产的蓬草烧制出来的碱性物质，加进面里，不仅使面有了一种特殊的香味，而且拉出来的面条爽滑透黄、筋道有劲。

对兰州人而言，牛肉面不仅仅是可充饥的面食，更是一份特殊的情感和味道：那种西北高原的朴实，那种黄河穿城的风情，那种陇原秦腔的高亢、厚重……160多年来，兰州牛肉面正是这样陪伴着数代兰州人生生不息。

中国人的心灵读本——《读者》

在中国，很多人都读过《读者》这本杂志，但是却很少有人知道《读者》的家乡在兰州。《读者》和兰州这座城市一样，总是厚积薄发，在岁月的流转当中不断沉淀自己。

《读者》封面

《读者》创刊于1981年，是甘肃人民出版社主办的一份综合类文摘杂志。30多年来，《读者》的发行量从创刊时月发行量3万册到如今的1000多万册，已经稳居中国和亚洲期刊排名第一。可以说，有华人的地方就有《读者》，它已经成为“中国人的心灵读本”。

《读者》原名《读者文摘》。1981年创刊时的《读者文摘》只有48页，而且是双月刊，新闻纸黑白印刷，售价只有0.3元。1982年年初，美国《读者文摘》来函指出：甘肃人民出版社使用《读者文摘》中文名是不正当的，不符合国际版权协定，中美两家《读者文摘》长达数年的版权之争从此开始。1993年第七期，《读者文摘》正式改名为《读者》。

刊名的更改并未影响《读者》的优秀品质，其在刊物内容及形式方面与时俱进，追求高品位、高质量，力求精品，并以其形式和内容的丰富性及多样性，赢得了各个年龄段和不同阶层读者的喜爱与拥护。如今的《读者》已经走出中国、走向世界，成为有世界影响力的刊物。

景点推荐 黄河外滩风景线

兰州是黄河唯一穿城而过的省会城市，坐落于一条东西向延伸的狭长形谷地，夹于南北两山之间，黄河在市北的九州山脚下穿城而过。兰州黄河风情线东西长50多千米，被称为兰州的“外滩”。

百里外滩风情线西起西固工业区的西柳沟，东至城关区桑园峡，流域面积27.44平方千米，于2000年开始动工建设，先后建成观光长廊、《生命之源》水景雕塑、《黄河母亲》雕塑、《绿色希望》雕塑、《西游记》雕塑、《平沙落雁》雕塑等沿河景观。另外，外滩风情线上还有白塔山公园、水车博览园等景点。

兰州市城区黄河沿岸 免费

玩家 攻略

最佳游季：黄河风情线四季皆适宜旅游。春天，花草树木发芽，柳絮飘飞，风景优美；夏天是人们乘凉观景的好地方；金秋时节，这里果实累累，落叶纷飞；冬天，两边的松柏树穿着绿色的军装挺立着，场面壮观。

美食：在兰州可品尝兰州著名的牛肉拉面，兰州市内很多餐馆都可以品尝到。晚餐可在正宁路小吃夜市就餐，那里集合了数不清的美食。

船游：在旅游旺季，可乘坐游艇夜游黄河，陶醉在迷人的兰州夜景中；也可乘坐快艇在黄河上冲浪。另外，羊皮筏子已经成为兰州百里黄河风情线的特色旅游项目，可以体验一下。

玩家 解说

多年来，兰州的黄河风情线早已成了当地和外地来兰人休闲娱乐的首选之地，就连南方一些海滨城市的游客徜徉其间也盛赞黄河风情线的美丽。

风情线上的《黄河母亲》雕像可谓天下闻

名。而离《黄河母亲》不远的兰州水车园，那两轮高达数十米的水车虽已"赋闲"，却似在无言地诉说着兰州大黄河的过去、现在和未来。据考证，兰州的水车系明代兰州段家台人段续所创。千百年来，这咿咿呀呀的水车曾悠悠灌溉了黄河两岸的万亩良田，也孕育了我们华夏儿女。

中山桥

天下黄河第一桥

兰州市城关区南滨河东路，白塔山下　免费

乘坐4路、6路、9路公交车可到

中山桥最初叫"黄河铁桥"。1942年为纪念孙中山先生而改为"中山桥"。位于滨河路中段、白塔山下，是九曲黄河上最早的一座真正意义上的桥梁。

黄河铁桥长233.5米，总宽8.36米，其中车行道宽6米，两边人行道各宽1米。1954年，兰州市人民政府对铁桥进行了整修，将原有的梯形拱架换成了5座弧形钢架拱梁及铁板桥面。现在中山桥的观赏价值、历史和文物价值已远远大于它的交通价值。中山桥于2004年改为步行桥，成为兰州旅游的标志性建筑。

白塔山公园

登高俯瞰兰州城之地

兰州市城关区五泉南路77号　免费

乘坐20路、35路、53路、131路公交车到白塔山公园站下车

白塔山公园于20世纪50年代末建成开放，园林建筑主要有塔寺、殿厅、亭台、楼阁、牌坊等，是一个集历史文物、人文景观和休憩娱乐于一身的综合性山林公园。

白塔山因白塔寺而得名。白塔寺始建于元代，是为纪念去蒙古谒见成吉思汗而病故于兰州的一位西藏著名喇嘛而建造的。寺中的白塔七级八面，高17米，各级每面都有佛像。寺内有"镇山三宝"：一为象皮鼓，二为青铜钟，三为紫荆树。寺内文物还有记载大禹治水的《夏禹岣嵝碑》。

兰州国学馆

文庙式古建筑群

兰州市安宁区九州台南麓

乘坐20路、103路、108路公交车可到

兰州国学馆依托市级文物保护单位皋兰县文庙古建筑群，历时4年时间，经改建、创意、充实、丰富而成，占地1.2万平方米，建筑面积1500余平方米。2002年，皋兰县文庙易地保护，迁于兰州市九州台。

国学馆沿中轴线为文庙建制的棂星门、泮池、戟门、明伦堂、大成殿、尊经阁、崇圣祠等。殿堂亭庑俱备，戟门棂星相辉。兰州国学馆由国学大师饶宗颐先生题写馆名。古建

链接

中山桥的百年历史

兰州黄河铁桥于1909年8月19日正式竣工通行。1928年，为纪念孙中山先生，"第一桥"改名中山桥，沿用至今。1949年8月26日，在解放兰州战役中，解放军以夺得黄河铁桥作为解放兰州的标志。1992年，在首届丝绸之路艺术节期间，兰州市政府在桥头竖碑，第一次将铁桥作为"中国对外开放的象征"。2004年，兰州市政府投资500万元，对黄河铁桥开始进行新中国成立以来最彻底、最大规模的维修加固。之后中山桥结束其近百年的通车历史，变成永久性步行桥。为了保障行人、游客通行的安全，保护国家重点文物，该桥从2013年3月30日起禁止机动车辆通行。

中山桥

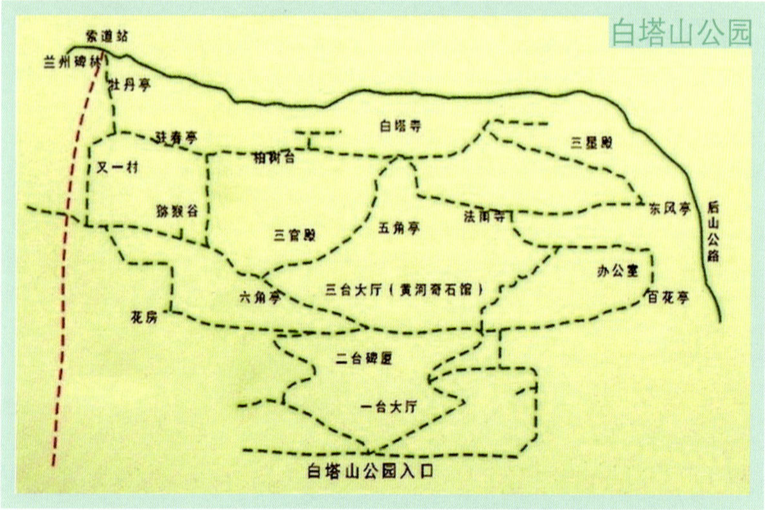

筑内外以大国学为概念镶嵌了诸子百家学说等各种文化元素，内容丰富，看点多多。

兰州碑林

保存有众多的书法精品

兰州市城关区白塔山西峰　免费

乘坐20路、35路、53路、131路公交车到白塔山公园站下车，可步行前往

兰州碑林位于兰州市黄河北岸白塔山西峰，建筑面积约6000平方米。在高低错落的庭院中，坐落着以"草圣"张芝命名的草圣阁、400米长的东西碑廊以及碑轩、碑亭、张芝雕像、陇右书艺院等。

登阁远眺，群山巍峨，黄河如带；鸟瞰城区，高楼林立，车流纵横。这里是观赏兰州城市风貌的最佳去处。

兰州城市雕塑群

兰州黄河文化的象征

兰州市城关区中山桥东侧　免费　乘坐20路、35路、53路、131路公交车到白塔山公园站下车，步行可达

兰州市区的黄河沿岸有不少独具特色的城市雕塑群，寓意深刻，享誉中外，成为兰州黄河文化的象征。主要有《黄河母亲》《绿色希望》《丝路古道》《平沙落雁》《筏客搏浪》等。

这些雕塑全部坐落在兰州市黄河南岸百里黄河风情线上，构成一个各具特色而又整体风格协调一致的雕塑群，表现了陇原历史文化的深厚底蕴，大大提升了兰州市总体的文化品位。

玩家 行程

由黄河铁桥起，向西步行前往《黄河母亲》雕塑，然后自西向东，沿黄河风情线依次观赏《绿色希望》雕塑群、《丝路古道》《平沙落雁》《筏客搏浪》雕塑，还可顺路观赏黄河沿岸风景，途中经过"天下第一黄河铁桥"和黄河大桥，可拍照留念。

银滩湿地公园

甘肃省首座城市湿地公园

兰州市安宁区北滨河西段银滩大桥的东西两侧

免费

银滩湿地公园位于安宁区北滨河西段银滩大桥的东西两侧，全长约3000米，是甘肃省首座城市湿地公园。该湿地类型属于河流湿地，可以保护环境，恢复生态，展现黄河湿地风貌。

公园内的景色随黄河水位的涨落而变化，不同的季节展现出不同的景象。园内

3000米的水网和2000米的木栈道相互交错，将10余处主要景点连接成片，并分割为现有四大景湖区（水禽湖、玉洁湖、鱼跃湖、候鸟湖）。全园有各类桥22座、草亭9座；鱼类、禽鸟类10余种，植物百余种。

雁滩公园

兰州城内的天然绿色氧吧

兰州市城关区滩尖子3号

免费

兰州市内乘10路、116路公交车可到

雁滩公园是1986年军民共建的一个湖水涟漪、亭榭栉比、风光清幽的休闲公园，以湖光水色、花草果木而著称。

雁滩原是黄河中的18个沙岛，其名来源于“平沙落雁”的传说。相传很久以前，成群的大雁从远方飞来，在这片水草丰美、景色秀丽之地，结巢筑窝，繁衍后代。天长日久，这里便成雁滩公园。现占地面积约14.5万平方米，其中水面面积约5.5万平方米，绿地面积约4.9万平方米。

全园分为东、中、西三段，相互连为一片。公园附近先后筑成了长达20千米的环滩大坝和10千米的柏油马路，并穿过黄河支流，把雁滩和市区连成一体。

园中林木茂密，风光明媚，建有楼台亭阁，与黄河景色互相映衬，十分壮美。公园辟有人工湖，湖面开阔、碧波荡漾、气势磅礴、景色如画，是游人泛舟荡桨的好去处。主要景点有平湖雁鸣雕塑、南湖水榭、爽心轩、蓬岛瑶台、湖畔长廊等。

水车博览园 AAAA

展现水车文化的主题公园

兰州市七里河区南滨河中路

免费

乘坐20路、25路公交车在兰州水车博览园站下车

兰州水车博览园位于百里黄河风情线滨河东路黄河南岸。博览园以12轮黄河大水车为主景，荟萃中外不同形式、风格迥异的水车数十轮，是目前世界上水车品种、数量最多的主题公园。由水车园、水车广场、文化广场组成，是以弘扬黄河文化为主题的旅游景区。

水车园以大型水车为主景。园内黄河奔腾，水车悠悠，渠水蜿蜒，花草树木错落有

玩家攻略

羊皮筏子：水车博览园内设有临水码头，可乘羊皮筏子沿河漂流，尽享黄河美景。

手工艺品：园内的陇原艺术馆陈列与销售兰州特色手工艺品——微雕葫芦。店内葫芦品种齐全，以鸡蛋葫芦、疙瘩葫芦（为主）和飞碟葫芦（最有名）等为代表。

民艺：作为国家非物质文化遗产保护项目的兰州水车、微雕葫芦、羊皮筏子，均可在兰州水车园内尽收眼底。园内最有特色手工艺品兰州微雕葫芦等，可供游客尽情选购。

水车博览园一景

致，展现了水车再造黄河两岸农耕文化的历史景象。

水车广场以兰州水车创始人段续的雕像为主体，荟萃国内外不同形式、不同风格的数十种水车。各种水车以独特的构造、精湛的工艺、雄浑粗犷的风格，展示了劳动人民的聪明与智慧。

绿色公园

以植物造景为主的公园

兰州市城关区滨河路东段 免费

兰州市绿色公园位于城关区滨河路东段，东西长758米，南北宽66~120米，总占地面积89 554平方米。该公园被列为市政府1996年为民办的实事之一，于同年4月动工建设，1997年底竣工。

绿色公园濒临黄河，是兰州市唯一一处以植物造景为主的公园。西区种植大面积草坪，并在草坪中点缀四季鲜花造型；东区为花卉园，种植10多处60多种各色花卉。设计体现简洁通透安静的田园风光，便于游客在紧张的工作之余休憩，是闹中取静的好去处。

西部欢乐园

西北最大的主题游乐公园之一

兰州市七里河区秀川路6号

市内可乘坐2路、127路、158路等公交车到达

成人套票160元，儿童套票（1.4米以下）110元，亲子套票200元

9:30~18:00

西部欢乐园始建于1996年，坐落在兰州市第二中心区——七里河秀川黄河之滨，处于黄河四十里风情线的轴心地带，是一家集旅游风光、休闲度假、餐饮娱乐、停车住宿、商会交流于一身的大型现代化综合娱乐场所。

园内风景秀丽，空气清新。园内有独特的欧式建筑、优美的园林环境、奇异的人文奇观和完善的现代化游乐设施。欢乐园以鲜明的主题游乐特色和深厚的人文关怀情结为特色并被人们所称道。

水车博览园

景点推荐 兰州城区景点

甘肃省博物馆

保存有著名的《马踏飞燕》

兰州市七里河区西津西路

乘坐1路、31路、58路公交车可到

9:00~17:00（16:00停止入馆，周一闭馆）

0931-2334106

甘肃省博物馆是我国最早成立的博物馆之一，也是国内目前规模最大的综合性地志博物馆之一。它的前身是1939年组建的甘肃省科学教育馆。甘肃省博物馆最著名的藏品是，陈列于二层历史文化展厅中的出土于武威汉墓的《铜奔马》。《铜奔马》为青铜器，距今已有2000多年的历史，又名《马踏飞燕》。

甘肃省博物馆新展览大楼落成后，推出了《甘肃丝绸之路文明》《甘肃彩陶》《甘肃古生物化石》3个基本陈列。目前三大展览免费向公众开放。

玩家攻略

门票：为保护馆藏文物，博物馆限制人流量。按免费不免票原则，每天限量2000张门票，其中上午限定1200人次参观，下午800人次参观。观众可在博物馆大门口凭本人身份证及其他个人有效证件免费领取，团体观众必须提前预约。

开放时间：博物馆在开馆日每天上、下午为观众提供两次免费讲解，分别于9:30和15:00开始，观众可以提前在大厅一楼西侧的“讲解服务台”集中等候。博物馆提供全天收费讲解和收费语音导览仪。

费用：博物馆服务收费项目有临时性特别展览、讲解费、语音导览仪租用费、停车费。

链接

《马踏飞燕》

《马踏飞燕》又称《马超龙雀》《铜奔马》，青铜制，高34.5厘米、长45厘米、宽10厘米，制作于东汉时期，出土于甘肃武威雷台墓，现收藏于甘肃省博物馆。《马踏飞燕》也是我国的旅游标志。

骏马体型的每一部分都异常完美而匀称，姿态动感强烈，同时也保持着精确的平衡。雕塑的重心显然经过了极其周密的计算，稳稳地落在踏鸟的一只蹄上。作为具有三维空间的圆雕作品能取得如此非凡的艺术效果，作者想象力之卓越、构思之新颖以及铜铸工艺运用之巧妙，都令人惊叹不已。

《马踏飞燕》是汉代艺术家高度智慧、丰富想象，浪漫主义精神和高超艺术技巧的结晶，是我国古代雕塑艺术的稀世之宝。

《马踏飞燕》

至公堂

曾经的甘肃最高学府

兰州市城关区翠英门路80号　8:00～17:00

10元

至公堂为清代贡院应试之堂。同治年间(1862—1874年)，陕甘总督左宗棠上书清廷，请求在兰州设立贡院，获准后而建至公堂。

至公堂也是甘肃贡院的中心建筑。建筑制式为十三檩五脊悬山顶，面阔七间21.7米，进深12米。青砖砌五花山墙，琉璃筒瓦屋面。前檐下悬挂金字巨匾一块，为左宗棠亲题的“至公堂”匾额。

链接

左宗棠与至公堂

明清两代，西部地区的学子们要想参加乡试必须长途跋涉，到陕西三原陕甘学政驻地进行考试。在交通不便的时候，仅到达考场就要花费三四个月甚至更久。

同治十二年(1873年)，左宗棠入驻兰州担任陕甘总督。当他听说了不少科考合格的甘肃士子常常因家境贫寒，难以筹措到前往陕西参试的路费而放弃乡试的情况后，深为惋惜。便于光绪元年(1875年)力奏朝廷，请朝廷允许陕甘两地分别乡试取士，并分设学政。据说，光绪帝阅读左宗棠的这份奏章时，也深为奏折中所透露的真情所感动，当即朱批准予。

1905年，科举制度废除，结束了“皓首穷经”“科考入仕”的历史。至公堂如今孤零零地坐落在那里，见证着那一段过往。

兰州府城隍庙

兰州最大的文化古玩市场

兰州市城关区张掖路　0931-8465966

兰州府城隍庙创建于北宋，系奉祀汉大将军纪信为城隍而建的。现存的古建筑为明、清建筑，为一座四进式宫殿式木结构园林古建筑群。坐北朝南，占地8000平方米，建筑面积12 870平方米。

城隍庙地区现已发展成为汇集古玩、字画、文房四宝、玉器、瓷器、铜器、刻葫芦、雕砚台、绣品、文化礼品、黄河奇石、古旧书籍、钱币、邮票等具有地方特色物品的兰州最大的文化古玩市场，有近300家商户常年在此经营。

白衣寺塔

建于明代的古塔

兰州市城关区庆阳路东段

乘坐1路、56路、58路公交车可到

白衣寺塔又称白衣庵塔，位于兰州市庆阳路，因塔建在白衣寺中而得名。塔前有清代改建的大殿，后为新建仿古式三层楼，1991年兰州市博物馆迁入。

白衣寺塔为实心砖塔，高约30米。塔基呈错牙式方形；塔身下部呈覆钵状，高约8米；塔身上半部为八角形锥体，高18.5米，共做密檐12层，层数为偶数，在国内罕见。

五泉山公园的香炉

五泉山公园 AAAA

兰州人休闲旅游的首选去处

兰州市城关区靖远路皋兰山北麓

乘坐11路、12路、123路公交车可到

6:00~18:00　免费　0931-8243247

五泉山公园位于兰州市城南皋兰山北麓，因有“甘露”“掬月”“摸子”“惠”“蒙”五眼泉而得名。

园内林木葱茏，曲幽明净，亭台轩榭，精巧秀丽。公园有庄严寺、泰和铁钟、铜接引佛等省级文物。五眼清泉、600年古树、飞瀑、古建筑群及历代人文积淀共同构成了真山真水与儒、释、道、民俗文化融合的大型陇上名胜。

玩家 攻略

每年农历四月初八，五泉山上会举办庙会，除浴佛和法事活动外，还设有花卉展览和各种民俗文化活动，每年春节期间还举办灯饰展览。

白云观

兰州市道教信众活动的中心场所

兰州市城关区滨河路557号

乘坐2路、15路、109路公交车可到

金城白云观系甘肃省道教重点宫观之一，为市级重点文物保护单位。白云观是兰州百里黄河风情线上古建筑与仙道文化融为一体，且开放接待游人观光的一座古朴典雅的名胜古迹。1987年白云观管理委员会成立，现为省、市道教协会所在地。

玩家 攻略

每逢农历正月初九玉皇圣诞、二月十五老君圣诞、清明节、七月十五中元节、十月初一庙会，观内设道场举行隆重的诵经祈福、超度活动。每逢初一、十五，进香朝拜者络绎不绝。

西关清真寺

全国最壮观的清真寺之一

兰州市城关区解放门广场东侧 乘2、4、6、9、13、15路公交车可到 10元 0931-8480008

西关清真寺位于兰州市城关区解放门广场东侧，创建于明万历年间，清康熙、雍正年间曾两次重修。1990年在原址重修了具有阿拉伯伊斯兰风格的圆顶建筑。西关清真寺气势雄浑，庄严肃穆，为全国最壮观的清真寺之一。

该寺先后培养了一大批伊斯兰经学学者。近年有不少国外穆斯林来此礼拜、参观。西关清真寺北侧不远处、中山路西侧的桥门清真寺，规模宏大，为当地穆斯林群众集中礼拜的活动场所。

庄严寺

兰州现存唯一的一座明代建筑

兰州市城关区鼓楼西侧 15元

庄严寺始建于唐代，相传为隋末金城校尉薛举故宅。隋大业十三年（617年），薛举在兰州称帝后，即为其皇宫。唐平定薛举后，改为佛寺。由山门、厢房及前殿、正殿、后殿等构成三院落。

庄严寺以塑、书、画“三绝”著称，正殿大佛塑像体态匀称生动，衣纹细腻逼真；原山门匾额“敕大庄严禅院”六字，为元代著名书法家李浦光所书，字体遒劲；正殿后壁

西关清真寺

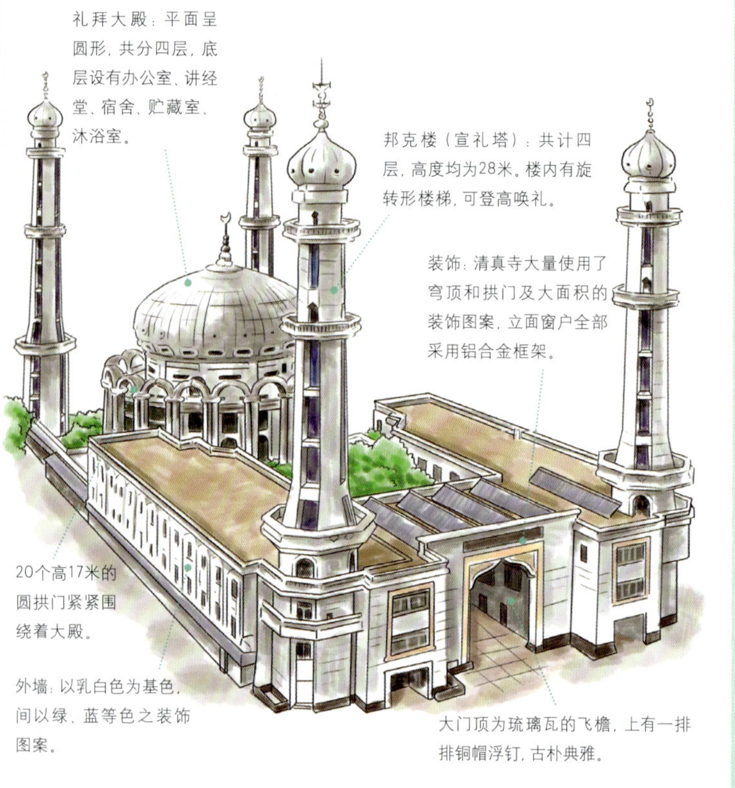

观音壁画栩栩如生，观音仪态端庄优美、身披白衣，净瓶柳枝翠色如新。新中国成立后，庄严寺辟作游览场所。

玉佛寺

甘肃省著名的汉传佛教寺院

兰州市城关区畅家巷 8:00～18:00

0931-8828783

玉佛寺原名稍门寺，始建于清道光二十七年（1847年），因地处金城小稍门而得名，距今已有150多年的历史，为金城古刹之一，属市级文物保护单位。

1985年被政府有关部门正式批准为佛教活动场所，吉支长老任住持。1986年由省、市、区政府宗教部确定为尼众活动场所，僧莲法师任住持。1993年因缅甸华侨付凤英居士赠送大型汉白玉佛像五尊，报请市、区政府宗教部门批准，更名为玉佛寺。

邓家花园

邓宝珊将军的故居

兰州市城关区广武门后街4号 2元

邓家花园即邓园，占地27亩，是我国著名爱国将领邓宝珊将军的故居，省级爱国主义教育基地。园内有假山、池塘、照厅、佛堂，花木繁茂，曲径通幽，鸟语花香。

邓家花园南部为仿古建筑群，最南面是饰有砖雕的青砖门墙，高大古朴。园中部假山重叠，叠石累累。邓宝珊在园内接待过贺龙元帅、陈毅元帅和梅兰芳、叶圣陶等文艺界名人。

链接

爱国将军邓宝珊

邓宝珊是甘肃天水人，生于1894年。1909年湖北新军协统在兰招募新兵，邓应募赴新疆伊犁。1910年加入同盟会，参加了伊犁起义。1924年加入冯玉祥的国民军。抗战期间，任国民革命军二十一军军团长，驻守榆林，与延安中共中央建立了良好的友邻关系。

1949年1月13日，邓宝珊代表傅作义签署了《北平和平解放协议》。新中国成立后，邓宝珊历任西北军政委员会委员、国防委员会委员、甘肃省人民政府主席、甘肃省省长、全国人大代表、全国政协常委、民革中央副主席等职。1968年在北京病逝。

兰州地震博物馆

兰州地震博物馆

中国首家地震专业博物馆

兰州市安宁区安宁西路438号（兰州交通大学后山）

0931-7670878

兰州市地震博物馆1988年创建，1989年4月正式对外开放。博物馆位于安宁区一座长达400米的人防山洞内，总占地面积3500平方米，其中展厅面积约1000平方米。

博物馆横跨于古地震断裂带上，断层面清晰可见，尽现大自然的鬼斧神工。主体展厅蜿蜒崎岖，神秘莫测，由地震知识壁画、地震文物史料、国外地震、甘肃地震、地震仪器、勇闯无人区等部分组成。

八路军驻兰州办事处旧址

“红色旅游经典景区”之一

兰州市城关区互助巷2号 免费 0931-8243247

八路军兰州办事处旧址位于兰州市酒泉路中段，是一座普通的旧式四合院建筑，为1980年依据八路军兰州办事处旧址建立起来的兰州市唯一一家革命纪念馆。

旧址全面细致地反映了当年以谢觉哉等老一辈革命家为代表的中国共产党人是如何通过各方面的努力，把兰州乃至整个甘肃的民众融入中华民族抗日救亡的历史洪流之中的。

中国秦腔博物馆

集秦腔文化之大成

兰州市黄河北岸金城关文化风情区

市区内乘坐35路、20路、53路公交车，在白塔山站下车，向西走100米即到

中国秦腔博物馆立足于大文化的视角，通过秦腔的发源、兴盛、传播的过程，探讨秦腔的艺术内涵和生命力。

博物馆从策划布局到每一件展品，从历史演变到剧本创作，从脸谱服饰到各个时期的名家名唱，集秦腔之大成。如在《演员篇》展厅中，有甘肃梅花奖得主窦凤琴、谭建勋，有“花脸王”张兰秦等名家名角；在《班社篇》中，不但有陕西易俗社这样的著名剧团，兰州文化社、鸿盛社等也一一在列。

玩家 解说

迈进中国秦腔博物馆的大门，就可以看见一个巨大的电子显示屏幕，正播放着一部时长9分钟左右的三维动画片。它共分为“大秦之声”“先民之情”“义军之魂”“花雅之争”“古调独弹”“百花齐放”6个部分。该片用现代技术详细解释了秦腔在其几千年流传历史中的各个重要时点，还重点介绍了李自成义军在扩大秦腔流行地域过程中所做的贡献。在音乐厅，一组秦腔表演中的乐器伴奏塑胶雕像栩栩如生，参观者只要触摸电子屏上的任何一位乐器伴奏者，系统就会自动播放这种乐器的声音。

兰州歌舞剧院

以演出大型舞剧、交响音乐会为主

兰州市西津东路38号　0931-8438641

兰州歌舞剧院成立于1970年，是兰州的大型专业文艺团体。30多年来曾演出大型舞剧、舞蹈诗、组舞10余部，大型文艺晚会20余台，演出足迹遍布全国，并先后赴俄罗斯、日本、意大利等国和台、港、澳地区巡回演

中国秦腔博物馆之脸谱

出，深受广大观众的欢迎。

玩家 攻略

剧院上演的主要剧目有《小刀会》《白毛女》《红色娘子军》《鱼美人》《天鹅湖》及大型历史舞剧《兰花花》、大型舞蹈诗《西出阳关》，演出的小舞剧、小舞蹈达200余个。剧院所属交响乐团可以演奏包括贝多芬的《第五交响曲》、德沃夏克的《自新大陆》和《梁祝》等在内的中外名曲100余部（首）。

兰炼水上公园

以水为特色的园林

兰州市西固区环行东路4号

乘68路公交车可到

兰炼水上公园是中石油兰州炼油化工总厂全资拥有的休闲、娱乐园林，建于1984年。水上公园经过多年的开发建设，形成了以水为特色的园林景观。

公园占地面积135亩，拥有兰州市最大的面积近3万平方米的人工湖。园内山依水势，水绕亭台，别致幽静，楼阁回廊点缀其间，曲径通幽。园内游船、赛车、休闲茶座、卡拉OK、渔场等娱乐、休闲设施一应俱全。

西固公园

兰州市十大公园之一

兰州市西固区南山脚下

乘26路、50路、80路公交车可达

西固公园始建于1984年，1988年正式开园。公园占地面积9.6万平方米，属集游憩、休闲、娱乐于一身的综合性公园。

园内有可供夏天游船、冬季滑冰的人工湖，有占地840平方米的彩色电子音乐喷泉，有占地1800平方米、独具西式风格的西班牙建筑群——碧波大世界。公园内树木密布，垂柳依依，湖波荡漾，风景优美。

玩家 攻略

游乐：西固公园免费对游人开放，娱乐设施单另收费。公园游乐场内有大型游乐项目激流勇进、海盗船、惯性滑车，还有碰碰车、小跑车、高空脚踏车、高空观览车、飞旋荡椅、豪华转马等各种游乐设施。

后门：西固公园共有两个后门：一个通往西固公园后山石头坪公园，那里是纳凉避暑的好去处；另一个通往西固体育场。

食宿：西固公园附近有景华苑大酒店、金泰御花园酒店、西苑宾馆、一凡大酒店、长业大酒店等，可供游人用餐、娱乐和住宿。

西固公园

石头坪森林公园

绿色经济生态型森林公园

兰州市西固区南山脚下，西固公园旁

0931-7589745

石头坪森林公园目前是兰州市唯一一家集种植、绿化、休闲、游乐于一身的城郊绿色经济生态型的森林公园。建园面积1100亩，果园面积580亩，其中苹果园500亩、油桃板园35亩，葡萄1000多株，防护风景林3万多株，名贵花卉唐菖蒲等100多亩。果园之中有一株形象怪异的铁神树，十分奇特。

1991年，公园建成随心湖、梅花三弄、休闲园、蒙古乐园、西部归来、烽火台、休闲亭、天桥等8处景点，它是兰州人周末休闲放松的好去处。

龙头山

全国首家清真生态园

兰州市城关区大沙坪126号

乘坐74路公交车到终点站下车，向前300米即到

龙头山森林生态园总面积6000平方米。公园以绿色植物为基调，造型别致的名山、绿树处处皆是，热带雨林大厅、实木长廊、棋牌休闲区、绿荫散台、莲花池等巧夺天工。

为了保证园内温度在18~22℃，湿度保持在65%~75%，龙头山森林生态园配置纯净水供应系统，空气水帘过滤系统，每隔10分钟就要对园内空气进行一次置换，整个公园就如同一个天然氧吧。

玩家 攻略

龙头山森林生态园是全国首家清真生态园，还是全省首家无公害、无污染、食品标准化，集餐饮、休闲于一身的大型清真餐饮企业，主要经营的菜系有港式粤菜、川菜、东北菜、南北海鲜及本地菜等。

郁金香花展

兰州植物园

每年会举办规模宏大的郁金香花展

兰州市安宁区施家湾西圃1号，距市中心15千米

0931-7666798

乘坐20路、46路、68路公交车可到

兰州植物园是集参观、教学、植物资源保护等功能于一身的新型综合性植物

兰州植物园

仁寿山公园

园。始建于1993年。园内林木繁茂，树种多达100余种，有银杏、丝棉木等珍贵树木10余种。

园内的植物研究所占地约3.3万平方米，花卉温室7000多平方米，培育花草100多个品种，室内观赏花卉50多个品种，是兰州市主要的花卉研种培育基地。

玩家 攻略

花展：每年的4月中旬至5月上旬，植物园都要举办大型的被誉为“花卉王国中的皇后——郁金香”花展，每年参展人数都达几十万人次。

休闲：植物园内还设有划船、垂钓、小型儿童游乐场等休闲娱乐项目。另外，设有7处风格不同的茶园。

仁寿山公园

以桃花会而闻名

兰州市安宁区刘家堡北部的桃园之中

乘坐46路、88路、522路公交车可到

仁寿山公园位于安宁区刘家堡北部的桃园之中，距市中心15千米。园内绿树成荫，风景秀丽。仁寿山为祁连山东延余脉，盘曲蜿蜒，沟壑纵横，主峰海拔1736米。

仁寿山上亭台楼阁，掩映于绿树红花之间。山坡上塑一长27米的青龙，似腾空跃起，怒目奋爪。山中建有玄武庙、凌云阁、祖师殿、仁寿亭等仿古建筑。

安宁滑雪场

大型综合性滑雪旅游胜地

兰州市安宁区万里厂　兰州市区乘72路公交车可达大青山脚下，有滑雪场专用车辆接送

安宁滑雪场坐落于兰州市安宁区费家营什字以北的大青山上，是一座融运动健身、休闲娱乐为一体的大型综合性滑雪旅游胜地。现占地面积40万平方米，是目前西北地区规模最大、配套设施齐全的滑雪场。

滑雪场集滑雪、健身娱乐、高尔夫运动场馆、度假休闲、景观园林、度假山庄于一身，可容纳2000多人次滑雪。

玩家 攻略

滑雪：滑雪场现有国际标准长度为880米的综合雪道1条，580米的初级雪道3条，380米的雪圈道2条，380米的高级雪道1条，全长2800米。造雪机、压雪车等设备设施均属世界顶级。

环境容量：雪场可同时容纳2000多人次滑

雪，中式快餐厅可同时容纳600人就餐，大型停车场可提供400多个车位，空中吊椅每小时可运送2400人，并可夜间滑雪。

石佛沟

有丰富的动植物资源

兰州市七里河区南部山区　乘坐44路公交车到阿干镇下车　25元　8:00~18:00

兰州石佛沟国家森林公园距兰州城区16千米，海拔1950~3124米，公园总面积6376公顷。公园内的植被属草原植被带森林类型，为温带阔叶林向草原过渡地带。阔叶林分布在温湿梁峁的阴坡，主要是栎树林、山杨林和白桦林。

公园分石佛沟、铁冶、七道梁、大尖山4个园区。其中，以连接天都山、大沟的石佛沟为核心园区。公园东连兴隆山自然保护区，西接关山森林公园。伫立于园内海拔3124米的最高峰双咀山，既可观兴隆日出，又可赏关山夕阳。全园由石佛沟、天都山、大沟3个主要景区组成。

八盘峡

工业旅游及休闲度假的绝佳胜境

兰州市西固区八盘峡黄河大桥

八盘峡旅游度假区位于兰州市黄河上游最西端的八盘峡水库。这里有雄伟的电站大坝，环境优美的厂区，宽阔的库区水面。厂房内发电机组轰鸣，厂房外树木成荫，百花盛开，鸟语婉转，风景如画。溯河而上，沿岸枣林葱郁，芦苇摇曳，水鸟翔集。八盘峡是工业旅游及休闲度假的绝佳胜境。

玩家攻略

游轮观光：八盘峡库区水面广阔，适合开展水上体育运动及娱乐。在这里，可以乘坐兰州市最大最豪华的游轮观光；也可以乘坐快艇，享受风驰电掣般的快感。

娱乐：八盘峡景区还有百亩果园、卡丁车场、植物园、游泳池等可供观赏和游玩。

游泳：游泳池是按照正规比赛标准建设的，设有8条泳道，可承办游泳比赛，是游泳爱好者一展身手的场所，也是夏日消暑的绝佳选择。

关山森林公园

兰州地区唯一的山顶公园

兰州市西固区金沟乡南部

乘坐204路公交车可到

关山为陇上名山，为省级森林公园，位于西固区金沟乡南部，跨越面积18平方千米，总面积577.3万平方米。

公园内有燕子山、龙山、虎头山等名山。山中有金花仙娘娘大殿、泉神庙、九泉圣母慈庙等建筑，有神泉、灵泉、龙泉、许仙峰、白蛇沟、关山沟等自然美景。山顶平台有英国传道士于光绪年间建造的消夏别

关山森林公园

达川三江口度假区

墅，后几经修复，风姿依旧。山上还有历史碑文、展览厅、瞭望台等古迹和丰富的动植物景观。

达川三江口度假区

因三河交汇而得名

兰州市西固区西部的达川乡湟水河汇入黄河的三角地带区域

达川距离西固中心城区34千米，位于八盘峡库区。当地人将达川乡田园、湿地风光最美丽迷人的地方称为“三江口”——因黄河、湟水河、大通河交汇而得名。

三江口自然景观主要有三江汇流形成的壮观、悠远的水面景观；鸟岛湿地芦苇丛生，为水中绿洲；阳光河滩绵长平滑，沙质细软，空间开阔。

玩家 解说

三江口黄河沿岸大片湿地，芦苇丛生，满目苍绿，河心鸟岛水鸟嬉戏觅食，怡然自得。岸上千亩枣园，枣花馨香扑鼻，红枣脆甜爽口；金黄的油菜花，葱绿的麦田，蝴蝶起舞，鸟儿欢唱……处处是美景。沿河而上游船可达盐锅峡。在三江口旅游休闲景区，开设了现实版的开心农场，游客可租种土地，做现代农夫，亲身体验一下劳动的快乐，带走一份沉甸甸的收获。

五一山 AAAA

兰州市内的“绿色氧吧”

兰州市城关区黄河北岸

乘坐81路、86路、144路公交车可到

五一山省级森林生态旅游区位于兰州市黄河北岸，总面积1336.5亩，森林覆盖率达到80%，现已形成以针、阔叶乔木为主的人工植被群落，有合欢、水杉、枇杷、金枝国槐、白玉兰、雪松、刺柏、侧柏、国槐、刺槐、丁香、连翘、牡丹、月季等乔木、花灌木60多个品种。

景区内山冈起伏，树木茂密，山顶平坦，峰回路转，林荫遮天，湖水映日，草坪含翠，花圃飘香，自然风光旖旎，环境温馨幽雅，负氧离子丰富，是兰州市久负盛名的“绿色氧吧”。

徐家山森林公园

闹市里的“桃花源”

兰州市城关区黄河北岸盐场堡北山柏树台

8:00~19:00 15元

徐家山国家森林公园位于兰州市区，距市中心3千米，是兰州市南北两山绿化工程创造的闹市“桃花源”。

中华民族的母亲河从山脚下蜿蜒流过，山上森林覆盖，空气清新，百鸟争鸣。中华红腹锦鸡、野兔、山猫、松鼠等多种鸟类和野生小型动物栖息其中，独具山野情趣，形成人与自然和谐相处的良好生态环境。

兰山森林公园

兰州城南的天然屏障

兰州市城关区南郊皋兰山上　8:00~18:30

乘坐123路、124路、142路公交车即可到达

兰山森林公园位于兰州中心城区南侧的皋兰山上，沿龙尾山脊东起龙须老狼沟、西至龙尾山批把岭，是兰州人民辛勤绿化建造的第一座人造森林公园。公园总面积6500亩，植被覆盖率达70%，截至目前存活各种树木100余万株，树种30余种。

皋兰山海拔2129. 6米，是兰州城南的天然屏障和第一高峰。古代这里一直是荒山秃岭，后来经过兰州人民上山植树，终于将这里变成一片绿树葱郁、万紫千红的人工山林。兰山森林公园景区以三台阁、兰山佛教文化院、魁星阁、兰山钟院四大景观构成，同时点缀特色园林。其标志性建筑三台阁始建于明初，距今已有600余年历史。在这里还可以凭吊往日战场，领略边塞诗人的意境。山顶公园气势雄伟，远眺俯瞰，兰州全景尽收眼底。

玩家攻略

上山方式： 游览兰山公园可步行上山，也可以在五泉山公园东门口乘缆车扶摇直上。缆车行程长度和爬高程度均属全国第一。

休闲游乐： 兰山公园内的游乐城娱乐项目齐全，小跑车、八卦阵、迷宫、彩宫、魔窟等游乐设施让人们流连忘返。

兰州城市风光

景点推荐

兰州郊区景点

兴隆山 AAAA

陇右第一名山

兰州市榆中县城关镇西南郊5千米　¥ 30元

冬季8:00~21:00，夏季7:00~22:00

0931-5251081

www.lz-xinglongshan.com

兴隆山国家级自然保护区位于兰州市榆中县往南7千米，总面积近3万公顷，海拔介于1800~3670米，是甘肃著名的风景旅游区，被誉为“陇右第一名山”。现已开发有兴龙山、栖云山、官滩沟、马啣山、二龙山五大景区。著名景点有云龙桥、成吉思汗文物陈列馆、朱德纪念亭、三官阁、太白泉、喜松亭、藏秀谷、张一悟墓、蒋氏行宫、混元阁、天梯、抚云阁、民族山庄等50余处。

兴隆山堪称一座天然生物园，其中野生植物有1022种，属国家重点保护的珍稀濒危植物有星叶草、桃儿七、膜荚黄芪3种；有野生动物160种，国家一级保护动物有马麝、金雕等。

玩家攻略

特产：兴隆山盛产的松花、蘑菇、蕨菜、木耳等纯天然绿色食品，备受国内外游客青睐，是馈赠亲友的不错选择。

兴隆山

最佳旅游时节：3~6月为兴隆山最佳旅游时节，气候适宜爬山。

青城古镇 AAAA
古丝绸之路上的水旱码头

兰州市榆中县青城镇，位于榆中县北部的崇兰山下

35元

从兰州汽车东站坐车到白银，再从白银的水川十子坐车到青城古镇，也可乘坐从榆中县到青城古镇的班车

被誉为“风雅之地”的青城古镇，位于榆中县北部的崇兰山下，距榆中县城54千米，属典型的黄河谷地。它是黄河上游的千年古镇，也是古丝绸之路上的水旱码头及唐宋元明时期的边塞军事重镇，被誉为“黄河千年古镇”。

古镇的著名景点有青城书院、城隍庙、高氏祠堂、罗家大院、东滩荷塘等。古镇以独特的古建筑风格、精美的木刻砖雕艺术尽现青城的古老历史和悠久文化。

古镇还有多处明清时期的民居古建筑。青城古镇有着丰富的历史文化积淀，有待于进一步去挖掘开发。

玩家 攻略

特产：青城古镇的地方特产有粮食醋、干面等。另外，还有一些味道鲜美甘甜的当地水果。

闲逛：青城古镇保留有很多完整的明清时期街区格局和各种老字号商铺、茶舍、旅店、书屋等，可以逛逛。

高氏祠堂

高氏祠堂始建于乾隆五十年（1785年），占地面积2000平方米，建筑面积400平方米。祠堂是一座四合院，其中殿堂、廊坊共计20多间。过厅悬有咸丰皇帝赐予进士高鸿儒的“进士”匾额以及道光帝御赐高鸣桂的“才兼文武”匾额。2003年列为省级文物保护单位。

青城书院

青城书院建于清道光十一年（1831年），100多年的历史培养了大批优秀人才，其中包括翰林1人、进士10人、文举23人、50多位武举人及许多贡生。青城书院是兰州六大书院之一。

青城隍庙

青城隍庙原址最初为秦州刺史狄青的议事厅，故又称“狄青府”，始建于宋仁宗宝元年间。明神宗万历二十五年（1597年）改为守备府，为城守备军指挥部的所在地。清雍正二年（1724年）改建为城隍庙。城隍庙占地面积1000平方米，大殿保存基本完好，近年又集资修复了门楼及戏楼。如今这里成为当地人们进行文化交流、休闲娱乐的场所。

罗家大院

罗家大院为四合院建筑，风格为典型的明清时期建筑，造型独特别致，气势宏伟庄严，使整个祠堂更显古朴典雅。罗家大院是典型的民俗文化博物馆。院子中有当年水烟作坊、水缸，石桌和满院子自然而生的草相映成趣。二进院子陈设有刺绣、灯笼和一些小物件。院后花园里有一处荷塘，荷叶碧绿，

玩家 解说

青城高氏最初来自山东渤海，当初兄弟仨随肃王来到甘肃，先是居住在陇西，后移居兰州庙滩子。在战争中二弟、三弟为国捐躯，被封为护旗将军。后举家迁至青城城河村。高氏后人在1785年修建高氏祠堂并保存至今。

青城古镇

生机勃勃。电视剧《老柿子树》在此院拍摄，剧中四个儿子居住的场所正是罗家大院。

百亩荷塘

青城东滩一带数百亩的荷塘是近几年来青城古镇发展的新兴产业。盛夏季节，水面的荷花随风摇曳，阵阵清香扑面。荷池中各种鱼类的养殖已成为当地群众的主要经济收入。每逢节假日，都市的垂钓爱好者成群结队，在荷池边垂钓，享受大自然的恩赐。

石源园林山庄

中西风格兼具的园林景观

兰州市榆中县和平乡 0931-5279988

www.lanzhoushiyuan.com

石源山庄内置有精彩纷呈的各色馆阁，取中西风格之要，蕴园林经典之义，既得堂皇富丽之景，亦有冲和自然之容，更有人文风情之个性。

石源山庄还是一个全新的集休闲、娱乐、餐饮、住宿、会议接待于一身的特色景

石源园林山庄之一景

区，以其秀美、雅致、淡静、含蓄和先进齐全的配套设施在各景区中独树一帜。景区功能齐全，服务优良，能满足多方客人全方位的需求。

和平牡丹园

全国花卉生产示范基地

兰州市榆中县和平乡 0931-8633338

www.peonyrockii.com

兰州和平牡丹园是国内最早以紫斑牡丹为主的集科研、游览、生产、销售于一身的花卉专业企业。

和平牡丹园是全国三大牡丹基地之一，牡丹品种和野生资源目前属国内外最多。园内部分品种多次在花卉博览会上获奖。品种园160亩，收集牡丹品种760个；野生牡丹资源圃30亩，引种栽培全国野生牡丹9种4个变型，有各种花卉树木530种。从1990年开始，每年5月在和平牡丹园举办甘肃牡丹花会，引起了各界人士的广泛关注。

链接

和平牡丹园始建立于1967年。经公司经理陈德忠多年栽培的紫斑牡丹，植株高大、香味浓郁、抗旱耐寒、病虫害少。紫斑牡丹在北纬25~48度、海拔50~3700米的地区，均可生长。

经甘肃省医药鉴定所、兰州大学、兰州科学院等部门化验分析，紫斑牡丹根、茎、叶、花、果所含药用成分、营养成分都较高，是医药、保健品加工的重要原料，全面开发综合利用的前景很好。

营盘岭战斗遗址

解放兰州的重要战斗遗址

兰州市皋兰县营盘岭

营盘岭位于皋兰山东南约5千米处，海拔2171米，山势高峻，为兰州东南的天然屏障。自明代以来屡为驻军设防之地，故有营盘岭之称。

1949年8月兰州解放前夕，营盘岭与固城岭、沈家岭、狗娃山同为国民党马步

芳部兰州防御体系中的主要阵地，被称为“兰州锁钥”，驻守着马军主力师——248师。解放兰州时，这里曾经是重要的战场之一。

什川生态旅游区
中国第一梨园古镇

兰州市皋兰县什川镇

乘坐兰州至什川的班车可以直达

什川位于兰州东北方向的皋兰县，被誉为“中国第一梨园古镇”。什川梨树树龄大都在300年以上，老枝遒劲，形状迥异，更令人惊奇的是如今大多仍然枝繁叶茂，可开花结果。

徜徉什川梨园，郁郁葱葱的梨树树冠相依，绵延不绝，树荫下流水潺潺、禾苗青青，间或有一二庭院，青砖红瓦，柴扉石碾，古意盎然。日本著名植物学家游览万亩梨园后，称之为植物界的奇迹、全球罕见的“活植物标本”和难得的“梨园博物馆”。

玩家攻略

水果：什川是兰州地区优质果品的重点产区，其中软儿梨、冬果梨享誉全国，值得品尝。

民艺：这里还有很多当地制作流传的艺术品，如剪纸、刺绣、根雕等，有兴趣的话可以买一些收藏。

美食：什川当地的地方特色饮食有面茶、长面、拉条子、浆水面、烧锅子、面片子、果皮子、沙葱菜、灰豆子、扁豆面、烙酥饼、锅盔、油旋、酥麿面甜馍馍等。

什川古梨园

景点推荐 永登旅游区

吐鲁沟 AAAA

有小“西天”之称

兰州市永登县往西的连城镇

50元 7:00~20:00 0931-6423851

吐鲁沟国家森林公园位于兰州西北部的连城自然保护区，距永登县城65千米，距兰州市、西宁市各160千米，属祁连山脉的东麓，是一处集“幽、秀、险、奇”于一身而毫无人工斧凿痕迹的自然风景区，海拔2100~3500米。

这里峰峦奇特，云雾诡谲，泉瀑多姿，生物多样，是一处环境幽静、景色秀美、风光旖旎，可供野营探险、科学教育、科学研究和生态旅游的胜地。全园可划分为前吐鲁沟森林风景区、三岔旅游村、大吐鲁沟地貌风景区、小吐鲁沟森林风景区和吐鲁沟掌草原游乐区五大景区，共20多个主要景点。园区生物资源丰富，有星叶草、桃儿七、羽叶丁香、黄芪、苁蓉等国家珍稀濒危保护植物，以及林麝、蓝马鸡、猞猁等数十种野生保护动物。

吐鲁沟

玩家 攻略

住宿：公园内的吐鲁沟宾馆设有不同层次的房间，可满足不同消费者的需求，可同时接待3000多人住宿，可承接中小型会议。

美食：公园内建有餐厅一处，经营有传统饮食和奇特山珍，味美可口，可同时接待150人就餐。

星河种植园

人工生态文化旅游景区

兰州市中川机场高速收费站西侧

兰州市内乘坐机场大巴至中川机场再转车前往

兰州星河种植园成立于2000年，是响应国家号召植树造林而形成的人工生态文化旅游景区。

种植园占地1181亩，园内集书画艺术观赏、种植、养殖、采摘、垂钓、避暑、度假等休闲活动于一身，已成为兰州新区、引大入秦、南北两山的一道靓丽风景，也是兰州机场迎来送往的接待窗口。

连城古镇

有保存完好的宫殿式古建筑群

兰州市永登县城西南65千米处

永登县城有通往连城镇的班车

连城古镇位于兰州市永登县城西南65千米处，是西北地区众多土司建筑中保存比较完整的一座宫殿式古建筑群。整个古镇由鲁土司衙门、妙因寺、土司花园三部分组成。

连城镇地理位置特殊，自然条件优越，早在新石器时代就有人类繁衍生息，现存古文化遗址就有十余处，曾出土过大量的精美陶器。其中有马家窑文化三个类型的彩陶，也有齐家文化和辛店文化的彩陶。在永登县博物馆藏有一件马家窑大彩瓮，其腹围达148厘米，高达62厘米，是目前发现的最大

妙因寺万岁殿

的彩陶，堪称彩陶王。

玩家攻略

每年牛站村的大菩萨庙会、嘎哒寺的四月八浴佛节、妙因寺的跳禅等都已成为群众自发的大型节会。每逢盛会时，四方民众纷至沓来，人山人海，商贾云集，非常热闹。

鲁土司衙门

鲁土司衙门始建于明朝初年，宣德、嘉靖年间屡有修葺。现存为清嘉庆时的格局，是全国现存少数土司衙门中规模最大、历史最悠久的古建筑群。布局严整，规模宏大，有三十六院七十二门。中轴线布局六院官衙，左侧为内宅区，右侧是家寺及粮仓马号、小校场等，后面是花园。

妙因寺

妙因寺原为大通寺，位于鲁土司衙门西侧，是历代鲁土司建立的寺院中规模最大、塑像最多、壁画最好的一座佛教名刹。妙因寺各殿中保留至今的大量壁画、砖雕等，更

链接

土司制度

土司制度是我国历史上的一种民族自治制度，起源于元朝，盛行于元、明、清时期。相当于我国现行的民族自治州或县、乡。

土司制度是在中国相对统一之后，局部地方经常发生少数民族叛乱的背景下，中央政府对主动投降的少数民族部落实行的安抚政策。其理念为“封土司民”“以本土之人，司本土之事”，故名曰“土司”。就是给那些少数民族首领封官职，让其统领当地的政治、文化、军事等事宜。

鲁土司衙门

连城古镇牌坊

为此建筑群增添了独特的鲜活魅力。

全寺主体建筑为山门、鹰王殿、金刚殿、塔儿殿、古龙观殿、万岁殿等。寺院中有大、小琉璃瓦寺。各种形式的建筑物高低错落、左右辉映，构成别具一格的寺院特色。

青龙山
河西走廊门户的游览胜地

兰州市永登县城东

从兰州东站坐火车，到永登站下车，然后打车到青龙山

青龙山位于永登县城东部，因其山形似卧龙而得名。清初，青龙山上建有玉皇楼、魁星阁、孙膑殿、城隍行宫等10余处建筑，为览胜之地，可惜毁于1928年的战火中。

1985年，为重振青龙山之威，再塑永登山河，当地政府陆续恢复兴建了青龙阁、玉皇殿、永宁寺、青龙观、卧龙桥、钟鼓楼、三台阁等15处景点。如今，青龙山已是亭台楼阁林立，山间绿树红花，游客络绎不绝。

猪驮山
“渗金佛祖”的得道圣地

兰州市永登县苦水镇

20元　0931-6784777

猪驮山始建于清康熙年间，是康熙御封的“渗金佛祖”得道圣地。300多年来，猪驮山通过不断增修，已颇具规模。山上有通高达21.95米的铜质大佛一尊，山下玫瑰花似海。

猪驮山在清朝时就已是平番(今永登县)八大胜景之一，与苦水“庄浪秋水”“巨柳含

猪驮山

烟”等胜景齐名，一直为文人墨客吟咏不已。而今，猪驮山与被誉为兰州十大景观之一的“玫瑰花香”互相映衬，已成为省城市民旅游、避暑、朝山、拜佛的后花园。

玩家 攻略

气温：苦水川平均海拔1793米，年平均气温8.1℃，7月平均气温为22℃，昼夜温差大，旅游时要注意保暖。

防晒：夏日去猪驮山旅游应准备遮阳帽、眼镜及防晒润肤用品，还应带一件外套，以防气候变化。

节庆：一年一度的四月八猪驮山佛诞节文化庙会最为人们所关注。

苦水玫瑰园
中国玫瑰第一乡

兰州市永登县苦水镇

永登县有通往苦水镇的班车，交通比较方便

玫瑰是世界名花之一，被称为“花之皇后”。永登县的苦水镇是闻名全国的“玫瑰之乡”，是全国最大的玫瑰种植基地，苦水玫瑰花产量居全国之首。

顾名思义，苦水镇的得名源于当地的水是咸的，但就是在这个打井出咸水的山川里，却有全国最大的玫瑰花种植基地。全县以苦水为名的玫瑰花产量占全国总产量的50%以上，年产玫瑰精油达400千克，占全国年产量的80%以上。苦水一共栽种着约7000亩玫瑰花。

玩家 解说

苦水玫瑰以它迷人的芳香而闻名于世界，在全国处于举足轻重的地位。兰州市永登县出产

苦水镇之美景

的玫瑰花及玫瑰油都占到全国总量的50%以上，出油率 4 ‰以上，高于全国平均水平。

永登苦水玫瑰种植已有悠久的历史，提取玫瑰油的精油率可与世界著名的玫瑰生产国保加利亚的蔷薇香精媲美。20 世纪 30 年代，天津酒厂用苦水玫瑰造的玫瑰酒，在巴拿马展览会上荣获银质奖章，从此苦水玫瑰驰名中外。

玩家 攻略

节庆：每年的5月15日至6月10日，是拍摄、观赏、采摘玫瑰花的最佳季节。农家乐旅游一直持续到9月15日。苦水玫瑰旅游节每年5月中旬举办。

特产：到玫瑰园旅游可以买一些当地的特产，如玫瑰精油、苦水玫瑰花茶等，价格要比兰州便宜很多。

美味：玫瑰最简单方便的食用方法就是采摘新鲜的开放的玫瑰花头，洗净用蜂蜜泡在瓶中，1 个月以后就可以食用了。蜂蜜玫瑰可以泡水喝，或者当馅儿包饺子或包子味道都很不错。

中川牡丹园

西北牡丹第一园

兰州市永登县中川镇的兰州机场南大门　可在兰州市内乘坐机场大巴前往

中川牡丹园是一个集观赏、旅游、生产和科研于一身的，以甘肃特产紫斑牡丹为主的中国西部最大的牡丹园。

中川牡丹园以新颖的造园手法，建成了独具特色的中国西部黄土高原的牡丹园。几万株高大美丽的牡丹点缀在山、坡、台、池、路、亭中，气势宏伟，花朵繁盛，色彩缤纷。中川牡丹园不但吸引着大批国内专家学者和游客，也吸引了国外 20 多个国家的专家、商客和游客多次到牡丹园考察、订货、观光旅游。

玩家 攻略

赏花：中川牡丹园由于海拔高、气候凉，牡丹开花相对兰州市区较晚，一般牡丹开花期在 5 月 10 日到 6 月 5 日，芍药开花期在 6 月 1 日至 6 月 20 日，为旅游观光者提供了一个比较充裕的赏花时间。

纪念品：以当地牡丹为原料制作而成的特产有牡丹茶、食用牡丹油、精油软胶囊、牡丹酒等，可以买一些送亲友。

引大入秦水利工程景区

华夏第一渠

兰州市永登县秦王川地区　免费

引大入秦水利工程是将大通河水调至兰州市以北约 60 千米处的秦王川地区的一项大型水利工程。工程总干渠、干渠和支渠全长约 880 千米，相当于京杭大运河长度的 49.5%。干渠穿过 71 座总长为 110 千米的隧洞群，其中 1 千米以上的隧洞 31 座，是中外罕见的“地下长河”。

引大入秦工程现已成为西部的新型旅游景点，参观项目主要由天堂寺渠首枢纽、先明峡桥式倒虹吸、水磨沟倒虹吸、30A 隧洞、大沙沟渡槽、盘道岭隧洞、香炉山总分水闸、庄浪河渡槽等景点组成。

攻略资讯

- 交通
- 住宿
- 美食
- 购物
- 娱乐

交通

飞机

兰州中川机场位于市区以北75千米处，是甘肃省的枢纽机场，民航甘肃省基地。中川机场现已开通兰州至北京、上海、广州、深圳、成都、西安、南京、杭州、敦煌、嘉峪关等地的近60条航线，并开通每周星期二飞往香港的定期旅游包机航线。

兰州市区有1、2、3号机场大巴线可到达中川机场。机场大巴1号线在兰州市城关区东岗西路588号民航售票处旁发车；2号线在安宁区安宁西路桃海市场长风电器店（原桃海宾馆）门前发车；3号线往返于中川机场和西固区，在兰州市西固区南苑建国宾馆发车。

在兰州市区乘出租车到中川机场的价格为70~120元。

机场电话：0931-8168464/8168888。

火车

兰州市是我国西部重要的铁路枢纽，陇海、兰新、兰青、包兰四大铁路干线交会于此。兰州也是东起连云港、西抵荷兰鹿特丹港的第二亚欧大陆桥上的重要一站。目前，兰州市共有兰州站、兰州西站和兰州东站三个客运火车站，其中兰州站为主要的客运站。

兰州站位于市区南侧的皋兰山脚下，每天有近60列客车经过该站往返于全国各城市之间。兰州到省内的张掖、嘉峪关、平凉等旅游城市均有特快列车往返。

2014年年底，从新疆乌鲁木齐到兰州的高铁已正式通车，两地坐火车的时间由之前的16小时缩短为9个小时。

在兰州市内乘坐1路、6路、7路、9路、10

兰州夜景

黄河风景线

路、12路、16路、31路、34路、102路、110路、126路、127路、137路等公交车，可到达兰州站。

汽车

兰州有多个长途汽车客运站，有4条国道和5条省道经过。由于兰州地处甘肃东部，与河西走廊上的各大旅游城市相距甚远，乘火车优于汽车。

车站	地址	电话
兰州汽车东站	兰州市平凉路276号	4562222
兰州汽车南站	兰州市兰工坪路81号	2392525
兰州汽车西站	兰州市西津东路456号	2919537
天水路汽车站	兰州市城关区天水南路110号	4561923
兰州公用型客运北站	兰州市城关区大沙坪118号	8369975

中山桥

住宿

兰州的宾馆住宿业发展十分迅速。在城关区的火车站、兰州大学、滨河路一带，各种档次的宾馆、招待所都有分布，游客可根据自身的需要进行选择；在安宁区和西固区也能较为方便地找到合适的住宿地。普通宾馆的标间价格一般200~500元，招待所相对要便宜许多，房价60~100元。

城关区

● 兰州皇冠假日酒店

兰州皇冠假日酒店是甘肃省首家以五星级酒店标准设计和兴建的，集商务、餐饮、娱乐、健身、购物为一身的综合性酒店。

兰州市城关区北滨河东路1号（甘肃大剧院旁）

0931-8711111

● 华联宾馆

华联宾馆前身是兰州大厦，2010年宾馆进行了全面的装修改造。目前宾馆拥有各类客房近400间，是旅游、商务客人下榻的理想选择。有中餐厅、西餐咖啡会所、大小会议室、舞厅、网吧等多种配套服务。 兰州市城关区天水南路1号 0931-4992101

● 蓝宝石大酒店

蓝宝石大酒店位于风景秀丽的五泉

山公园旁，环境怡人，交通便捷。可步行或乘车方便地抵达中央商务区、各大娱乐场所以及购物中心，只需5分钟车程即可抵达兰州市中心。✉ 兰州市城关区民主西路37号 ☎ 0931-8884778

● 兰州饭店

兰州饭店是兰州市的一座大型涉外饭店，造型古朴典雅，被花园亭阁簇拥，环境幽雅清新。可为宾客提供各类客房和不同形式的中、西佳肴，还设有旅游商场、商务、娱乐、外币兑换等服务项目和设施。✉ 兰州城关区东岗西路486号 ☎ 0931-4639092

● 兰州阳光大酒店

兰州阳光大酒店是甘肃省首家五星级酒店，地处兰州市金融、商业中心，距火车站5千米，交通便利。酒店拥有客房200多间（套），提供地道的中外美食，同时还有游泳馆、健身中心、棋牌室等设施。✉ 兰州市城关区庆阳路428号 ☎ 0931-4608888

● 兰州西驿国际青年旅社

兰州西驿国际青年旅社保持着自己独有的风格，有藏式的客厅、温馨的书房和网吧、屋顶花园和自助的烧烤吧、简约古朴的卧室。在这里可感受与众不同的惬意和满足。✉ 兰州市城关区天水北路1180号(与雁北路交会处南侧) ☎ 0931-8688381

兰州西驿国际青年旅社一角

● 东方大酒店

东方大酒店是集住宿、餐饮、娱乐、健身、商务、旅游、美容美发和艺术摄影于一身的多功能、现代化涉外酒店。酒店客房分布在5~18层的主楼。✉ 兰州城关区天水南路523号 ☎ 0931-8833555

安宁区

● 国泰安宁大酒店

国泰安宁大酒店是一家准五星级标准的商务会议型酒店，设备齐全，服务周到，是入住的不错选择。✉ 兰州市安宁区北滨河西路922号 ☎ 0931-6182222

● 王府饭店

王府饭店是一家集餐饮、住宿、娱乐于一身的三星级酒店。酒店具有兰州目前独一无二的餐饮特色，保证让你睡好的同时，吃到最美味的兰州美食。✉ 兰州市安宁区安宁西路515号 ☎ 0931-7667404

西固区

● 兰苑建国宾馆

兰苑建国宾馆是兰州市离机场最近的一家五星级酒店，宾馆到中川机场仅需30分钟左右车程。✉ 兰州市西固区玉门街703号 ☎ 0931-7920200

● 天佑商务宾馆

天佑商务宾馆是集客房、餐饮、娱乐于一身的宾馆，环境幽静，交通便利，酒店服务设施齐全。✉ 兰州市西固区西固中路269号（牌坊路立交桥西南角） ☎ 0931-7145777

● 唐吉诃德宾馆

唐吉诃德宾馆设施完善，环境舒适，很多人来这里住宿都是被其名字所吸引的。✉ 兰州市西固区城南街5号（东方龙大厦5楼） ☎ 0931-7319577

美食

在兰州，各色的酒楼、餐馆遍布大街小巷，川菜、粤菜、上海菜、湘菜齐聚一堂。甘肃在融合其他菜系和民族风味的同时，形成了自己的特色菜——陇菜。主食以面食为主，肉食则深受回族饮食的影响。

美食小吃

● 百合桃

百合桃是用兰州特产百合烹制成的风味佳肴，因状如仙桃而得名。其做法是将新鲜百合分瓣洗净，笼蒸15分钟，然后将百合瓣拢成桃状，内包豆沙馅，即成“蟠桃”；外摆青梅片为叶，用山楂泥制成桃尖，再上笼蒸20分钟许，即可入盘食用。

● 浆水面

浆水面是以浆水做汤汁的一种面条，广泛流行于兰州、天水、定西、临夏等地，以兰州的最为考究。它含有多种有益的酶，能清暑解热，增进食欲，为夏令佳品。

● 兰州拉面

兰州拉面为兰州最有名的小吃，兰州市的每条街巷，无论大小，至少都有一两家牛肉面馆。其中马子禄牛肉面在兰州较有名气，位于黄河铁桥向东走200米的大众巷美食街内。

兰州拉面

● 酿皮子

酿皮子是一种面粉做的凉食佳品，在甘肃各地均有，而以兰州所产最佳。其味酸辣清凉，软韧筋柔，是夏季解热清暑的美味佳肴。

酿皮子

● 灰豆子

灰豆子是用麻色豌豆煮成的粥状食物。吃的时候加入白糖，别具风味，备受大众欢迎。

● 羊肉泡馍

兰州与西安的羊肉泡馍大不相同。西安的是死面（没有发酵的面）饼，而兰州的是当地的一种发面饼，它采用一种特殊的发酵工艺，保持了面粉的原始香味。

美食去处

兰州市开设有许多的小吃街，专营兰州及外地的各种风味小吃。火车站周围的和政路小吃街是规模最大的小吃街。市内还有广场西口、铁路新村、西关什字、小西湖、建兰路等小吃街。一般小吃街的营业时间从早晨可持续到子夜。和政路、西关什字等小吃街可持续到凌晨三四点，有些摊点甚至昼夜营业。

购物

兰州是甘肃的理想购物之处，这里云集了甘肃全省的旅游工艺精品、土特产品。兰州也是引导甘肃购物潮流的风向标之地。

兰州特产

●兰州砂锅

兰州砂锅包括砂罐、砂壶、煨罐、火锅等20多个品种，自古为城乡人民所喜爱，是甘肃省久负盛名的传统产品。兰州砂锅选用兰州大煤山色青、质细的坩泥、好块煤、白土等材料制成，工艺精良，用途极广，使用价值很高。

●兰州水烟

水烟又称九叶芸香草，属黄花烟种，以丝、色、味三绝闻名全国，有"兰州水烟天下无"之誉。兰州水烟做工精细，色泽清亮，丝细条显，气味芬芳，为烟中佳品。

●套料花瓶

套料花瓶是兰州玻璃厂精制的一种工艺品，以独具特色的艺术造型和晶莹透亮的珠宝色名冠海内外。套料花瓶造型新颖大方，民族风格浓郁，具有浓郁的地方艺术特色。

●兰州软儿梨

软儿梨的果实近圆形，平均果重在125克左右。立冬后成熟，其色黄中带绿，青中泛红，果皮较厚。软儿梨富含果酸、苹果酸、柠檬酸、蔗糖、葡萄糖等成分，营养价值极高。

●白兰瓜

兰州黄河北岸的青白石乡是久负盛名的"白兰瓜之乡"。成熟的白兰瓜呈圆球形，个头均匀，每个重2千克左右。白兰瓜白中泛黄，色泽美观，含有丰富的维生素、蛋白酶、钙、磷、铁等，富有营养。

●苦水玫瑰

永登县苦水乡是全国著名的"玫瑰之

苦水玫瑰

乡"，苦水玫瑰以其迷人的馨香驰名中外。玫瑰的用途很广，是做糕点、酿酒的必备香料，玫瑰油是香烟、香皂、香水和高级化妆品的主体原料。

兰州购物场所

张掖路步行街：街边建筑修建得富丽堂皇，各种品牌店鳞次栉比，还有众多的兰州小吃可供品尝。

永昌路夜市街：与张掖路相距不远，每天晚上，许多夜市的摊主早早就开始向这里集结，出售各种商品。永昌路夜市已经成为兰州市夜晚的一道靓丽风景。

瑞德摩尔城市购物广场：拥有万国港、太平洋城等八大商城，有雅典娜大街和丘比特小街两条步行街以及瑞德景观大道、万国港七层空中蝴蝶花园等四大景观配套设施，是西北首座集购物、餐饮、娱乐于一身的大型购物中心。

好尔胜商城：兰州最大的购物商城，可以满足兰州本地网络购物爱好者的需求。好尔胜本着"诚信为本，质量第一"的原则，打造兰州第一网络购物平台，现拥有服装、鞋帽等业务，有产品1000多种。

世纪春天：被誉为"西北最大的百货巨舰"，雄踞兰州市最繁华商业区——南关十字，以其精致、典雅赢得关注的目光，为追求时尚流行趋势的消费人群提供了广阔和方便的消费购物环境。

亚欧商厦：素有"陇原第一商厦"的美誉，是兰州民百集团下辖的一座现代化、多功能的综合性商厦，也是兰州市拥有最佳购物环境和最佳人气两项大奖的精品商厦。

娱乐

兰州是我国西部地区的重要都市，文化娱乐事业发达，各种娱乐场所齐全。在兰州甚至可以听到全国各地的剧种，如秦腔、陇剧、豫剧、京剧等。兰州的太平鼓舞很有名气，已成为每年春节社火表演和重大节庆活动的重要演出内容，值得一观。

●甘南路酒吧街

兰州著名的酒吧街之一，这里的街道两旁林立着风格各异的酒吧。每当华灯初上，银杏树上的璀璨饰灯为这条繁荣的街道增添一丝浪漫气息。每个酒吧挤满人群，热闹非凡，灯光绚丽，音乐狂放，人们于此可轻松聊天喝酒，或动感舞蹈，尽情释放激情，感受独特的酒吧氛围。 兰州市城关区甘南路 可乘2路、82路、111路、118路等公交车甘南中路站下车

●甘肃大剧院

甘肃文化的标志，也是当地地标性建筑。其整体规模宏大，室内流光溢彩，灯火通明，极其雄伟壮观。剧院楼高7层，拥有可容纳1500人的大剧场，是各种大型歌舞剧、话剧、戏剧、杂技和音乐等演出的主要场地。 兰州市城关区北滨河东路1号 0931-8306288 乘149路公交车在鲁家崖站下车

●万人坑啤酒广场

毗邻黄河风景线，是兰州最为知名的娱乐休闲场所之一。这里的场地宽阔，环境舒适宜人，整齐地摆设着成千上万的餐桌以及数不尽的摊位，店家的吆喝声此起彼伏，客人来来往往，热闹非凡。可在此品尝当地特色啤酒、地道小吃，观赏风景，看人潮熙熙攘攘，享受别具风味的独特体验。 兰州市城关区南滨河东路 乘25路、140路等公交车在兰州水车博览园站下车

●西部欢乐园

以游乐项目为主，并集旅游、观光、休闲、餐饮于一身的大型娱乐场。园内拥有爱斯基摩村冰雪世界、富有热带风情的夏威夷海滨世界、新颖刺激的三环滑车、凌空起舞的太空飞船等。游客可刺激地赛车、玩过山车，或坐上摩天轮、旋转木马享受童话梦幻般的体验，或观看音乐喷泉、登上摩天观览塔观览胜景。 兰州市七里河区秀川路6号 0931-2502955 乘26路、80路等公交车西部欢乐园站下车

甘南路酒吧街

●兰州歌舞剧院

当地最具历史、最负盛名的舞剧艺术表演场所。其设计美观大方，装潢豪华典雅，拥有先进的影音设备，提供高水平的视听盛宴。这里以演出大型歌舞剧、交响音乐会为主，其中以歌舞剧《大梦敦煌》《西出阳关》《兰花花》最为知名。 兰州市城关区大众市场26号 0931-2177352 乘102路公交车永昌路站下车

●快乐兰州相声茶社

当地颇具名气的相声茶馆。其室内光影设备齐全，装潢精致雅韵，分上下两层，宽敞明亮。这里表演的节目丰富，包括山东快书、快板、相声等演出。可一边品尝香茗，一边观赏相声演出，体验当地艺术文化的独特魅力。 兰州市城关区柏道路1号 乘15路、18路、111路、140路公交车东风剧院站下车

节日和重大活动

节日	地点	时间
兰州水车节	兰州水车博览园	7月
中国丝绸之路节	兰州市	9月
桃花会	兰州市安宁区	4月
社火节	兰州市永登县苦水镇	春节期间
苦水玫瑰节	兰州市永登县苦水镇	5～6月
榆中冰雪节	兰州市榆中县	12月

发现者旅行指南

陇中

（含白银、定西、临夏）

概览

亮点

景泰黄河石林

已有400万年的历史，石林与黄河曲流山水相依，有“世界地质博物馆”的称号。

红军会宁会师旧址

红军第一、第二、第四方面军胜利会师的圣地，著名的红色革命遗址。

黄河三峡

包括炳灵峡、刘家峡、盐锅峡，有丰富的文化内涵和得天独厚的山水风光。

松鸣岩风景区

古河州八景之一，以这里的“花儿会”而闻名于世，自然风景优美。

贵清山风景区

由贵清山、贵清峡两个景区组成，自然风景优美，有“贵清仙境”之称。

遮阳山风景区

由西溪、东溪、夷门山3个景区组成，是陇中黄土高原上最为奇秀的自然风景区。

必逛街道

“新天地”现代文化商业街是白银市内集购物、休闲、娱乐、商住、餐饮、康体为一身的现代化多功能商业步行街。

线路

临夏城区二日游

第一天可以先到东郊公园，欣赏塞上绿洲的美景；然后到东公馆，这里曾是马步青的住宅，现在是临夏州博物馆；最后参观南关清真寺。第二天先逛逛北大街，之后去红园，这是一个以花卉和古建筑为主的江南式园林；最后去大拱北，参观中国伊斯兰教古墓建筑群。

白银全景二日游

第一天先逛逛白银市区；然后去郊外的景泰黄河石林，领略大自然的鬼斧神工，顺便参观大敦煌影视城；晚上回景泰住宿。第二天参观五佛沿寺，下午游览

红园

寿鹿山、永泰古城，晚上返回白银市区。

定西全景二日游

定西的景点分布很广，所以行程安排上一天只能参观一两个景点。第一天去定西渭源首阳山，这里因伯夷叔齐不肯食周粟饿死而闻名；之后去陇西李家龙宫，这里是李唐王朝的发源地。第二天参观已有几百年历史的威远楼，最后去通渭温泉度假区泡泡温泉。

为何去

地处丝绸之路沿线的临夏、定西和白银三市，是历史上汉族与回族等少数民族的融合之地，因此保留了很多富有民族特色的景点，比如大拱北、南关清真寺等。更难得的是，这里还有多姿多彩的黄河石林、首阳山等奇妙的自然奇观，着实令人着迷。

红园

何时去

陇中大部分地区无严寒酷暑、气候宜人，而西南部的高山区四季阴寒潮湿，东北部的高原区干旱少雨。春秋季节是最佳的旅游季节，部分海拔较高的山区，夏季往往成为避暑胜地。

马步青故居

春季来到首阳山、红园等地，可以看到一片花海，听着回族花儿，那感觉真是太美好了。秋天的黄河石林、大拱北等在阳光的照射下，有一种西北地区独特的苍凉美，是摄影的好地方。

区域解读

白银区号：0943
定西区号：0932
临夏区号：0930
面积：49 709 km²
人口：约658万人
主要少数民族：回族、东乡族、保安族、撒拉族

地理 GEOGRAPHY

区划

白银市辖2个区（白银区、平川区），3个县（会宁县、靖远县、景泰县）。

定西市辖1个区（安定区），6个县（通渭县、陇西县、漳县、渭源县、岷县、临洮县）。

临夏辖1个市（临夏市），5个县（临夏县、康乐县、永靖县、广河县、和政县），2个自治县（东乡族自治县、积石山保安族东乡族撒拉族自治县）。

地形

陇中地区地形复杂，总体处于黄土高原向青藏高原的过渡地带，地势从东向西倾斜，东面属黄土高原沟壑区，西面连接广阔的青藏高原，黄河贯穿其中，留下了黄河石林等绮丽的自然景观。区域内的最高峰太子山海拔4368米。位于永靖县境内的刘家峡水库，水域面积达130多平方千米，蓄水量约57亿立方米。

气候

陇中地区属温带干旱、半干旱大陆性气候。冬夏温差较大。降雨主要集中在7、8、9月，且多以暴雨的形式出现。早晚温差大，游客须携带必要的衣物，注意防寒保暖。

高原平湖——刘家峡

刘家峡是黄河三峡（炳灵峡、刘家峡、盐锅峡）之一，黄河从青海的巴颜喀拉山的山谷出发，沿途汇纳千百条河流、小溪，浩浩荡荡来到这里，将一幅幅秀丽的山水画卷展现在世人面前。刘家峡水库地处高原峡谷，被誉为“高原明珠”，景色壮观。

依托刘家峡水库而建的刘家峡水电站是我国西部地区最重要的水电站之一，兼有发电、防洪、灌溉、养殖、航运、旅游等功能。水电站的建成不仅解决了困扰当地的水患问题，它还成为重要的旅游景区，为当地人造福。每年8、9月是电站的汛期，可看到电站提闸泄洪的壮观景象。虽说黄河之水天上来，到了刘家峡，却来了个大回转，向西流去，所谓九曲黄河，在刘家峡就能够看到一曲。

从大坝乘坐仿古游艇到库区游览，驶到洮河口，可以看到这样一个景象：携有大量泥沙、浑浊不堪的洮河水注入水库，立即与清澈的黄河水形成泾渭分明的两股水流，但浊流很快被清波吞没，这也是刘家峡的一个奇景。

刘家峡不仅景色壮观秀丽，这里还有古老的历史人文传说，据说古代大禹治水就曾经在这里留下过足迹。今天的刘家峡同样已经是造福百姓的工程，大禹治水的精神在这里得到了传承。

刘家峡水库风光

中国马铃薯之乡——定西

定西是“中国马铃薯之乡”，是全国三大马铃薯集中主产区之一，也是全国重要的马铃薯加工基地、鲜薯销售基地及全国最大的脱毒种薯生产基地（当地的脱毒微型种薯生产能力位居全国之首）。

定西的土壤气候极适合马铃薯生长，所产马铃薯形整、质优、储存期长、淀粉含量高，产量和质量在全省及全国均处于一流水平，被中国农学会命名为“中国马铃薯之乡”，成为全省各地乃至周边省区的良种马铃薯供应中心。

目前定西市已建成了种薯繁育推广体系，并从海外引进繁育了大西洋、夏波蒂、费乌瑞它等优质专用马铃薯新品种30多个，定西马铃薯每年都会销往内地各大城市以及新加坡、日本、菲律宾等国家。

历史 HISTORY

白银历史大事记

●先秦时期

夏、商、西周时期，现白银境内为羌戎领地。

春秋、战国时期，白银境内部分地域为月氏人所居，后匈奴人南下，月氏人西迁，部分地域为匈奴人所居。

●秦汉时期

始皇三十三年（前214年），蒙恬率数十万众北击匈奴，白银市境黄河以东入秦版图。

西汉元鼎三年（前114年），白银境内置安定郡，设祖厉、鹑阴二县隶属安定郡。

●隋唐时期

隋开皇十六年（596年），会宁镇改置会宁县；大业二年（606年），置会宁郡，辖凉川、乌兰二县。

唐天宝元年（742年），改会州为会宁郡；乾元元年（758年），改会宁郡为会州；广德元年（763年），会州陷于吐蕃。

●宋元明清时期

北宋雍熙二年（985年），党项族李继迁破会州，焚毁城郭。明道元年（1032年），西夏兵南下，吐蕃败走，市境悉为西夏属地。

明洪武二年（1369年），设迭烈逊巡检司，归固原州管辖。

洪武十年（1377年），降会宁州为会宁县，县治迁于今址。

清顺治元年（1644年），改靖虏卫为靖远卫，会宁县、靖远卫隶巩昌府。

●近现代

1933年，靖远县的小芦塘、一条山、老龙湾等地划归红水县，成立景泰县。

1936年10月，中国工农红军一、二、四方面军会师白银市会宁县，标志着红军长征的胜利结束。

1949年9月，白银解放，会宁、靖远隶定西专员公署，景泰县隶武威专员公署。

1956年6月，白银市成立。

定西历史大事记

●秦汉时期

秦武公十年（前688年），秦设邽、冀二县，今通渭县南、陇西县东为冀县辖地。

秦昭王二十八年（前279年）始置陇西郡，郡治狄道，即今临洮县，今定西地区全境均辖于陇西郡。

汉高祖二年（前205年）得陇西郡地，于临洮县设南部都尉管理羌戎等少数民族。

三国时期（220—265年），由于魏蜀相争，曹魏在陇西郡辖地屯兵驻军，与蜀汉进行拉锯战。

●隋唐时期

隋朝（581—618年）时，今定西地区为陇西、会宁、金城、临洮4郡辖地。

炳灵寺石窟

唐天宝十四年（755年）“安史之乱”后，吐蕃势力渐强，乘机侵入陇右，之后的300多年今定西地区被吐蕃所占据。

●宋元明清

北宋元丰四年（1081年），宋军收复西夏故地，宋神宗赐名“定相城”（今定西城区），为“定西”得名之始。

金哀宗正大四年（1227年），蒙古军占领定西，将定西、安西、通西三县治定西州，治所仍置定西城。

清同治八年（1869年），定西一带回民起义，左宗棠率军前往平定，并于1872年平定叛乱。

●近现代

1949年定西解放后，设定西专区，专署驻定西县。

2003年4月4日，定西地区撤地区设市，辖一区六县。

临夏历史大事记

●秦汉时期

春秋时期，临夏州为羌、戎之地，战国末属古雍州之城。

西汉初，今州地内有大夏县、枹罕县、白石县，属陇西郡。

建安十九年（214年），曹操遣夏侯渊讨平，屠枹罕城。

●隋唐时期

隋开皇三年（583年），枹罕改为河州，隋末为金城校尉薛举所据。

唐武德元年（618年），今临夏地归唐，改置河州，属陇右道。

●宋元明清

忽必烈至元六年（1269年），改河州为河州路，划归吐蕃等处宣慰使司统辖。

明洪武七年（1374年），明政府在河州设立了茶马司。

●近现代

1949年8月，王震将军率中国人民解放军第一野战军第一兵团解放临夏地区。

1956年11月19日，设临夏回族自治州。

1974年12月，刘家峡水电站建成运营，成为当时全国最大的水利电力枢纽工程。

红军会师的革命圣地——会宁

在群山环抱、河水环绕的会宁县城，矗立着一座庄严雄伟的始建于明代的古城楼，这就是著名的会宁红军会师楼。会宁，这个已有2100多年建县历史的文化名城，因红军在这里会师而享誉全国。

1936年8月，在甘孜胜利会师的红二、红四方面军近6万名将士，在朱德、刘伯承等同志的领导下，战胜了严酷的自然条件，三过草地，到达甘肃省境内。1936年10月，中国工农红军第一、第二、第四方面军在甘肃会宁地区胜利会师，这是长征胜利结束的标志，也是中国革命走向胜利的转折点和里程碑。1996年，会宁红军会师旧址被国务院列为全国重点文物保护单位。

会宁作为伟大长征的会合点，与瑞金出发点、遵义转折点、延安落脚点一道，成为中国革命历史上的红色圣地，被列入全国30条红色旅游精品线路和100个红色旅游经典景区。会师期间，红军部队先后在会宁战斗休整1个月之久，留下了20多处战斗遗址、1000多件革命文物，建立了10个红色政权。这些遗址和文物特色突出，内涵深刻，集聚了丰厚的红色旅游资源，成为全国人民向往的圣地。

中国西部旱码头——临夏

有人说，如果没有发达的商贸业，临夏就不称其为临夏。在这里，商业文化已浸润到临夏的每一寸土地，浸润到每个人的思想深处。发达的商贸业让临夏有了“中国西部的旱码头”的美称。

名单

定西历史名人

东汉权臣董卓

东汉诗人秦嘉

十六国后秦君主姚苌

明代散曲家金銮

明代画家边景昭

白银历史名人

汉代名将张济

三国名将张绣

南宋军事将领程俊

明末清初军事将领王永基

清代著名军事将领王万祥

清代康雍乾三朝军事家、政治家岳钟琪

清代著名军事将领岳升龙

临夏历史名人

明代爱国将领王竑

清代抗英英雄朱贵

清代爱国将领马福禄

爱国人士马国珍

革命志士胡廷珍

独特的区位优势和这里的各民族善于经商的历史传统造就了临夏的商业辉煌。在历史上，临夏是古丝绸之路、唐蕃古道的重要驿站，自宋元以来就成为重要的“茶马互市”、回藏贸易之地。20世纪80年代，当改革开放的春风吹拂到临夏大地的时候，临夏人的商业意识和经商才能进一步发挥，大批临夏人凭借传统优势，发挥自己的聪明才智，东进西出，南来北往，四面出击，全面开拓贸易市场。著名社会学家和经济学家费孝通先生在考察临夏后由衷地赞叹：“东有温州，西有河州。”

临夏的商业始终保持与时俱进的特点。如今，当人们漫步在临夏市的街道上时发现，昔日杂乱的地摊不见了，代之而起的是环境幽雅、富丽堂皇的大型商场、专业市场和特色商品街。在风味小吃的吆喝声中，在传统文化的映照之下，临夏人正悄然地更新着商业观念，临夏的商贸业正随着现代化的浪潮而腾飞。

西部“铜城”——白银

白银市是我国唯一以贵金属命名的城市。正如其名一样，白银充满着神奇和魅力。据志书记载，白银矿藏的开采始于汉代，明朝洪武年间，官方曾在现市政府驻地设立办矿机构“白银厂”，有“日出斗金”之说，白银缘此而得名。

从“一五”计划开始，国家对白银地区有色金属资源进行了大规模开发利用，拉开了白银开发建设的序幕。白银人民在荒漠戈壁上开拓出一片片绿洲，建起一座座工厂，一座工业新城迅速崛起，并被誉为中国的“铜城”。

近年来，白银市围绕资源枯竭型城市的经济转型，坚持走科技路、打科技牌，这里的产业发展已开始由主要依靠传统产业和初级产品逐步向高新技术产业和资源原材料精深加工转变，白银这片曾经风光无限的热土，将以另外一副光鲜靓丽的面貌展现在世人面前。

文化 CULTURE

《西厢调》小曲的故乡

“曲因古调传雅韵，词由今音发新声。”甘肃白银大川渡作为丝绸之路、茶马古道的必经之地，历史悠久，文化繁荣，人杰地灵。这里的《西厢调》小曲以其灵动多样的演唱形式、别具情调的古韵雅风，在民间传承、宣扬、升华。

《西厢调》小曲源于元朝王实甫所著《西厢记》，具有元杂剧的遗痕，唱腔属联腔体。1870年，对元曲颇有研究的甘肃白银大川渡举人张海润为活跃家乡文化，丰富民间娱乐，研读《西厢记》及其他戏曲作品，并以此为鉴，大胆创新，移风易俗，编写出了27种西厢调和八出歌舞小曲，共5000余字，配曲调近30阙。

《西厢调》小曲保留了民间艺术、民间曲艺的原生形态，传承着传统艺术的表演形式及内容的大众化特点，在一定程度上，开拓了当时人们对于爱情、婚姻、家庭的新认识、新思考和新追求。特别是曲调所传扬的移风易俗、革故鼎新这一思想主题，极大地影响了所在区域不同民俗、不同习惯的人们的社会生活和精神领域。

作为白银地区民间一度繁荣的地方戏曲，白银《西厢调》小曲已经在民间流传了近130余年，至今逢年过节，民间仍有小规模演出，这使得元曲文化的余脉在民间得到了延续。

马家窑彩陶

马家窑文化

定西历史悠久、文化灿烂，是黄河上游文明的重要发祥地之一。定西自战国秦置陇西郡以来，已有2200多年的历史，境内有著名的新石器时代马家窑文化遗址。

马家窑文化是黄河上游新石器时代晚期文化，因最早发现于马家窑遗址而得名。马家窑文化是仰韶文化向西发展的一种地方类型，出现于距今5700多年的新石器时代晚期，历经了3000多年的发展，有石岭下、马家窑、半山、马厂等4种类型。

马家窑遗址位于甘肃省临洮县洮河西岸的马家窑村麻峪沟口。1924年，安特生（瑞典地质学家兼考古学家）在甘肃临洮马家窑村发现一处远古文化遗址，定名为仰韶文化马家窑期，并在当地发掘了大量的上古时代代表华夏文化的彩陶器皿，沉寂几千年的文化瑰宝第一次展现在世人面前。

艺术奇葩——临夏花儿

在祖国的西北高原上，盛开着一朵源远流长、璀璨芬芳的民族民间艺术奇葩——临夏花儿。花儿是一种特殊的艺术形式，属于高腔山歌，深受西部人民的喜爱。临夏州被誉为“中国花儿之乡”。

花儿是独具风格的民歌，具有高亢嘹亮、挺拔明快、激越动听的特色。花儿最早是起源于甘、宁、青一带少数民族的情歌，早在清乾隆时代就负有盛名。临夏花儿唱词优美，曲调动听，流行于甘肃、青海、宁夏、新疆的广大地区，流行地区之广、传唱民族之多、唱词之浩瀚、音调之丰富，可位列全国民间音乐艺术之首。临夏地区每年的莲花山花儿会期间，四方游人云集，热闹非凡。

临夏花儿包括河州花儿和莲花山花儿，均发源于临夏。河州花儿委婉动听，基本调式和旋律有数十种，变体甚多；形式上有慢调和快调，唱起来高亢、悠长。河州莲花山花儿多为五声微调，在文学上自成体系，一般每首词由四句组成，演唱形式有自唱式和问答式，曲目无令之称，属抒情短歌。

刻刀下的砖雕艺术

临夏砖雕亦称河州砖雕，是和建筑物紧密结合的一种实用艺术。几千年以来，这一古老技艺不断推陈出新，经久不衰，至今仍活跃在西北广阔的土地上。

临夏砖雕的工艺分“捏活”和“刻活”两种。“捏活”是先用加工配制的黏土泥巴，用手工模具捏制成龙、凤、狮及各种花卉鸟虫等图案，然后焙烧而成。“刻活”则是直接雕刻而成。

临夏砖雕成熟于明、清，到近代它又吸收了绘画、木雕的艺术特色，使得这一民间艺术形式更加完美。在临夏市的一些建筑物上，丰富多彩的砖雕几乎到处可见，其中有不少是出自名家高手的佳作，显示了临夏砖雕艺术的独特风采和精湛技艺。

临夏砖雕

景点推荐

景泰旅游区

景泰黄河石林 AAAA

中华自然奇观

白银市景泰县中泉乡龙湾村

景泰县城广场口有去黄河石林的客车

景区大门票40元，联票110元 0943-5915160

景泰黄河石林位于甘肃省白银市景泰县、靖远县黄河流经段，距甘肃省会兰州市130千米。由于《大敦煌》《神话》《天下粮仓》《惊天传奇》等电影、电视剧曾在此拍摄，更使黄河石林名扬天下。

华夏文明看黄河，黄河文明看石林。景泰黄河石林生成于210万年前的新生代第四纪早更新世。由于地壳运动、风化、雨蚀等地质作用，这里形成了以黄色沙砾岩为主、造型千姿百态的石林地貌奇观。景区内峡谷蜿蜒，峰林耸立，绝壁凌空，气势磅礴，自然造型多姿传神，常常峰回路转，步移景变。石柱石笋大多高达80~100米，最高可达200多米。石林景观与黄河曲流山水相依，静中有动；龙湾绿洲与坝滩戈壁两种生态隔河相望，对比强烈。景泰黄河石林造型天造地设，鬼斧神工，犹如雕塑大师之梦幻杰作。

玩家 攻略

景泰县有各类中高档宾馆，服务良好，收费合理，是游客下榻的好去处。在黄河石林景区所在的中泉乡龙湾村，也有许多收费低廉的旅馆、招待所可供背包族选择，并且其中有些服务周到、卫生整洁、环境清静。

目前黄河石林景区外围已基本形成了以火车和汽车运输为主、航空和水运为辅的立体交通网络，包兰铁路、甘武铁路过境或穿过毗邻区域。游客可在景泰或中卫站换乘汽车至石林景区。海外和国内游客可在中川机场乘车至景泰县城，再换汽车至黄河石林。

在黄河石林景区内，游客可选择快艇、羊皮筏等水路交通，也可选择畜力车、骑马、乘车等方式游览。

玩家 解说

景泰黄河石林除了千姿百态的石柱石笋，狭谷也蜿蜒曲折。狭谷皆以沟命名，从东南至西

景泰黄河石林

北，共有8条沟之多。其中，饮马沟大峡谷内有雄狮当关、苍鹰回首、大象吸水、千帆竞发、西天取经、月下情侣、屈原问天等众多景点。

寿鹿山森林公园

有“戈壁绿岛”之美誉

白银市景泰县寺滩乡 8:00~18:00

30元

寿鹿山森林公园位于甘、蒙、宁三省（区）交界处，西距景泰县城39千米，总面积1086公顷，由于山中出没的主要动物为白唇鹿，因此得名寿鹿山。公园地处腾格里沙漠与黄土高原的过渡地带，周围被荒漠戈壁所包围，享有“戈壁绿岛”之美誉。

寿鹿山前山陡峭，沿山路拾级而上，曲径通幽，草木丰茂，令人心旷神怡。站在山顶鸟瞰山下，阡陌纵横，屋宇连片，绿树如带；远眺景泰一、二期高扬程水电灌工程，宛如两条巨龙，气势如虹。

玩家 攻略

寿鹿山的旅游餐饮网点可提供寿鹿山羊羔肉、烤全羊、蘑菇面片等具有地方风味的餐饮服务，藏包内还可享受独具民族特色的敬酒献哈达和民族歌舞。

公园内交通方式多样，可乘坐游览车辆、观光马车或骑乘单车，配备游览敞篷电动车6辆、四轮观光马车12辆、马24匹、双人单车15辆、三人单车5辆。

寿鹿山森林公园

玩家 解说

登寿鹿山，但见沿途云雾缭绕，野芳幽香，似有“登天梯、踏云路、入仙乡”之感。在这里能尽览满目醉人的绿色，呼吸新鲜纯净的空气，可以尽情享受大自然的乐趣。

永泰龟城

具有特殊的军事地位

白银市景泰县寺滩乡永泰村 0943-5521876

永泰龟城距离县城25千米，是明代保存至今最为完整的古城。整个古城的形状都还在，并非残垣断壁。古城里有一所建于民国的小学，还在使用中。

黄河石林游览娱乐项目

●体验风情畜力车

饮马沟至观景台山脚下，来回里程共计9千米，畜力车将是代步畅游石林的最好工具。这里你可以感受到当地老乡的淳朴，兴致到来唱一段西北小曲，可以让你真正融入西部粗犷的文化氛围中。畜力车一车可乘坐3～4人，由管理人员统一派车，统一价格，统一收费。

●黄河漂流羊皮筏子

黄河文化中羊皮筏子的历史可谓源远流长。人在筏上，筏在河中，两岸景致似巨幅画卷，在游客面前绵延开来，沿河风情尽收眼底，滔滔黄河水载着千年的沉重滚滚而去。在渡口处设有专用码头，统一管理，统一售票，统一派筏，统一服装，统一宣传。

●龙湾古水车

滔滔黄河水自西向东，奔流不息，而水车正如黄河母亲的珠瓒，千百年来在沿黄两岸，以其独有的风姿留传至今。自明嘉靖年间段续发明水车至今，几百年来世事沧桑，水车在原有引流灌溉的主要功能上，同时附加了丰富的旅游内涵。

●“农家乐”西部乡俗游

老龙湾受黄河母亲的滋润、石林诸山神的守护，继承了几百年丰富而浓厚的黄河文化底蕴，民风淳朴，民间文艺丰富多彩，而“农家乐”正是体验西部文化最直接的窗口。石林景区现有“农家乐”26家，可提供餐饮、住宿及各种娱乐服务。

●风情万种的篝火晚会

河风吹过，美酒飘香，烤全羊在熊熊篝火中泛着亮光，音乐在旷野中回荡，热情的少数民族姑娘和小伙子带着您载歌载舞，这就是黄河两岸风情万种的篝火晚会。

古城内原有大佛寺、诸神阁、玉皇殿和数道牌楼等古建筑群，清代名将岳钟琪祖府地也在其中。2006年，永泰龟城被批准为国家级文物保护单位。《最后一个冬日》《美丽的大脚》《汗血宝马》《老柿子树》等多部影视剧曾在此取景拍摄。

玩家解说

永泰龟城城周1600米，高12米，夯层厚12~18厘米，城基宽约6米。城平面略呈椭圆形，东、西、北三面筑有半月形封闭式的月城。城只开南门，有大、小城门之分，外城门当地人叫小城门；内城门即为大城门，稍偏西。城周有护城河，宽约6米，深1~2.5米。

永泰龟城北城外距城墙约20米处有一大墩，墩的东北侧有5座小墩，呈一字形排列，城的平面鸟瞰形如乌龟，故又称永泰龟城。后在城内凿井5眼，为龟城之五脏，并在城北角设一大池，名“甘露池”，以补龟城地脉，增添龟城之灵气。古时将城西南水磨沟泉水修暗渠引入城内5眼井中，供人畜饮用，并备战时之需。

景泰西路军烈士陵园

凭吊和纪念西路军之地

白银市景泰县城东北方向约2千米处

可以从景泰县城打车前往，5分钟即可到达

红军西路军景泰烈士陵园于2009年动工兴建，2010年7月正式竣工。

1936年进入景泰境内的三十军、五军、九军的2万多名红军西路军，辗转作战14天，在条山、大拉牌、雷家峡三大战役中牺牲了1300多名红军。陵园的建成使牺牲的红军骸有所托，魂有归地，也使红军西路军的英名有了凭吊和纪念之地，了却了景泰人民长期以来敬仰烈士、企盼把心中的丰碑矗立天地之间，供世人瞻仰的夙愿。

陵园由管理房、展厅、大门、雕塑、停车场、陵墓、纪念碑、纪念厅、纪念广场等组成。各色建筑，疏密有致，风格迥异，各有特点。

梧桐山

因山上有千年梧桐而得名

白银市景泰县八道泉乡

梧桐山位于景泰县八道泉乡政府的西边，原名“集凤山”，是由于山巅、山沟有数百株梧桐树，曾经引来凤凰而得名。梧桐树上生有柳、桃、杏、桑、杨等5种树木的叶形，错落有致、姿态优美。

如今，山上存留的200多株千年老梧桐，又焕发出了勃勃生机，使游人目不暇接、流连忘返。梧桐山上建有寺庙群，然而现只留下几尊佛像。

玩家攻略

景泰属汉族为主的农业县城，小饭馆的饮食以面食为主，当然在餐馆也有炒菜、米饭，价格很便宜。公路边或村镇有一些清真餐馆，喜爱面食又能吃牛羊肉者可以一试。

在梧桐山腰有一处菩萨殿，每逢八月十五等民俗节日，这里都会兴办庙会。届时附近村民信徒皆结伴上山，或吟唱山歌，或摆弄法事，一派热闹场面。

梧桐山上的胡杨树

吊沟古城

丝路现存最大的汉代县城遗址

白银市景泰县芦阳镇吊沟村

吊沟古城原名称媪围古城，位于景泰县城东15千米的吊沟村境内，始建于汉代。整个吊沟古城周长约2400米，面积约35万平方米。

在吊沟村的半山上，可以看到古城圆弧形的城墙残迹和当时古人住的窑洞。文字记载，当年的媪围河水很大，常年奔流不息，千溪汇集，从寿鹿等山顺势流下，最后注入黄河。

五佛沿寺

黑山峡上段的重要渡口

白银市景泰县五佛乡

五佛沿寺因沿黄河建寺而得名，是中原和蒙古贸易往来的主要码头和蒙古食盐集散地，又名盐市、盐寺。自古以来，五佛沿寺就是黄河上南来北往的羊皮筏子搞运输的渡口，又是东来西去的丝绸之路必经的黄河渡口，为黑山峡上段的一个重要渡口。五佛沿寺景区是一个融合自然景观和人文景观的风景名胜区，也是省级爱国主义教育基地，是旅游、观光、度假的好地方。

五佛沿寺石窟建于北魏时期，唐、宋、元、明、清曾续修，坐西面东，背山面河，因石窟内塑有5尊大佛像而得名。整个石窟进

玩家攻略

五佛沿寺南约100米，傍河而建观河楼，登楼俯视，滔滔湍流，尽收眼底。寺内有大雄宝殿、三清殿、财神阁等文物古迹，享有中华之最的景电一期工程一泵站就坐落在这里。每年农历四月初八举办庙会，届时有文艺节目和地方特色的戏剧表演，同时进行物资交流活动。

五佛沿寺

深9米，宽7米，中间有空心塔柱，直抵窟顶，塔柱呈方形，四面合龛。龛内各塑佛像1尊，塑像神态各异，神情自若。室内南北三角各塑泥像1尊，造型高大，体态端庄，南北两壁有模制影塑小佛像7~9排，计有千尊，故该寺又称千佛寺。

水沟壕湿地生态园

有“芦阳盆地”之称

白银市景泰县芦阳镇 免费

芦阳水沟壕湿地生态园距景泰县城10千米。芦阳地势西南高，东北低，大部海拔在1500米以下，是全县中部最低的地方，有“芦阳盆地”之称。

芦阳水沟壕湿地生态园是利用芦塘湖下游丰富的地表水资源，在“龙脖梁”处筑坝蓄水，建成的一个人工湖。南北两面的旱塬种植侧柏、刺柏等常青树种，形成中心湖波荡漾、鱼翔浅底，四周绿树掩映、鸟禽云集的城郊乡村游的生态休闲园。

玩家 攻略

生态园以人工湖为主体，在深水区开发了水上游乐项目，如滑水、冲浪、水上摩托、水上滑翔伞等；在浅水区开展咸水虹鳟鱼养殖项目；在水域四周建有水榭亭台、仿古水磨、游泳健身、娱乐休闲、垂钓等辅助设施。

大敦煌影视城

中国西部大敦煌影视基地

白银市景泰县城以南，距城区20千米 20元

8:00~20:00

大敦煌影视城位于甘肃省景泰县城以南。景点有塔林、牌坊和明清一条街，主体建筑有福龙商号、怡春园、古艺斋等。

特别值得一提的是，影视城所有的建筑都四面有门，可以一景多用，方便影视拍摄。大敦煌影视城中的莫高窟是按照1:1的比例建造的，分上中下3层，开窟108个。这里是全国第一家继承敦煌文化的影视基地，所有有关敦煌的影视剧都可以在此免费拍戏。

玩家 解说

近年来，大敦煌影视城已接待陈家林导演，唐国强和陈好等主演的46集大型电视连续剧《大敦煌》；杨亚洲导演，倪萍、刘威、苗圃等主演的电影《雪花那个飘》；唐季礼导演、成龙主演的电影《神话》；《老柿子树》《书剑恩仇录》等中外影视剧组。

景泰县依托大敦煌影视城，通过创意策划、产品升级、产业配套等措施，利用现有资源优势建成了一个以影视拍摄为主题，融合影视旅游深度体验、影视文化创意产业为一体的综合型影视基地。

大敦煌影视城一景

景点推荐 白银周边景点

水川风景区

自然和人文景观丰富

白银市白银区水川镇

水川镇的旅游资源主要以玉兔岛为中心，辐射全镇。自西向东依次有大峡奇观、岗岗沟、武当神钟、红湾棚景、大川古渡、雷祖风云、苇湖垂钓、千亩鱼池、十里滨河、重坪高科技示范园、牡丹切花园、乌金激流等10多处自然和人文景观。

黄河大峡

峡长、峡奇、峡险皆黄河之最

白银市白银区水川镇

白银市区有直达水川镇的班车

黄河大峡风景区位于白银市白银区水川镇，距白银市区30千米，与兰州市皋兰县什川镇及境内的黄河小峡相连，因峡长、峡奇、峡险，故名大峡。

黄河大峡奇观旅游风景区由31.5千米奇峰异山的大峡、10千米波光粼粼的条城川、16万平方米四面环水的玉兔岛、20千米水流湍急的乌金峡组成。

玩家解说

大峡有峡谷枣林、天王掉甲、大禹治水、神龟探潮、天桥横空、睡佛、古峡仙洞、情侣吻别、友好使者、猛虎饮川、镜中佳人、古峡护神、千里单骑、飞来石、锦鸡独立、鲲鹏钓月、鳄鱼扑食、子母象、鬼斧神工、唐俑壁立、孔明祭天、天眼洞开等50多处奇观奇景。

剪金山

留存有众多的古建筑文物

白银市白银区四龙镇

剪金山距离四龙镇很近，可以打车前往

20元

0943-8221534

剪金山位于四龙镇以北，海拔1746米，因为四周被群山所环绕，素有“万山朝供”之称；四周群峰如同朵朵盛开的莲花，故又称为“百花山”。剪金山秀美俏丽的山峰由青石岩构成。

山上现存建筑物为清代所重修，整个建筑群分三路布局：南路为中轴线，从低到高依次为三清洞、天王庙、天桥、土地庙、子孙宫、四元君殿、采花将军殿、灵官殿、雷神殿等，以420级上天梯连通。东路有刘道塔，经山梁至

链接

剪金山庙会

剪金山庙会又名剪金山民俗文化物资交流会，是以民间信仰为主要内容的民间群众民俗活动和民间文化活动的总称，主要有敬香拜祭、祈福禳灾、求嗣祛病、求吉祥平安、谢山等。

庙会期间，广大群众自行来山下的广场，看戏品茶、观山赏景，进行农副产品交流、赏书览画、博弈竞技、敬香求福。初八，人们纷纷扶老携幼开始登山，踏至山顶，感受“一览众山小”“山高人为峰”的欢乐。

剪金山庙会

庙院。西路为石刻。各庙、殿山墙内侧分别绘有人物、花鸟、山水，子孙宫内有泥塑神像。

四龙度假村

有“陇上明珠”的美誉

白银市白银区四龙镇 0943-8831345

四龙度假村位于白银市东南25千米的黄河之滨，占地面积84 118平方米。风景秀丽，气候宜人。院内亭台楼阁，碧水蓝天，设施完善，有着“陇上明珠”的美誉，是休闲、度假、旅游、疗养、会议及商务活动的理想去处。

度假村的北面是掩映在松林之中的豪华别墅区，环境雅静清幽，6幢别墅装修高贵、豪华，各具特色。

白银绿色示范园

集吃住游购娱为一体

白银市白银区四龙镇 0943-8831111

白银绿色示范园隶属于白银市政府对外联络处，位于黄河之滨、田园深处、四季常青、空气宜人的白银区四龙旅游胜地，距离白银市区约23千米，是住宿、就餐、娱乐、会议接待、旅游观光、休闲度假、运动健身的理想场所。

示范园内有原生态养殖种植、庄园式建筑景点、地道农家风味、纯正名贵花木，是放松身心、享受生活的最佳去处。

玩家 **攻略**

白银绿色示范园拥有风格迥异的水上别墅3栋，其中一号别墅为欧式风格，内设卧室，另配套有客厅、厨房、活动室。二号别墅为中式风格，三层六套。三号别墅为仿古式风格，有国粹龙床、凤床、罗汉床、古董架、衣橱、八仙桌等，仿佛古老的宫廷。

园内的龙渊楼、龙津楼设有豪华套房、商务标间、单人间等多种客房，另外还有不同规模的会议室。

示范园有保龄球、网球、沙弧球、斯诺克、乒乓球和健身房等运动项目与场所，更有龙澍楼歌舞厅、龙渊楼健康理疗中心、夏日休闲城等娱乐场所。

金鱼公园

白银市民休闲娱乐的最佳场所

白银市白银区东山路144号楼对面 全天开放

0943-8221020

金鱼公园位于白银市区中心，因山势地形呈金鱼状而得名。公园依山而建，山水相映，绿树成荫，景色怡人，有植物品种40余种，现存苗木30万株。公园三季有花，四季常青。

公园有东、西、北3个大门。园内分布点缀亭、台、楼、阁、水榭、曲桥、喷泉等设施供游人休憩。

金鱼公园

中科院白银产业园

白银市的经济明珠

白银市国道109线以南、白兰高速公路南北两侧

中科院白银高新技术产业园按照功能区可划分为产业发展区、生活服务区、生态绿化区和高科技创业服务中心。产业园是一个园林式的现代化高科技园区。游客在园区内还可以到部分开放的工业展厅内参观，体验科技的魅力。

屈吴山

被誉为“屈吴春嶂”

白银市靖远县东南，距离白银市区约125千米

屈吴山风景区是集自然保护区和文物旅游于一身的森林风景旅游区。屈吴山地质构造系祁（连山）秦（岭）褶皱隆起形成的，大体呈西北—东南走势。屈吴山是集朝觐、娱乐、休闲为一身的森林公园，这里每年7~10月都会举办浴佛盛会。

屈吴山主峰南沟大顶海拔2858米，山顶常为积雪覆盖，山坡有天然林和人工林场，山坡下为天然牧场，山间岩壑泉水奔涌。由于树木葱郁，芳草成荫，雾气缭绕，以秀、丽、奇称雄，被誉为“屈吴春嶂”。明代始建有古刹潮云寺，雕梁画栋，结构奇巧，宏伟壮观。

玩家解说

屈吴山有丰厚的历史文化积淀。唐贞观十九年，三藏法师玄奘取经归来，在水坝滩驻锡建殿；清龙门派名道士刘一明曾在山中养性修真，主要著述《西游记解》即在山中开始撰写。潮云寺为陇上古刹，雕梁画栋，古色古香。万佛殿则气势恢宏，造型别致。潮云寺与万佛殿像两颗璀璨的明珠，镶嵌在屈吴山的南北两侧。屈吴山为避暑、旅游胜地。“屈吴春嶂”被列为平川八景之一。

法泉寺风景区

集道、释、儒三教于一寺

白银市靖远县东湾镇大坝村 ¥40元

自驾车从刘白高速公路吴家川出口下高速，沿国道109线至靖远县东湾镇大坝村，即可到达景区

旺季7:00~18:00，淡季8:00~17:00

法泉寺风景旅游区位于甘肃省白银市靖远县东南的红山岔中，距离白银市约70千米，

法泉寺之佛像

链接

法泉寺浴佛节

浴佛节（农历四月初八），是中国佛教徒纪念释迦牟尼佛诞辰的一个重要节日，又称佛诞节、灌佛会、龙华会、华严会等。

法泉寺浴佛节期间，法泉寺会举办一系列内容丰富多彩、当地群众喜闻乐见的活动。有靖远旅游商品、纪念品的大展示；农业科技、化肥农药、致富信息、地震知识等方面宣传资料的发放；歌唱家的现场表演，秦腔表演，书法交流；靖远县历史文化知识、旅游知识、法泉寺知识的现场抢答；“家电下乡”活动，以及体验农家风情“住农家院、吃农家饭、赏农家景、做农家人”的活动。活动内容传统味十足。

法泉寺浴佛节

是集道、释、儒三教于一寺，融建筑艺术、雕塑艺术、园林艺术、文学艺术于一体的风景旅游区，位列中国佛教百大名寺第三十九位。

法泉寺总面积3.86平方千米，寺院建筑面积5200米。院内建筑呈南、北两路分布格局，依崖而建，气势宏伟。殿阁金碧辉煌，宝塔高入云天，湖水波光粼粼，山幽林静，石冽泉清，被佛家视为修行善地，证道胜境，誉称“法泉地灵”。

玩家 攻略

●法泉寺农历四月初八举办“浴佛节”会，农历七月十五举办“中元法会”。节日期间，法泉寺十分热闹。

●景区内有普通话讲解员，讲解时间为1小时，讲解费用50元。

●5~11月，法泉寺景区景色优美，最适宜旅游；特别是农历四月初八，是朝觐旅游的好日子。

靖远古渡

丝绸之路上的重要渡口

白银市靖远县境内的黄河沿线　全天开放

远在汉唐时期，由西安进入河西走廊通往西域，靖远是必经之地，这条路就是所说的丝绸之路北线。从长安出发，经过陕西彬县、长武，进入甘肃泾川、平凉；再经宁夏固原转向北进，过境靖远，抵达靖远北部的哈思堡；经过休整，从哈思堡西行5千米到达黄河岸边，渡河后通往河西走廊。自此开始，靖远境内的黄河上，先后形成了一些重要的渡口，其中著名的有虎豹口、鹯阴口、索桥渡、北卜古渡等处。

雪山寺风景区

有“雪岭堆银”的美称

白银市靖远县永新乡　免费

靖远县境北部的哈思山脉中，有一座远近闻名的山峰叫作雪山，山上生长着大片次生林木。在这苍松翠柏的大山深处，隐藏着一个古老的寺院，这便是雪山寺。

雪山寺是名贯古今的佛教圣地，四面山环水绕，因山顶积雪深厚，常年不消，远远望去，银光闪烁，蔚为壮观，有“雪岭堆银”的美称，为靖远古八景之一。

玩家 解说

雪山寺始建于北魏，已有1600多年的历史。寺院整体布局以坐西朝东向为轴线，呈前后院形式。两侧呈对称性建南北大殿。从建筑布局和风格看，完全承袭中国古典建筑以内空外实、四合院形式为基调的建筑风格。

雪山寺周边的自然资源风景主要由山、林、自然地貌以及天象景观组合而成。在苍松的森林背景下，山体岩石显得红如鲜血、光彩夺目。花草树木随季节变换着色彩，构成了一幅幅风格各异的自然风景画。这里空气清新，视野开阔，是十分理想的休闲、度假、旅游胜地。

哈思山
集访古探幽、休闲娱乐于一身

白银市靖远县石门、双龙、永新等乡镇

哈思山森林风景旅游区位于甘肃省白银市靖远县北部，距离白银市140千米，距平川50千米，距靖远县城80千米，是集自然保护区与文物旅游于一身的森林公园。

景区有哈思寺、太和山、雪山寺三大自然保护区。区内苍松翠柏、飞泉流瀑，珍禽异兽出没其间，是西北地区典型的荒漠绿洲地貌。大峁槐山的东侧为雪山，山顶常年积雪，素有“雪岭堆银”的誉称。人文景观有雪山寺、明长城及烽燧遗址、汉唐墓葬等，是个集访古探幽、休闲娱乐于一身的游览胜地。

玩家 攻略

哈思山地区出产有哈思梨、香水梨、大枣等享誉遐迩的地方名优特色产品。哈思梨果质细腻，香脆甜润，切面隔夜色泽不变，鲜嫩如初。石门大枣肉质厚实，富含多种维生素，为滋补养生之佳品。大庙香水梨果汁鲜美，具有生津润肺的药疗效果。

寺儿湾石窟
堪与莫高窟唐代造像媲美

白银市靖远县北湾镇寺儿湾　免费

寺儿湾石窟距离白银市约50千米，靖白公路从侧而过，是古丝绸之路上的集雕塑艺术、建筑艺术、文学艺术为一身的文物旅游景点。因这里有一寺一湾，便称寺儿湾；又因寺窟背依红罗山，亦称红罗寺。

寺儿湾石窟始建于唐代，原有6窟，现存1窟。窟门为砖拱通道式砖基结构，上建有木结构阁楼一座——阁楼为康熙十二年（1673年）增建。窟内现存唐代造像神态各异，栩栩如生，堪与敦煌莫高窟唐代造像相媲美。这里每年正月十五举行盛大佛会。

玩家 解说

寺院东西长65米，南北宽55米。寺院除现存石窟外，还有20世纪80年代重建的山门、大佛殿、观音殿、地藏王菩萨殿、斗战圣佛殿等仿古建筑。

石窟开于唐代，原有6座较大的石窟，其中5窟毁于20世纪70年代，现存一大一小。进深5.8米，宽4.4米，高4.26米，为平顶三面开龛式。有大小佛龛30多个，龛内存有释迦牟尼、迦叶、阿难、观音、天王、十八罗汉等塑像66尊，为圆雕、浮雕、高浮雕泥裹彩塑造像。造像经历代彩饰，造型精美，具有较高的文物价值，是研究黄河流域和丝绸之路沿线石窟艺术不可多得的资料之一。

吴家川岩画
古人类游牧生活的真实写照

白银市靖远县刘川乡　免费

吴家川岩画也称刘川岩画，距离靖远县城40千米。现存岩画遗存位于刘川乡谷子地沟，周围遍布裸露的红砂石岩丘。岩画刻于一座巨大的粗质山丘上部的红砂岩断面之上，自南向西分为两段，分布较为集中。岩画个体数量多而且形态各异，有大角羊、鹿、马、狗等动物形象，亦有头戴饰物的人体画像，骑马奔驰，呈狩猎之状。岩画整体画面粗犷雄浑，栩栩如生，场面壮观。

玩家 解说

据史料记载，在秦代以前，靖远为古代中国北方少数民族戎人、羌人所占据。刘川乡一带地处黄河以北，背山面河，地势平坦，远在两千年前，这里水泽充沛，草木繁茂，是游牧民族的理想游牧之地。吴家川岩画即为先秦时期人类游牧生活的真实写照。

吴家川战斗遗址
爱国主义教育基地

白银市靖远县刘川乡　免费

吴家川战斗遗址毗邻白银刘川工业园，距

链接

吴家川战斗

吴家川战斗发生在1936年10月27日。从靖远境内一个叫作虎豹口的地方成功渡过黄河的红三十军先遣队八十九师，奉命执行宁夏战役计划，率先开进。当他们沿着崎岖的羊肠小道走出石板沟，行军至吴家川时，和抢先而来拦截的马步青骑兵第一旅马禄的人马不期而遇。于是，一场激战不可避免地展开了。时间虽然仅持续了两三个小时，但英勇的红军没有被骑着马的凶悍敌人所吓倒，密集的枪声霎时响彻这寂寞的戈壁荒滩。虽然飞奔的战马和挥舞着大刀的马家军以不可一世的气势扑向疲惫的红军战士，但他们最终还是被红军击退了。这场战斗中有数十位红军战士牺牲，他们没有留下姓名，遗体由当地的老百姓收拾掩埋。

吴家川战斗遗址

平川30千米，距靖远县城30千米。地理位置和区位优势明显，有着宝贵的红色旅游资源。

遗址处现建成“中国工农红军西路军纪念碑”一座。纪念碑高15.36米，代表西征的时间是1936年，中国共产党刚好成立15年；纪念碑主体由3个梯形体呈60°夹角凝集而成。遗址公园内纪念碑巍峨耸立，苍松翠柏成荫，气氛庄严肃穆，是靖远县干部群众缅怀革命烈士丰功伟绩、学习继承革命优良传统的爱国主义教育基地。

北城滩烽燧遗址

汉唐丝绸之路上的重要驿站

白银市靖远县黄河北岸　免费

北城滩是古时黄河交通、军事之险关要隘，汉唐丝绸之路上的重要驿站。北城滩明长城烽燧遗址距白银市140千米，距平川50千米，距靖远县城80千米。

北城滩明长城烽燧筑于长城南端制高点三层石台阶上，烽燧墩底部距最下层台阶边沿47米，台阶系碎石片砌成，最下一层边沿砌有整齐排列的卵石层。烽燧的主要作用是举火报警，传递消息，以防备敌兵的骚扰和入侵，同时也为丝路上往来的使者、商队补充给养。

北武当山

道教圣地

白银市平川区水泉乡黄湾中村

道教圣地平川北武当亦名迭烈寺，是一处难得的道教旅游圣地。北武当始建于唐代，唐敬德西征青海曾于此渡河，整修庙宇。

登高四望，北武当被群山环抱簇拥，气势雄浑壮阔，恰在黄河九曲北流之处，左面有牛郎山，右面有织女山，西向红山峡，与福寿山隔河相望。登临其上，见庙下突出两石仿佛一龟一蛇悄然对语，左下侧一山宛如驯服的大象。庙下平畴向为古河道，再向前望去，黄河奔流，波涛滚滚；河西一抹红山，晚霞辉映，气象万千，不禁使人生怀古之幽情。黄河西岸的红砂岩崖壁上，即为著名的福寿山石刻。黄河蜿蜒如玉带，龟蛇卧象奇山，景色绝佳。

玩家 **解说**

北武当山建筑规模宏大、布局严整、气势雄伟，建有无量寿宫、捧圣宫、清界殿、财神殿、娘娘殿、灵官殿、二郎庙、法王殿、眼光殿、全神阁、迎仙楼等殿宇阁楼，供有山神、土地、龙王、城隍、文昌帝君、十殿阎王等道教神灵。建筑古迹依山傍水，更有云岩壁立，大河蜿蜒，桑林村霭，古刹祥云。北武当山素以“福寿初迹”“捧灯照岸”等景观传世著称，是一处难得的旅游胜地。

北武当山

景点推荐 定西周边景点

玉湖公园

定西市的地标

- 定西市安定区永定路和双拥西路中间
- 免费
- 全天开放
- 定西火车站坐2路、3路公交车可直达

定西玉湖公园位于定西市安定区南郊，占地约10.7万平方米，有玉湖及玉湖楼、凤城龙门、飞虹桥等景点。玉湖公园是定西最早的公园之一。

玉湖公园内建有“文天祥纪念馆”，有一座汉白玉的文天祥全身雕像。公园已培植草皮5.8万多平方米，栽植各类常青树木5000多株，培育各类花卉1000平方米。另外，公园还有儿童乐园和部分仿古楼阁。

链接

玉湖公园与文天祥

玉湖公园内建有文天祥纪念馆。传说清康熙四年，闽南诗人、进士许铁堂被朝廷录用为巩昌府安定县（今定西）知县。许赴任途中投宿一客栈，是夜忽得一梦，梦见文天祥相邀一道赴安定县，并告知他也已录用为安定县城隍。

许铁堂到任后，将此梦广为宣传，并筹集银两扩建城隍庙。从此，文天祥成为定西城隍的化身，受万民朝拜。也有人说，定西人民热爱崇敬文天祥在前，许铁堂杜撰定西城隍为文信国公的神话在后。两者结合，便有了数百年来定西人民祭祀城隍文天祥的盛事。

玩家 攻略

每年农历五月十八，西岩山上会有庙会。这天，邑城四乡八村的农民赶着向城隍爷许愿的羊群朝山“淋羊”（给羊头、身处浇冷水），以示神灵应验，并乞求人畜两旺，来年丰收，十分热闹。

为方便游人观光，西岩山已修建人行小道7条，并有牡丹园、玫瑰园等多处景观供游人赏花休闲。

西岩山公园

定西佛教旅游圣地

定西市安定区西郊1.5千米处

全天开放

乘坐1路、8路、9路公交车即可到达

西岩山公园自马衔山蜿蜒数百里而来，与城东之凤凰山对峙。山上有古寺——西岩寺，庄严幽寂。

西岩山公园是一处自然景观与人文景观相结合的景区。主要景观有西岩寺、牡丹园、玫瑰园等。登高远眺，俯视凤城，只见四山环抱，三水环绕，高楼林立，广场宽阔，绿树成荫，路网如织，车流如水，人流如潮，一派旱塬新貌。

马家窑彩陶博物馆

展示史前文明

定西市安定区英才中学院内

免费

0932-8318188 9:00～17:00（周一至周五）

定西市马家窑彩陶博物馆由定西市英才高级中学全额投资筹建，历时5年，征集各类彩陶实物1400多件。彩陶涵盖了仰韶文

西岩寺之寺门

马家窑彩陶博物馆之藏品

化、马家窑文化、辛店文化以及寺洼文化。

马家窑彩陶博物馆全部藏品均经过甘肃省文物局、甘肃省考古研究所专家组严格鉴定。展厅面积约1000平方米，可容纳百余人同时参观。

玩家 解说

马家窑文化彩陶博物馆是专门展示马家窑文化的民间彩陶博物馆。博物馆在对外展出中，没有沿用传统的单纯文物展出的方式，而是以研究会会长王志安先生10多年潜心研究马家窑文化的成果为基础，进行综合性的文化展出。

马家窑文化精美的彩陶，在遗存数量、器物造型的精美、纹饰图案的绚丽等多方面，都达到了世界彩陶史的巅峰。它的文化内涵和艺术魅力如同新石器时代的一道绚丽霞光，折射出远古先民的多项成就，至今还震撼着人们的心灵。

通渭温泉度假村

有“陇上神泉”之美誉

定西市通渭县平襄镇西郊9千米处的热水河中

0932-5550666

通渭温泉历史悠久，北魏郦道元的《水经注》中早有记载。这里日泛水量达6000吨以上，地下200米处恒温113℃，地表水温53.9℃，富含铁、碘、钙、钾、镁、钠、硼酸、硫黄、氟、氢、氡、锂、锶、偏硅酸等32种元素和化合物，是国内少见的复合型富质高热矿泉，素有“陇上神泉”之美誉。

据临床验证，氡元素对治疗癌症病变有特效，锶元素能促进人体新陈代谢，延缓衰老，因此通渭温泉也有“青春泉”之称。近年来，有关部门加大了温泉开发建设的步伐，基础设施建设和服务功能更加完善，服务水平大大提高。

玩家 攻略

节会期间，在温泉旅游度假区可享受到陇上神泉洗浴、休闲垂钓、中医药理疗、生态园休闲、通渭特色小吃等服务。

据近年科学测定，通渭温泉含有10多种化学成分，可治愈皮肤病、胃肠道疾病、风湿病等17种疾病，疾病患者不妨一试。

红军会宁会师旧址 AAAA

红军万里长征的终点

白银市会宁县会师镇　免费

红军会师纪念馆位于会宁县城西隅，由会师楼、会师纪念塔、红军长征胜利纪念馆、会师联欢会会址（文庙大成殿）、革命文物陈列馆、将帅碑林、纪念亭、牌楼、纪念馆正门等仿古建筑组成，是人们缅怀革命先烈、接受爱国主义教育的游览胜地。

纪念馆内林木葱郁，花草繁盛。红军会师旧址于1996年11月被国务院公布为全国重点文物保护单位。

玩家 攻略

会宁小杂粮品质优良、营养丰富，具有独特的滋补、保健和防病功能，备受消费者的青睐。主要有豌扁豆、糜谷、莜荞麦等。景区的游客中心、影视厅，会宁各大超市、小卖店都提供小杂粮旅游纪念品销售服务。

红军长征胜利景园

再现了红军二万五千里的征程

白银市会宁县城东南的桃花山 ¥10元

红军长征胜利景园位于国道312线南侧，省级森林公园桃花山北麓、桃花山新区东面，占地36公顷，与会宁城内“会师园”遥相呼应，形成了一个有机整体。景园是瞻仰凭吊、旅游观光之胜地。

红军长征胜利景园由清华大学建筑学院规划设计。景园巧妙地利用桃花山的山形地貌、自然风景，采用摹拟与微缩相结合的手法，修建了长征路上具有代表性和历史意义的22处景点，生动地再现了红军二万五千里征程的千难万险。

玩家 解说

红军长征胜利景园摹拟与微缩了长征路上的20余处著名景点，是以瑞金塔、遵义会议会址、懋功会师桥、泸定铁索桥、俄界会议会址、

会宁会师楼

链接

红军会宁会师

中国工农红军第一、第二、第四方面军在极端艰险的条件下，先后进行了战略大转移。红军冲破国民党军队的围追堵截，克服雪山草地的险阻，经受饥寒伤病的折磨，战胜党内分裂的危机，完成跨越十几个省、总行程达数万里的长征。

1936年9月下旬，红四方面军继续北进。10月9日，红四方面军指挥部到达会宁，与红一方面军会合。红二方面军于9月中旬连克甘肃省东南部的成县、康县、徽县、两当，10月迅速向北转移。10月21日，贺龙、任弼时、关向应、刘伯承在平锋镇与红一方面军第一军团代理军团长左权、政治委员聂荣臻会面。10月22日和23日，红二、红六军团分别在将台堡、兴隆镇同红一方面军会师。红军三大主力会宁会师，是红军长征胜利结束的标志。

哈达铺纪念馆、天险腊子口、甘孜会师遗址、榜罗镇会议会址、雪山、草地、岷山栈道、六盘山纪念亭、延安宝塔等长征微缩景观为主体，融桃花山自然风光、儒释道文化于一体的综合性旅游景区，为会宁第二大旅游景区。

红军长征胜利景园绝对是红色之旅必去的地方。景区里面有很多革命景区、历史遗迹。以景观反映史实，很有教育意义。

桃花山

融风景与宗教为一体

白银市会宁县城城东南约1千米处

桃花山位于会宁县城东南。山起三峰，主峰横枕震东，海拔1944米，两翼呈北南、西南走向。其势若鲲鹏展翅，待冲云霄；其色艳似桃花绽红，烟霞流丹，故名桃花山。现为省级森林公园，国道312线从山脚下通过，为游客提供了极大的方便。

自宋、金以来，历朝累代在山上修建庙宇，开凿石窟，装点景观。现有洞窟14窟，庙宇建筑20余座。山门上高悬着前中国佛教协会副会长赵朴初亲笔题写的“桃花山”匾额。据说汉武帝等历史人物都曾登此山。桃花山融风景与宗教于一体，是到会宁旅游不可不去的名胜。

玩家攻略

桃花山是俯瞰会宁县城的最佳地，放眼望去，会宁县城尽收眼底。

每年农历六月十八，一年一度的桃花山庙会就会拉开序幕。庙会期间是桃花山一年最热闹的日子。

桃花山

铁木山
会宁境内最高峰

白银市会宁县头寨乡香林村 10元

铁木山位于会宁县城西北70千米汉家岔乡与头寨子镇交界处，国道309线绕山腰通过，交通便利。主峰海拔2404米，是会宁境内最高山峰。其山脉南接定西青岚山，北接郭城清凉山，主峰位于头寨子镇香林村。登临山顶，东瞻屈山，西眺马啣山，无限风光，尽收眼底。

铁木山亦称香林山，宋代时称铁毛山。民间流传较多的是，元朝将军铁木耳兵败后死于此，后世人为了纪念这位“元末孤忠”，便把这山改名为“铁木山”，并在山上建立庙宇，焚香祭祀。

玩家 解说

铁木山景观丰赡。每年农历六月十九庙会，周边地区群众从数十里、数百里地赶来此山烧香、挂匾还愿，年年如此，岁岁不误。于是铁木山晨钟暮鼓，四时香火不断。各地慕名观光的游客逐年增加，多则达十几万人。

铁木山森林茂密，怪石林立，传说颇多，是一处集历史文化遗产、人文景观和自然景观于一身的旅游避暑胜地。它像一顶翠冠，突兀于千峰万峦之间，雄踞崇山峻岭之上，不愧为黄土高原的“旱塬秀峰”。

铁木山

链接

大墩梁战斗

1936年10月下旬，红四方面军后卫部队红5军由通渭向会宁北进。22日，军长董振堂命令部队在华家岭一带阻击国民党毛炳文37军9个团，双方激烈战斗。23日，红5军37、39、43、45团从华家岭退到会宁县中川乡大墩梁地带，毛炳文部占据大墩梁南山向红军进攻，红军先后打退毛部5次冲锋后，突遭7架敌机狂轰滥炸，被迫沿杜家梁、毛牛川向会宁县城方向撤退。这次战斗红军伤亡887人，副军长罗南辉壮烈牺牲，在当地埋葬。

大墩梁战斗遗址
红军血战纪念地

白银市会宁县中川乡

免费

大墩梁战斗遗址距县城40千米，现已建成大墩梁红军烈士纪念碑、烈士陵园。大墩梁是坐落在榆林学院西5千米左右的小土山上的一个松林测试基地。山顶有唯一的藏式白塔，四周视野开阔，风景迷人，具有原生态气息。

慢牛坡战斗遗址
红军与关麟征部战斗遗址

白银市会宁县白草塬乡四百户村 免费

慢牛坡战斗遗址距县城70千米，距靖远县80千米。

1936年10月下旬，红四方面军第31军91师、93师和第4军1个师在河畔镇慢牛坡设伏，阻击关麟征部，掩护红四方面军主力北渡黄河。28日，关部进至车家川一线，其部73旅145团进入慢牛坡红军伏击圈，双方展开激烈战斗。双方伤亡惨重，第31军93师师长柴洪宇及100多名红军指战员牺牲。1986年4月，会宁县人民政府在此立《慢牛坡红军烈士纪念碑》。

景点推荐 定西南部旅游区

仁寿山森林公园

有“天边仁寿”之美誉

定西市陇西县城西南　可从陇西县城打车前往

全天开放

仁寿山森林公园占地58.8万平方米，东西走向，海拔2057米，是陇西境内一座闻名遐迩、颇负盛誉、历史悠久的文化名山，素有“天边仁寿”之美誉。

仁寿山公园树木葱茏、殿堂林立、凉亭巧布，是游人踏青游览、逢节聚会的旅游胜地。每年农历四月初八的“李氏祭祖节”“朝山会”在这里举行。

玩家解说

仁寿山公园依山附势，随峰就险，以绿为主，点缀景观。公园分为园前区、科普区、文娱活动区、文化古迹区、森林游览区、生态区、游乐区7区。

山上游览区东有道教三清殿，西为佛教十方寺。旅居缅甸华侨付凤英捐赠的3尊玉佛在十方寺中。“陇西堂”陈设于东院大殿，为研究甘肃省四大文化之一的陇西李氏架起了联谊桥梁。中院为曲径游廊。雄踞仁寿山巅的八角楼，古朴典雅，登上楼顶，东西两川尽收眼底，巩昌古城一览无余。万株侧柏、云杉、国槐把仁寿山装扮得十分壮美，风景怡人。牡丹、芍药、月季、菊花、大丽花、唐菖蒲、荷花、盆景，竞相吐艳，吸引着万千游客。

陇西堂

相传是李氏家族聚居地

定西市陇西县南安镇一心村庙儿巷

陇西堂又称李家龙宫、李氏祠堂，位于甘肃陇西县南安镇一心村庙儿巷。陇西堂始建于唐初，是唐代宫廷式古建筑群，为天下李氏族人敦宗睦族、祭祀先祖的宗祠。因唐太宗李世民御笔亲书“李家龙宫和追本溯源”牌匾而闻名。陇西堂是研究陇西李氏文化遗址遗迹的重要载体和标志性建筑之一，也是陇西唯一保存下来的一处古建筑群。

唐朝中叶在这里建有上、中、下三组雄

伟的建筑，称为“李家龙宫”。当时的“李家龙宫”殿堂林立，建筑巍峨，规模宏大，且规格较高。自古李姓后裔在此祭祀祖先，其中主祭堂悬挂“陇西堂”匾额。其后，李氏族人屡建宫祠，均为兵所毁。今仅存牌楼，称头天门。

玩家 解说

陇西堂东西长600米，南北宽440米，建筑面积25万平方米。建筑风格为宫廷式建筑，之所以称“宫”，是因为建筑规模大，且规格也高于庙。龙宫主殿屋脊上安放九兽。在封建等级制度下，只有皇宫和太和殿安放十兽，李家龙宫的地位由此可见。龙宫建筑物上有大大小小1899条雕龙，象征“十八子李”根深叶茂。

链接

《梦回陇西堂》

《梦回陇西堂》以“世界第一大姓”李氏宗祠“陇西堂”为背景，以唐明皇时期的一些重大历史事件和活动场面为题材，选取李氏家族为之骄傲的李白、李隆基之间的历史故事，向世人宣传中国经典传统文化的真谛。《梦回陇西堂》是一部既蕴含丰富思想内容又具有永久生命力的优秀剧目。

《梦回陇西堂》以戏剧特有的形式和载体，将中国第一姓氏文化——李氏文化这一重要的文化资源呈现在舞台上，不仅使其成为宣传定西和展示定西特色文化的一个窗口与亮丽名片，而且进一步提升了定西的影响力和知名度。

威远楼

陇西历史文化的象征

定西市陇西县巩昌镇中心　5元

威远楼是陇上著名的古建筑，它巍峨壮丽，气魄非凡，屹立于陇西县城中心。因其年代久远和构造精妙，成为陇西悠久历史和灿烂文化的象征。

威远楼

威远楼始建于北宋仁宗年间。宋皇祐四年（1052年），出于加强武备之需要，韩琦在城东建一楼，起名威远楼。到了元初，汪世显父子扩建城桓时，将威远楼移建城中。1341年，官府把计时的铜壶滴漏及报时的更鼓置于楼上，因此俗称鼓楼。

玩家 解说

威远楼于明初因楼木朽败而重建。建时首先砌一巨型砖墩台基，台基之上架木构筑高楼，其外观更加雄伟，故改名为雄镇楼。清康熙五十五年（1716年）加以扩建，改为砖基三层木构楼，成为现今模样，并将错就错将1102年所铸铜钟移置楼上，击之声闻四达十余里，俗明钟鼓楼。

陇西战国秦长城

可见到大量秦代长城遗迹

定西市陇西县，长城梁在福星乡马莲岘到鱼家咀段

秦长城遗址最西端位于甘肃临洮县城东23千米尧甸长城坡。南北向，黄土版筑，残高1米左右，是秦代长城西端的起点。秦长城断断续续经渭源、陇西、通渭、会宁、静宁等8县入宁夏后，又回到甘肃境环县。

秦长城西起临洮东三十里铺的杀王坟，从东峪沟长城坡上阳山，进入渭源县境内。这段古老的长城，大部分地段残高在3米左右，少数地段超过10米；沿城垣起伏，城垣下夯层清晰，秦瓦遍地；每隔一里有小烽燧，十里一大烽燧，雄伟壮观。

玩家 解说

长城脚下的秦王寺。传说秦始皇西巡陇西郡（郡治狄道，今临洮县）时，途经这里住宿一夜，后人为纪念秦皇西巡而修建得名。原有寺庙建筑一进三院，雄伟壮观。山门外有戏楼会场。寺后院有一深井，名曰“秦王饮马井”；井旁有一棵千年古树，叫“秦王拴马树”。寺内有一口明成化元年（1465年）陇、渭、临三县集资筹造的大钟（直径2米、高3米，重4800斤），可谓世所罕见。

贵清山 AAAA

陇中“小华山”

定西市漳县大草滩乡叭嘛村　¥ 50元

自驾从兰州出发，沿121国道行至殪虎桥，再向西南行驶70里即到；兰州汽车东站有直接发往贵清山的班车，票价40元左右

贵清山北与铁笼山、西武当山对峙，交相辉映；南和南谷瀑布相连，互为依托；西接遮阳山，自成一局。贵清山整个风景区，南北长约15千米，东西宽1.25千米，由无数奇峰秀水、参天翠松、飞泉流瀑构成。

贵清山古迹丰富。建于明隆庆年间的古刹寺院香火经久不衰；农历四月初八浴佛庙

会，香客游人日达数千。造型别致的雪鏊禅院，佛界钟声空灵久远。巧夺天工的断涧仙桥，飞虹凌空，意境超然。铁牛禅师坐化灵岩古洞、姜维上马石，古今流传。贵清山集华山之险、黄山之奇、峨眉之秀、九寨之美于一身，是“丝绸之路”东南线上的一颗璀璨明珠。

玩家 攻略

贵清山地处偏僻，建议游客在漳县县城住宿，条件较好，也方便前往景区的另一处景点遮阳山游览。可供选择的宾馆有漳县银河宾馆（漳县武阳路65号，电话：0932-4864591）、漳县富康大酒店（漳县武阳路83号，电话：0932-4862536）、武阳宾馆（漳县武阳路56号，电话：0932-4862517）等。

玩家 解说

贵清山群山如抱似环，头峰、中峰和西方景三峰斗插于众峰之间，是景区的中心。星星点点的三峰环翠、禅林聆月、断涧仙桥、幽谷飞蝶、转树险道、万鏊松涛、灵岩古洞、佛界钟声、南谷瀑布、洗脸清池等主要景观，被历代文人墨客誉为“贵清十景”。

贵清山头峰苍松翠柏，荫翳蔽日，绿涛如涌，俗称“禅林”。相传是最初筹建贵清山寺庙的鼻祖铁牛禅师的封地。清代河南巡抚、诗人王宪有诗曰：“乱石如抱复如环，不到山中不见山。到山如见山奇秀，三峰陡插万峰间。”恰是贵清群峰真实写照。

遮阳山 AAAA

因“日出而为山所蔽”得名

定西市漳县大草滩乡　¥40元

自驾车从兰州出发，沿121国道行至殪虎桥，再往西南行13千米即到

遮阳山是国家森林公园，因“日出而为山所蔽”得名。景区内不仅有大量绮丽的岩鏊和岩洞，而且有大面积的针阔叶混交森林，还有豹、苏门羚、香獐、蓝马鸡等数十种珍禽异兽栖息。遮阳山较多地保存了古代文化遗迹，是一个自然风光极其秀美、人文资源极其丰富的旅游胜地。

遮阳山由西溪、东溪和夷门山3个景区组成。西溪由金家沟和若干贫峡组成，全长7.5千米，为全山的旅游精华所在。

玩家 攻略

住宿可选择遮阳山天华度假村，这里空气清新，环境幽雅，背靠遮阳山，一道山涧小溪从山里流出来围绕着度假村转了一圈。度假村里还有人工小瀑布，在各个独栋小别墅房前流过。

遮阳山还是国家攀岩队训练基地，喜欢挑战的朋友可以一试。

遮阳山

玩家 解说

宋元明时，遮阳山就是驰名陇上的旅游胜地。这里有留存的佛教梵文经版，宋明两代名人题刻等文物古迹，更有宋平、雷洁琼等前国家领导人的题词；有道教“八仙”之一的吕洞宾“三醉石”遗迹，也有武当道教创始人张三丰千古失踪之谜等优美传说。这里峭壁如削、灌木葱茏、洞天迷幻、曲径通幽、群山叠翠、奇峰竞秀、飞瀑流泉……这一切构成了一幅如诗如画的奇丽景观。

汪氏家族墓地

元代陇右王家族墓地

定西市漳县城东南2千米的徐家坪东坡地处

地处漳县境内的汪氏家族墓地，是我国发现的最大的元墓葬群。墓地总面积约3万平方米，是元代陇右王汪世显及其后裔墓地。

墓葬为带竖井墓道的砖构单室墓。墓室平面呈方形或长方形，八面攒尖式或圆形穹隆形顶，墓壁嵌模印人物、花卉、鸟兽纹砖。随葬品丰富，以哥窑烧制的青花大碗、玻璃莲花托盏、雕漆供桌、御赐金牌、铜镜、彩陶侍俑等最为珍贵。

玩家 解说

在有关部门前后3次清理的29座汪氏墓群墓葬中，出土文物735件。墓室多为平面方形或长方形，单室砖构、竖穴墓道，顶作八面攒尖式或圆形穹隆顶。墓壁镶嵌模制人物、花卉、鸟兽纹等花砖；人物画以“二十四孝”故事内容为主，如《王强卧冰》《童子闹莲》等传统故事；雕工栩栩如生，继承了宋、金墓室砖雕华丽的风格。

墓葬出土随葬品有陶、瓷、金、银、玉、玻璃器、丝织品等，其中彩绘陶俑、木屋、双龙铜镜、玻璃莲花托盏、高足青瓷杯、蒙古民族服饰等极为珍贵，为国内同期墓葬所少见。专家们指出，该处墓葬群不仅成为目前我国发现的最大的元代墓葬群，而且因葬仪丰厚而具有其他元墓不可企及的历史、科学和文化艺术价值，更是研究蒙古族和汉族融洽相处及其演变历史的实证。

漳县盐井

富有盐文化特色的旅游景点

定西市漳县盐川寨

秦汉古镇盐川寨离漳县县城2千米，风景优美，民俗古朴，向来以盐井驰名秦陇。“宝井汲玉”为漳县旧八景之一。

盐川寨现有盐昌寺和盐史博物馆一处。新建的年产3万吨的甘肃真空盐厂，为西北第一真空盐厂，也是富有盐文化特色的旅游景点之一。

泰山公园

城区休闲游乐场所

漳县城北1千米处

泰山公园地处三台山，由钟山、鼓山、旗山三山组成。独特的地理位置、悠久的文化历史，使这座县城屏障的山峰成为城区人们休闲游乐的场所。景区内古树参天，林草丰茂，景色怡人。

“三台见象”为漳县古八景之一，是漳县旅游景点链条中的重要环节。目前，泰山公园正加紧建设，不久将成为城区的又一大新景观。

狼渡湿地草原

草原、森林景色优美

定西市岷县县城以东70千米处的闾井镇年家庄和狼渡村周边

狼渡湿地草原地势东南高、西北低，呈平原丘陵地貌。境内山体浑圆，地势平坦开阔，气候凉爽宜人，河流纵横，草原广阔。湿地平均海拔2600米，年平均气温4.9℃。草

狼渡湿地草原

原、森林景色优美，旅游景点星罗棋布。

相传很久以前，这里水草丰茂，野生动物甚多，经常有狼在这里觅食饮水，狼渡滩因此而得名。境内道路宽阔畅通，交通十分便利。这里水清草绿，空气清新，环境幽雅，蓝天白云，水天一色。

玩家 攻略

狼渡湿地草原良好的生态环境孕育了丰富的地方特色产品，如蕨麻猪、贝目、冬虫夏草、大豆、青稞、燕麦等。可以买一些。

现今，狼渡湿地草原已经开发有滑草场、赛马场、滑翔伞、滑雪场、栈道、蒙古包和藏民族帐篷的住宿饮食休闲等旅游项目，为游客提供了丰富多彩的选择。

玩家 解说

狼渡湿地草原面积92万亩。中心草场宽广平坦，四面环山，牧草以禾本科和十字科为主。在夏季，牧草茵茵，浪涌波起，一望无际，远望绿山苍苍与蓝天白云相接，经幡迎风飘动，牛羊欢奔、马儿嘶叫……穿越草原的“拉布河”迂回曲转，有“九曲十八弯”之说，就像草原上飘起洁白的哈达。这里水质甜醇，空气新鲜，具有得天独厚的草原生态旅游优势。

榜罗镇会议旧址

红军长征途经的重镇之一

定西市通渭县榜罗镇　免费

8:00~18:00

通渭县榜罗镇是红军第一、第二、第四方面军长征途经的重镇之一。榜罗会议旧址是红军长征途中一个重要里程碑。榜罗镇会议遗址旁建有“中国工农红军长征纪念馆”。

以榜罗会议遗址为中心，向周围遗址、遗迹辐射的爱国主义教育基地，使榜罗会议遗址成为红军长征“红色旅游景点”线路上的重要景点之一，也成为自天水麦积山至敦煌莫高窟的黄金旅游热线的又一景点。

链接

榜罗镇会议

1935年9月23日，党中央率陕甘支队从哈达铺出发，到达岷县闾井一带。次日晨，部队突然转向西北方向行进，沿岷县红崖、漳县新寺，迅速突破封锁线，出其不意地渡过渭河，27日到达榜罗镇。

中共中央政治局在榜罗召开了常委会议，毛泽东、周恩来、张闻天、王稼祥、秦邦宪参加了会议。会议根据入甘以来取得的情报，认真分析了国际国内的形势，再次研究了红军长征的落脚点问题。会议决定按照哈达铺会议确定的行动方针，到陕北去，巩固和发展陕北革命根据地。

为了宣传红军的革命主张，各部队都书写了标语。指战员们还帮助当地群众劈柴、担水、打扫卫生。受到群众的赞扬。29日晨，陕甘支队挺进通渭县城。红军在这里播下了革命的种子，留下了许多革命文物。

榜罗镇会议遗址现已成为省级文物保护单位。

榜罗镇会议旧址

景点推荐 定西西部旅游区

首阳山

伯夷和叔齐饿死之地

定西市渭源县东南莲峰乡享堂沟

渭源县城有直达莲峰乡的班车

首阳山距兰州204千米，因商末周初孤竹国国君二子伯夷、叔齐互让君位隐居于此而名贯古今，又因九峰环峙，状如莲花而得名莲峰山。

首阳山景区现为国家森林公园、省级风景名胜区,包括首阳山、夷齐古冢、石门水库和天井峡4个景点。首阳山是古丝绸之路上一处佛、道、儒三教合一的圣地,自汉魏以来,山上就有石窟寺庙,至宋、元、明时期达到鼎盛。

太白山

传说是太白金星修道的仙山

定西市渭源县城西南25千米处的会川镇

太白山海拔3300米。因山势险峻酷似华山，有人称它为小华山，传说是太白金星修道的仙山。

太白山上唐代已有庙宇，清道光年间又重建。从山顶向下俯瞰，可见云海翻腾，众山环拱，使人大有“会当凌绝顶，一览众山小”的感觉。太白山以优美、险峻的山形地貌和深厚的宗教民俗文化为内涵，融山、峡、谷、林、溪、庙等自然与人文资源于一体，是一处集山地探险、户外运动、休闲避暑于一身的旅游胜地。

玩家 解说

由于经常漫着白茫茫的云雾好似太白金星在这里修仙养道，不知从何时起，这里就有了太白山的称呼。山上现存有太白殿、三清殿、三霄殿、雷祖殿、雪山太子殿和玉皇阁及山神庙。每逢农历六月初六会举行庙会。

太白山腰茂林修竹，一片葱郁，山间崖壁上飞帘挂瀑，形成蒙蒙的瑰雾。苍茫云海又逐浪翻波滚滚飞腾在山巅瞩目者的脚下。四周群山如舟，环拱滔滔云浪，羽化登仙，江山多娇，万千游客无不感叹这陇中山河罕见的奇观。

太白山

灞陵桥公园

有“渭河长虹”之称

定西市渭源县清源镇南门外清源河上

灞陵桥又名卧桥，建于明洪武年间，系大将军徐达西击元将李思齐时，为渡渭河而建的。桥上配以玉石栏杆，徐达亲题桥名，有“渭河第一桥”之称，后被洪水冲毁。

现在的灞陵桥为1919年仿兰州卧桥改建，是一座古典纯木结构卧式悬壁拱桥，俗称“卧桥”。

玩家 解说

灞陵桥为南北坐落，全长40米，高15.4米，宽4.8米，曲跨29.5米，共13间，64柱。桥面底部以每排10根粗壮圆木并列11组，从两岸桥墩底部逐次递级，上有屋瓦可遮风雨。

灞陵桥桥身高耸，桥面为三道阶梯状通道，中宽边窄，且有扶手栏杆相配，既可远眺，又助攀登。桥两端建有飞檐式廊房，四角斗起，脊耸兽飞，似巨龙凌空而起，颇为壮观。灞陵桥以其独特的建筑结构和艺术风格，闻名全国。桥两端有历代名人左宗棠、孙科、杨虎城、于右任、蒋介石的诗、词、联名和题字。

岳麓山森林公园

有“临洮东山不低头”之美誉

定西市临洮县洮阳镇212国道旁

公园距离县城很近，可选择步行前往

岳麓山森林公园位于甘川公路105千米处，距县城0.5千米。这里杨柳轻拂、松柏滴翠、碧水环绕、花放鸟鸣，素以绿色出头而著称，有“临洮东山不低头”之美誉。

岳麓山公园地处丝绸之路要道，是屏障全城、控扼陇蜀之重镇。公园内主要有超然台、椒山祠、道统祠、武侯祠、地母宫、先农坛、文昌阁、太平观、三星阁、龙泉寺、奎星阁、东岩寺、曾观、画廊亭台、碑匾刻石等42处景观。其中以超然书院、风台、姜维墩尤为著名。

玩家 攻略

岳麓山森林公园已形成琴台飞瀑、文峰夕照、书院晨钟、岳麓黄花等新岳麓八景。每年的春节灯会和三月二十八传统庙会闻名远近，十分热闹。

佛归寺

有大小寺庙十几处

定西市临洮县县城南4千米处的山沟内

0932-2569088

佛归寺生态旅游园坐落在临洮县洮阳镇旭东村紫云山，其山峰属岳麓山山系，是临洮县岳麓山森林公园的主要组成部分。

佛归寺为佛道合一的石窟寺庙，现遗留古迹有达摩洞和少许壁画。改革开放后，群众自发性恢复建设，现有三大古佛殿、十二法王殿、睡佛殿、三清观、混元阁、文昌阁等大小寺庙十几处，长年有人供奉管理和维护。

玩家 解说

据民间流传，紫云山佛归寺还有“巨蟒不足惧，飞龙甚可忧，事不过三，刘伯温三斩龙脉”“三步一回头、九九佛皈依”等古代神话传说。

渭河公园

这些神话传说给佛归寺增添了许多神奇色彩。一直以来，这儿香火旺盛，尤其是每年农历四月十八的山会，方圆十余里的善男信女纷至沓来，诵经拜佛，佛事十分隆重。

紫云山地形奇特，三山环抱，自然形成一个峡谷地带。山道呈鸡冠形，悬崖峭壁处处，加之这儿山壑清幽，溪水淙淙，植被甚好，被当地人称为“小华山”。

渭河公园

风景优美的滨河公园

滨河城市景观渭河公园主要包括国家重点文物保护单位灞陵桥、老子修道成仙的老君山、文化广场以及汉唐文化步行街。整个渭河公园共有灞陵滨水文化园、文化历史展示区和老君山森林公园3个功能区。

老君山

老君山原名庙坡山，与灞陵桥南端相连，像一座绿色的屏障，矗立在渭源县城南面，故有渭城屏障之称。老君山是渭源道教圣地，从唐代开始就有庙宇建筑，明清达到鼎盛。夕阳西下，老君山古庙琉璃灿金，翠叶闪光，耀眼夺目，被称为“君山夕照”。

文化广场

文化历史展示区的文化广场设计为“天圆地方”的平面布局形式，一组《大禹导渭》的大型雕塑群是整个广场的中心，雕塑群前面的健身广场是城区居民健身、休闲的好去处。

汉唐文化步行街

汉唐文化步行街整体建筑以汉唐风格为主进行打造。围绕“人与自然、人与人和谐相处”的永恒命题，融入现代与传统交融的建筑、空间、景观主题，创造出新的现代化城市社区管理和经营理念。

新美花卉科技园

全国三大花卉生产基地之一

定西市临洮县洮阳镇南郊

临洮新美花卉高科技园区位于临洮县县城以南的开阔地带，紧靠212国道，与兰临高速相邻，总面积约81万平方米。

园区集科技运用与人工生态旅游于一

玩家 解说

临洮新美花卉高科技园区总规模100万平方米，分科技示范区、鲜切花生产区、种球种苗、籽球繁育区、成果展示区和观光旅游区。

园区新建有高效节能日光温室113座，分区新建2000平方米气调库一座，改造200平方米气调库1座，2000平方米基质原料、现代化自控温室2座4.2万平方米，供热供水配套设施，种质资源圃建设约6.7万平方米，组培室1500平方米，最终将园区建成集科技开发、观光旅游、科普教育、信息交流、教学实验、示范推广、成果展示于一身的现代高科技示范园区。

新美花卉科技园之花卉

身，以现代化智能温室和三代日光温室为主，以园林式绿化、现代农业高科技设施运用为重点。科技园是一家融花卉生产、种球繁育、科技推广、餐饮娱乐、旅游观光为一体的大型农业博览园，也是全国三大花卉生产基地之一。

西湖公园

“洮阳八景”之一

定西市临洮县城

西湖水上公园地处临洮县城西，洮水之滨，是著名的“洮阳八景”之一“西湖晚照”景观地。公园水面广阔、空气清新、风景怡人，是全县唯一的“水上游乐城”，是夏季休闲避暑的好去处。

西湖水上公园规划面积约15万平方米，总体规划共分为门区、少儿活动区、餐饮购物服务区、中心活动区、休闲度假区、生产管理区等七大功能区。该园自2001年启动以来，已经完成少儿活动区、门区、餐饮购物服务区建设，已成为一个集休闲、游乐、度假于一身的城市公园。

玩家 攻略

临洮县城住宿可供选择的宾馆有政府招待所（电话：0932-2246744）、临洮东方宾馆（县城大十字以南80米处）、电力宾馆（临洮县北关什字）、临洮祥瑞大酒店等。

临洮县的特色美食有浆水面、临洮软儿梨、临洮热凉面、麻腐包子、临洮干甜醅、临洮糖酥饼、洮河鱼、石子馍、临洮酿皮、临洮瑰花酥糖等，可在县城内各类餐馆里品尝到。

西湖公园

马家窑遗址

马家窑遗址
马家窑文化的命名地

定西市临洮县洮河西岸西坪乡马家窑村，北距县城10千米　可以从临洮县城打车前往

马家窑遗址因首先发现于临洮马家窑而得名，距今5000～4500年。它包括新石器时代较早期的马家窑文化和较晚期的齐家文化，还有更晚期的寺洼文化。

遗址下部叠压着庙底沟类型文化层。房屋有方形、圆形，多为地下穴式。房址旁有公共墓地。随葬彩陶较多，底色以橙红为主，主要是黑彩花纹。石器有石铲、石刀、石镰、石磨等。

玩家解说

马家窑彩陶可分为早、中、晚3个时期。早期类型的典型遗址有永登蒋家坪、东乡林家，主要器形以盆、钵、碗为主。中期类型的典型遗址有东乡林家、兰州雁儿湾、临洮马家窑、民和核桃庄等。

马家窑型彩陶采用泥条盘筑法制作，造型有侈口长颈双耳瓶、卷缘鼓腹盆、敛口深口瓮、侈口有肩尖底瓶等。彩陶底以飞橙黄为主，常绘黑彩，也有黑白两色和黑绘中加绘红彩的。仿生花纹仍多鸟纹及鸟纹变形纹，波纹线很多，螺旋线最为出色，具有柔和均匀、流利生动、结构巧妙的特点和强烈的动感。

寺洼遗址
黄河上游远古文化的典型代表

定西市临洮县城北20千米处，洮河西岸衙下乡衙下村

寺洼遗址的分布面积辽阔，南北长1500米、东西宽800米，为寺洼文化的命名地。寺洼文化是黄河上游远古文化的典型代表，出土的陶器闻名遐迩。

寺洼遗址的墓葬多为土坑墓，形若覆斗，葬具有棺或棺椁，除单人葬外，有合葬和火葬墓。随葬品有陶器、青铜器、装饰品及马牛羊的骨骼。少数墓中有殉人和陪葬车马，表明当时已进入奴隶社会。

玩家解说

寺洼遗址因瑞典地质学家安特生于1924年首先发现于衙下集镇寺洼山而得名，又名庙坪鸦沟遗址。遗址内还有丰富的马家窑文化遗存，其年代约为公元前14世纪至前11世纪。

寺洼遗址的陶器全部用泥条盘筑法制成，主要以泥质陶和夹砂陶为主，其中夹砂陶最多。夹砂陶陶土中一般掺入大量粗砂和碎陶末，质地疏松粗糙，烧制火候不足，器表往往有不同颜色的斑点。

寺洼遗址之出土文物

景点推荐 临夏中部旅游区

临夏红园

以古典建筑和花木盆景为主

临夏州临夏市市区红园路

免费 0930-6214514

临夏红园是一个以花木盆景和古建筑为主的江南式园林，建筑具有浓厚的民族特色。红园中池、馆、树交相辉映，两头大，中间细，呈葫芦状。园内建筑将小巧玲珑的江南园林风格和高大恢宏的临夏地方民族建筑特色相结合。楼阁造型别致，飞檐翘角，雕梁画栋；砖雕、木雕技艺精湛，饮誉西北。它把汉族的木刻、回族的砖雕和藏族的彩绘巧妙地融为一体，整体建筑错落有致。

玩家解说

整个红园由牌坊门、清晕轩、石拱桥、风凌阁、如意湖、团结堂、盆景院、怡乐厅、动物园等组成。前院为花园，现设有银星餐厅；中院以建筑和人工湖组成，是文化交流场所；后院有动物园，是品尝风味小吃及儿童游乐的场所。

牌坊门

牌坊门又名晨霞坊，它是由8根朱红色立柱挑起的木叠牌坊，两个抬印间嵌着一个木刻彩绘的孙悟空，手搭凉棚，栩栩如生，像是在云端里窥探着人世间的繁华景象。两侧照壁是书法和绘画，迎面照壁是人型砖雕《红园风光》。

清晕轩

迈进月亮门，香花拂柳的幽雅小径直通一道厅廊即清晕轩。呈一字形排开，晴碧、积翠二亭对立；两块大型影壁砖雕，独具特色，构图严谨，雕工精湛。

如意湖

如意湖为公园中心的人工湖，湖岸回

环，状似如意，故名如意湖。湖面为5200平方米，水深1.5米，湖面东西长95米，南北宽60米。湖中一座石拱桥飞架南北，将湖之南北连为一体；建于桥上的姊妹亭最为夺目，成为红园的主景。姊妹亭把如意湖分割成东西两个湖面，湖的最南端有水榭。

盆景院

盆景院北面与气势高大的览胜堂相互辉映，东西以长廊相隔。盆景院中心摆放着上千盆名贵花卉，两面花坛有驰名中外的河州紫斑牡丹。红园所培育牡丹、芍药堪称一绝，在全国也很有名，临夏有“牡丹之乡”的美称。

怡乐厅

怡乐厅又名迎宾厅，是中园的中心建筑，前全国人大常委会副委员长费孝通题写了匾名。正亭“四条屏”门栏，窗格均精雕细刻成各种花草和鸟兽图案，屋顶筒瓦泥鳅脊，四角飞檐，气势轩昂。这里多次接待过党和国家领导人及外国友人。

玩家 攻略

红园内的游乐设施有充气卡通、高空脚踏车、水上游船、自控飞机、仿真火车、猴子拉车等，为各族各界成人、儿童尽情娱乐创造了条件。

红园内到处鲜花簇拥，美人蕉、君子兰、仙人掌、芍药、倒挂金钟、绣球、月季、菊花、金菊等200余种花卉竞相开放，令人赏心悦目，还有古桩石榴、银杏、紫薇、紫藤等，是花草爱好者的乐园。

临夏红园

临夏州博物馆

主要展示新石器时代的彩陶

临夏州临夏市红园广场西侧　免费

0930-6282579

临夏州博物馆建于1979年，占地面积为4000平方米。博物馆由彩陶馆、民族馆以及一个复原的金代古墓组成。博物馆收藏各类文物3500多件，主要为新石器时代的彩陶，还有石器、玉器、铜器、瓷器、书画、雕刻墓砖和民族文物等。

彩陶是临夏的名片和骄傲。彩陶馆精选的全州彩陶精品达1700多件，其中，马家窑彩陶60多件、齐家彩陶350余件、辛店彩陶170余件、边家林彩陶270多件、半山彩陶180多件、马厂彩陶640余件、寺洼陶器25件。彩陶馆系统地展示了临夏地区出土的绚丽多彩的陶器。

玩家 解说

临夏州博物馆有三个基本陈列：《临夏彩陶艺术》展出新石器时代至青铜时代的马家窑文化、齐家文化、辛店文化、寺洼文化的彩陶；《临夏民族文物》主要展示穆斯林生活、生产、服饰、书画、文化艺术、民族手工艺品等；墓葬陈列是金代王吉墓葬的复原，主要展示古河州砖雕艺术的悠久历史。

蝴蝶楼

聚园林工艺之精华

临夏州临夏市前河沿路西端　临夏市内乘坐3路、5路公交车可达　5元　0930-6214220

蝴蝶楼系西北军阀马步芳的胞兄马步青的公馆，是马步青为其四姨太张筱英所建的宅院，因外形像只展翅欲飞的彩色蝴蝶而得名。整个建筑施工历时5年，于1943年建成。现存蝴蝶楼正院一座，主体建筑北面正中主楼为蝶身，面阔七间，歇山顶挑檐。

蝴蝶楼整个建筑风格独特，雕梁画栋，集传统木质建筑之大成，聚园林工艺之精华。建筑结构中，没有使用一枚铁钉，设计新颖，工艺精湛，保存完好，既富有民族特色又别具一格，一直被视为建筑艺术之精品，至今依然熠熠生辉。

玩家 解说

蝴蝶楼刚建成的时候，楼上下四周皆为回廊环绕，东西南三面长廊将楼紧围在里面，形成一个方形大院。正中为客厅，边楼为书房，随楼前段为卧室。室内装有钢丝弹簧床，床周围镶有玻璃砖镜。卧室后面是梳妆室，设有精巧的梳妆台，配有国外上好的香水粉膏。后面是卫生间，最后一室是侍女房。楼内起居、会客、游艺、梳妆等均设有专室，设备齐全。

大拱北

建筑规模宏大

临夏州临夏市红园路

大拱北始建于清康熙年间的1720年，由大拱北当家人妥化清倡修，最初规模较小，俗称祁家拱北，后规模渐增改名为大拱北。大拱北主要建筑有三层八卦金顶和牌坊、影壁、经堂院、礼拜殿、碑厅、井厅、花园等，亭台楼阁错落有致。

大拱北是嘎底林耶门宦的总拱北，辖有甘肃、宁夏、青海、陕西、四川等省区的40多座寺、亭、静修地和拱北。

玩家 解说

拱北由八角形砖墙围砌，砖墙磨砖对缝，一片青灰色调。墙上连接3重八角形重檐，用红褐色油漆，与青砖形成对影色调。内部用露明的梁枋作花饰，玲珑华丽。照壁墙与拱北墙饰以砖雕，上有花卉、树木及四川、陕西等地亭、室及拱北的造型，精巧秀丽。客厅等设施均使用小木作门窗，做工精细，堪称艺术精品。

大拱北整个建筑群幽雅华丽，颇具园林风韵，为西北回、东乡、撒拉、保安等族伊斯兰拱北建筑之冠。建筑内有不少出自名家之手的字画珍品。每年农历九月十一和十五为祁静一诞生和逝世纪念日，届时这里会举行隆重的纪念活动。

链接

国拱北

临夏市国拱北属伊斯兰教苏非派嘎底林耶门宦，位于河州城西郊，与大拱北毗邻。国拱北在近300多年的历史演绎中，为中国伊斯兰文化的发展作出了巨大贡献，它也同中国伊斯兰史上所有遭到沧桑变故的伊斯兰宗教场所一样，经历了辉煌与毁灭的洗礼，几代先贤遗留的文化古迹及康熙年间的历史资料荡然无存。1985年春，国拱北开始重建，在建筑风格上承接先辈遗风，使国拱北焕发出昔日的风采。

东公馆

古典建筑艺术的殿堂

临夏州临夏市区环城东路35号　15元

0930-6324429

东公馆是一座“田”字形的庄院，其布局独具匠心，正门为西洋式建筑，门道和过庭风格不同，作用各异。东公馆这座古典建筑艺术的殿堂，是临夏各民族聪明智慧和辛勤劳动的结晶，具有罕见的观赏和研究价值。

东公馆随处可见取材广泛的砖雕作品，一幅幅都以立意新颖、造型生动、雕工细

大拱北

东公馆

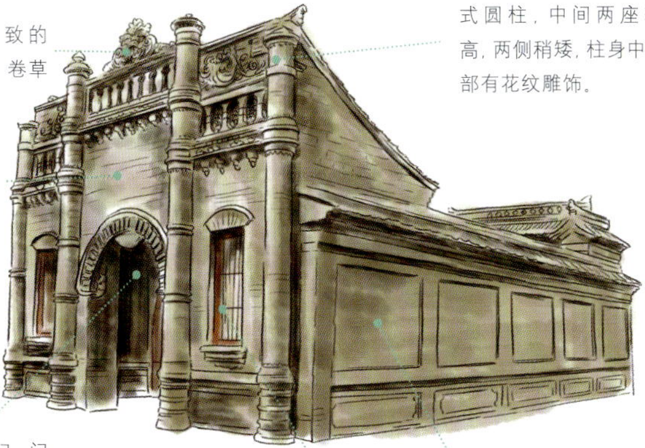

腻、技艺精湛而著称，堪称砖雕艺术的大观园，是来临夏旅游必看之景。

链接

马步青、马步芳兄弟

马步青（1901—1977），字子云，临夏县漠泥沟人，回族，马麒长子，马步芳胞兄。原国民党第四十集团军副总司令。马步青在任期间大兴土木，先后在武威新城、东关修建规模宏伟的楼阁亭栈，兰州闹市区还有铺面、店院等，北京、西安等地也有他的私宅。马步青回临夏后，在临夏修建占地150余亩的东公馆，占地500多亩的蝴蝶楼。临夏解放前夕，携带家眷、黄金和其他贵重物品前往香港，后转台湾。1977年2月9日在台北病故。

马步芳（1903—1975），字子香，回族，马麒次子，马步青胞弟。幼学阿拉伯语经文，先后任国民党第四十集团军总司令、青海省政府主席、国民党中央监察委员等职，是民国时期西北军政界重要人物。1949年8月兰州解放前夕，逃离西北。1950年，马步芳迁居埃及开罗，做寓公。1975年7月在沙特阿拉伯病故。

临夏清真寺

中国最著名的清真寺之一

临夏州临夏市解放路，南门广场南侧

临夏清真寺是中国最著名的清真寺之一，西北地区的伊斯兰教圣地之一。位于甘肃省临夏市解放路红水河边，是临夏穆斯林群众礼拜的宗教活动场所。

临夏清真寺始建于元代末年，以后随毁随修。南关清真大寺占地约2000平方米，建筑面积为2074平方米。主体建筑分上下两层，建筑面积1300多平方米。礼拜大殿位于上层，大殿呈正方形，边长各21米；窑殿用汉白玉做成圆心复叶形壁龛形式，上刻《古兰经》。

链接

参观清真寺注意事项

- 非伊斯兰教徒入堂前须脱鞋。
- 女性的穿着不可暴露手臂和双脚。
- 在清真寺内未经许可不得拍照，参观清真寺时，不得碰触《古兰经》。

万寿观

西北道教第二大观

临夏州临夏市区北郊北塬山坡上

0930-6212496

万寿观始建于唐初，1983年重建，是西北道教第二大观，与崆峒山齐名。

万寿观内景

观内建筑层叠而上，共分七级，最高处是乾元宝塔。栋宇飞云，塔影坠空。现已开辟为北山人民公园。登北山，临夏市区全景尽收眼底。

玩家 解说

万寿观所在的万寿塬塬头山势突兀，并峙之五峰，自西向东分别被称作二岗、楼仙洞、万寿观、万匝祖师殿、林喇嘛寺。万寿观昔为“河州八景”之一。

据传乞伏氏在河州建立西秦政权时，已有此观。后历经兴废，元称飞扬书院，明为真武宫或通明阁，清始为此名。建筑依山而筑，自下而上依次为山门观音楼、真武殿、紫微殿、玉皇阁、福禄阁、三清殿、混元阁。后历经兴废，现仅存民国重建的真武殿、紫微殿和玉皇阁，其余建筑都是近年新建的。

临夏摩天轮

临夏市的新地标

临夏州临夏市临夏·义乌国际商业广场

全天开放

2012年8月18日，临夏·义乌国际商业广场核心建筑摩天轮起吊成功，这标志着摩天轮正式落户临夏，为临夏州增添了一道靓丽的风景线。

摩天轮是临夏·义乌国际商业广场最重要的组成部分，总高度约50米，可同时承载96人旅游观光，给游客带来前所未有的刺激与感官体验。摩天轮给临夏商业旅游产业带来了新的契机与活力，大大提升了临夏的休闲、旅游功能。

玩家 攻略

临夏·义乌国际商业广场是以美国曼哈顿街区为创意源点，集大型市场、专业街、购物中心、摩天轮广场等多种业态于一身，具有批发零售电子商务、购物休闲、餐饮娱乐等复合功能的商业综合体，是购物逛街的绝佳去处。

商业广场的集中式市场按照义乌第六代市场模式建造，住宿、餐饮、娱乐等设施齐全，在这里可以享受到大都市的服务。

东郊公园

市内游乐公园

临夏州临夏市东郊、大夏河北岸的折桥乡李孟村史家队

免费

乘坐2路、8路公交车可到

东郊公园占地面积29万平方米，是临夏市的一个主要市区游乐公园。东郊公园内现有苗木20余种，树木10多万株，月季300多种。园内紫斑牡丹以花大色艳、芳香浓郁而闻名。公园平时可以泛舟、休闲、散步。

玩家 攻略

公园内的人工湖有多种娱乐设施可供选择，主要有划桨游船、脚踏船、碰碰船、迫击炮、激光打靶、青龙闹海、模拟小跑车、山转飞椅、猴子拉车、海盗船、转盘车、充气大象、跳跳床、仿真飞机、海洋球、滑行车、橡皮艇、碰碰车等。

公园内还设有观光植物园，有月季园、桃园、梨园、李子园、牡丹园、芍药园、盆景园等可供参观。

链接

胡廷珍烈士纪念园

进入东郊公园，穿过花架长廊，信步前行，映入眼帘的是胡廷珍烈士纪念园。烈士雕像屹立其中，庄严肃穆。胡廷珍烈士是临夏籍的第一位共产党员，也是中国共产党在甘肃的早期领导人之一。烈士的上半

身雕像用汉白玉雕刻而成，底座选用了黑色大理石，碑铭刻录了胡廷珍烈士从事革命活动的光辉事迹。烈士纪念园是开展党团活动和进行革命历史传统教育及爱国主义教育的重要基地之一。

潮音寺

唐代古刹

临夏州临夏市环城北路267号孟家墩

0930-6224860

潮音寺为唐代古刹，是甘肃省内外著名的佛教寺院，现建成庄严雄伟的圆通殿、大雄宝殿、念佛堂、寮房等。寺内珍藏台湾财团法人佛陀教育基金会净空法师于1998年捐赠的大藏经300箱。该寺院在海内外有较高的知名度。

潮音寺建筑最具特色者当数洞窟群。潮音寺有“一山（坡）二梁三沟壑”之地势形貌，为开凿洞窟备足了地质环境。寺内僧人巧妙地利用地形，在沟壑崖壁上开挖洞窟80多孔，其中大部分内绘壁画、供奉佛菩萨及五百罗汉塑像。

枹罕山庄

休闲娱乐的绝佳处所

临夏州临夏市枹罕乡青寺村　0930-6610291

枹罕山庄原名青寺果园，占地50万平方米，山庄内有杏树、伏梨、云杉、酸巴梨等各种树木6万多株。1999年开始对游人开放。

园内山清水秀，绿树成荫，月牙泉飞流直下，环境幽雅。现已建成房屋800平方米，古典接待点6处，还有儿童游乐等各种附属设施。在山庄内，临夏风味小吃应有尽有，各种餐饮服务配套齐全。

马鸿宾纪念馆

全面展示马鸿宾的生平事迹

临夏州临夏县县城

临夏县马鸿宾纪念馆以档案、文献、图片、文物、影像等资料为载体，并借助雕塑、沙盘、绘画、图表、电子模拟等方式，全面展示马鸿宾的生平事迹，着重弘扬其热爱祖国、热爱人民、热爱中国共产党的坚定信念，为中华民族的独立自由、繁荣富强奋斗不息的革命精神，为民族团结和祖国统一矢志不渝的远大理想。

链接

马鸿宾小传

马鸿宾（1884—1960），字子寅，回族，今临夏县韩集镇阳洼山人，历任宁夏镇守使、国民政府宁夏省主席、甘肃省主席、81军军长、西北军政长官署上将副长官等职。1949年中国人民解放军进军宁夏，马鸿宾率部起义。新中国成立后，历任全国人民代表大会代表和第一、第二届全国国防委员会委员，甘肃省副省长、民族事务委员会主任等职。1956年被授予中华人民共和国一级解放勋章。1960年病逝于兰州。

林家遗址

马家窑类型的代表性遗址

临夏州东乡族自治县大夏河东岸

林家遗址位于东乡族自治县大夏河东岸的黄土塬上，文化内涵以马家窑类型为主，包含有马家窑类型早、中、晚期的文化遗存，是马家窑类型的代表性遗址。

林家遗址总面积6600平方米，前两处地埂上发现大量彩陶片和残石器。阴洼坡子崖边发现有大量彩陶片、残石、骨器，另外还曾发现房址几十处，窑址5处及窑穴多处。

马家窑彩陶

陇上杏花村
唐汪川杏花享誉天下

临夏州东乡族自治县的唐汪川

东乡族自治县的唐汪川号称陇上杏花村。在唐汪川，田间地埂，房前屋后，到处是枝节横生的桃杏树。清明时节，正是唐汪川杏花盛开的时候，满川的杏花如脂如粉，粉红中带着晶亮，加上初春嫩绿麦苗的映衬，显得十分妖娆。

东乡民俗博物馆
有众多珍贵馆藏

临夏州东乡族自治县

东乡民俗博物馆为双面五层框架结构，博物内设有自治县建设成就图片展、东乡族民俗展、特色经济实物展、古动物化石展、东乡族民族服饰展、东乡情书画摄影展、个人根雕艺术展7个展厅。其中，有我国发现最早的铜铸器物“中华第一刀”、目前国内保存最为完整的鬣狗化石、国内出土最小的三趾马化石、迄今为止国内唯一出土的灵长猿猴头骨化石等。

玩家解说

唐汪川生产的唐汪桃杏，个大肉厚，汁多味美，是鲜果中不可多得的名品，一直享誉西北。

唐汪桃杏

积石民俗村

积石民俗村
盛夏避暑的好去处

积石山麓中部、县城吹麻滩以西1千米处的尕护林

可自驾前往，也可乘旅游专线车前往

0930-7723988

积石民俗村占地2万多亩。这里清爽宜人，空气、土壤、水源均无污染，茂密的人工林与满河谷的鹅卵石相映成趣，淙淙的流水、鸣唱的小鸟、遍地的野花构成了民俗村独特的风景，是盛夏季节旅游避暑的好去处。

2000年前后，这里建成了具有民俗风情的保安、东乡、撒拉族民宅，拥有飞檐翘角的凉亭、优美的喷泉及鱼池、宽阔的道路等设施，以及休闲娱乐的大小石宫和餐饮、食宿等综合服务设施。

红塔寺石窟
有大面积的石窟壁画

临夏州东乡族自治县唐汪镇河沿村

红塔寺石窟地处距地面高约50米处的红塔山悬崖上，窟内有大面积石窟壁画，主要分布在石窟四壁和窟顶，壁画面积约50平方米。

该石窟壁画是临夏地区仅次于炳灵寺石窟之外的又一处重要壁画，是东乡族自治县在第三次文物普查中的重要新发现，是研究临夏地区宗教历史、文化艺术的珍贵实物资料。

新庄坪遗址

保存完好的齐家文化遗址

临夏州积石山县银川乡新庄坪村的银川河台地上

新庄坪遗址面积约39.6万平方米，是一处保存基本完整的齐家文化遗址。遗址分居住区和墓葬区两大部分。在小水沟以西一带，还发现少量马家窑文化马厂类型的彩陶残片掺杂在齐家文化灰层之中。

新庄坪遗址出土文物主要为齐家文化的陶器、骨器、石器、玉器和大量灰层、灰坑和墓葬。为全国重点文物保护单位。

大墩峡

探险观光娱乐的好地方

临夏州积石山县大河家镇大墩村 0930-7722923

大墩峡东临保安三庄，西与青海孟达天池相连，生态旅游和保安族民俗文化旅游资源丰富。峡谷内群山叠翠，林木繁茂，峰崖奇危，如刀削斧砍；峡谷内清溪潺潺，诸多山泉汇集而成的河水汇成多级瀑布，泻流而出，令人心旷神怡。

积石关

传说中的大禹治水之地

临夏州积石山县大河家镇关门村

积石关地处巍峨的积石山麓、积石峡东口。历史上，积石关壮美的景色和大禹治水的千秋功德及神奇美妙的传说，吸引了无数的朝廷命官、文人骚客来此游历，并留下了一首首赞美雄关、歌颂大禹的优美而宝贵的诗篇，使积石关更具文化底蕴。

保安三庄

保安族的聚居地

临夏州积石山县大河家镇

“保安三庄”是保安族的聚居区，现指甘肃省积石山保安族东乡族撒拉族自治县的“甘梅”（相邻的甘河滩和梅坡两个村庄）、大墩、高李三地。

保安族一般是整村连房密集居住，一家一院。保安人喜睡热炕，炕上多铺毛毡；炕上安放炕柜和板箱，装衣服杂物。院内种植果树、花木、蔬菜，后院有畜圈、鸡舍、厕所等；院落周围种植庄稼，饲养牛羊。

链接

保安族习俗

保安族原先居住在青海同仁地区，后迁到甘肃河州大河家地区。保安人迁徙的原因有诸多说法，主要是封建统治者强制信仰伊斯兰教的保安人改信藏传佛教而被迫迁徙。

保安族人民信仰伊斯兰教。保安族做面食的技术高超，油香、馓子、馃馃、凉面皆为西域民族的传统美食。保安族人民在日常生活中忌讳跨越斧子、镰刀、绳等生产工具；家人从外面回来，不能直接进入有小孩有病人的房子；妇女到河边担水，必须逆水而舀，不能顺水舀或反手舀；客人不能进厨房，不能进女人的卧室。

景点推荐 临夏南部旅游区

松鸣岩风景区 AAAA

花儿会的举办地之一

临夏州和政县吊滩乡小峡中 50元

从临夏可乘车至和政转公交车到达，从兰州可直达和政

0930-5580181 8:00~17:00

松鸣岩风景区位于和政县吊滩乡小峡中，是临夏州第一个国家AAAA级旅游景区。景区总面积33平方千米，由南无云台、西方顶、玉皇峰、鸡冠山四峰组成。

松鸣岩有三座并峙的山峰，分别为南无台、西方顶、玉皇峰，峰形奇特，英容俊貌，宛如3位潇洒飘逸的仙人，耸立在群山峻岭中。松鸣岩是历代殿宇楼阁、亭榭飞桥汇集之地。山上的殿宇大多建在三峰的悬崖峭壁之上，依山就势、错落有致，十分险要壮观。

玩家攻略

松鸣岩花儿会会期在每年农历四月二十五至二十九之间，四月二十八是正会。花儿会期间，整个松鸣岩景区人山人海，十分热闹。

松鸣岩景区住宿可选择松鸣岩度假村（电话：0930-5580166）、和政饭店（电话：0930-5524238）等；吃饭可选择泉城酒楼（电话：0930-5521488）、龙泉餐厅（电话：0930-5521782）等。

当地的特色旅游商品有水绣石盆景、松鸣奇石、竹柳编制品、手工刺绣、冬虫夏草、啤特果、鹿角菜、卧龙头、山花蜜等。

链接

松鸣岩花儿会

“花儿”是西北各族人民在长期的劳动生活之中用汗水浇灌出的一朵绚丽的艺术奇葩。它不仅是西北高原民俗风情、社会生活的反映，而且是各民族群体、人生品格及文化韵味的再现。

松鸣岩花儿会是一年中最先举行的大型花儿会。会期在每年农历四月二十五至二十九之间，四月二十八是正会，故称“四月八”。届时八方游客及众多的民间歌手云集在松鸣岩下，引吭高歌。著名诗句“八千游女唱牡丹”“一山楼阁牡丹风”都是对松鸣岩花儿会盛况和特色的描述。

松鸣岩花儿属“河湟花儿”。除了唱各种河州令外，更钟爱各种牡丹令，演唱地点或在山坡、或在草坪、或在山口、或在林中；演唱形式有独唱、有齐唱、有对唱。花儿原本是没有伴奏的"徒歌"，可在松鸣岩花儿会上，常常可以看到有人吹着咪咪子，有人吹着唢呐，有人拉着二胡，有人弹着四弦子，或给花儿歌手伴奏，或独奏着花儿曲调。

古动物化石博物馆 AAAA

中国唯一古脊椎动物化石博物馆

临夏州和政县城东迎宾路　8:00~18:00

免费　0930-5508213

和政古动物化石博物馆是中国唯一一座古脊椎动物化石博物馆。馆内藏品占据了6项世界之最，现馆藏各类古动物化石标本，分属两纲七目110个属种，拥有铲齿象、三趾马、真马三大动物群。博物馆建成后，给古城宁河架起了一座连接五湖四海的桥梁，是向世人展示中华瑰宝的窗口。该馆是中科院古脊椎动物与古人类研究所和政科研基地。

铁沟风景区

以山水风景著称

临夏州和政县城南20千米处的新营乡

铁沟风景区位于和政县城南的太子山脚下，景区呈峡谷状，纵深15千米。峡口有炼铁遗址。峡内群峰错落，突兀挺拔，形态各异。山间林木丛生，植被繁茂，鸟雀和鸣，飞禽走兽随时可见。沟内河水清澈、甘甜，空气清新，气候凉爽宜人，风光无限。铁沟自然风景度假村可提供食、宿、游、购、娱等各种服务。

莲花山 AAAA

中国最大的花儿会举办地

临夏州康乐县城以南50千米处　25元

康乐县城汽车站每半小时有康乐至莲花山班车，车程1.5小时，也可乘坐当地出租车或包车前往景区

莲花山是国家级自然保护区、国家森林公园。自古为旅游避暑之胜地，地处临夏、定西、甘南三地交界处。山峰险奇峻拔，因形似莲花盛开而得名。

景区总面积4873公顷，主峰海拔3578米。明朝初期为道教、佛教名山。从唐坊滩至峰顶，有十八罗汉楼、头天门、二天门、紫宵宫、娘娘殿、舍身殿、鹞子翻身、玉皇阁等近百处景点。

玩家攻略

游览莲花山的主要线路一般为从唐坊滩至峰顶，有十八罗汉楼、头天门等近百处景点。

景区周边食宿地有莲花山宾馆（电话：0930-4501388）、莲花山清真餐厅（电话：0930-4501136）、莲花山大众餐厅（电话：0930-4501390）等，景区内的旅游特色商品有野生蘑菇及各种绿色野菜。

太子山

连接中原文化和雪域文化的纽带

临夏州和政、临夏县境内，离和政县20余千米

20元

太子山又称大峙山，位于和政、临夏县境内，是临夏县南部、大夏河以东高大山岭的统称。

其主要山体由公太子、母太子、睡太子三峰组成。其中雄伟挺拔的母太子峰以海拔4368米的高度直入云霄，山顶上春夏秋冬白雪皑皑。"露骨积雪"被列为河州八景之一。太子山是临夏与夏河县的分界，是连接中原文化和雪域文化的纽带，是历代兵家设防要塞。

太子山

玩家 解说

槐树关是太子山风景区的主要景点。这里的药材和山珍特别丰富，野生药材有冬虫夏草、野党参、当归、红三七、黄连和刀剑药等。山珍野果有蕨菜、鹿角菜、乌龙头、蘑菇、野葱、野韭菜、野李子、野莓子、毛核桃等。游客在不同的季节，可以品尝不同的野味，欣赏不同的风景。

边家林遗址

以彩陶最具代表性

临夏州康乐县关丰村

边家林遗址发现于1976年，发掘面积425平方米。遗址共发掘墓葬17座、灰坑1处。墓葬葬式分为捡骨葬和侧身屈肢葬。遗址出土了弧线纹、大三角纹、葫芦网格纹、平行线等彩陶41件、石器26件、骨器（骨刀、骨珠）800多件，其中饰有大三角纹和葫芦网格纹的彩陶器是遗址的典型器物。

鉴于该遗址墓葬葬式及其器物组合特征明显，且在康乐、广河、永靖和兰州等地都有分布，具有典型意义，曾一度被命名为“边家林类型”。

西蜂窝寺

历史悠久的藏传佛教寺院

临夏州康乐县鸣鹿乡踏墩湾山湾

西蜂窝寺距康乐县城西南20千米，为藏传佛教寺院。西蜂窝寺始建于东汉章帝建初八年（83年），最初叫“大佛寺”，已经有1900多年的历史。

西蜂窝寺现保存有大殿二幢，山门一座，厢房十余间。寺院高墙耸立，飞檐流丹，古木苍翠，花草妍秀。该寺所供主佛为藏传佛教的香巴佛，有清代顺治铸香巴铜像一尊。

玩家 解说

康乐西蜂窝寺屡建屡毁，兴废交替，几经湮没。民国八年（1919年），明永乐皇敕出，其名大显于世。先后阅者有甘肃督军张广建，甘肃督军兼省长陆洪涛，进士刘尔炘、邓隆、杨巨川，名人水梓、牛载坤等，并题诗文以记其事。为康乐西蜂窝寺留下了一批珍贵的文物历史资料。

白云寺

建筑规模宏大

临夏州康乐县城西南角

白云寺位于康乐县城西南角，龙头山

西蜂窝寺

下。寺内建筑规模宏大，塑像栩栩如生，历史悠久，有较高的观赏价值。每年农历九月初八至初十举行盛大的法会暨商品交易会，参加人数众多，热闹非凡。

亥姆寺

藏传佛教的圣地

临夏州康乐县虎关乡夏牟山

亥姆寺距县城6千米，是康乐十大自然景观之一。亥姆寺古称云界寺，建于唐、兴于宋、盛于明、毁于清。明永乐时，有殿、楼、阁、亭25处；依山而建，鳞次相连，层层登高，极为壮观。

寺中现存的金刚亥姆神像，据藏传佛教高僧堪钦森达考证是自然形成的三尊金刚亥姆像之一。亥姆寺长年烟雾缭绕。每到春天，桃花盛开，独特的三杨柳和古雅殿阁，吸引上万游客前来旅游观光。

链接

亥姆寺三大奇观

亥姆寺山有三大奇观。一为满山的毛桃。毛桃为野生仁用桃，果肉成熟后干涩无味，不能食。其核大仁圆，味苦质优，年产数万斤，是药用、食用之上品。二为三样柳。三样柳是夏牟山的独有树种，是镇寺之树。据说当年天竺高僧将所带药种撒入亥姆寺山林，以期自行繁衍，供人采集，治病疗伤。三样柳具有解毒、消炎、清火之药效，其成分含胡杨碱。三为天然回音壁。亥姆寺的北侧为悬崖峭壁，自然形成一个偌大的回音壁，从峭壁一面喊，对面山崖上就会传来同样的回应声，幽幽山谷，余音绕耳，如梦如幻。

亥姆寺毛桃

齐家坪遗址

我国最著名的遗存之一

临夏州广河县洮河西岸

齐家坪文化遗址发现于1924年，是我国最著名的遗存之一。这种介于新石器时代晚期与夏商文化之间的遗存，在我国十分少见，在世界同类遗址中也极其珍贵，具有重要的学术价值，它的发现揭开了黄河上游史前文化研究的序幕。

齐家坪文化遗址内涵丰富，文化遗迹、遗物甚多。遗迹有大量灰屋和居室地面，遗物以泥质红陶、夹砂粗陶为主，还有石器、骨器、玉器、铜器等。1996年，齐家坪文化遗址被国务院确定为全国重点文物保护单位。

玩家 解说

齐家文化的陶器独具特色，制陶业比较发达。各遗址都出土有大量的陶器，种类繁多，有泥质红陶、橙黄陶、灰陶和夹砂红陶。多手工制作，轮制较少。齐家文化受龙山文化的影响较大，陶质细腻，多素陶；器型较小、器型丰富，有罐、盆、碗、豆、鬲和动物形器物，其中最具时代特征的是双大耳罐、三大耳罐和双耳侈口高领罐。

半山遗址

半山文化的命名地

临夏州广河县半山村

半山遗址属于仰韶文化半山类型，半山类型即以此遗址来命名。该遗址最早在1924年被发现，推估年代在公元前2500年前后。

半山遗址位于洮河河岸的河阶地上，包括瓦罐嘴附近的居住地、瓦罐嘴墓地、半山墓地、边家沟墓地、王家沟墓地和半山以南瓦罐嘴以东的一个墓地。半山遗址最著名的文物是被称作半山陶器的陶罐。

景点推荐

永靖旅游区

黄河三峡景区 AAAA

临夏州游客接待量最大的景区

临夏州永靖县刘家峡镇西南1千米处

黄河三峡景区位于永靖县境内，由炳灵峡景区、刘家峡景区和盐锅峡景区组成。景区人文景观丰富，自然风光秀美。

2000年，黄河三峡被列为省级风景名胜区；2001年，恐龙足印化石群遗迹所在地区被国土资源部批准为刘家峡国家恐龙地质公园；2004年，刘家峡水电站被列为全国首批工业旅游示范点。

刘家峡水库

刘家峡水库又称炳灵湖，东起刘家峡大坝，西至炳灵寺峡口，呈西南—东北走向。湖岸线长55千米，水面最宽处6千米，水域面积达130多平方千米，蓄水量约57亿立方米，正常水位1735米，蓄水达到高位时，水库最深处有147米。

乘船溯流而上，湖水清冽，浪花飞舞；两岸山势平缓，格调统一；游船和快艇驶过水面，留下一道长长的痕迹，春风吹过，整个湖面都为之荡漾。

玩家攻略

刘家峡大坝前方的售票处卖船票。票价为：甲级大船35元/人，来回需6个小时；乙级大船30元/人，来回需8个小时；快艇95元/人，来回仅需3个小时。

刘家峡水电站

刘家峡水电站是我国独立自主设计、建造的第一座百万千瓦级的大型水利枢纽工程，为甘肃爱国主义教育基地。

随着永靖黄河三峡旅游业的发展，刘家峡水电站作为现代文明的重要标志，已成为黄河三峡风景名胜区内的一大主要旅游景点。

炳灵峡

炳灵峡因炳灵寺所处大寺沟而得名。这里险峻雄奇，水上险象环生，是黄河探险旅游的绝佳去处。这里有一连串令筏子客心惊肉跳的险关——喇嘛石、救命窝、骨岔浪、扎地浪、三佛崖、阎王砭等。

在炳灵峡方圆8平方千米内是炳灵石林，它属于新生代早期红色沙砾堆积而成的石林状丹霞地貌，处处是一座座形态各异的奇峰，其中要数“姊妹峰”最富传奇色彩。

盐锅峡

盐锅峡水库即太极湖，有大小岛屿9个，其中，最大的是太极岛。太极岛面积约266.7万平方米，被称为“陇上江南”的自然景观——黄河三峡湿地即在此地。

玩家 攻略

永靖县5~10月，瓜果飘香，土特产丰富，有大红枣、草莓、樱桃西红柿、花椒、特色果脯等。当地的特色工艺品有远销国内外的手工打结仿古地毯，鱼畜类有著名的黄河鲤鱼、金鳟、虹鳟等。

永靖县特色美食有东乡手抓、临夏酿皮、发子面肠、牛杂割、河州包子、锅盔、河沿面片、油炸馃馃、油香、馓子等。

黄河三峡景区娱乐项目众多，娱乐设施齐全，有黄河漂流、水上飞伞、黄河垂钓等项目。

永靖黄河三峡景区

盐锅峡以罗家洞的红岩绝壁、岗沟寺的奇山异峰、连绵千亩的芦苇荡、百鸟栖息的太极岛、浓密香郁的枣树林以及世界罕见的恐龙足印化石群遗迹而著称于世。

玩家 解说

盐锅峡太极鸟岛上的200万平方米的芦苇荡内，水鸟嬉戏，天鹅起舞，栖息着灰鹤、白鹤、丹顶鹤等38种2万多只珍禽益鸟，是西北地区罕见的自然景观。

岸边温棚如云，枣园、果园连片，树木茂盛，鱼塘棋布，阡陌纵横。随着环湖公路的开通及在水一方、太极岛度假村、枣园新村的建成，已成为太极八卦旅游度假胜地。游客乘船到此，可饱览胜似江南的水乡风光。

刘家峡恐龙地质公园

化石规模种类均为世界少有

临夏州永靖县盐锅峡水电站上游1千米处

刘家峡恐龙国家地质公园位于罗家堡老虎口恐龙湾，距县城水路43千米。在2平方千米的区域内，1999年8月发现10类150组、1724个恐龙足印化石，同时还发现鸟脚印、植物、叶肢介等化石。

永靖恐龙足印化石规模之大、种类之多、保存之完好、清晰度之高，立体感之强，均为世界少有。

玩家 解说

刘家峡恐龙国家地质公园至少包括两类巨型蜥脚类、两类兽脚类、一类鸟脚类、一类翼龙类和形态独特的虚骨龙足印，还有尚未归属的单个足印。这些足印不仅有三趾足印和四趾足印，而且每个足印都是前足小、后足大，前后肢足印成对出现，为国内外首次发现，且新识别出的翼龙足印和鸟脚类恐龙足印在中国也是首次发现。

公园内还发现有恐龙卧迹、尾部拖痕及粪迹，足印出露点附近多处发现恐龙骨骼化石。最大的蜥脚类恐龙足印化石前脚79厘米×112厘米，后脚150厘米×120厘米，前后两足间步幅为375厘米，左右足印外侧边缘间距为345厘米。经考证，这是世界上目前发现的最大恐龙足印化

刘家峡水库

石。在第二化石点约80平方米的发掘面上发现17组52个足印，其中有10个巨型兽脚类足印化石，此类足印仅第三趾保存完好，趾印长达90厘米。

白塔寺

西北佛教圣地之一

临夏州永靖县三塬乡源头村

白塔寺是我国西北佛教圣地之一，其声名并不比炳灵寺逊色。据说该寺在唐代最为兴盛，元明以降，藏传佛教东渐，此寺遂成为藏传佛教重要寺院之一。

因寺中有白塔，周围的百姓将其称为“白塔寺”。白塔寺附近黄河两岸的川道，人们习惯上叫作“白塔寺川”。塔身四周雕有千余尊石佛造像，亦名“千佛塔”。塔内有王昭君和王宝钏的塑像，她们分别被称为“白卓玛”和“绿卓玛”。寺院正殿有佛祖释迦牟尼等的塑像。

玩家 攻略

每年农历三月十七是传统的白塔寺龙华善会，附近各地寺院的僧众及广大信徒，在这里举办大型的宗教法会。各路商家纷纷聚集于此，进行物资交流。届时，永靖、东乡、临夏、积石和邻省青海民和、循化的人民群众，身着节日的盛装，扶老携幼，或坐车，或乘船，或骑骡马，从四面八方赶来参加这一盛会，十分热闹。

罗家洞寺

藏传佛教格鲁派寺院

临夏州永靖县城之南的罗川村

罗家洞寺又名云光寺罗家洞，藏语叫“典却让旋”，是一处藏传佛教格鲁派寺院，历来属拉卜楞寺管辖。寺周翠柏映岩，清静幽雅，乃栖仙修佛之地。

当人们从山下仰望，红崖绝壁上镶嵌着一座独立缥缈的飞楼，上接蓝天，树遮花掩，犹如仙阁，景色十分壮观。再从洞上俯视，山坡下金堂殿阁林立，黄河西流“S”形大拐弯，农家院落和成片的塑料温棚以及雾宿睡佛的山形等景观，十分壮观。

抱龙山

黄河三峡八大景观之一

临夏州永靖县关山乡境内

抱龙山森林面积达万亩，景区内雄峰叠翠，林海连绵。长达4千米的山脉像一条蜿蜒巨龙从三叉沟中间的山梁直抵沟底，加上历年植树造林，已是新绿一片，幽静深邃，盛夏避暑，自是别有情趣。

抱龙山明时大兴土木，屡建殿阁庭院不绝，延至清代，已形成了相当规模的古典建筑群。有祖师殿、释迦洞、药王洞、龙王宫、浮游殿、魁星殿、玉皇阁、阎君殿、百子宫等24座大型殿宇，规模之恢宏，享誉陇上，建筑风格典雅，巍峨壮观。

炳灵寺石窟

中国石窟的百科全书

临夏州永靖县王台镇小积石山中　50元

0930-8879057

到刘家峡水电站大坝后换乘游艇，再行54千米即可到达炳灵寺石窟码头

炳灵寺石窟是我国石雕艺术延续时间最长的石窟之一，因保存有中国石窟最早期、中期和最晚期的壁画和石雕，其内容非常丰富，题材十分广泛，被誉为“中国石窟的百科全书”，在我国石窟艺术中占有非常重要的位置。

炳灵寺石窟由下寺区、上寺区、洞沟区3部分组成。古称唐述窟、灵岩寺或龙兴寺等，处于古丝绸之路的要冲地带，开创于十六国时期，距今有1600多年的历史。经过西秦、北魏至明、清多个朝代的开凿雕绘，留下了大量弥足珍贵的文化遗产。

玩家 攻略

●景区内有观光车，车票20元/人（次），团队优惠价15元/人（次）。

●为保护石窟文物，参观石窟不允许拍照，游客须注意。

玩家 解说

历经10个朝代近1700年的开凿，炳灵寺石窟现存窟龛216个、石刻造像680尊、泥造像108尊、石胎泥塑27尊、壁画约1000平方米、各类佛塔56座。碑刻题记20余处。另有水帘洞、老君洞等人文景观，有临津古渡、凤林古渡2处遗迹，有建于十六国时期的“天下第一桥”遗迹。

炳灵寺石窟中最为著名的是169号洞窟。该窟内保存有丰富的西秦时期壁画、造像和国内迄今为止最早的墨书题记。这条题记不但为研究炳灵寺石窟的开凿年代提供了可靠的实物资料，而且也成为目前国内石窟界的断代标尺。

炳灵寺石窟之雕像

攻略资讯

- 交通
- 住宿
- 美食
- 购物
- 娱乐

交通

飞机

定西与临夏无机场，白银市也没有民用机场，但白银市设有海航兰州机场白银城市候机楼，是甘肃省第一家异地城市候机楼，内设机票销售查询、航班查询系统，与航空公司、机场实时相连，实现全方位的信息共享。为旅客提供机票销售、登机手续办理、地面巴士接送、航空保险销售、机场贵宾接送服务，以及国内酒店预订、国内国际旅游接待等服务。可乘坐9路公交车前往。

白银西站

定西站

火车

●白银

白银南接兰州，东、北面与宁夏、内蒙古接壤，是西北地区重要的铁路交通枢纽。境内有包兰、白包等干线铁路纵横穿越，有前往北京、兰州、西宁、银川、成都、呼和浩特等地的客运列车。

目前，白银市有白银西站和白银站两个客运火车站，其中白银西站为主要的火车站。白银西站位于白银市白银区狄家台，可乘坐3路、12路、13路公交车前往白银西站。白银站位于白银市建设东路168号，市内乘坐1路、2路、8路、9路等公交车可到达。

●定西

陇海线从定西市经过，市区东部的定西站为三等站，有发往兰州、西宁、西安、乌鲁木齐、太原、上海、北京、青岛等多个城市的客运列车经过。定西站位于定西市交通路。

汽车

●白银

白银公路交通纵横交错，四通八达。主要干线公路有国道109线、312线、309线和省道靖天公路、营兰公路、海古公路等。白银市长途汽车站位于白银市白银区人民路2号，电话：0943-6915288。

白银汽车站

●定西

G30连霍高速从定西东部穿过，偏东北有G22青兰高速与连霍高速交会，交通较为发达，此外有G212、G310、G312等国道经过境内。定西市区的定西汽车站有发往甘肃省内的平凉、兰州、敦煌等多数城市及境内各县城的班车。定西汽车站位于定西市交通路285号，电话：0932-8212373。

●临夏

临夏州当前不通火车，汽车为主要的交通方式。临夏州有213国道、兰朗高速和省道309、310等公路干线穿境而过。临夏州城区主要有3个汽车站。临夏州汽车站位于民主西路300号，电话：0930-6212177；临夏州汽车南站位于解放南路70号，电话：0930-6313491；临夏州汽车东站位于刘临路（东校场对面），电话：0930-6215283。

白银公交车

住宿

白银

白银市区相对来说并不算大，白银火车站南侧附近的人民路是宾馆、酒店分布较为密集的区域，能找到各种不同档次的住宿地，满足不同游客的需求。

●白银万盛大酒店

白银万盛大酒店为四星级酒店，东贴西部大市场，拥有套房、单间、标准间等房型；休闲娱乐楼由休闲娱乐会所和洗浴中心两部分组成，娱乐会所有KTV包房等娱乐场所。

白银市万盛路8号　0943-8660111

●白银阳光酒店

白银阳光酒店位于白银市工农路阳光大厦，是一家按照星级标准打造的酒店。酒店毗邻观澜商业街、华联超市等地。酒店客房精致典雅、宽敞明亮，多媒体会议室等设施一应俱全。　白银市白银区工农路棉纺厂什字269号阳光大厦　0943-5917666

●白银饭店

白银饭店地处白银市中心黄金地段，为四星级酒店，是白银市较为有名的老牌酒店。装修风格复古，还有人专门为白银饭店写过一首同名歌曲。 白银市白银区红星街269号 0943-8261111

白银饭店

定西

定西市区不大，火车站前的交通中路、民主街一带酒店宾馆众多，市区的解放路、中华路一带住宿点分布密集，也是住宿的不错选择。

●天庆国际大酒店

天庆国际大酒店是定西市第一家五星级标准建设的酒店。酒店采用新古典欧式建筑风格，外观设计新颖壮观，内部富丽堂皇、豪华气派。 定西市安定区西环路与民主路西侧 0932-8319988

●定西凤城大酒店

凤城大酒店为定西知名的星级酒店。店内装潢温馨，设施配备较全，闹中取静，环境舒适，交通出行方便快捷，适合游人入住。 定西市安定区交通路279号 0932-8221111

●7天连锁酒店（定西火车站店）

酒店位于火车站附近，距商业繁华的正立广场、友谊广场、中华路约10分钟车程。拥有老牌快捷酒店的舒适与经济，是前往定西的不错落脚点。 定西市安定区交通路393号（火车站对面） 0932-5988888

临夏

在临夏市区，住宿的选择比较多，价格相对也不贵。比较特别的是，当地设施较好的房间大多在3楼以上。建议住在车站附近，这样不论是去景点或是去其他城市都比较方便。

●河湟明珠国际饭店

位于临夏市美丽的大夏河畔、十里河州牡丹广场东侧，距临夏汽车南站3千米。有茶艺馆、古玩精品店、旅行社、汽车租赁、商务中心等设施。 临夏市南滨河大道中段 0930-6666661

●玉龙宾馆

玉龙宾馆是一座将古建筑和欧式装潢融为一体的现代化商务星级宾馆，客房设计具有浓郁的欧式风格和独特的现代化布局。 临夏市南龙广场西北侧 0930-6389122

●天域嘉年华宾馆

宾馆交通便利，环境优美。房间宽敞，干净整洁。服务细致周到，是一家性价比较高的宾馆。 临夏市南滨河路会展中心东侧 0930-6663339

美食

白银

白银有众多特色小吃，到这里旅游不可不品尝。白银人的日常饮食以面食为主。各种面条、面片、馒头、锅盔都是人们餐桌上最常见的食物。其中，以面条均匀纤细、筋道爽口、臊子酸辣可口、喷香味美的白银臊子面最具代表性。

● 白银臊子面

食用时，先捞面条，再舀臊子。汤多面少，臊子鲜香，汤味酸辣，面条筋韧爽口，是营养丰富、老幼皆宜的美味佳肴。

● 浆水面

浆水做汤，加上葱花、香菜等制作的一种面条。浆水面有清热解暑、治疗疾病之功效，可单独当作饮料。

● 靖远羊羔肉

靖远羊羔肉是一种独特的地方风味美食，其特色在于独特的滩羊品种、独特的生长环境、独特的加工方法、独特的药膳滋补价值，已成为白银的代表美食。

靖远羊羔肉

● 炸油糕

在油面中包入冰糖、白糖、玫瑰香精、核桃仁、芝麻等加工成小圆饼，然后在油锅中煎炸后即可食。吃起来香甜酥松。

定西

定西的美食品目繁多，皆与地方物产相关联，多为植物和食物所制成，较有特色。因地方偏僻落后，流动人口稀少，世人知之甚少，而其具有的特色在别处很难见到和尝到。因采用的原料产于当地，十分绿色环保健康。

● 陇西烧鸡粉

以鸡肉、鸡蛋、淀粉、菠菜汁及多种调料加工而成，褐汤绿粉、肉蛋兼备，四季皆可食用。

陇西烧鸡粉

● 黄酒泡馍

岷县的小吃，黄酒性味平和、清香爽口，馍为锅鏊炕黄，里面入油。吃起来又脆又酥，泡在碗内像棉花团样散开，别有一番滋味。

● 通渭甜醅子

为通渭的传统小吃，又名酒醅子，一碗下肚，甘甜如饴，满嘴生津，备感神清气爽。

通渭甜醅子

● 定西搅团

将豆面边搅边撒在沸腾的水中，稠度至用筷子能夹成面团为止，可根据条件和爱好配以不同的肉和蔬菜，滋味别样。

定西搅团

临夏

作为甘肃省唯一的回族自治州，临夏的饮食以清真风味为主，各种清真餐厅在临夏街头随处可见。临夏当地的牛羊肉格外鲜美，以此为原料的东乡手抓肉、羊肉筏子、清真牛杂割、油面茶等都是当地著名的美食。

当地的家常美食有油炸干果、馓子、油香、锅盔、炒面片、凉面、兔耳朵、搅团、撒饭、扁食、鸡腿面、面茶等。这里还有久负盛名的牛杂割、羊杂碎和发子面肠、酿皮、凉粉、甜麦子等许多风味独特的地方小吃。

●东乡手抓羊肉

东乡羊肉在历史上就很有名气，曾经是朝廷的贡品。东乡羊肉不仅具有营养丰富、滋补温中、强骨壮阳的功效，而且肉质细嫩，不膻不腻，醇香可口，鲜美无比。

油炸干果

东乡手抓羊肉

●河州面片

河州面片是临夏人居家最常见的面食。它制作工艺简单，不受地点限制，居家聚餐，旅行野游，皆可食用。

●甜麦子

甜麦子是经过加工酿造后制成的甜点食品。吃起来醇香浓郁，酸酸甜甜。甜麦子原料除燕麦外，亦可用青稞、小麦等酿制，风味各有特点。

甜麦子

●面肠

面肠以动物小肠和面粉为原料，味道醇而不腻，味美可口，百吃不厌，经济实惠。

购物

白银

白银是远近闻名的水果产地，以黑瓜

子、黄河蜜瓜、梨、白兰瓜等最为著名。除了水果，白银还有千姿百态的黄河奇石、质地优良的沙毛裘皮，以及灯笼辣椒、山羊绒等特产。

●枸杞

枸杞味甘性平，具有滋补肝肾、益精养血、明目消翳、润肺止咳的作用，适合不同人群养生保健。

●靖远香水梨

香水梨清黄鲜亮，果味微酸；熟后摘下冻藏，肉质变成褐色，解冻后汁液较多；营养丰富，食如甘蜜，有清肺醒酒之功效。

靖远香水梨

●黄河奇石

天然形成的具有观赏、玩味、陈列和收藏价值的黄河卵石，质硬、色美、形纹俱佳，独树一帜，令人爱不释手。

●铜工艺品

白银是产铜大市，铜制工艺品包括铜镇纸、铜墨盒、铜笔挂、铜笔筒、铜笔架、铜印章、铜版画、铜制雕塑等，值得收藏。

定西

定西的特产十分丰富，且类型多样。既有如著名的定西马铃薯、漳县蚕豆等蔬菜，也有洮砚这样的工艺精品；而盛产当归、黄芪、红芪、党参、丹参等名贵中药材200多种的岷县，更是有着“千年药乡”的美誉。

●洮砚

全称洮河绿石砚，汉族传统名砚，产于岷县、陇西、临洮一带。与广东端砚、安徽歙砚齐名，并称中国三大石质名砚。

●岷县当归

岷县当归成分复杂，肉多汁少，气味香醇，个头整齐，量多质优，销量广泛，被欧洲人誉为“中国妇科人参”，是世界当归中的上品。

●陇西腊肉

为地方传统风味食品。成品肥瘦相间，滋味醇美，瘦肉不柴，肥肉不腻。蒸熟或煮熟后，香味扑鼻，诱人食欲。

临夏

临夏拥有历史悠久的手工艺制作传统，其中最著名的要数仿古彩陶、牛羊角制品、刺绣、根雕、工艺画、柳编品等。除了手工艺品，临夏的洮河流域还盛产红棉石、海绵浮雕石、墨绿石、墨绿冈化浮雕石等各种奇石，是旅游购物的不错选择。

●河州砖雕

历史悠久，是临夏民间艺术的瑰宝。目前开发的小型可携带型砖雕艺术品，采用细腻的雕刻技术，是可用于馈赠、收藏、装饰、欣赏的艺术精品。

●刘家峡红枣

永靖大枣色泽鲜红，皮薄、肉厚、核小，质地细嫩、清脆、汁多、酸甜，深受广大群众的好评。

●唐汪大接杏

产于东乡族自治县唐汪川，肉质细密，味甜多汁，果色艳丽，富有芳香，长期食用，具有润肺止渴、祛痰防癌等功效。

发现者旅行指南

甘南

概览

亮点

拉卜楞寺

藏传佛教格鲁派六大寺院之一，被誉为“世界藏学府”。

郎木寺

佛教圣地，自然风景优美，有“东方瑞士”的美誉。

拉尕山

重要的藏传佛教聚集地，自然景色优美，同时有独具特色的藏族民俗风情。

大峪沟

以大峪河为中心，山水相依，自然天成，景色优美。

拉尕山瀑布

冶力关

古代进入藏族聚居区的重要门户，是著名的度假避暑旅游胜地。

线路

夏河经典一日游

抵达夏河后，可稍作调整，接着前往拉卜楞寺游览朝拜，然后到桑科大草原骑马驰骋，好好享受草原风光。

玛曲全景两日游

第一天先抵达尕乃湖，观赏候鸟飞翔，接着前往郎木寺，佛殿朝拜，之后静静地游览这座风格独特的小镇，夜宿小镇。第二天前往玛曲县，先到格萨尔广场感受这座小城的气息，然后去黄河首曲欣赏秀美绝伦的黄河九曲十八弯，最后到玛曲草原放松身体与心灵。

桑科大草原

甘南精品三日游

第一天早上乘车赴夏河，途中参观著名的大拱北清真寺，下午参观拉卜楞寺，晚上参加篝火晚会。第二天前往玛曲，途中参观高原明珠尕海，下午游览黄河第一弯、亚洲第一号天然大草原等景点。第三天前往米拉日巴佛阁，游览这座安多藏族聚居区仅有的供奉藏传佛教各派宗师的高层建筑名刹，晚上返回。

为何去

甘南是从兰州到九寨沟的必经之路，自古以来就是唐蕃交往的重要门户，藏汉交流东进西出、南来北往的商贸集散地。这里拥有以高山草原、藏族风情为主要的旅游资源：不仅有藏传佛教名寺——拉卜楞寺，还有安静且风格独特的郎木寺小镇、绿草如茵的桑科草原、风景秀美的九曲黄河第一弯。因此，甘南越来越受到游人的喜爱。

九曲黄河第一弯

何时去

甘南地处青藏高原的边缘，境内地貌复杂多样，海拔差异明显，各地气候存在着很大差别。在甘南，常常是广袤的草原地带还是寒风习习、山顶白雪皑皑，而东南部的舟曲已经是阳光明媚、鲜花盛开、五谷飘香。到甘南的最佳旅游时季为6、7、8月。夏季的甘南有娘乃节、花儿会、插箭节、淋浴节等众多节日盛会；而在冬季，农历正月初八至十六是甘南地区各大小寺院举行法会的日子，也是甘南最热闹的时候。

甘南法会

区域解读

区号：0941
面积：4.5万 km²
人口：约74万人
主要少数民族：藏族

地理 GEOGRAPHY

区划

甘南藏族自治州辖1个市（合作市），7个县（夏河、碌曲、玛曲、迭部、舟曲、临潭、卓尼）。

地形

甘南州处于青藏高原和黄土高原过渡地带，地势西北部高，东南部低。境内海拔1100～4900米，大部分地区海拔在3000米以上。境内有以黄河、洮河、大夏河、白龙江为代表的120多条干支河流。甘南分3个自然类型区：南部为岷迭山区，是全省重要的林区之一；东部为丘陵山地，高寒阴湿；西北部为广阔的草甸草原，是全省主要的牧区。

位于迭部桑巴乡与卓尼木耳乡之间的迭山主峰扎伊克，海拔4920米，为州内最高峰；舟曲县瓜子沟口海拔1172米，为州内最低点，处于整个倾斜地势的东部簸口。

气候

甘南州属高原大陆性季风气候，高寒湿润，气温年温差小、日温差大，平均气温为7℃。每逢盛夏，当人们从内地进入甘南，顿觉碧空如洗，天清气爽，高原清风拂过，心胸开朗，精神为之舒展。

如诗如画的黄河首曲

美丽的黄河首曲位于甘南州玛曲县。玛曲的藏语意为黄河、孔雀河。当地人说，黄河流到这里，强烈的阳光透过清澈澄明的河水，映照在色彩斑斓的鹅卵石上，美丽得像孔雀尾羽一样。

玛曲县地处甘、青、川三省结合部，境内河流纵横，沼泽遍布，黄河的一级支流有27条，二、三级支流300多条，是黄河上游重要的水源涵养地和补充地，有“黄河蓄水池”之称。

黄河流经玛曲大草原时，突然一个回弯，形成了秀美绝伦的“天下黄河九曲十八弯”的首曲景观。黄河在玛曲草原上流势平缓，支流众多。沿黄河两岸草地平坦，孕育了桑科草原、甘加草原等美丽而肥沃的甘南知名的优质草原，钟灵毓秀的草原也孕育了藏族牧民淳朴、开朗、热情的民风。

历史 HISTORY

历史大事记

●秦汉时期

秦穆公三十七年（前623年），秦国向西扩展，拓地千里，今临潭、舟曲等地划入秦国版图。

玛曲黄河

汉武帝元鼎六年(前111年),汉军征讨河湟羌人,在河湟设护羌校尉,甘南东部地区就正式纳入了中原封建王朝郡县制之中。

●隋唐时期

4世纪初,吐谷浑自西晋永嘉末年(313年),度陇而西,以洮河流域为中心,建国于羁羌之地,至唐龙朔三年(663年)为吐蕃所灭。

7世纪,松赞干布统一西藏高原建立吐蕃王朝后,统治甘青大部分地方。1073年,甘南州境均归吐蕃管辖。

●宋元明清

明朝在青南、川西设朵行都指挥使司,总管藏族聚居区事务,本州境内由其统辖。

清雍正初年,罗卜藏丹津反清失败,由清朝西安行都指挥使司总辖河州、朵干、马斯藏三卫,甘南西部为青海循化厅管辖。

●近现代

1949年9月~12月,甘南境内的临潭、卓尼、夏河、西固相继解放。

1953年10月,甘南自治区在夏河拉卜楞成立,1954年7月改为甘南藏族自治州,州府设在合作市。

名单 甘南历史名人

著名女性活佛贡日仓

清代官员、作家包永昌

清代学者赵维仁

清代作家陈钟秀

文化 CULTURE

藏传佛教的圣地

甘南州是中国十个藏族自治州之一,藏族同胞世代生活在这里。由于地处唐蕃古道的必经之路,千百年来,藏传佛教在这里得到了完美的继承和发展,甘南成为西部地区著名的佛教圣地。这片土地上坐落着拉卜楞寺、郎木寺等众多大名鼎鼎的寺院。

拉卜楞是藏语"拉章"的变音,意为僧侣的宫殿。拉卜楞寺自1709年创建起,经历代寺主嘉木样活佛和广大僧众的开发,已成为包括六大学院、108个属寺和八大教区的大型寺院,是西藏以外,藏传佛教格鲁派的又一中心和西北地区的最高佛教学府。

郎木寺由藏传佛教格鲁派高僧嘉参桑格于1748年修建,鼎盛时期曾有僧侣千余人。经过历代的兴建,郎木寺现有五大学院,佛殿26座,以及19座佛宫,各种材质的70余座大小佛塔、灵塔和百余座僧舍等。

古老的"南木特"藏戏

甘南悠久的历史文化环境,孕育出了一

大批钟灵毓秀的民间艺术。这里的“南木特”藏戏发源于甘南拉卜楞寺，又称“拉卜楞藏戏”，其广泛流传于安多藏族聚居区，成为该地区人们喜闻乐见的戏剧艺术，并被列入国家级“非遗”项目。

“南木特”藏戏产生于19世纪，是在西藏藏剧影响下衍生出的具有地方风格的一个剧种，是在藏族文化艺术形态中占重要位置的一门融歌、舞、说唱、音乐、文字于一体的综合性艺术。“南木特”藏戏通常分“开场”“正戏”“结尾仪式”三部分。演员表演细腻，韵白清晰，绘声绘色，唱腔时而高亢爽朗，时而低缓悲凉，其演出色彩、风格、情趣等与其他藏戏有所不同。

改革开放以后，“南木特”藏戏有了更好发展，新编排创作了一批反映当代生活的新剧本，2010年出版的《南木特藏戏剧本精粹》一书收录了包括传统剧目在内的15个剧目。现在，“南木特”藏戏已经从寺院走向民间，又从民间走进专业舞台，演艺质量有了根本性提升。

拉卜楞寺藏戏表演

景点推荐 合作-夏河旅游区

当周草原

甘南香巴拉旅游艺术节主会场

甘南州合作市南郊2.5千米处　免费

当周草原位于合作市南郊2.5千米处，国道213线和省道306线在此交会，交通、通信便利。当周草原是甘南香巴拉旅游艺术节主会场，也是甘南州民族性群众文体活动、节日庆典的聚会场所。

每当夏秋之季，这里鸟语花香，蓝天白云、气候宜人，炊烟袅袅、牧笛声声，人欢马叫，牛羊追逐，一幅令人陶醉的草原美景尽现眼前。

玩家 攻略

当周草原景区内有4家草原旅游度假村，提供餐饮、住宿及旅游活动接待服务，有民俗表演、藏族礼仪接待、藏族食品品尝及现场制作表演，以及民歌弹唱、锅庄舞表演、骑马、乘牦牛、篝火晚会等民俗旅游服务活动。

当地的美食有烤全羊、烤羊腿、手抓肉、酸奶、糌粑等民族风味食品。

米拉日巴佛阁

被誉为藏学博物馆

甘南州合作市北侧的山脚　20元

从甘南汽车站坐巴士到达或打的可直达景区

米拉日巴佛阁始建于清乾隆四十二年（1777年），是为纪念米拉日巴而修建的佛阁，也是藏传佛教噶举派在安多藏族聚居区最主要的寺院。现存建筑重建于1988年5月，历时4年落成。

佛阁与整个合作寺院的大经堂、护法殿、闻思学院、佛塔、嘛呢房等浑然一体，是一处完善的综合性宗教建筑群和宗教文化旅游景点。

米拉日巴佛阁

米拉日巴佛阁清代时期为9层楼阁，1988年重建后为13层。此图为清代的米拉日巴佛阁的九层楼阁。

二郎庙

佛道相融的汉族寺庙

甘南州合作市北端东山坡的二层大台地上

免费

二郎庙是合作市境内唯一佛道相融的汉族寺庙。寺庙依势取形，建筑分上、下两处，上为汉传佛教寺院，下为道教二郎庙，其意为二郎是佛寺的护法神。

寺庙之外，树木成行，与米拉日巴佛阁对峙的阴山护林连片。水泥硬化路，依步升高，石级百步九折，弯曲有致，夹道松柏成荫，花草茂盛，景致怡人。

玩家攻略

每月初一、十五，僧侣居士按期相聚，进行诵经等佛事活动，善男信女如约云集，山门若市，香烟如云似雾，热闹非凡。

链接

米拉日巴

米拉日巴是藏传佛教噶举派第二代祖师，著名高僧、密宗修行大师。他出生于芒域贡塘地区（今日喀则地区吉隆县），原属琼波家族，自祖父定居贡塘后，称米拉家族，先祖为宁玛派信徒。

米拉日巴为西藏最著名的密教修行者，是西藏许多民间传说的主角。他留下了八大弟子和十三个弟子，其中有两个弟子接受并传播那若巴大师的密宗教法。

佛教大师米拉日巴

合作森林公园
香浪节的举办地

甘南州合作市南郊，徐合公路旁 免费

合作森林公园距合作市2千米，占地面积约586万平方米。目前主要的旅游服务设施有民族特色的藏式帐篷房、人工湖、儿童游乐场、动物园等。每年的6、7、8月是公园景色最迷人的季节。

每年8月初在公园举办的“德吉梅朵旅游香浪节”，是雪域民族最盛大的节日。届时，一对对少男少女身着节日盛装挥袖曼舞，老人们端着自己酿造的青稞酒，互相祝福着生活更加美好。

美仁大草原
合作市最大的草原

甘南州合作市东部 免费

美仁大草原是青藏高原特有的高山草甸草原地貌。这里地势平缓，景色奇特，风格迥异。美仁大草原也是合冶公路通往康多大峡谷和莲花山等景区的必经之地。

美仁大草原的两个特色景点是佐盖新寺和白石头。佐盖新寺藏有显密经典和各种文化学科的印经版；白石头为一整块奇特巨大的白色石头，此石头高约6米，呈锥形，占地约50平方米，相传是一块飞来石。

玩家攻略

美仁大草原出产许多营养丰富、品位极高的野生食用菌和山野菜，特别是这里的酥油蘑菇是美仁草原上的极品山珍。美仁的牦牛肉天然环保，肉质鲜美，长期食用此肉，有强身健体、增强免疫力之功效。

岗岔溶洞
以奇特的溶洞地貌为特色

甘南州合作市佐盖曼玛乡岗岔村

20元 8:00~18:00

岗岔溶洞旅游资源丰富，以洞穴为主的独特自然风光和人文景观交融辉映；景点类型多，分布广泛。岗岔旅游景点分布在岗岔喜拉沟两侧，以奇特的溶洞地貌为特色。

勒秀洮河风景区
合作“小江南”

甘南州合作市勒秀乡境内

勒秀洮河风景区位于甘肃省合作市南30千米处。这里林木茂密、峡谷幽深、山清水秀，人们称之为合作的“小江南”。

景区旅游资源以自然旅游资源为主，主要是洮河两岸的森林、峡谷等资源；人文旅游资源有加茂贡寺、勒秀琼日塘寺、乔吾塘寺等，主要提供度假、娱乐、观景、民俗体验等旅游服务。

拉卜楞寺 AAAA
西北藏族宗教和文化中心

甘南州夏河县拉卜楞镇西头 40元

拉卜楞寺位于夏河县城西，背依凤山，面对龙山，地处“金盆养鱼”之地。寺院由第

拉卜楞寺

玩家 解说

“勒秀”是藏语音译，有吉祥美丽之意。而洮河是黄河的一级支流，发源于甘南州境内碌曲县。洮河在进入合作勒秀乡境内后折向东流，河面突然变窄，河道弯弯曲曲，河水清澈见底，加上两岸高山险峰对峙，青山绿水，于是就形成了一道天然的风景画廊——勒秀洮河风景区。

勒秀洮河风景区

一世嘉木样活佛创建于1709年，经历世嘉木样修建，现已成为甘、青、川地区最大的藏族宗教和文化中心。

拉卜楞寺占地面积约82.3万平方米，建筑面积约40万平方米，拥有经堂6座，佛殿84座，藏式楼31座，佛宫30院，经轮房500余间，僧舍1万余间，为藏传佛教格鲁派六大宗主寺之一。

寺院汇集了藏、汉、蒙各族人民的智慧，以精湛的建筑艺术和辉煌的宗教文化而著称。拉卜楞寺内藏有各类经卷6万余册，分全集、哲学、密宗、医药、声明、缀韵、历史、宗教、传记、工巧、数学、诗词12类，成为藏书最多的寺院。

玩家 攻略

住宿：夏河的住宿业发展得比较成熟，宾馆很多，大多数集中在拉卜楞寺以东、汽车站以西的人民大街上。卓玛旅社位于拉卜楞寺旁边，推窗可见拉卜楞寺长长的转经廊和寺庙丰富的轮廓线，地理位置理想（电话：0941-7121274）。曲登宾馆位

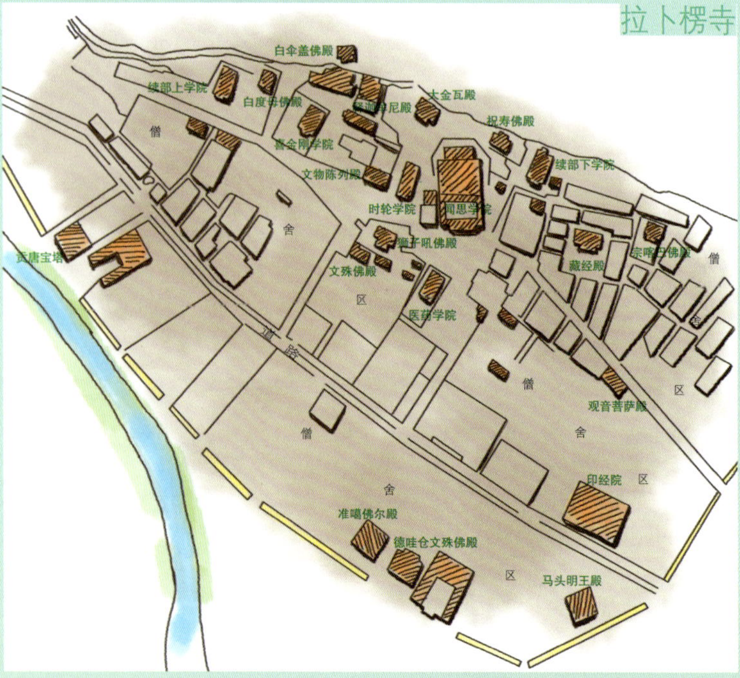

拉卜楞寺之大经堂

于夏河县拉卜楞人民西街，交通便利，是集民族商场、住宿、餐饮娱乐、旅游度假为一身的现代式宾馆，（电话：0941-7122866）。拉卜楞红石国际青年旅舍位于大夏河桥头，旁边就是唐卡艺术中心，如果住在旅社还可以去免费蹭一堂课（电话：0941-7123698）。

美食：拉卜楞寺食堂设在寺院的中心位置。餐厅宽敞明亮，中间被隔成两半，一半是僧侣用餐，一半为游人服务。在这里可以品尝到一顿香醇美味的藏餐。主要美食有手抓羊肉、蕨麻米饭、奶茶等。

摄影：拉卜楞寺的恢宏气势需要登高俯瞰才能领略，而2005年冯小刚导演执导的贺岁片《天下无贼》更是让拉卜楞寺名扬国内外，也吸引着无数摄影爱好者来此拍摄。登上拉卜楞寺所依附的凤山山峦可以俯瞰整个夏河县城的全景，而身后的青山、眼前的寺院、农田以及身穿红色僧衣的辩经喇嘛更是摄影的好素材。

注意事项：拉卜楞寺为藏族聚居区，要尊重当地民俗风情；高原地区不宜做剧烈运动，不宜喝酒；高原温差大，须带足保暖衣物；当地日照充分，游览时须做好防晒工作。

链接

辩经

辩经，即对佛教理论的辩论。出家人学习佛经后，为了加强对佛经的真正理解，采用一问一答或一问几答或多问一答的方式交流所学心得和所悟佛法。辩经多在寺院内空旷之地、树荫下进行。拉卜楞寺辩经地点主要有以下三处：一是弥勒佛殿前的广场；二是闻思学院辩经花园；三是续部学院的夏季辩经场，位于大经堂东北的草坪上。

大经堂

拉卜楞寺全寺共有六大经堂，最大的是闻思学院经堂，又称大经堂，是“磋钦措兑”会议的场所，为全寺之中枢。大经堂有前殿楼、前庭院、正殿和后殿共数百间房屋，占地面积约6000平方米，是全寺最宏伟的建筑。

大经堂正殿内悬乾隆皇帝御赐“慧觉寺”匾额，且藏有《甘珠尔》等经典。20世纪80年代，大经堂进行了重建。新建大经堂不但保持了原来的式样和风格，还采用了先进的技术和材料。

大金瓦殿

大金瓦殿又称弥勒佛殿、寿禧寺，因殿顶覆有巨大的金瓦而得名。大金瓦殿坐落在大经堂之西北隅，高达六层，纵深各5间。佛殿初建于1788年，为藏汉混合式结构，最高层为宫殿式的方亭。殿内供镏金弥勒佛大铜像，高8米左右，两侧供八大菩萨镏金铜像，殿内藏有金、银汁书写的《甘珠尔》。

时轮学院经堂

时轮学院经堂坐落于大经堂右侧，建于1763年。正殿东西5间，南北11间，具有浓郁的藏式风格，内供时轮金刚佛铜像。后殿正中供奉释迦牟尼和七大弟子像，左右供奉着堪布仓、贡唐罗智仓、旦巴嘉措等活佛的灵塔。

续部上、下院经堂

续部上院经堂位于喜金刚学院的西侧，建于1941年。正殿东西5间，南北10间，高达三层；顶层为宫殿式，绿色琉璃瓦覆盖，故称绿瓦寺。后殿内供有弥勒佛铜像和十六罗汉像。

续部下院经堂位于大经堂东北，初建于1737年。正殿东西5间，南北1间，系藏式建筑；殿顶法轮、幢幡俱全，内供密集、怖畏、胜乐等密宗佛像。后殿供奉一世德哇仓等7位活佛之灵塔。

释迦牟尼佛殿

释迦牟尼佛殿位于弥勒殿西边，仿拉萨

拉卜楞寺的节庆活动

拉卜楞寺的节庆及法会甚多，较重要的有：

● **正月祈愿大法会**

自正月初四晚起，到正月十七止，历时15天。又称“毛兰姆”法会。

● **二月法会**

从二月初四至初八，其间初五纪念第一世嘉木样大师圆寂，名为“浪辰布”。初八为“亮宝会”。

● **四月“娘乃节”**

于四月十五举行，此日是释迦牟尼降生、成道、圆寂的日子，僧众、信徒等要闭斋、转经轮、念六字真言，以纪念佛祖释迦牟尼。

● **七月法会**

自六月二十九至七月十五止，正式会期是七月初八，其规模仅次于正月法会。

● **九月法会**

于九月二十九在嘉木样大师昂钦举行，由喜金刚学院举办。

● **十月宗喀巴大师逝世纪念大法会**

于十月二十五举行。这一天是宗喀巴大师涅槃日，僧众念大经，寺院开放，让信徒朝拜，晚间寺院建筑屋顶点燃灯火，又称燃灯节。

大昭寺修建，为镏金铜瓦屋顶，俗称“小金瓦寺”。该殿高三层，第二层内供有释迦牟尼佛像，第三层为嘉木样护法殿。殿前为图丹颇章，系历世嘉木样坐床和举行其他隆重仪式典礼的地方。

贡唐宝塔

塔内供有无量光佛

甘南州夏河县拉卜楞镇 ¥20元

9:00~17:00

贡唐宝塔位于拉卜楞寺西南角，由三世

贡唐宝塔

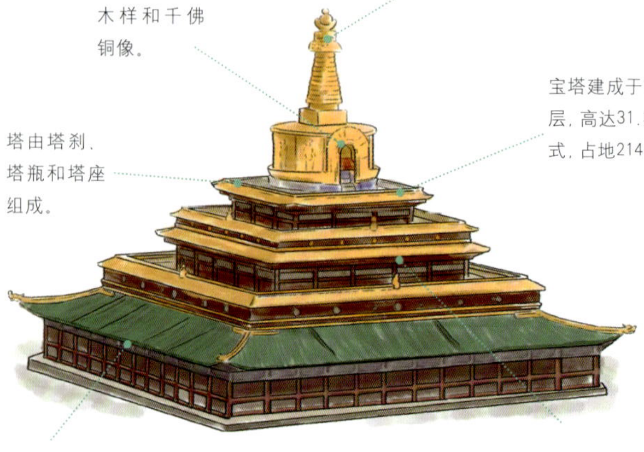

贡唐仓·贡曲乎丹贝仲美大师建成于1805年，因塔内供有从尼泊尔迎请来的无量光佛（阿弥陀佛）像而享誉海内外。

宝塔造型别致，工艺精巧，宝塔与大夏河水、云杉交相辉映，与拉卜楞寺大经堂、大金瓦寺相呼应，巍峨壮观。

阿木去乎寺

拉卜楞寺的属寺

甘南州夏河县阿木去乎乡

阿木去乎寺属藏传佛教格鲁派寺院。该寺初建于清乾隆二十五年(1760年)，是由第二世嘉木样·久美旺波主持建造的，并由其制定寺规。共建三个僧院，即菩提道次第僧院、密续上院、法相僧院。

阿木去乎寺除经堂、佛殿、昂钦外，还建有印经院，原藏《阿莽班智达文集》《青史》等印版。阿木去乎寺是拉卜楞寺的属寺，政教两权统属拉卜楞寺院管理。

德尔隆寺

被誉为“宝藏谷”

甘南州夏河县达麦乡　10元

从夏河县到格尔塘乡可以乘坐直达的班车前往，每15分钟一班

0941-8225353　8:00~18:00

德尔隆寺，也称沙沟寺，全称为“德尔隆益嘎曲僧林”。该寺因所在山谷名称而得名，意为“宝藏谷”，这里是藏族历史上著名的女密宗师、藏传佛教能断派创始人玛玫拉仲埋“伏藏”之处。

德尔隆寺的主体建筑有无量光佛殿、小经堂、护法神殿、大经堂、赛仓囊欠、文殊佛殿、菩提塔、万佛阁等。寺前有大夏河水流过，寺院周围山林茂密，远观宏伟壮观。每逢6月寺庙周围会盛开丁香花，香气袭人，环境幽雅。

桑科草原

藏族人民的天然牧场

甘南州夏河县城西南桑科乡　免费

桑科草原位于夏河县城西南1千米处，是桑科乡达久滩草原的一部分。四周群山环抱，中间为开阔平坦的高山草原。桑科草原有大夏河水从南到北徐徐流过，水草丰茂，风景幽雅，蓝天白云下牛羊成群，一派自然田园风光。

桑科草原历来为藏族人民的天然牧场。每到夏季，天高气爽，草场碧绿如毯，各色花卉争奇斗艳，绚丽多彩，是草原旅游、避暑和体验藏族游牧生活、回归自然的理想旅游场所。

桑科草原

达宗湖

达宗湖
当地人尊奉的“神湖”

甘南州夏河县王格尔塘乡达宗村

8:00~17:00

达宗湖被人们称为藏族聚居区的“碧玉曼遮湖”，湖面海拔3000米，南北长约300米，东西宽窄不一，最宽处近百米，湖面积约2.7万平方米，呈不规则葫芦藤形。

达宗湖四周树木茂密，近湖处被绿色小草覆盖，环境幽静，宛如隔绝尘世。湖水清澈冰凉，有大量小虾和蛙类繁衍，黄鸭也不时嬉戏于水面。无风时湖面水平如镜，水天融为一体；风起时波光粼粼，涟漪绰约，充满神秘与活力。

达宗湖畔古松参天，藤萝缠绕，树林中栖息着雉、蓝马鸡、金钱豹等珍稀野生动物。春夏时节，黄、白色的“篇麻”（蔷薇科植物）花和鲜红色野生杜鹃花开遍湖畔，各种鸟禽婉转啼鸣。6座插箭台和刻有佛经佛像的嘛呢堆、煨桑台错落排列，呈现出浓厚的宗教氛围。

甘加草原
理想的天然牧场

甘南州夏河县城西北20千米处　免费

甘加草原周围群山环绕，是一处典型的高原草地，理想的天然牧场。每到夏季，整个草原碧绿如茵，好似一幅美丽的彩色油画。

甘加之所以有名，不仅因这里诞生了拉卜楞寺创建者第一世嘉木样大师，更因在苍茫牧草中还隐藏着许多难以解读的历史奇观和自然奇景。

八角城遗址
古代社会典型的城市风貌

甘南州夏河县甘加滩东部　15元

八角城位于夏河县甘加滩东部央曲河与央拉河交汇的台地上，这里是古代甘青交通的要冲，也是历代中央政权与吐谷浑、吐蕃、西夏、唃厮啰王朝剧烈争夺的军事重镇。八角城因其有八个城角而得名，城郭是一个空心的十字形。

现八角城遗址基本保存完整，城墙全长2193.4米，合2.2千米，城内占地20万平方米。城外有护城河、护城壕，还有外廓，南门外另有外城。从建筑工艺上看，该城系唐以前所建的，建筑形式上突破了方形格局，十分独特。

白石崖
自然人文景观交相辉映

甘南州夏河县城北30千米处　40元

白石崖景区的主要景点包括白石崖溶洞和白石崖寺。白石崖溶洞位于白石崖半山上达力加峡口处，此处有溶洞数孔，而以左侧的溶洞最为著名，为安多地区佛教名胜。该洞深10千米，洞身深邃崎岖，曲径幽深。

白石崖寺所在地悬崖高耸，怪石林立，被人附会为胜乐佛宫殿，成为安多地区比较著名的佛教修行地。白石崖寺的教权属拉卜楞寺管理，法台由拉卜楞寺派遣僧人担任。

白石崖溶洞

景点推荐 碌曲-玛曲旅游区

郎木寺风景区

有“东方瑞士”的美誉

甘南州碌曲县郎木寺乡　30元

8:00~17:00

郎木寺为藏传佛教寺院，创建于1748年。郎木寺经过历世活佛的创建、扩建，现有闻思学院、续部学院、时轮学院、医学院、印经院。寺院的佛塔主要有第一世活佛的肉身灵塔。

郎木寺山水相依，景色十分秀美。寺前山色，形似僧帽，寺东红色沙砾岩壁高峙，寺西石峰高峻挺拔，嶙峋嵯峨。金碧辉煌的寺院建筑群和错落有致的塔板民居掩映在郁郁葱葱的古柏苍松间，还有白龙江的源头泛着波光在月夜轻歌。

赛赤寺

赛赤寺全称为“仓郎木寺甘肃寺院”，位于郎木寺镇甘肃一侧，是西藏哲蚌寺的子寺之一，也是格鲁派寺院。遇到每年的重大佛教节日，因为同属格鲁派，川甘两边的郎木寺会共同辩经、说法。

郎木寺清真寺

位于郎木寺镇中心位置的郎木寺清真寺，为典型的伊斯兰风格的建筑样式，细节中粗略带藏式特色。大门色彩明艳，高塔重檐绿瓦，虽与旁边的佛教经堂距离非常接近，却风格截然不同，反差巨大，相映成趣。

清真寺所在的村子为混民村，由回族、

东乡族、撒拉族、保安族等组成，居民大都信仰伊斯兰教。

格尔底寺

格尔底寺全称为“达仓纳摩格尔底寺院”，在郎木寺镇的四川这一边，是阿坝地区规模最大、最具影响力的格鲁派寺院之一。辖有18座分寺，内存五世格尔底活佛的肉身灵塔。

走进格尔底寺，可以见到雄伟瑰丽的4个大殿：闻思院——也是主殿即大雄宝殿所在、医学院、时轮殿和护法殿。木瓦木楼的僧舍建于其中，随山势层层叠叠，喇嘛们的红僧衣时隐时现。大雄宝殿旁是最负盛名的肉身舍利塔，这里供奉着五世格尔登活佛的法体，这是全藏族聚居区历史最长、保存最完好的肉身法体。

玩家解说

许多人认为郎木寺就是寺院名，其实，郎木寺是一个镇的名字，郎木寺镇一共有3座寺院。地处四川阿坝藏族自治州的是格尔底寺。格尔底寺的入口处还有一座清真寺，蓝天白云下高高耸立的叫醒楼与浑圆的佛塔并立，显得十分壮观。与格尔底寺遥相对应的是甘南藏族自治州的赛赤寺。

郎木寺镇

红石崖

红石崖位于甘肃境内，是著名的丹霞地貌。日落时分，霞光照在石崖上，变得美丽而神秘，令人神往。沿着郎木寺右边的小路一直往上走，经过当地的藏族村庄，来到它的山脚下，才能看到上山的路。沿途会看到广阔的草原，6月到8月，遍地铺满了格桑花，很多藏民都会在此放牧，数不清的牦牛群、羊群在眼前，应接不暇。爬到山顶，需要2~3个小时。站在山顶上，郎木寺的全景尽收眼底。

玩家 攻略

活动：郎木寺最热闹的是正月，届时将举行默朗大法会，即通常大众所说的传昭法会。寺院的喇嘛纷纷出动，戴上面具跳神、演藏戏，还要举行盛大的展佛活动。

住宿：选择余地较大，可分为四类：青年旅舍（藏地青稞国际青年旅舍、旅朋青年旅舍等）、星级酒店（郎木寺大酒店、达吉商务酒店等）、家庭宾馆（达仓郎木宾馆、蜀景客栈、糌粑客栈等）、招待所。

就餐：主要就餐处有川菜馆、清真菜馆、西藏和藏餐馆三类。最著名的小吃店莫过于郎木寺宾馆楼下的川菜馆了，菜很好吃；另一个著名的店是丽沙咖啡，西餐是经过本土化的，在老外当中赫赫有名，有号称全中国最好吃的苹果派；阿里餐厅（去往赛赤寺的桥旁）也有很多仿西餐和清真炒菜，推荐酸奶和土豆泥。

摄影：格尔底寺河旁的冬日晨曦，是主要拍摄对象之一。另外，红石崖日落、瞻佛节，都是很好的拍摄素材。

则岔石林

奇峰怪石林立

甘南州碌曲县洮河南部　¥ 33元

则岔石林全长10千米，是一处由地壳变化上升造成的硅灰岩石景观，经过长年累月的风雨剥蚀和流水的侵蚀，形成形状各异的奇峰怪石，巍然屹立，远远望去，如一片岩石森林。

则岔石林拥有丰富的自然景观和动植物资源。该地山峰屹立，千姿百态，以“险、峻、奇”著称，主要景点有青天一线、灵猿望月、唐僧师徒、骆驼峰等。据史载，历史上唐蕃曾在此会盟。

玩家 攻略

住宿：则岔石林旅游度假村设有1号、2号豪华小木屋、情侣别墅、三人间、四人间、板炕等100多张床位。

美食：则岔石林景区内有清真餐厅和旅游公司大众餐厅，能同时接待220人。

娱乐：则岔石林景区内有大型演艺厅（能同时容纳200多人），由则岔旅游艺术团专职演员演出，晚上根据客人需求举办篝火晚会和锅庄舞。

格萨尔广场

以格萨尔神马最为有名

甘南州玛曲县城中心地带　¥ 免费

全天开放

格萨尔广场位于玛曲县城中心地带，西倾山脚下，广场以格萨尔神马为中心，另外还有国旗台、九龙厅、图腾柱、下沉式广场等建

则岔石林

筑，整个广场占地面积约1.5万平方米，由商业楼、电影院、文化展厅、老人娱乐中心等组成，是集商贸、休闲娱乐、购物、文化展示于一身的全县文化、商贸中心。

广场内草坪、绿树、鲜花相依，河曲神马腾跃若飞，雕龙栩栩如生，夜晚霓虹闪烁，漫步其间令人目不暇接。西倾山嵯峨险峻，形成县城落雨，西倾落雪的奇景。

尕海湖

高原上的一颗明珠

甘南州碌曲县西南的尕海乡境内　50元

全天开放

尕海湖距碌曲县城49千米，在国道213线400千米处，海拔3480米，是甘南第一大淡水湖，也是青藏高原东部的一块重要湿地，被誉为高原上的一颗明珠。

尕海湖四面环山，发源于南山郭尔莽梁的琼木旦曲、翁尼曲、多木旦曲三条河流注入该洼地后，与洼地泉水成为尕海湖永不枯竭的源泉。湖的四周形成了大片的沼泽地，动植物资源丰富。

玩家 攻略

每年夏季，尕海水草丰美，牛羊肥壮，气候凉爽宜人。辽阔的草原围绕着浩渺的尕海圣湖，黑颈鹤、灰鹤、天鹅等珍禽遍布湖边草滩，此时最适合观景。

当地的粉蒸牛羊肉有1000多年的历史，以鲜肥牛、羊肉和面粉为原料，花椒、茴香等13种西部产之调料磨粉腌制入味，经武火、文火蒸制而成，清心利口，回味无穷。

黄河首曲

原生态的草原湿地

甘南州玛曲县城南约5千米处

黄河流经玛曲大草原时，突然一个回弯，形成了秀美绝伦的“天下黄河九曲十八弯”之首曲景观。这里地处青藏高原边缘，沼泽湿地，水草丰富，黄河两岸为天然的高山草甸草原，原始植被保存完整。

黄河在玛曲草原上流势平缓，支流众多。沿黄河两岸草地平坦，孕育了卓格尼玛滩、乔科滩、扎西滩以及被誉为花和鸟的“海洋”的西梅朵合滩等甘南有名的优质滩地草原。

玩家 解说

黄河首曲所在地玛曲县还是整个黄河流域唯一一个以“黄河”命名的县城（藏语玛曲即黄河）。钟灵毓秀的玛曲草原孕育了藏族牧民淳朴、开朗、热情的民风，至今仍然保留了古老的游牧部落的某些生产、生活方式以及民俗风情。在岁月的长河中，玛曲藏族牧民的热情好客之心丝毫未减，洁白的哈达、飘香的奶茶、手抓羊肉、闻之欲醉的青稞美酒、优美奔放的藏族歌舞表达了草原人民对远方来客的一片深情。玛曲

尕海湖

玛曲草原

草原是一处空气清新、回归大自然的理想避暑胜地。

玛曲草原

有引人入胜的草原景观

甘南州玛曲县境内

免费

全天开放 0941–8225353

玛曲草原位于自治州西南部的玛曲县。在这美丽富饶的黄河首曲，有许多引人入胜、令人流连忘返的草原景观，西梅朵合滩（意为花滩）便是其中之一，另外还有玛日扎西滩、金木多扎西滩、宋葛尔等各具特色的草原。

西梅朵合滩位于玛曲县城以西120千米处的欧拉秀玛乡。这里是地势平坦的河谷滩地，绵延数十千米。到每年7月中旬，整个滩上遍开整齐而又平展的金莲花，策马滩上，马蹄下迸出一抹金灿灿花尘，蹄香不言而喻。

玩家 攻略

玛曲县是名贵中药冬虫夏草的重要产地。这里的冬虫夏草正宗实惠，旅游时一定要买一些。另外，当地的特产还有红景天、蕨麻（俗称“人参果”）、品质极佳的天然蘑菇等。

尼玛寺

佛教文物众多

甘南州玛曲县格萨尔广场东侧 25元

尼玛寺是藏传佛教格鲁派寺院之一，是玛曲县境内最早的一座藏传佛教寺院，也是拉卜楞寺的属寺之一。

寺院最初按照第六世班禅大师的嘱托由第二世嘉木样久美昂布创建于1780年。现有的文物有宗喀巴、加次杰等大师、活佛的大量著作及释迦牟尼的锡杖、参巴活佛3岁时踩磨盘石的脚印、松赞干布的靴子、文成公主的手镯等。

鸭蛋岛

摄影、观光的好去处

玛曲县城西20千米处

鸭蛋岛因岛上常年有黄鸭群集，并在岛上筑巢产卵而得名。

鸭蛋岛屹立于黄河干道中央，四面环水，岛上山石突起，灌木丛生，山花遍地，成群的黄鸭或翩翩起舞，或双双戏水。鸭蛋岛是摄影、休闲、观光的好去处。

景点推荐 临潭-卓尼旅游区

洮河自然保护区

有多种珍稀动植物资源

甘南州临潭县境内

洮河国家级自然保护区地跨甘南藏族自治州的卓尼、临潭、迭部和合作4县，是森林生态系统类型自然保护区，主要保护天然原始山地寒温性暗针叶林生态系统、珍稀野生动植物资源及其栖息地。

洮州卫城

明清时期古城

甘南州临潭县城东35千米处的新城乡新城村

全天开放

洮州卫城坐北面南，依山而建，平面呈不规则长方形，城墙总周长5400余米，总占地面积2.98平方千米。卫城南城墙顺河而建，城1/3位于山上，东北高，西南低。四周城墙及南门保存较好，城东北和西北山头有烽火台。

城内有明、清时期城隍庙1座。1936年8月，中国工农红军第四方面军在朱德等率领下进驻新城，在城隍庙成立临潭县苏维埃政府，并召开“洮州会议”作出了四方面军停止西渡的重大决定。

磨沟遗址

完好的古墓葬遗址

甘南州临潭县王旗乡磨沟村

磨沟遗址（含墓葬）位于临潭县王旗乡磨沟村西北300米与岷县交界处洮河西南岸

的台地上，面积约80万平方米。遗址分属仰韶、马家窑、齐家和寺洼等史前文化，并有宋代遗存。

磨沟遗址是目前洮河上游地区发现的最大的新石器时代和青铜器时代的中心聚落。遗址内涵丰富，延续时间长，保存完好，为研究齐家文化的社会结构、家庭婚姻形态和社会复杂化进程提供了全新的考古资料。

冶力关 AAAA

山水冶力关，兰州后花园

甘南州临潭县冶力关镇

8:00~17:00

冶力关风景区位于临潭县境内，以临潭县冶力关为中心，分为莲山、西峡、东峡和冶海湖4个景区。主要景观有莲花山、冶木峡、冶海湖、赤壁幽谷、巨型卧佛、黄捻子、香子沟等。

冶木河贯穿全区，自西向东流入洮河。冶力关地质构造复杂，地貌奇特。冶木河上游地势平缓，有牧草丰茂的天然牧场，也有地势陡峭、沟深谷窄的练珠峡。

玩家攻略

每年农历六月初一至初六，莲花山的群众举办传统的“花儿会”，规模最大的花儿会，赶会者达数万人之多。

当地有许多典型的藏族风味食品，食物多以牛羊肉、糌粑、小麦、青稞面为主。当地有汉族人开的餐馆，一般以川味为主，基本都是面食。

大峪沟 AAAA

理想的避暑、疗养、观光胜地

甘南州卓尼县木耳镇 68元

7:00~18:00

大峪沟风景区位于木耳镇大峪沟，距县城30多千米，森林覆盖率达90%以上，是甘南州旅游资源相对集中、品位较高、较具代表性的景区。

景区内自然风光丰富多彩，集山雄、石奇、水丽、林秀为一身，星罗棋布的景点各具特色。既有绿海茫茫的原始森林、山雄石奇的森林生态旅游景区、景色秀丽的八十里峡、云江峡，又有波光潋滟的人工湖泊，还有藏传佛教寺院——旗布寺等人文景观。

玩家 攻略

●大峪沟最佳旅游季节为7月。7月是当地格桑花开的季节，景色壮观优美。

●景区内设有电瓶车，车费20元。

●景区内有旗布林卡度假村，建有风格别具的瓦房、玲珑雅致的小木楼和富有民族特色的帐篷，为旅游观光者提供幽雅的住宿和娱乐场所。

大峪沟

康多峡

自然风光奇特

甘南州卓尼县康多乡

康多峡地处卓尼县北部的康多乡境内，核心区在冶木河、岔巴河峡谷地段。这里集自然风光与人文景观于一身。区内地质构造复杂，自然风光奇特，有全县最丰美的草场和丰富的森林、奇峡、异峰、民俗风情、宝刹名寺等旅游资源。

峡谷长约30千米，平均深度350米，总面积约800平方千米。峡谷两岸层峦叠嶂，石屏排云，飞瀑如虹，谷底河水滔滔，迂回百转，柳暗花明。景区民风古朴，风光美不胜收。

贡巴寺

一座颇具规模的藏传佛教寺院

甘南州卓尼县刀告乡

贡巴寺应名万寿寺，位于卓尼县城西南63千米的江迭路间的刀告乡境内，始建于1885年。

贡巴寺原建有大经堂、闻思学院、时轮学院、密宗学院、医药学院、印经学院和法舞学院等。总计经堂和佛殿达24座。这些经堂和佛殿上安置有金顶、宝顶、祥麟法轮、宝瓶、柽柳女墙等，庄严肃穆，金碧辉煌。

禅定寺

弘扬佛法的灵光圣地

卓尼县城西北约半千米处的台地上 ¥5元

全天开放

禅定寺始建于1254年。这里山顶祥云缭绕，山下洮河似玉带缠腰。寺院环望群峰，俯视洮水，是弘扬佛法的灵光圣地。

禅定寺建寺历史比我国藏传佛教格鲁派六大宗主寺之一的拉卜楞寺要早440多年，是甘肃历史最为悠久的一座格鲁派寺院。

玩家 解说

历经700余年历史的禅定大寺曾积累和收藏了大量的历史文物，虽经寺院兴衰，多有失散，但现存文物中仍有不少稀世珍品，包括许多精美的佛像、数不清的经卷、龙树菩萨塑造的释迦牟尼十二宏伟妙像、纳洛巴骨饰、巴思八所赠释迦牟尼站像、龙树绘在菩提叶上的释迦牟尼像等。

禅定寺

景点推荐 迭部–舟曲旅游区

腊子口战役遗址

甘川古道之“咽喉”

✉ 甘南州迭部县东北部的腊子乡 ¥ 免费

腊子口战役遗址位于迭部县东北部的腊子乡，西距迭部县城105千米，北距岷县72千米。腊子口是川西北进入甘肃的唯一通道，是甘川古道之“咽喉”。

整个隘口长约30米，宽仅8米，两边是百丈悬崖陡壁，周围是崇山峻岭，抬头只见一线青天。水流湍急的腊子河由北向南穿越隘口，地势十分险要，易守难攻，自古就有“天险门户”之称。

链接

腊子口战役

1935年9月15日，党中央、毛主席率领红一方面军一、三军团和军委纵队离开俄界（今迭部县高吉村），沿白龙江东岸向腊子口前进。一军团第二师四团为先遣团，与国民党新编十四师鲁大昌部进行了殊死搏斗，终于17日凌晨3时左右，胜利攻破了鲁大昌部重兵据险扼守的天险腊子口，打开了中央红军北上进入陕甘的通道。游人至此，可实地凭吊当年红军攻打天险的辉煌历史，并可欣赏周围优美的自然景色。

俄界会议旧址

红军长征途中的重要会址

✉ 迭部县城东南68千米处的达拉乡高吉村 ¥ 免费

俄界会议遗址位于迭部县城东南68千

俄界会议旧址

米处的达拉乡高吉村。1935年9月12日，中国工农红军途经高吉村，党中央在村里召开了政治局紧急扩大会议，决定成立由毛泽东、周恩来等5人组成全军最高领导核心。会议批判了张国焘分裂党和红军的错误。俄界会议对胜利完成长征具有极为重要的意义。

拉尕山风景区 AAAA

溪涧清幽，山峰奇特

甘南州舟曲县立节乡占单村

0941-5121818

拉尕山沟狭谷深，溪涧清幽，山峰奇特。居中一峰傲然挺立，左右山峰呈拱抱状，三座山交会于山腰，形成一缓冲地带。拉尕村坐落其间，40余户村民在此生活。

拉尕山峰巅草地如茵，松林环抱，灌木茂密。极目远眺，千山万壑尽收眼底。春夏时节，山花烂漫；秋季，万山红遍，层林尽染；冬季，山舞银蛇，雪峰、幽谷、松林又是一番景象。

玩家攻略

景区内的拉尕山庄为四星级酒店，景区内有8幢欧式和藏式相结合的度假别墅，共有床位150余张，有多功能演艺厅、游泳池、大中型会议室。园区中央有较大面积的水池，适宜夏季避暑、观光会务等活动。

翠峰山风景区

原西固八景之一

甘南州舟曲县城北5千米处

翠峰山位于舟曲县城北5千米处，是原西固八景之一（北峰古刹）。其峰状似一面屏风，峰脊如剑锋突兀凌空，仄经一线通幽，东南北三面峭壁悬崖。千寻峰顶巨松古柏参天，重重叠翠，奇险绝清，翠云寺掩映其间。

翠云寺始建于宋，扩建于明。殿堂、楼阁、廊坊等，依山势布局精巧；所雕塑佛像、观音、龙神、龙王女、药王、圣母等，栩栩如生；劝善书法、壁画故事，琳琅满目。寺庙群与翠峰构绘成富丽画卷。

扎尕那

一座完整的天然石城

迭部县益哇乡

“扎尕那”是藏语，意为“石匣子”。扎尕那山位于迭部县西北34千米处的益哇乡境内，是一座完整的天然石城，俗有“阎王殿”之称。

“扎尕那”地形既像一座规模宏大的巨型宫殿，又似天然岩壁构筑的一座完整的古城。这里山势奇峻，景色优美，犹如一座规模宏大的石头宫殿。

拉尕山风景区

扎尕那

沙滩国家森林公园
各类自然景观星罗棋布

甘南州舟曲县西部

沙滩森林公园内完整地保存了大陆性温带、寒温带生态系统的各种植物群落。公园内山花野果、名贵药材遍布山野，珍稀动物频繁出没；雪山险峰、天然湖泊、瀑布群落等自然景观星罗棋布。

玩家 解说

依海拔高度递升，园区内依次分布着阔叶林、针阔混交林、纯针叶原始林、高山杜鹃针叶林和高山矮林等林分类型。林线之上则是高山草甸、高山裸岩和终年不化的积雪。这里一年四季各具景致。春天，山花烂漫，春意盎然；夏季，风光秀丽，清爽宜人；秋天，“看万山红遍，层林尽染”；冬天，林海雪原，一个银色的世界。

大峡沟国家森林公园
盛夏避暑胜地

甘南州舟曲县白龙江南岸

大峡沟国家森林公园内旅游资源丰富，自然景观品类齐全。公园内植被保护完好，类型丰富，地形地貌优美，原始森林、人工林一望无际，名贵药材遍布山野、珍禽野兽频繁出没，至今仍保留着丰富完好的动植物生态群落，是度假游玩、盛夏避暑的胜地，具有较高的开发价值。

攻略资讯

- 交通
- 住宿
- 美食
- 购物
- 娱乐

交通

飞机

甘南夏河机场位于甘南州夏河县库塞塘村附近，距离夏河县和合作市分别为72千米和56千米，服务范围覆盖甘南州、临夏州等地区，是甘肃省少数民族地区的第一个通航民用机场。从2013年8月19日起，四川航空公司正式开通夏河—兰州—西安往返航线，每周二、四、六执飞。

汽车

甘南州有国道213横穿全境，其他公路干道还有省道306、省道312等。合作市汽车站北站位于合作市当周街永曲十字路口，（电话：0941-8212422）。

213国道

住宿

甘南州政府所在的合作市宾馆较多，这里相较于景区住宿条件好一些，交通方便，去周边的景点也较为便利。

甘南的景点主要在夏河县和郎木寺镇。这些区域的住宿主要以招待所和一些小客栈为主，价格不贵，有的只需十几元，但是住宿条件较差，不能洗澡。当然也可以到当地藏民家里借宿，价钱和招待所差不多，但是可以更好地体验到当地的民风。

藏族人家屋内一景

甘南草原风光

美食

到甘南旅游基本是行进在藏族村寨里和回族聚集区。这一地区饮食风味独特。在藏族家中或者是正宗的藏味餐厅能品尝到正宗的藏餐。这里藏胞一般以三炮台或八宝茶为主要饮品，而不是通常人们想象的酥油茶或奶茶。甘南也有许多川味餐馆，一般为汉人开办，菜量和菜价基本成正比。另外，在郎木寺等地，还能吃到比较好的西餐。

甘南藏包子：又称“卓华包子”，因形如牛眼睛，又有“牛眼睛包子”之称。它外皮雪白薄亮，透过包子皮，里面的馅清晰可见。吃时须先从顶端吸吮包子内的油水，然后食之。如果拿起包子就咬，就会油水四溅，使人狼狈不堪。

蕨麻米饭：蕨麻俗称“人参果”或“长寿果”，草原上的人们常把大米和蕨麻煮熟，拌上酥油、白糖，制成香甜可口的“蕨麻米饭”。吃起来甜而不涩，油而不腻。

糌粑：将炒熟的青稞用手磨加工成面粉。吃时加上酥油、干奶酪和茶水，在碗里用手拌匀，捏成团状食品。糌粑易于保存，便于携带，吃法简单，味香耐饥。

购物

甘南的藏族纪念品占了很大部分，有宗教用品、名贵藏药、拉萨饮品、旅游产品、古玩、西藏特产、西藏民族文化古玩艺术品，以及藏式家具、银器、马具、刺绣等。夏河县拉卜楞寺外的人民东街是一条商业街，卖各种藏饰、藏刀，其中以工艺品商店居多。

●唐卡

藏族文化中一种独具特色的绘画艺术形式，多画于布或纸上，内容涉及藏族的历史、政治、文化和社会生活等诸多领域。

●青稞酒

用甘南本地产的青稞酿制成的低度酒。酒色橙黄，酒味醇香，酸中带甜，是当地藏族人民待客的佳酿。

●冬虫夏草

当地的一大特产，性温和，味微甘，气芳香，有滋阴壮阳、止咳益气等功效。

冬虫夏草

发现者旅行指南

天水·陇南

概览

亮点

麦积山石窟

始建于后秦，中国四大石窟之一，被誉为“东方雕塑馆”。

天水伏羲庙

西北地区著名古建筑，是全国规模最大的伏羲祭祀建筑群。

万象洞

洞中有洞，乳石遍布，是我国北方规模最大、景致最佳的特大溶洞。

西狭颂风景区

“东汉三大颂”之一，其书法艺术堪为汉隶代表作，是古代摩崖石刻中的珍品。

天水伏羲庙

阳坝风景区

有“甘肃西双版纳”之美誉，自然景观和民俗风情十分独特。

必逛街道

中华西路步行街：位于天水市秦州区，这里是天水最繁华的街道，街面整洁宽敞，购物、住宿、小吃一应俱全，非常热闹。

线路

天水经典二日游

第一天早餐后前往麦积山，参观著名的麦积山洞窟和佛像，午后前往仙人崖，之后到石门山，感受自然与人文的完美和谐。第二天早餐后赴伏羲庙，感受当地人对这位“人祖爷”的尊敬与敬仰。午后前往玉泉观，观山门、青龙白虎殿、人间天上牌坊、第一山牌坊、玉皇阁、三清殿等建筑，感受道教的清静无为。

陇南主题二日游

第一天到达武都，首先前往成县西狭颂风景区，这里是品味文化的胜地，顺便游览鸡峰山，两者相隔不远，夜宿成县。第二天前往文县天池，虽然天池尚未完全开发，但是这里的美景堪比九寨沟，真正的养在深闺人未识。

万象洞

陇上江南三日游

第一天前往文县天池，虽然此天池的名气不如九寨沟，但景色足可以媲美。第二天前往武都，游览官鹅沟，这里有13个色彩斑斓的湖泊，非常美丽。下午前往成县西狭颂景区，这里因发现著名的《西狭颂》碑而闻名，夜宿成县。第三天前往礼县香山，这里没有红叶，有的是香气扑鼻的蜡梅，别有一番情趣。

为何去

位于陇东南的天水、陇南是甘肃少有的湿润气候区，自古人杰地灵，风景秀丽。天水自古就有“天河注水”的美丽传说，陇南更是被誉为“陇上江南”。这里是中华始祖伏羲的诞生地，也是红军长征中哈达铺战役的发生地，可谓自然与人文景观荟萃的宝地。

天水城区

何时去

天水和陇南属温带季风气候，总体而言气候温和，四季分明，日照充足，降水适中。山资水色兼有北国之雄浑奇峻，南疆之灵秀旖旎。秋季是全年最佳的旅游季节。

陇南市西和县风景

天水 · 陇南旅游示意图

区域解读

天水区号：0938
陇南区号：0939
面积：42 269km²
人口：约670万人
主要少数民族：
回族、藏族

地理 GEOGRAPHY

区划

天水市辖2个区（秦州区、麦积区），4个县（清水县、秦安县、甘谷县、武山县），1个自治县（张家川回族自治县）。

陇南市辖1个区（武都区），8个县（成县、徽县、两当县、宕昌县、文县、西和县、礼县、康县）。

地形

天水、陇南地跨长江、黄河两大流域，位于中国阶梯地形的过渡带，地势西北高、东南低，境内高山、深谷、丘陵、盆地依次分布，错落相间，形成独具特色的自然景观。

境内最高点为海拔4187米的雄黄山，坐落在文县西北部的屯寨乡境内。最低点罐子沟，海拔550米，位于文县东南部的中庙乡境内，亦为甘肃省海拔最低点。

气候

天水、陇南由南向北属北热带半湿润区向半湿润半干旱过渡地带。境内山脉纵横交错，高低相差悬殊。气候差异明显，降水时空分布不均。该区也是甘肃地区年降水量最多的地区，也是暴雨发生最频繁的地区。因此，夏季旅行须特别注意防范暴雨雷电的影响；冬春季节多干旱，风沙大，注意做好防卫措施。秋季是最佳的旅游季节。

历史 HISTORY

天水历史大事记

● 秦汉时期

秦武公十年（前688年），秦灭圭戎、冀戎，置圭（今天水市城区）、冀（今甘谷县东）二县，这是中国历史上设置最早的两个县级建制。秦昭王二十八年（前279年），设陇西郡。

西汉武帝元鼎三年（前114年），从陇西、北地二郡析置天水郡，从此有“天水”的名称。

三国魏文帝黄初元年（220年），设秦州。因秦邑而得名，从此有“秦州”的名称。

晋武帝泰始五年（269年），秦州正式设立，今辖大部分由秦州天水郡辖。

● 隋唐时期

后秦时（384—417年），麦积山石窟开始建设。

唐乾元二年（759年），中国文学史上最伟大的现实主义诗人杜甫寓居秦州，写下许多光辉的诗篇。

唐咸通四年（863年），于秦州（时治设

陇南风光

成纪，即秦安叶堡乡）置天雄军，统秦、成、武3州。

● 明清时期

明成化十九年（1483年），天水市伏羲庙开建，后成为祭祀的圣地。

清雍正七年（1729年），秦州升为直隶州，直隶甘肃省，辖秦安、清水、两当、徽县、礼县5县。

● 近现代

1913年，北洋政府推行省、县二级制，暂存道制，撤秦州设天水县。

1934年，甘肃省政府设立天水行政督察区。次年，改称甘肃省第四行政督察区，辖10县。

1949年，天水县解放，天水分区行政督察区成立。同年12月，天水分区改称天水专区。1950年，析天水县置天水市，以城区为天水市的行政区域。

1969年，天水专区改称天水地区。

1985年，国务院批准，撤销天水地区，实行市管县体制，天水市升为地级市。

2005年，秦城、北道两区更名为秦州区和麦积区。

陇南历史大事记

● 秦汉时期

汉武帝元鼎六年（前111年），置武都郡，属凉州刺史部。汉末，曹操分司州、凉州置雍州，武都郡改属雍州。

三国时期，蜀相诸葛亮“六出祁山”伐魏，并于229年攻取武都、阴平二郡，自此武都郡为蜀所据，直至蜀国被晋所灭。

东晋、南北朝时期，陇南境内先后建立仇池、宕昌、武都、武兴、阴平5个胡人政权，称为“陇南五国”。

424年，北魏拓跋焘封羌人梁弥忽为宕（tàn）昌王，都城在今宕昌县城。566年，宕昌国被北周所灭。

● 唐宋时期

唐代于陇南置文、武、成、迭、宕、岷等州。唐宝应元年（762年），吐蕃攻占陇南。咸通年间，唐收复武州，更名阶州。

北宋熙宁六年（1073年），大将王韶打败吐蕃，收复陇南，吐蕃据有陇南前后共311年。

南宋时期，宋将吴玠、吴璘、吴挺兄弟父子先后驻师陇南，抗击金兵，取得辉煌战绩，为南宋偏安提供了有力保障。

● 近现代

1949年7月，成立武都分区行政督察专员公署，驻武都县，属陕甘宁边区甘肃行政区。

1985年5月，武都地区更名为陇南地区，岷县划归定西地区。

名单 陇南历史名人

东汉辞赋家赵壹

南北朝时名将杨大眼

南宋著名抗金将领丁煜

元代将领按竺迩

明代兵部侍郎张锦

清代著名史学家吴鹏翱

清代文人任尚惠

东汉辞赋家赵壹

2004年元月，经国务院批准，撤销陇南地区和武都县，设立地级陇南市，陇南市设立武都区。

龙城天水，羲皇故里

丝绸之路西入甘肃，经过的第一个重镇就是著名的中国历史文化名城天水。天水是我国神话传说中三皇五帝中伏羲、女娲的故乡，被赞誉为西部龙城、羲皇故里。

天水有史可稽的建城史有三千年。在这座千年古城的一砖一瓦上，都停留着时间爬过的痕迹，岁月的长河荡涤着这个城市，留下了许多古旧、龟裂的遗址。天水秦安县境内的大地湾遗址是距今7800~4900年的新石器时代遗址，其规模之大、内涵之丰富，在我国考古史上实属罕见。

天水的伏羲庙是全国最大的祭祀伏羲的庙宇，庙内的伏羲塑像是全国最好的也是最大的明代伏羲塑像。每年农历正月十六伏羲诞辰日和七月十九伏羲祭日，这里都会举办盛大的祭祀大典，海内外各界人士前来寻幽访古，步入伏羲庙寻根祭庙。

马谡痛失街亭

在天水麦积山风景区东北的神龙山下，一座古老的小村镇静静地掩藏在这里，约1800年前，正是在这里，马谡痛失街亭，诸葛亮挥泪斩马谡。

227年冬天，诸葛亮首次北伐，派马谡驻守街亭，并嘱托其当道扎寨以拒魏军。结果马谡死搬兵书教条，不遵诸葛亮嘱托，不听王平劝阻，上山扎寨，被魏国大将张郃包围在山上，断了水道，蜀汉军不战自乱，导致蜀军惨败，诸葛亮退守汉中，第一次北伐失败，诸葛亮不得不挥泪斩马谡。马谡失街亭是导致第一次北伐失败的主要原因。

此战的严重后果是，蜀国不但损失了智谋之士，更重要的是，魏国在原本防守空虚的西线部署了更多的兵力，使蜀汉从此失去了奇袭魏地的机会，此后诸葛亮伐魏再也没有建树，直到诸葛亮去世后蜀灭亡。

诸葛亮六出祁山

三国时期的蜀国军师诸葛亮“六出祁山”的故事，在中国家喻户晓。诸葛亮为统一事业表现的百折不挠、鞠躬尽瘁的精神，亦早已成为中华民族优秀传统的一部分。

六出祁山是诸葛亮晚年西线北伐战略行动的代称。祁山位于甘肃礼县东、西汉水北侧，绵延约25千米，被誉为“九州”之名阻，天下之奇峻。祁山地扼蜀陇咽喉，是三国时魏蜀必争之地。从227年到234年，诸葛亮先后六次率军北伐，与魏国的司马懿六次大战，但均以失败告终。六出祁山后，诸葛亮也在郁郁中病死，实现了其对刘备“鞠躬尽瘁，死而后已”的承诺，正所谓“出师未捷身先死，长使英雄泪满襟”。

诸葛亮六出祁山次次失败，究其原因，主要是缺乏对敌我力量的估计，缺乏对形势的正确判断，即北不能敌魏，东不能联吴（虽有联合但不力），而六出祁山的接连失败也预示着蜀国王朝的衰落和灭亡。

名单 天水历史名人

上古时代首领伏羲

西汉时期名将李广

东汉著名辞赋家赵壹

三国蜀汉大将姜维

十六国时期前秦的君主苻坚

唐太宗李世民

著名将领邓宝珊

文化 CULTURE

东方艺术宝库——麦积山

丝绸之路在甘肃境内长达1600多千米，而天水则是丝绸之路西出长安的第一重镇，在辉煌而漫长的古丝绸之路历史上，发挥了重要的门户和驿站作用。丝绸之路的繁华造就了天水的“石窟走廊”。全市境内有大小石窟6处，其中“东方雕塑馆”驰名中外的麦积山石窟更是我国四大石窟之一。

麦积山石窟始凿于南北朝时期后秦，距今已有1600多年的历史，保存有194个洞窟，石雕造像7000多尊，壁画1000多平方米。石窟凿于形似农家麦垛的悬崖峭壁之上，历代凿窟和造像风格各异，精美绝伦。这里既是一座历史博物馆，又是艺术陈列馆。它与仙人崖、甘谷大象山、华盖寺、武山水帘洞等众多石窟组成了丝绸之路东段的“石窟走廊”。

悠久灿烂的大地湾文化

天水是一片古老而充满故事的土地，千万年前，我们的祖先就开始在这里耕猎。秦安县出土的大地湾遗址为我们记录下了先人们的那段沧桑历史。

大地湾遗址位于天水市秦安县东北五营乡邵店村，距天水市区102千米，是一处距今7800～4900年的史前遗址，是目前发现的我国新石器时代最早的遗址，比广为人们所知的河南渑池仰韶村和陕西西安的半坡村遗址都要早。

大地湾遗址总面积32万平方米，出土有房址、灰坑、墓葬、窑、灶台、防护和排水用的壕沟等建筑，另外还有众多的骨、石、蚌、陶器、装饰器和生活器物等。整个遗址由主

麦积山石窟

室、东西侧室、后室、门前附属建筑4部分组成。古老的大地湾是一本尚未完全打开的历史教科书和史前博物馆。现在的挖掘面积还只是一小部分，更多的秘密目前还沉睡在地下。

风韵迷人的天水古民居

2005年6月，世界文化遗产基金会在纽约公布了2006年世界百大濒临危险的文化遗址，中国天水的古民居建筑名列其中。

天水民居继承了秦汉唐宋建筑的优良传统，显得朴素典雅，古风犹存，既有北方民居的厚重和严谨，也有南方民居的轻巧和灵动。在院落布局方面，天水民居以北方常见的四合院为主，同时又融进了南方民居常见的小天井，并对其进行组合和变形，形成了各种不同的样式，极具民族特色和地方特色。

这些民居的建筑年代不一，最早的可以追溯到1644年，最晚的也已经有半个世纪的历史。幸存至今的民居共有55处，都以拥有雕刻精美的木门和屏风为特点。许多具有明清建筑风格的民居，是天水古城的一处风韵迷人的景观。

历史悠久的白马池哥昼

对于甘肃省文县的白马藏族来说，每年的春节都是一次盛会，亦是一次精神的归宿，欢乐遍布着村庄，人们点起鞭炮，敲起锣鼓，斟上美酒，跳起欢快的“池哥昼”，共同庆祝美好生活。

白马池哥昼主要流传在陇南市文县铁楼藏族乡的12个村寨和石鸡坝、天池等地，是白马人在对祖先的信仰和崇拜里继承下来的民族舞蹈和传统祭祀活动，已有千年历史。

跳池哥昼时，人们头戴青面獠牙的木雕彩绘面具，上插锦鸡翎，反穿羊皮袄，左手持宝剑，右手握牛尾刷，形象凶猛恐怖，舞步遒劲粗犷。池哥昼既原始古朴、粗犷豪放，又充满神秘的宗教气氛和浓郁的娱乐色彩，

天水古民居

白马"池哥昼"雕塑

是集"舞、歌、乐"于一身的民族民间艺术，已被纳入国家级非物质文化遗产第一批保护名录。

链接

白马藏族

白马藏族主要生活在陇南市文县铁楼乡白马河流域和四川省平武县、九寨沟县境内，人口约1.4万人。其风俗习惯、文化、宗教信仰都不同于其他藏族。白马藏人会说藏语，却不认识藏文，而且多数人会使用汉字；他们不信仰藏传佛教，而是信仰太阳神、山神、火神、五谷神；他们不修庙宇，不供佛像，却在家供奉祖先的牌位。因此，众多的民族学和史学家认为，白马藏族是古代氐族的后裔。

武都高山戏

高山戏发源于甘肃省陇南市武都区的鱼龙镇。这里山大沟深、交通不便。庙会、祭祀、社火等民俗活动在这里自古盛行，高山戏即是从这里的民间祭祀和传统社火中孕育、演变、发展而来的戏曲剧种。

高山戏一般分为踩台、开门帘、打小唱、演故事等几项程式，其中"演故事"是高山戏的正式内容，带有明显的祈福、娱神和自娱等性质。高山戏的唱腔分为"欢音"和"伤音"两大类，语言是地道的武都方言，生动活泼、幽默诙谐。高山戏是古代劳动人民价值观、世界观的体现，是当地人民的精神食粮。

1975年，现代高山戏《开锁记》参加了全国文艺演出，高山戏开始走向全国。

景点推荐 麦积山风景区

麦积山石窟 AAAAA

我国佛教四大石窟之一

天水市麦积区麦积山乡

乘坐34路、60路公交车可到

90元

8:30~17:30　0938-2731407

麦积山又名麦积崖，位于秦岭西端北侧，距麦积城区28千米，其形上突下小，望之团团，如农家积麦垛之状，故而得名麦积山。

麦积山以险、奇、秀和独特的石窟文化而著称。著名的麦积山石窟便开凿在20~80米高的悬崖峭壁上，洞与洞之间由栈道相连。麦积山石窟与敦煌莫高窟石窟、山西云冈石窟、河南龙门石窟被称为我国佛教四大石窟，而积山石窟则以它独特的泥塑艺术独树一帜。

玩家解说

据史料记载，麦积山石窟是从384年到417年的十六国后秦时期开始凿窟造像，经北魏、西魏、北周、隋唐、五代、宋、元、明、清等10多个朝代的不断开凿、重修，遂成为仅次于敦煌莫高窟的我国第二大艺术宝窟。现存194个洞窟中，共保存了自4世纪末到19世纪初的各代泥塑、石雕7800多件，壁画1000多平方米，北朝“崖阁”8座。麦积山石窟是古丝绸之路上的一朵艺术奇葩。

麦积山石窟的惊险陡峻，在我国现存石窟中是罕见的。石窟布局独具匠心，大都开凿在20~30米乃至70~80米高的悬崖峭壁上，层层叠叠。最大洞窟横宽30多米，最小洞窟仅能容身；洞窟之间全靠架设在崖面上的凌空栈道连接通达，惊险雄伟。

4号窟

麦积山最高洞窟，又称作散花楼。在这里向外撒纸片、鲜花，传说会因为气流的影响而向上飞升。

如今洞窟内的佛像和金刚力士是通过北宋重修和明代工匠妆銮的，但龛内三壁上方的飞天影塑却为北周原作。其中龛外国道、西部顶端的《车马行人图》巧妙地运用了散点透视和焦点透视的构图方法，让人从不同的位置和不同的角度去看都呈现相同的走向和动势，堪称是国内壁画珍品。

13号窟

窟内有17米高的释迦牟尼佛像及13米高的普贤、文殊菩萨佛像，又称作西方三圣窟。麦积山的标志性雕塑便是其中间的释迦牟尼大佛。通过整修大佛左脸颊发现了经书，慧眼上方发现了宋朝的碗；而大佛的大鼻孔已经成为众多燕子的安乐窝。当地人说，佛很慈

玩家攻略

游览麦积山石窟可带相机与包。为了保护文物，最好不要开闪光灯，但可以携带手电筒。麦积山是人文景观，建议请导游讲解。

麦积山景区门口有麦积镇，镇里农家乐多如牛毛，住宿非常方便。亦有一些山庄、酒店，住宿环境比农家乐要好一些，价格也贵一些。

麦积山的山脚下通常都有一些天水特产出售，如面皮、呱呱和凉粉等特色食品；不同的季节更有不同的当地水果出售，价钱比较便宜。

麦积山石窟

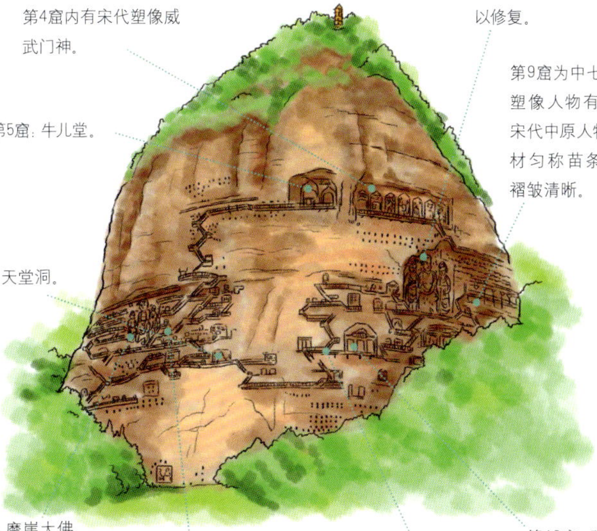

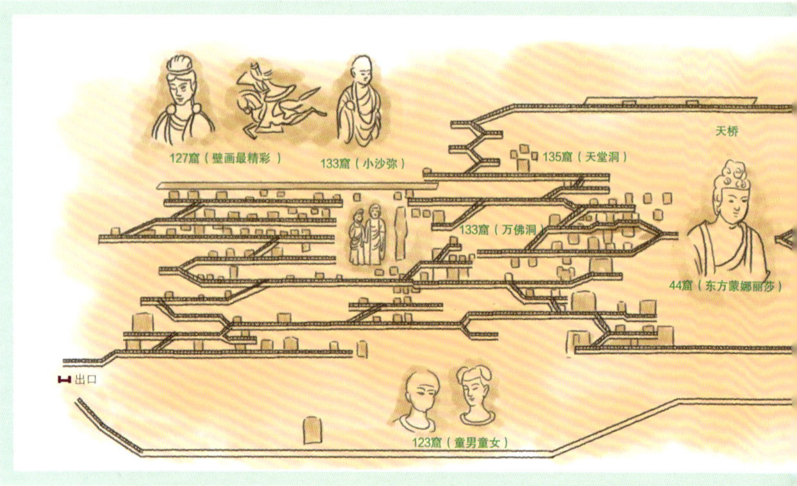

悲，从来不打喷嚏，即便是刮风下雨。

特窟

62窟内的三龛三佛造像、74窟内的《西域菩萨》佛像、76窟顶部的《飞天花雨》壁画、78窟内的《仇池镇供养人》雕像、121窟内《窃窃私语》雕塑、123窟内的《童男童女》雕塑等，都是麦积山的精华，不容错过。

仙人崖

保存有精美的明清泥塑

天水市麦积区东南，距麦积山石窟15千米

乘坐37路、60路公交车可达

40元　0938-2731407　8:00~18:00

仙人崖由三崖、五峰、六寺组成。现有

麦积山石窟之佛像

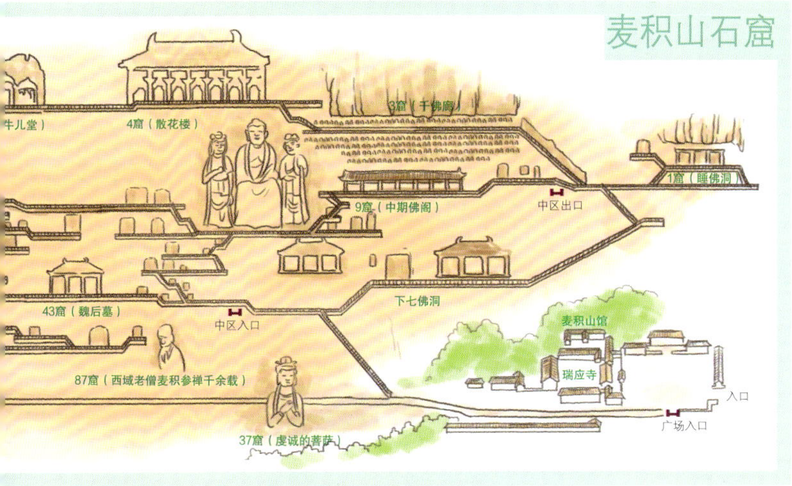

明清殿宇27座，北魏、宋、明、清各代塑像197尊，壁画83平方米，永乐年间的珍贵铜佛像5尊。仙人崖崖间有峰，崖上有寺，寺又开窟造像。石窟造像掩在绿水翠色之中，寺内香火缥缈。

仙人崖石窟保存的精美明清泥塑，丰富了麦积山石窟该时期的泥塑数量和内容，从而构成了石窟艺术的完整历史系列，对于研究泥塑的演变，提供了翔实的实物资料。

玩家 解说

仙人崖位于麦积区东南，距城区45千米，距麦积山石窟15千米。东联秦岭，西接东柯谷，群山俯仰，山势奇伟。仙人崖由三崖（东崖、西崖、南崖），五峰（玉皇峰、东崖峰、西崖峰、宝盖峰、献珠峰）、六寺（木莲寺、石莲寺、铁莲寺、花莲寺、水莲寺、灵应寺）及仙人湖组成。沿着石阶盘旋而上，只见苍松翠柏，赤壁丹崖，山势奇特，鬼斧神工。东、西、南三峰参列，宛若天成。

街亭古村

历史文化厚重的千年古村

天水市麦积区麦积镇街亭古村　免费

全天开放

街亭古村是天水市难得的一座具有悠久历史、秀美风光和丰富文化底蕴的名村，包括三国古战场遗址、东柯草堂、古树民居、

仙人崖

古楼古宅、明清街衢商铺、城隍庙、崇福寺、千佛窑等多个景点。

著名的街子温泉离街亭古村4千米，是天然的汤浴疗养福地，已是天水远近闻名的休闲洗浴之地。街亭温泉是一处地热涌泉，水温39~39.5℃，含硅、硒、氡等19种对人体有益的化学微量元素。

链接

千年古村街亭

街亭自古以来就是重要的经贸和交通要道，特别是清代中期，山西、陕西、河南、四川等地客商云集于此，并设有商会会馆，商贸活动十分频繁。街亭古镇的悠久历史，奠定了其厚重的文化底蕴。

玩家攻略

街亭温泉度假村位于距街亭古镇4千米的温泉峡口。该泉水温常年保持在40℃左右，水质富含19种化学微量元素，是优质的矿泉水，更有极好的医疗保健作用。现已建成各种档次的洗浴设施为游客提供服务。

石门山

有“小黄山”之称

天水市麦积区东南方向50千米处的陇南山区

石门山壁立千仞，四周峭崖，只有一条小路连接南北两峰，且南北峰之间的聚仙桥下石壁上，有一大方形黑浑圈，状若门楣，故名石门山。相传有虎豹出没，俗称卧虎台。

石门山景色壮美，有“小黄山”之称。主峰上有明、清重修的真武祠、王母祠、三清殿、无量殿、玉皇殿和钟楼。峰间架通仙桥亭，从石门山脚下五阳观登山，上十八盘，山势蜿蜒，环绕攀登，古雅峥嵘的殿阁台榭掩映于白云翠微之中，景色迷人。

放马滩森林公园

以古墓群闻名于世

天水市麦积区小陇山林业实验局党川林场境内

8:00~18:00 0938-2817021

放马滩森林公园在党川林场境内，风光迷人，景色秀美，自然景观、历史景观和人文景观相得益彰。公园海拔1720米，地势平坦，水草丰美，相传为西周时秦始皇祖先嬴非子给周王室牧马之地。

1986年，公园内发掘出战国晚期秦墓13座、西汉墓1座，出土文物数百件。墓中发现秦简、木板地图和西汉纸质地图，其中木板地图价值连城，是我国最早的实物地图，1994年被定为国宝级文物，引起国内外的广泛关注。

石门山

景点推荐 天水市区景点

天水伏羲庙 AAAA

华夏第一庙

天水市秦州区西关伏羲路

乘21路、22路、24路公交车可达

¥20元 0938-8230242 8:00~17:40

伏羲庙位于天水市区西关伏羲路，为全国重点文物保护单位。始建于明成化年间，总占地面积3.5万平方米，为全国规模最大的伏羲祭祀建筑群和保存最完整的明代祭祀伏羲的庙宇，被誉为“华夏第一庙”。

伏羲在中国历史上位列三皇之首，是中华民族共同敬仰的人文始祖。伏羲庙是伏羲文化的载体，是研究易学文化的中心，是人们寻根祭祖的圣地和探寻中华先祖圣迹的知名旅游景点。

玩家攻略

每年农历正月十六，民间在这里举行隆重的祭祀活动。7月，甘肃省人民政府举办规模盛大的公祭活动，即一年一度的伏羲文化旅游节，它已成为中国最具发展潜力的十大节庆活动之一，公祭仪式已被列为中国首批非物质文化遗产。

链接

中华人文始祖伏羲

伏羲又称青帝，是五天帝之一，生于陇西成纪（今甘肃天水市），所处时代约为旧石器时代中晚期。

伏羲是古代传说中中华民族人文始祖，中国古籍中记载的最早的王、中国医药鼻祖之一。相传伏羲人首蛇身，与女娲兄妹相婚，生儿育女。伏羲根据天地万物的变化，发明创造了占卜八卦，创造了文字，从而结束

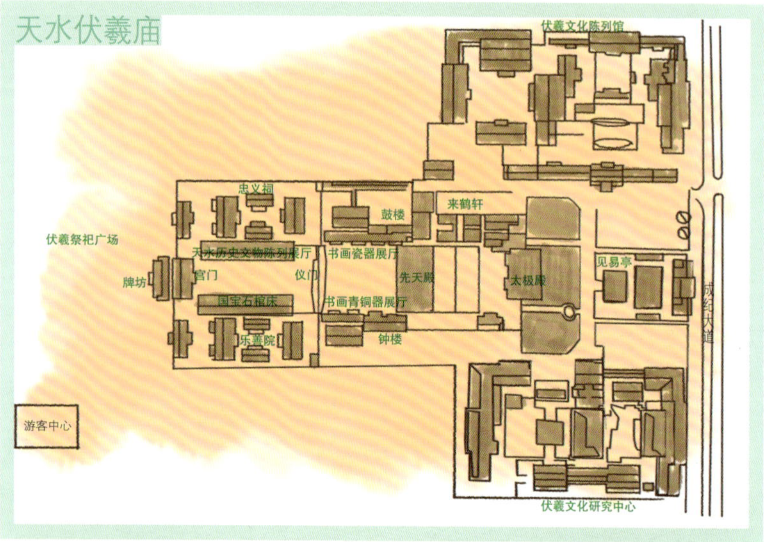

了“结绳记事”的历史。伏羲又结绳为网，用来捕鸟打猎，并教会了人们渔猎的方法。

李广陵园
西汉名将李广的衣冠冢

天水市秦州区城南石马坪

乘9路、24路、26路公交车可达

20元 0938-8214157 8:30～18:00

李广陵园是一座纪念西汉名将李广的衣冠冢。家乡人民为了缅怀他，在石马坪筑起了他的衣冠冢。李广墓占地20余亩。陵园环境幽雅，庄严肃穆，现存有汉代石马、清代祭亭、墓碑、蒋介石亲笔题写的“汉将军李广墓”等遗迹。

园内四季常青，三季有花，两季有果，绿树成荫，芳草萋萋。汉阙、回廊、展厅、祭亭等建筑掩映其间，幽雅而肃穆。美丽的神话故事，又给景区笼罩上了一种神秘的传奇氛围和丰富的审美色彩。

诸葛军垒
秦州八景之一

天水市秦州区城东岷山路南 免费

0938-8213924 8:30～18:00

诸葛军垒为秦州八景之一，位于秦州区城东岷山路南，是天水重要的三国历史文化遗迹，是一座三国军事文化特色鲜明、富有地方特色且独具历史文化内涵的纪念性公园。

军垒前存有清乾隆年间碑亭。军垒古柏

链接

李广小传

李广（?—前119），生于成纪（今天水秦州），精骑善射，一生经历了汉文帝、景帝、武帝三朝，先后任八郡太守。在40余年的戎马生涯中，与匈奴作战70余次，为西汉王朝立下了卓著战功。作为一代历史名将，他深为国内外人士所敬慕，历代文人墨客留下了不少脍炙人口的赞美诗句，如“但使龙城飞将在，不教胡马度阴山”等。

李广陵园之雕塑

森森，荫翳蔽日。相传每年农历六月六，正午的太阳照在军垒上而四周没有影子，故被当地人称为“无影墩”。

南郭寺 AAAA

一座古老的梵宫古祠

天水市城南2千米的慧音山坳处

乘9路、26路公交车可达

20元 0938-8623147

淡季9:00～17:00，旺季8:00～18:00

南郭寺因地处天水城郭之南而得名。始建于南北朝时期，位于距天水城2千米的南郊慧音山处。寺前临藉水，背负幽林，是市郊最古老的一座梵宫古祠，现已成为旅游观光的主要景点之一。

南郭寺以古建筑、碑碣遗存、楹联匾额、雕塑、古树名木、北流泉、隋塔遗址、杜少陵祠、邓宝珊将军纪念馆而著称。主体建筑依左中右三院横列于山坳台地之上，一字排开。

玉泉观 AAAA

陇东南第一名观

天水市城北天靖山麓

可乘7路、24路、26路公交车前往

20元 0938-8213957 8:00～18:00

玉泉观位于天水市城北，因有元代“玉泉”而得名。始建唐代早期，历元、明、清三代30余次重修和扩建，形成拥有90余座建筑的庞大道教宫观。殿、台、亭、桥、楼、阁、洞、坊错落有序，依山就势分布在岗峦溪涧之上。

观内殿宇巍峨，碑石林立，古木葱郁，林壑秀美，晚清时就以“玉泉仙隐”而著称陇上，被誉为“陇东南第一名观”，是观光问道的理想旅游胜地。玉泉观藏有历代众多碑刻，尤以元世祖忽必烈褒封制词的四面碑及元代书法家赵孟頫的草书诗碑最为珍贵。

玩家攻略

每年农历正月初九是玉泉观庙会，当地人称为“朝观”。时值春早人闲，热闹非凡，组成一幅喜气洋洋的风情民俗图。

胡氏民居

明代古民居院落

天水市民主西路

乘1、2、3、6、22、23等多路公交车可达

20元 0938-8229253 8:30～18:00

胡氏民居是我国西北地区唯一现存的明代品官府第，为全国重点文物保护单位，现为天水民俗博物馆。胡氏民居又名南北宅子，由南宅子和北宅子组成，创建人是胡来

南郭寺一景

胡氏民居一景

缙和胡忻，父子都是明代的名臣，邑人誉为“父子乡贤”。这两座宅院是全国罕见的明代建筑风格的古民居院落。

北宅子与南宅子临街相望，是胡氏民居古建筑的北半部分，为明代太常寺少卿胡忻的私宅。整个宅院由6个大小不等的三合、四合院组成。有人评价这座庭楼比起闻名遐迩的宁波天一阁藏书楼，毫不逊色。

天水城隍庙

为纪念汉代将军纪信而建

天水市秦州区大城十字路口东北侧

天水城隍庙位于秦州区大城十字路口东北侧。明清以后便大规模修建，形成三门四进21座殿宫、廊、楼、庭、覆建筑群，具有明清江南园林式的风貌。

天水城隍庙是为纪念汉代将军纪信而建的。在纪信祠门口有高大巍峨的木结构牌坊一座，上有国民党元老于右任先生撰写的“汉忠烈纪将军祠”大匾一幅，笔法流畅，是非常珍贵的书法精品。

链接

忠烈将军纪信

纪信（？—前204），成纪（今天水）人。从刘邦军，为大将。公元前204年五月，楚军（项羽军）围汉军（刘邦军）于荥阳，汉军粮草皆无，荥阳难守。危急中，纪信以其面貌似汉王刘邦，佯装刘邦向楚军投降，以使刘邦乘隙逃走。项羽使人辨纪信，始知中计，顿时大怒，活活将纪信烧死于车内。纪信死后，被刘邦追谥为“忠右”（后世人称忠烈侯），葬于汉中城固。

万寿宫

古代接受圣旨、朝贺庆祝的场所

天水市秦州区建设路北侧 0938-8298946

天水万寿宫原名庆祝宫，建于康熙初年，是当时地方官员朝拜和接旨仪典的地方，是陇上的一座规模较大的皇家园林。现万寿宫为天水书画院址所。书画爱好者于其间切磋技艺、展示佳作、吸引人们参观欣赏，更提升了天水历史文化名城品位。

2010年，万寿宫古建筑群保护维修后，占地3600平方米，古建筑群建制完备，分二进两院，主体建筑为大殿，9座建筑布局严谨。

后街清真寺

伊斯兰建筑风格的古建筑群

天水市秦州区成纪大道西段人民西路

免费

已有600多年历史的后街清真寺是一处全国重点文物保护单位，坐落于天水市秦州区成纪大道西段人民西路，始建于元至正三年(1343年)。经历代多次重修扩建，1986年再次维修，基本恢复原貌。

清真寺的礼拜大殿由前殿、后殿、前廊三部分组成。殿内古朴典雅，肃穆庄严，可以看到很多阿、汉文匾额及楹联、题字。现在的后街清真寺是天水市最具盛名的清真寺。

马跑泉公园

天水最大的水上休闲公园

天水市麦积区马跑泉路中段　免费

天水市麦积区马跑泉公园始建于1984年，占地面积116亩，是目前天水市最大的城市水上休闲公园，年吸纳游客近20万人。

近年来，麦积区先后对公园进行了部分升级改造，改造后的马跑泉公园，设施更加完善，环境更加优美，是当地人和游客参观游览的绝佳地。

天水龙园

为纪念天水名人而建

天水市麦积区泉湖路中段西侧

乘9路、33路公交车可达

免费　0938-2730676

淡季7:00~18:00，旺季6:30~18:00

龙园位于麦积区泉湖路中段西侧，以中华民族传统的民族图腾龙为主题，旨在弘扬伏羲文化，纪念天水历代名人，宣传天水悠久文化历史。龙园大门是五开间歇山明清式建筑，一对艾叶青石雕麒麟雄踞门前。进入正门，龙马迎宾。

园内左右建双环亭二座，环亭宝顶碧瓦，古朴典雅；园中心坐落艾叶青石牌坊，正面镌刻前国家领导人江泽民的手书“羲皇故里”匾额，两边镌刻全国著名学者霍松林以古秦州八大景观和天水历代8位名人撰写的104字长联；牌坊之后两侧一对汉白玉华表，挺拔高大，冰清玉洁。

甘泉寺

以“双玉兰堂”匾额闻名

天水市麦积区甘泉镇

甘泉寺也称太平寺。寺内有一泉，因我国唐代诗人杜甫曾行迹于此且留有《太平寺泉眼》而闻名于世。另外，寺内有树龄达1200多年的玉兰古树两株，乃珍贵罕见之物。

甘泉寺玉兰树后边殿宇上高高悬挂有我国著名国画大师齐白石老人亲笔题写的“双玉兰堂”匾额，笔意烂漫天真，气象自然旷达，和寺内美丽的玉兰花木相得益彰，为甘泉寺这座陇右名刹增色不少。

卦台山

山上历史遗存文物颇多

天水市麦积区西北渭南镇西　免费

0938-4918458　旺季7:00~19:00，淡季8:00~18:00

卦台山又称伏羲画卦台，位于天水市麦积区西北渭南镇西，距城区38千米，是传说中人文始祖伏羲观天法地、演绎八卦、教化众生之地。

其山突兀而起，状如倒扣之瓢，山顶为平台，海拔1363米，相对高度170米。北麓渭水环绕，河岸北正对九龙山，山下有龙马洞；南倚白鹿山，中呈腰峰，东临三阳川盆地，三阳川在南北两山环抱中。

玩家解说

现卦台山作为天水伏羲文化与龙文化的标志物，已被中国社会科学院“华夏纽带工程”组委会确定为“华夏祭祖基地”，不久将开发建设“中华始祖文化主题园”。主题园对弘扬伏羲文化、易学文化，发挥始祖的精神感召力，增强中华民族的凝聚力，促进民族团结具有重大的现实意义。

卦台山

景点推荐

天水北部旅游区

清水温泉度假村

中国十三大名泉之一

天水市清水县暖弯村 0938 7400601

甘肃省清水温泉度假村坐落在天水市清水县境内，始建于1957年，改扩建于2006年。清水温泉天地造化，为中国十三大名泉之一，早在明代已为陇上胜景。

温泉冬夏无增减，水温常年保持在54℃，富含氖、氡等10多种对人体有益的气体和元素，尤其对运动系统损伤、皮肤系统疾病有特殊和显著的疗效。

玩家攻略

清水温泉度假村占地2.5万平方米，建有洗浴中心、游泳馆，日接待量可达1000人以上。可同时接待300人餐饮住宿。精致、典雅、温馨的别墅区，拥有豪华别墅11栋，同时还设有篮球馆、保龄球馆、乒乓球馆、塑胶网球场、多功能会议厅等现代化体育健身、会议设施。

赵充国陵园

爱国主义教育基地

天水市清水县城北1千米处的牛头河畔

¥ 20元

0938-7153596 8:30～17:30

赵充国陵园景区位于距清水县城北1千米的牛头河北岸第一台地上，修建于汉代，是甘肃省重点文物保护单位和天水市爱国主义教育基地。

赵充国陵园建筑典雅肃穆，气势恢宏，该景区主要包括三部分，即赵充国墓区、宋金墓葬群博物馆、碑林区。赵充国墓冢高3.8米，底径10米，冢前左右树立遗存碑亭两座。近年来，当地又把县境内发现的历代碑碣、造像集中园内保护，建成碑林区。

玩家 解说

清水是宋金时期多民族共居地之一，也是宋金砖雕彩绘墓葬集中出土地之一。目前有4座墓室已搬迁集中保护，形成了宋金墓葬群博物馆规模。

这些墓葬均由墓道、甬道、墓室三部分组成，形制多为穹隆顶仿古建楼阁式，其建筑结构独特，布局严谨，营造繁复，富丽堂皇。砖雕内容丰富，构图简洁明快，色彩鲜明协调，人物故事、飞禽走兽栩栩如生，蔬果花卉雕刻精巧细致，绘饰纤细繁缛，砖雕画面大多反映《二十四孝》中的典故。

花石崖

佛道并存的名山圣地

天水市清水县陇东乡土寨子村

清水县城转乘班车至陇东乡可到

免费　0938-7151212　8:00~18:00

花石崖地处清水县东南部28千米处的陇东乡土寨子村，海拔1823米，与天水石门遥遥相望。因山体悬崖峭壁，山石花纹五颜六色，故称“花石崖”；又因峰峦叠嶂，翠柏掩映，清泉流水，春华秋实，万紫千红，又名“万紫山”，是佛道并存的名山圣地。

花石崖历史悠久，相传唐代以前就建有庙宇。花石崖按地势分为东崖、西崖。东崖峰峦起伏，石崖重叠，向上倾斜。悬崖峭壁上有一石洞，名曰“黄木狼洞”，相传是《西游记》中孙悟空大战黄木狼的洞穴，洞口高约3米，地形险要，洞深莫测。

玩家 攻略

每年农历的二月十五，也就是传说中老子生日的这一天，这里都要举行规模宏大的庙会，邻近的陕、甘两省群众都要来此敬香，以祭祀道教创始人老子，祈求幸福安康。

凤山文化生态园 AAAA

以古典宗教建筑闻名

天水市秦安县城东部

0938-6521733　8:00~18:00

凤山景区位于秦安县城东部，是大地湾附近的九龙山向西延伸的余脉，因其形如凤凰雄峙秦安县城，故名凤山。

整个景区分为泰山庙古建筑群、堡子坪、行宫三部分。泰山庙古建筑群始建于元代，现存明清建筑31座，分一阁、一宫、两厅、三厦、24殿宇，分别建在拾级而上的九个台阶上，气势恢宏，布局精巧，雕梁画栋，彩饰斑斓，属中国古典宗教建筑。

李崖遗址

秦非子封邑地

天水市清水县城西北牛头河与樊河交汇处

李崖遗址位于清水县城西北牛头河与樊河的交汇处，西临滴水崖沟，北依邽山。文化遗存十分丰富。该遗址上发现的一批商代的陶器具有重要价值。

遗址发掘出的4座墓均为土坑竖穴，有棺有椁或有棺无椁。墓葬为东西方向，头向西，四墓均带腰坑、坑内殉狗。其中三墓陶器组合为鬲、簋、盆、罐，年代均为西周时期，部分陶器具有明显的商式风格。

李崖遗址

大地湾遗址

新石器时代人文遗址

天水市秦安县东五营乡邵店村　免费

0938-6751103　9:00～17:00

大地湾属新石器时代重要人文遗址，距今7800～4900年，上下跨越三千年。大地湾遗址1958年后即被公布为省级文物保护单位，1978年秋开始发掘，1988年被国务院公布为国家级重点文保单位。

大地湾遗址主要包括大地湾一期文化、仰韶文化和仰韶文化向齐家文化过渡的常山下层遗存，以文化类型多、延续时间长、面貌保存好而备受考古界关注。

玩家解说

大地湾遗址已出土陶、石、玉、骨、蚌器等文物近万件，发现房址241座，灰坑和窑穴321个，墓葬79座，窟址38个，壕沟9条。该遗址是目前国内新石器时期年代最早、历时最长、层次最完好的古遗存。

大地湾遗址

兴国寺

甘肃现存较早的古建筑之一

天水市秦安县城北街　免费

0938-6811864　9:00～17:00

兴国寺又名“兴谷寺”，俗称官寺，创建于元至顺年间。其建筑布局平面为“伽蓝七堂”格局，坐东朝南，中轴线上依次为金刚殿、天王殿、般若殿，两侧有钟楼、鼓楼、伽蓝殿、菩萨殿。

兴国寺

兴国寺般若殿粗犷、浑厚，建筑手法独特精致，它是甘肃省现存较早的古建筑之一，具有很高的历史、科学和艺术价值，为研究元代的建筑提供了不可多得的实物资料。

秦安文庙

历史上规模较大的崇圣尊孔之地

天水市秦安县兴国镇新华街东　免费

秦安文庙位于天水市秦安县兴国镇新华街东，现占地面积仅3200平方米，创建于元大德元年（1297年），曾是天水地区历史上规模较大的崇圣尊孔之地。

目前，文庙已经重新修缮和恢复了大成殿、大成门、乡贤祠、名宦祠和泮池、状元桥、孔子塑像等建筑。主殿大成殿是甘肃省保存较完好的明代木构建筑之一。

云凤山

避暑休闲的理想场所

天水市张家川回族自治县马鹿林场　免费

0938-7817892

云凤山北以田家磨为界，东南至陕甘交界，西至张家川与清水交界，属关山高原地貌，以低山峡谷、天然森林、草场和溪流为景观特色，以宗教和民俗文化为内涵。

景区内的景观资源具有完整的动植物群落，森林、草地和峡谷溪流相互辉映，与人文历史和民族风情组成的景观资源体系是自然和人类的宝贵遗产，也是避暑休闲、风景游赏和科学考察的理想场地。

五龙山风景区

融关山秀丽的景色为一体

天水市张家川回族自治县马鹿乡和寺湾村之间

五龙山风景区地处张家川回族自治县马鹿乡和寺湾村之间，占地约18.1平方千米，动植物资源极为丰富。

景区将关山秀丽的景色融为一体，构成了景区清、幽、秀、雅、雄、奇、险、峻的自然风光。主要景观有五龙山、佛爷崖太极八卦图、老龙潭、斩蛇崖、五指山、小麦积、青石崖、石人峰、二郎神脚印石、拴马桩等。

宣化冈拱北

建筑规模宏伟

天水市张家川县的北山查湾村　免费

0938-7817892　8:00~18:00

宣化冈拱北建于光绪年间，占地约5.3万平方米。此地葬有中国伊斯兰教哲赫林耶门宦第五、第六、第七代教主。拱北依山就势而建，建筑规模宏伟，仿照云南园林建筑风格，有各种房屋300多间。

宣化冈拱北建筑在“文革”期间遭到

链接

宣化冈拱北的历史地位

拱北为阿拉伯语，意译教主陵墓上的圆顶建筑。修建拱北是伊斯兰教苏非学派的特征之一。中国伊斯兰教苏非学派修建拱北有比较悠久的历史，出现了一些著名的拱北。

宣化冈拱北融汇伊斯兰文化与汉文化精髓，汇集各地能工巧匠，选用各地上好材料，经过几十年的建设，成为哲赫林耶学派最重要的活动中心和驰名中外的精美建筑群，在中国伊斯兰教的发展史上占有非常重要的地位。

宣化冈拱北

毁灭性破坏，近几年来先后重修了经亭礼拜殿、拱北八卦墓庐、飞檐淋浴房、接待室等建筑，建筑面积达2300平方米，初步形成了主体建筑齐全、结构搭配合理、色彩装饰庄重、厢廊道路纵横交错的古建筑群。

马家塬遗址

出土了战国中晚期车乘

天水市张家川县木河乡桃园村

马家塬遗址位于张家川县木河乡桃园村马家塬。遗址地表为农田。以马家塬为中心，向东西延伸，200米范围密集地分布着战国墓葬群。遗址规模较大，规格较高，其中包含的历史文化信息较为丰富。

马家塬遗址古墓战国中晚期车乘的发现在甘肃省尚属首次，在全国都非常罕见，它为研究秦和戎的关系提供了重要的研究资料，对于中国科技史的研究也具有非常重要的意义。

秦安文庙大成殿

云凤山

马家塬战国古墓还原模型

景点推荐 天水西部旅游区

姜维墓

整个墓地与姜维的生平相吻合

天水市甘谷县六峰乡姜家庄　免费

0938-5871033　8:00～18:00

姜维墓坐落在距甘谷县城东5千米的姜家庄的将军岭上，整个墓地与姜维的生平相吻合，墓高3.5米，寓意姜维35岁时就在诸葛亮手下担任重要职务，并屡建战功；墓冢底径6.2米，表示姜维享年62岁，举义复蜀，事业未成而含恨九泉；石台高1.2米，寓意姜维聪明勇敢，12岁时就结发从军。

链接

姜维小传

姜维（202—264），字伯约，今甘肃省天水市甘谷县人，三国时期蜀汉著名军事家。原为曹魏天水郡中郎将，后降蜀汉，深受诸葛亮器重。诸葛亮死后，姜维先后11次伐魏。其后，司马昭灭蜀汉，姜维在剑阁防守钟会，死于乱军之中，享寿62岁。

大象山 AAAA

石窟中存有众多文物

天水市甘谷县城西2.5千米　30元

0938-5622481

淡季8:30～17:30，旺季8:00～18:00

大象山因山体呈旗帜状，又称文旗山。大象山是“古丝绸之路”甘肃段一处融石窟与古建为一体的重要文化遗存。

大象山集中展示了盛唐时期佛教艺术的发展水平，填补了渭河流域缺少唐代巨大造像之不足，为研究这一流域的唐代佛教文化

“羲皇故里”碑

及艺术，提供了十分珍贵的实物资料。

玩家 解说

大象山现存洞窟22个，面积554平方米；木构建筑15处，面积3903平方米。石窟、古建筑建于山冈起伏、苍翠叠嶂的峭壁之上，栈道将各石窟相连，自下而上建有土地庙、墨葛殿、太昊宫、观音洞、罗真殿、接引佛殿、文昌阁、灵岩寺、鲁班殿、华严洞、关圣殿、无量殿、双明洞、大佛殿、三圣殿等。除石窟、古建筑外，还有后汉隗嚣歇凉台、阅兵台等遗址及“羲皇故里”碑、“圣门石子故里”碑、“重修汉平襄侯祠记”碑等文物。

尖山寺森林公园

气候宜人，风光旖旎

天水市甘谷县城西南30千米处

尖山寺森林公园位于甘谷县城西南武家河境内，因其地形地貌恰似一只展翅欲飞的凤凰，故又名“灵凤山”。

尖山寺森林公园以石质山、河流为主要地质景观特征，海拔1800~2000米。境内山清水秀，峰峦叠嶂，山势雄伟，森林茂密，气候宜人，风光旖旎，有七大景区32个景点。

水帘洞石窟群 AAAA

有世界第一大露天摩崖浮雕大佛

天水市武山县城东北约25千米处　30元

8:30~18:30

武山县水帘洞石窟群始建于十六国后秦，现存有水帘洞、拉梢寺、千佛洞、显圣池、三清洞5个单元。

主石窟水帘洞石窟群以浮雕、窟龛、悬塑、壁画为主，融北魏、北周、隋、唐、五代、宋、元、明、清各代佛教文化于一体，在我国佛教石窟艺术上具有重要的地位。石窟群有世界第一大露天摩崖浮雕大佛，同时，还保留有历代造像百余尊、壁画3000多平方米、建筑物10余座。

玩家 解说

位于鲁班峡中的水帘洞，周围是丹霞地貌石林，形成了很多丹霞象形奇峰，如花果山、鲁班试斧、松林晓月、仙人送子、五虎出山、李白醉酒、东坡夜游、笔锋独秀、驼群远行等景点，成为景区的地貌奇观。

独具特色的石窟艺术、奇特秀丽的自然风景，使水帘洞景区成了一个集观光赏景、宗教朝拜、文化旅游、修学科考、避暑休闲、娱乐健身等于一身的多功能旅游景区。

拉梢寺

拉梢寺又名大佛崖。现存窟龛23个，主要包括摩崖悬塑造像、圆拱浅龛、平面方形平顶龛、塔龛、平面长方形斜顶窟。1号造像为主体，总高42.5米，宽43米；佛结跏趺坐，禅定印，着圆领通肩袈裟；佛座由莲花、卧狮、卧鹿等共7层浮雕组成。

千佛洞

千佛洞位于水帘洞西北500米的山沟尽头西崖壁上，因壁上影塑千佛而名，又因原摩崖悬塑七佛又名七佛沟。造像、壁画占崖面500平方米，造像与壁画被木桩栈道均分为上下两部分，造像庄严肃穆，风格古朴。

显圣池

显圣池是水帘洞石窟群的组成部分之一，位于水帘洞石窟东南侧，为一天然崖窟，其东壁上保存有约40平方米隋代绘制的说法图以及少许造像残迹。传说南海观音菩萨曾在此显圣，用杨柳枝蘸甘露水灭妖火，因而得名显圣池。

三清洞

与水帘洞“菩萨泉”相对的东北峭壁上悬挂着老君阁，亦名三清洞。三清洞的楼阁修得精巧险要，令人赞叹不已。这里香火缭绕，游人如织。

木梯寺石窟

宋代作品为全寺精华

天水市武山县城西南约30千米的马力柏林山山腰处

25元

木梯寺坐落在武山县城西南约30千米的马力柏林山山腰处。山势险峻，茂林叠翠，石窟、寺庙宛如颗颗明珠，掩映在绿荫之中。石窟四周悬崖峭壁，仅有北侧一山门可入寺内。

寺内现存窟龛18个，殿堂4座，造像80余尊，壁画234幅2100平方米。造像及壁画内容广，风格多变，具有相当高的艺术价值，尤以5、7、16窟规模最大，保持原作风貌。造像有魏唐遗风，其中宋代作品为全寺精华。

狼叫峁遗址

“武山人”的命名地

天水市武山县鸳鸯镇苟家山村

狼叫峁（wā）遗址位于武山县鸳鸯镇苟家山村狼叫峁。1980年秋，在该地发现原始人头骨化石，经鉴定属旧石器时代晚期，距今3.8万年，考古界定名为“武山人”。

遗址文化层厚约1米，距地表3米。1984年和1987年分别采集到原始人头骨化石、颈骨化石、肋骨化石以及打制的石弹、尖状器等遗物标本。地表散布有大量彩陶片、泥质红陶片，出土过双耳红陶罐、磨制石杯等。

木梯寺一景

景点推荐 陇南南部旅游区

万象洞 AAAA

华夏第一洞

陇南市武都区汉王乡杨庞村 80元

8:00~18:00

万象洞位于武都西15千米处的白龙江南岸，人称“北方第一洞”。洞内钟乳石林立，琳琅多姿；步入洞中，步移景换，如入仙境。自北周以来，游人不断，题记甚多。

万象洞海拔1150米，高出白龙江190米，但洞内潮湿润滑，间有小溪流泻，叮咚之声不绝于耳。根据地质专家考证，该洞已有2.5亿年的历史，是我国北方规模最大、景致最佳的特大溶洞。目前已开发三大景区，即月宫、龙宫、天宫。

玩家 攻略

武都有很多特色美食、水果，如贺家坪油橄榄、武都甜柿、武都猕猴桃、武都樱桃、武都凉粉、月照蜂蜜，都值得品尝一番。

玩家 解说

万象洞目前开发和开放的深度已达5千米，洞内分3宫11景区，大小120多个景点，享有“华夏第一洞”的盛誉。特别是彩灯和路灯的设计和安装，使洞中奇观更加绚丽多姿，妙趣横生。

万象洞融人间胜迹于一洞，纳天下奇观同一窟。自南北朝以来，历代名人，官宦、商贾、骚客、僧人前往浏览，络绎不绝。勒石树碑、华章妙语，与洞内自然景观相映成趣，浑然一体，为整理万象洞历史和古文化，留下了宝贵的史料。

朝阳洞

有坐佛、立佛、睡佛三宝

陇南市武都区角弓镇陈家坝村

朝阳洞位于陇南武都区达角弓乡陈家坝

境内。朝阳洞所在之地仙人崖，是一座林木荫翳，奇石遍布、云雾缭绕、宛若仙境的山峰。朝阳洞坐西向东，每当朝阳初升，便有阳光射入洞内，故名。

朝阳洞共有大小洞窟26窟，塑像百余尊。窟壁有大量壁画和游人题留，洞前有楼阁、凉亭等建筑。近年来“睡仙”和百余尊塑像及崖前建筑大部分修复，面貌焕然一新。

玩家 解说

朝阳洞又名仙人洞。该处以自然风光险秀、飞檐斗拱艺巧精雕的古建筑群而闻名。龛在悬崖峭壁的半山腰，很是惊险独特。近年，朝阳洞经过绿化、修整，现已辟为武都的旅游胜地，每年都要接待数万名外地游客和附近村庄的善男信女。

水濂洞

存有众多历史遗迹

陇南市武都区城北五华里的五凤山脚下

水濂洞是史料记载的“武都八景”中仅剩的“三洞一山”之一。远远望去，树木参差，隐约可见楼阁悬空，立柱井然，嵌于悬崖峭壁之上，奇特惊险，俨然神仙的居所，给人惊奇中平添一份神秘。

水濂洞红女祠初建于唐代，现存楼阁为清初重建，乾隆时曾增修殿阁。现存楼阁仅有子孙殿、三宫殿、观音殿即红女祠、弥勒佛殿、三霄佛殿、合活殿、亨哈殿等，大多悬空，琼楼精舍，斗拱飞檐。

水濂洞

五凤山

五凤山

驰名陇南的古迹名胜

陇南市武都区北郊3千米处

五凤山原名真武山，相传古时曾有5只凤凰落在山巅，故名五凤山。距武都区北郊3千米，海拔2265米，垂直高度1200多米。巍峨高峻，耸入云霄。山巅茫茫松林间，殿阁重重，画栋流云，飞檐落霞，是驰名陇南的古迹名胜。

玩家 攻略

每年的农历三月三前后，是五凤山传统庙会。白天游人如织；入夜缘山灯火辉煌，从山脚缠绕而上，直达山顶，与天上的星星连在一起，十分壮观。

城关清真寺

建筑富有特色

陇南市武都区城西南角 ¥ 免费

城关清真寺始建于明宪宗成化年间，建成后的清真寺共有房屋50余间，占地5000多平方米，有前、后两殿，坐西南向东北。

前殿建筑宏伟壮观，歇山屋顶九脊十兽，斗拱飞檐，四周通廊，结构十分精巧，可容500人做礼拜。院内左为学堂，右为经房。

裕河原生态旅游区

生态休闲度假区

陇南市武都区东南部

裕河原生态旅游区是当地的亚热带温润

气候及植被区。这里山高谷深，孕育着丰富的动植物资源和水利资源。境内山峦连绵，森林茂密，河流交错，山清水秀，鸟语花香。

保护区面积达74 944公顷，水域面积2246公顷，有国家一、二级珍稀保护动植物100余种。目前，境内开发的旅游资源主要有白沙沟、八佛沟、包家沟、碳梁“三沟一梁”。

广严院

保存较完整的宋代建筑

陇南市武都区三河乡柏林村

广严院俗名柏林寺，是古代著名的阶州古刹，也是保存较完整的宋代建筑。广严院是武都八景之一，至今已有1000多年历史。

广严寺坐北朝南，在苍柏古槐掩映之中。寺内有一株千年古柏，树围8米多，高达80多米，龙枝虬干，苍劲挺拔，荫郁参天。建筑宏伟壮观，飞檐斗拱，下饰琴棋书画，明间、次间、梢间齐全。

文县天池

户外体育营地活动的理想场地

陇南市文县天池乡 50元

文县天池位于文县天池乡境内洋汤河源头的雄黄山麓，距陇南市105千米。湖面海拔1728米，水域面积1平方千米，湖周方圆约40华里，水最深处97米，属第四纪地质地震形成的高山堰塞湖。

文县天池有9个大湾和108个小湾，周围俱是连绵的崇山峻岭，风光秀美无比。这里冬无严寒，夏无酷暑，雨量充沛，气候温和。天池之水清可见底，水面风平浪静。

玩家攻略

目前，天池景区正在进一步的开发建设之中，基础设施已趋于完善。现已有景区重点农家乐3所，景区接待中心1处，可保证2000人左右的餐饮及住宿。天池地域宽阔，除了景点之外有极其开阔的空闲地带，可同时安扎200个左右的露营帐篷。

链接

天池五奇

人们说天池有五奇，这话一点也不假。一奇：水深97米，水域面积2.5平方千米；入水甚少，出水极大，涨不见溢，枯不见涸。二奇：湖面终年碧水清澈，四季不见树叶漂游，纵然稍有杂草枯叶落于水面，旋即就被水鸟衔走。三奇：有风无狂浪，无风偶起波，终年银光闪闪，海天茫茫，宛如一面晶莹的大宝镜。四奇：湖底有暗流，湖心有水涌。五奇：冬季零下10℃时仍不结冰；如遇云雨天气，如梦如幻的天池，被薄雾细雨笼罩着，似轻纱飘逸，如万珠滴翠。

文县天池

碧口水库

有南方水乡之态

陇南市文县碧口镇 免费

碧口水库位于四川盆地西北边缘甘肃省文县境内的白龙江干流上，属大型水库。水库于1976年建成，纳白龙江来水。

碧口水库大坝高101米，坝顶长297米，坝体工程量440万立方米，总库容5.2亿立方米。坝体与山川相连，草木环绕，鱼鸟众多。有北方的四季分明，有南方的水乡之态，自然美丽。

白水江保护区

极具特色的物种基因库

主体部分位于岷山山系的摩天岭北坡

0939-5522226

白水江自然保护区是中国面积最大的以保护大熊猫为主的珍稀野生动物及森林

生态系统的国家级保护区，是一个极具特色的物种基因库。已查明区内有高等植物2160种，脊椎动物485种，是甘肃生态系统保持最为完整的地带。

白水江动植物博物馆位于风景秀丽的白水江南岸，与阴平古城隔江而望，交通便利。博物馆分为三个展厅，利用实物标本和摄影艺术、工艺美术及先进的声光系统等真实地再现了白水江保护区丰富的动植物资源、迷人的森林景观以及独特的人文底蕴。

白马河景区

文县四大边寨之一

陇南市文县铁楼藏族乡　免费

白马河生态民俗风情景区位于文县城西3千米白马河的铁楼藏族乡境内，是古代氐族的后裔白马藏族聚居区。铁楼藏族乡是文县唯一的民族乡，因古传掘地发现一大铁炉而得名，又名铁炉寨。

生活在这里的白马藏族同胞秉性耿直，热情好客，能歌善舞，生活衣着、婚丧祭祀至今仍保留着古老习俗。

白马河

链接

白马乡“池哥昼”

白马藏族同胞把最具特色的婚礼和盛大节庆祭祀活动时表演的面具舞称为“池哥昼”，也叫“神面舞”。“池哥”是白马人对“面具”的读音，“昼”译成汉语为跳，即跳“面具舞”的意思。这种面具舞被赋予了祈祷丰收、安宁、驱恶避邪的意思。

“池哥昼”场面庄重热烈，既有神秘的宗教气氛，又充满浓郁的娱乐色彩，极具历史和民俗研究价值。

阳坝风景区 AAAA

有“甘肃西双版纳”之美誉

陇南市康县阳坝镇　40元

7:00～18:00

绿色宝库阳坝亚热带生态旅游风景区位于康县城南80千米处的阳坝镇。小镇南临巍巍翠峰，北依乱山子天然森林公园，东与一个个接天立柱相望，西南是深邃幽远的梅园沟原始森林。

阳坝

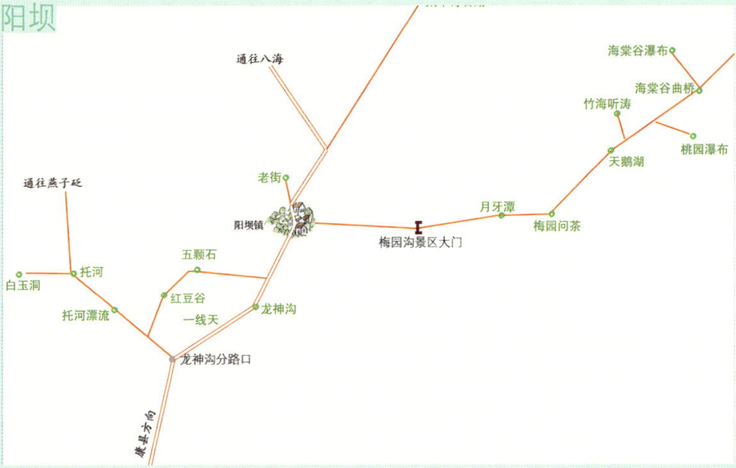

阳坝风景区

这里无水不秀，无山不青，林木茂盛，风光旖旎，自然景观、民俗风情十分独特。静则为潭，动则为瀑，动静成趣，美不胜收。

玩家 解说

茶叶是阳坝驰名的特产，色香味醇，清香爽口，久泡不衰，饮之清心润肺，豪气冲天。葱葱茏茏的块块茶园，把龙神沟的每道山湾染绿，涌波滴翠，如篷如盖，深沉如黛，嫩绿似金。阳坝茶园已经在梅园沟迅速发展起来，遍布全镇。阳坝茶叶已跻身全国名茶行列。清明采摘的云雾茶“银毫”“翠峰”“毛尖”“翠竹”，被评为全省优质茶。

托河溶洞

罕见的天然溶洞

陇南市康县托河乡以北的焦家坡村

康县托河溶洞距阳坝风景区仅7千米，由于洞体外四周布满茂密的森林，沟壑纵横，交通不便，古往今来无人探识。

托河溶洞主洞深500多米，并有若干条支洞，形成大洞套小洞、洞中有洞的天然地下宫庭。大处可容纳四五十人，小处仅能一人通过。洞中钟乳石遍及四周，白花花的龙骨石点缀其间，有群仙朝拜、骏马奔腾、仙女下凡和双狮玉立等20余种造型。

玩家 攻略

●景区内开展有托河漂流项目，与其他漂流不同，托河漂流让人充分体会到人与自然和谐共处的美妙。

●当地的名优特产有油桐、木耳、茶叶、香菇、核桃、板栗等。

白云山公园

古典美和现代美融为一体

陇南市康县县城燕子河南岸的白云山麓

免费

每逢雨过天晴后，白云山公园总有团团白云从山腰徐徐升起，形成“云海仙境”，故名白云山，公园依山而得名。

白云山公园始建于1984年3月，是一座森林式的公园，它依山面水，布局新颖别致，结构脱俗独特，如画卷垂挂白云山顶，似彩屏直竖燕子河南岸。

白马关古城

保存有古代城防建筑

陇南市康县云台镇 免费

全天开放

白马关古城建于清光绪三年（1877年），为自然风景与古代城防建筑的综合体，有所谓八景点缀四周。1936年9月，中国工农红军第二方面军曾在此建立了苏维埃临时政府。2003年，白马关城垣被列为省级文物保护单位。

白马关古城有石筑城垣，依山面水，为康县历史悠久的古城之一。城垣全为石头垒砌，周长281丈，高1.9丈，宽1.2丈，有炮台4座，垛墙428个。东西各修建门楼一座。桥房雕梁画栋，色彩艳丽，为夏日乘凉歇息佳处。

链接

白马关古城的革命史

美丽的白马关古城载有光荣的革命史迹。1936年9月19日，中国工农红军右路纵队二军六师3个团，在师长贺炳炎、政委廖汉生率领下长征到达这里，国民党县大队和县政府官员弃城逃跑。红军一部在城内留驻一周，发动群众，开展宣传，建立了康县第一个红色革命政权——康县苏维埃临时政府，播下了红色的革命火种。

景点推荐 陇南北部旅游区

西狭颂景区 AAAA

以《西狭颂》石刻群而闻名于世

陇南市成县抛沙镇丰泉村 ¥40元

0939-3292185 8:00~17:30

西狭颂风景区因历经1800余年仍完好无损地保存有我国“汉三颂”之首的《西狭颂》摩崖石刻群而闻名于世。现为全国重点文物保护单位，甘肃省十大名胜风景区。

景区内除了海内驰名的稀世珍宝《西狭颂》碑外，典型的喀斯特地貌和幽深的峡谷风光让景区显得神秘而有灵气。景区有廊桥阙门、古栈遗址、西狭十渡等20多处景观。

玩家攻略

景区内的娱乐设施有水上步行球、明湖充气船、环保电瓶车等，这些设施使景区更显活力。近年来，随着景区基础设施和配套服务功能的进一步完善提高，西狭颂风景区成为日本等国际游客在甘肃旅游的首选目的地。

链接

《西狭颂》碑刻

《西狭颂》碑刻字体清晰，简洁，结构美观，刀法有力，是书法艺术的瑰宝。碑文和书法均有很高的考古研究和临摹鉴赏价值，曾在国内及日本等国掀起了《西狭颂》研究热。它在我国金石学、文化史、书法史和交通史上均占有重要位置，是中华民族优秀传统文化的一颗璀璨明珠，享誉海内外。2001年6月被国务院列为全国重点文物保护单位。

杜公祠

我国建造最早的杜公祠堂

陇南市成县城关镇龙峡村 ¥20元

8:00~18:00

杜公祠景区位于甘肃成县县城东南3千米处的飞龙峡峡口，也称少陵祠。始建于北宋宣和五年（1123年），是我国目前建造最早的一处杜公祠堂，有“天下草堂多，同谷第一家"之美誉。

祠堂院内翠柏耸立，鲜花争妍，青草如毯引人神往。祠旁有玉绳泉，从石洞飞流而下，激石如喷雪；山坡上遍布葱茏的白皮松，清翳幽韵。

甸山风景区
山上有诸多名胜

陇南市成县红川镇

甸山背倚西秦岭余脉，俯瞰甸河和广袤的田野，海拔约1000米。因奇峰峻拔，树木葱茏，状若游龙，当地百姓又称为苍龙岭。

甸山方圆不足5平方千米，但峰峦纵横，山势险峻，有天池坪、药王台、老君殿、达摩洞等诸多名胜，还有流泉飞瀑点缀其间，给峰岭溪谷带来勃勃生机。山上林木蔚然，苔碧草茂，遍地是白皮松。

玩家 攻略

每年农历六月，甸山都要举行庙会，成千上万的群众都会上山进香拜神、游览休憩。丝竹管弦，盈盈入耳，虽只有三五日，却是一时之盛。

鸡峰山
成县八景之首

陇南市成县西南15千米的南山

50元

9:00～21:00

鸡峰山国家森林公园位于成县西南15千米的南山，是南山西端的一座险峻山峰，海拔1917米。奇峰孤耸，状若鸡头，高入云际，秀美壮丽。整座山峰林木荫郁，层峦叠嶂，故有"鸡峰耸翠"之美称。

鸡峰山层峦叠嶂间松竹苍翠，溪流潺潺，殿阁重重，云霞千朵。山南麓坡度较缓，茂密的马尾松、油松漫山遍野；北部横岭壁立，俯临成川川塬充满生机的沃野平畴；中部峰峦起伏，气象雄浑。

玩家 攻略

在鸡峰山每年农历二月十八至四月十八长达两个月的庙会期间，游人比肩接踵，多时日达万众。这段时间是游览鸡峰山的最佳季节。

鸡峰山

小陇山国家级自然保护区

极佳的生态旅游地

甘肃省东南部，徽县、两当县的交界处

小陇山保护区内良好的自然条件和复杂的中山地貌组合，不仅缔造了雄伟壮丽的西沟三峡险峰峡谷景观、神秘的“锅坑”奇景，而且还流传有动人的民间传说。

小陇山保护区森林覆盖率为80%，原生性森林群落更是占保护区总面积的33.9%，物种资源丰富，景观多姿多彩。又因森林具有吸碳吐氧、阻风绝尘、降解噪声、净化水质、调节气温等功能，所以这里也是极佳的生态旅游地。

玩家 攻略

小陇山旅游景点基本沿山谷两侧分布，主要旅游路线有：

1号线：土地峡—周家山—观音峡—云坪—代家院—庙湾—西沟峡（森林山水游）。

2号线：庙湾—曹家湾—大坪湾—曾家湾—关岭子—八里坡（科普考察兼民俗风情游）。

3号线：西沟峡—大阳山—香炉沟（登山探险游）。

4号线：郭家山—造矾沟—月亮峡—孙家河（科普考察兼民俗风情游）。

小陇山国家级自然保护区

三滩风景区

三滩风景区

有“陇上仙境小九寨”之称

甘肃东南部陇南市的徽县、两当两县辖区

三滩风景区总面积200余平方千米，80%地域属原始森林和次生林，因为磅礴壮阔的3个森林草甸纵贯全境，故称三滩。

景区内有大小草滩72处，自然景物60个，人文景物13个。景区高山草甸、溶洞、奇花异卉、云海日出、飞瀑流泉等自然景观引人入胜，是一处观光、休闲度假、攀登探险的好地方。三滩风景区主要景点有翠屏、瀑布、三滩游客中心、头滩、峡谷、月亮峡等。除此之外，当地的燕子石，价值不菲，是当地农民的一项收入来源，游客可以购买用作收藏。

《新修白水路记》摩崖石刻

石刻文字完好无缺

陇南市徽县城南28千米处大河乡大石碑村

《新修白水路记》摩崖石刻于北宋嘉祐二年（1057年）二月初六镌刻，雷简夫撰文并书，为全国重点文物保护单位。

碑刻通高2.8米，宽1.88米，额篆“新修白水路记”6字，正文楷书，右起竖写，26行，每行37字，共962字。笔力苍劲，字迹工稳。文字至今完好无缺。此碑是反映古蜀道兴废变迁史实及古代交通运输组织状况不可多得的珍贵文物资料。

青泥岭
地处古蜀道要津

陇南市徽县东南20千米处

青泥岭位于陇南市徽县境内，在李白的诗《蜀道难》中被提到过，又名铁山、巾子山、泥公山。位于县东南20千米处，是青泥山脉最高峰，海拔1746米。

青泥岭地处古代古蜀道要津，为徽县南境屏障。因岭高雨频，道路泥泞而得名；又因山色如铁，俗称铁山。山顶有铁山寺、玉皇殿等古建筑。此山古木参天，云雾飘绕，松涛阵阵，曲径通幽，为县内游览胜地。

仇池山
古仇池国所在地

陇南市西和县南境的大桥乡　40元

仇池山地处甘、陕、川三省交界，属秦岭和大巴山相错之地，面蜀背秦，形势险要。山巅绿野平旷，村舍相望，桑竹葱翠，沃田百顷，因此又叫百顷山。

仇池山峰峦千姿百态，景致奇妙，著名胜迹有伏安仙崖、石勺奇潭、金龙滚珠、八仙上寿、麻崖古洞、东水无根、洞涌神鱼、小有洞天等八胜，构成了仇池山“峰、泉、云、洞、石”五绝的特有美景。

官鹅沟 AAAA
自然景观奇特

陇南市宕昌县城关镇　55元

7:00~18:00

官鹅沟国家森林公园位于宕昌县城郊，包括大河坝沟、马圈沟、官鹅沟、缸沟、八峡沟、大庙滩六大景区，总面积500平方千米，森林覆盖率达75.1%，目前已开发的主要是官鹅沟。

官鹅沟一景

公园集森林景观、草原景观、地貌景观、水体景观、天象景观等自然景观和人文景观于一身，景观资源整体品位高，空间布局特点突出，动植物分布多样，生态环境优美，自然景观奇特。

玩家攻略

官鹅沟风景名胜区位于陇南市宕昌县城郊，住宿环境较好，游客可在县城内选择各种档次的宾馆酒店住宿，也可前往官鹅沟藏族村内体验当地的特色农家院。

现今居住在林区的藏胞是魏晋南北朝时期建立宕昌国的古羌人后裔，他们至今仍保留着古羌时的建筑风格和生活习俗：板屋错落，水磨转悠，劳动间隙的藏族妇女身着节日盛装，弹起口弦，唱起藏歌，一派羌寨风情。

哈达铺红军长征纪念馆
红色旅游圣地

陇南市宕昌县哈达铺镇　免费

8:00~18:00

哈达铺红军长征纪念馆筹建于1978年，

链接

哈达铺的红色历史

中国工农红军一、二、四方面军三大主力长征，都经过哈达铺。1935年9月18日，党中央率领红一方面军突破天险腊子口，占领哈达铺。20日下午，毛泽东、周恩来等中央领导到达哈达铺。从当地邮政代办所国民党报纸上获得陕北有红军和根据地的消息，作出了把红军长征的落脚点放在陕北的重大决策。在国务院公布全国重点文物保护单位时称，"哈达铺是决定中国工农红军长征命运的重要决策地"。

哈达铺红军长征纪念馆

1984年对几处主要旧址按原貌先后进行了恢复和维修。1985年10月正式建馆。

当地现存的旅游资源还有哈达铺红军长征旧址、毛泽东住过的"义和昌"药铺、红一方面军司令部及周恩来住过的小院"同善社"、一方面军团以上干部会议会址"关帝庙"、二方面军总指挥部住过的"张家大院"等。

牛头寺公园

建于唐代的古寺

陇南市宕昌县韩院乡

牛头寺公园位于宕昌县东南50千米的良恭河畔，大致可分为北部河川区和南部山区两部分。

牛头寺前、中、后三大殿建筑群是牛头寺森林公园的最主要景点，坐落在任头山主峰上，山峰拔地而起，直插云霄。山上有土层的地方松柏成荫，郁郁葱葱。牛头寺主建筑前殿栖霞阁、中殿卧云亭、后殿藏月楼就建筑在主峰上。

链接

牛头寺寺名的来源

牛头寺始建于盛唐。传说，山下一农户的雌牛失圈，经四处寻找无踪影，后来在绝壁之上的任头山顶峰找见了。雌牛生一牛犊，被人们传为神牛。于是百姓便在这顶峰之上修建了前、中、后殿及伙房，起名牛头寺。

牛头寺历经千载，经百代沧桑，至明代以来经多次维修，保存了千年古刹之丰姿，成为集生态环保、旅游观光、休闲娱乐、体育健身于一身的旅游区。

秦文化博物馆 AAAA

触碰礼县秦文化的最佳地

陇南市礼县城关镇东新南路开发区秦人广场

免费

"礼县是秦人的发祥地和摇篮"。为了更好地保护、利用独具特色的礼县秦早期文物，集陈列展示、文物收藏、学术研究为一身的"甘肃秦文化博物馆"得以修建。博物馆包括主体建筑和先秦文化广场两部分，主体为具有古朴、雄浑的先秦风格的仿古式三层建筑。

博物馆现馆藏文物5000余件，国家一级文物近150件，古籍资料1万余册。二楼主要展示礼县秦早期文化文物；三楼主要展示礼县历史、民俗及翰林遗珍书画等。

祁山堡

诸葛亮攻祁山之地

陇南市礼县祁山乡

祁山堡位于陇南市礼县城东23千米的祁山乡。堡下兵道中有汲水井，直插西汉水中。堡西有诸葛亮的上马石，堡南城墙上发现箭头，证明诸葛亮攻祁山堡位于西汉水南岸。

祁山武侯祠始建于晋代，现在保存下来的是明清建筑。一进三院，自成格局，后经历代修复，保存良好。前殿为诸葛亮殿，中殿为关羽殿，两旁有20间文武长廊，长廊内有20位到过祁山的文武大将。

链接

诸葛亮与祁山堡

诸葛亮六次北伐，亲率大军兵临祁山两次，表现了诸葛亮非拿下祁山的决心，但终未如愿。六次北伐，使他身心劳损，建兴十二年（234年）秋八月病逝于北伐军中五丈原。虽然诸葛亮联吴抗曹扶兴汉室的事业未竟，但实现了“鞠躬尽瘁，死而后已”的人生价值。后来祁山人民为了纪念诸葛亮，把武侯祠建在他久攻不下的祁山堡上。

祁山堡

礼县秦先祖古墓

出土了许多珍贵文物

陇南市礼县永兴乡火堡子山北

礼县秦先祖古墓位于礼县永兴乡火堡子山北黄土平丘上，在烟云笼罩中，居高临下。

两座“中”字形主墓通长87米，另外还有两座车马坑：一座37米，一座110米。附近有9座小型墓葬。1998年，这里出土了青铜鼎、簋、壶、盒、车、剑等160余件文物，为研究秦先祖与礼县的历史地理文化提供了有力的佐证。

大堡子山遗址及墓群

墓地规格高

陇南市礼县城东13千米处的永兴乡、永坪乡境内

20元 8:00~17:00

嘉陵江一级支流西汉水环绕大堡子山遗址及墓群而过，西、南、北三面群山相拥，奇峻而清幽。

大堡子山遗址及墓群中大量殉人和青铜礼器的出现，表明该墓地规格相当高。墓群虽遭严重的盗挖洗劫，但已发现的墓葬及流传于外的青铜重器对研究先秦时期秦人社会活动和地域、经济和文化等仍具有极高的学术价值。

张果老登真洞

自然、人文景观竞秀

陇南市两当县城东南的灵官峡白皮松自然保护区内

张果老登真洞景区所在地的森林气象万千，云山雾海，美不胜收，自然景观和人文景观竞秀，文化内涵深厚。张果老登真洞出土唐三彩和琉璃建筑物残虫及部分钞币，千年变故依稀可见。洞内还保存着唐、宋以来各代记述张果老在此修仙悟道、造楼建阁的记述碑文和历代文人墨客为登真洞题写的诗碑。

云屏三峡

集北国雄奇和南国秀丽于一身

陇南市两当县东南部

云屏三峡位于两当县东南部，属深山林区。云屏三峡长岭逶迤，秀峰群立，层峦叠嶂，雄关险隘；山涧溪流清澈，河内碧潭映翠，独特的山水风光集北国之雄奇和南国之秀丽于一身。

峡谷全长约100千米，有充满传奇色彩的高山草原、天池、牧场、瀑布、溪流、溶洞等自然风光和有着浓郁人文色彩的庙宇、寺院、古树、石塔、佛洞等大小景点30余处。

玩家 解说

景区内以一寺一庵二门三峡四洞五崖等景点最为突出。一寺为云屏寺；一庵为西姑庵；二门为山峡门、观胜门；三峡为土地峡、观音峡、西姑峡；四洞为龙洞、狗头洞、黄崖洞和水帘洞；五崖为姊妹崖、棒棒崖、鸡公崖、尖嘴崖和蜡烛崖。

这16处景点依次点列在云屏三峡大小沟壑和悬崖峭壁之上。每一处景点都有段动人的神话传说故事，称颂着人们心目中的英雄偶像，演绎着美丽与丑陋、善良与残暴的较量。

哈达铺红军长征纪念碑

攻略资讯

- 交通
- 住宿
- 美食
- 购物
- 娱乐

天水站

交通

飞机

●天水

天水机场位于天水市麦积区，于2008年9月28日正式开航，属国内支线机场。天水机场现在已经开通了天水至兰州和西安的航班，设有经济舱、商务舱和头等舱。

天水机场距天水市秦州区13千米，距麦积区3千米，在秦州区乘坐1路公交车可达。天水机场售票处电话：0938-8388888。

●陇南

陇南成县机场位于陇南市成县城关镇、店村镇和徽县泥阳镇交会处。为国内支线机场，主要为甘肃省东南部地区的公务、商务、旅游、货运提供航空服务，兼顾通用航空职能。

火车

天水是西部重要的交通枢纽，有陇海铁路经过境内，有前往西安、乌鲁木齐、成都等方向的列车经过。

天水市火车站不在秦州区，而是设在麦积山景区所在的麦积区，距离天水机场不远。火车站每日有专线旅游车34路发往麦积山，车程约1小时，每半小时发1趟。

汽车

●天水

天水公路交通发达，是多条高速和国道的汇集地，主要干线公路有国道310、国道316、连霍高速等，东可至西安，西可接兰州。

天水市主要有天水客运总站、天水西湖站和麦积汽车站。其中，天水客运总站车流量最大，麦积汽车站位于麦积区，距离天水机场和火车站不远。

●陇南

兰海高速、国道212均经过境内，与省道205、219、307等干线共同构成了陇南市的公路架构。陇南市武都汽车站位于陇南市武都区钟楼滩，电话：0939-8250156。

住宿

天水

天水的住宿十分方便，不论是在市中心还是各县城，都能很快找到一个落脚的地方。价格低廉，设施还算完备，一般来说，100元就可以住上很不错的标准间。建议住

天水机场

在麦积区，天水的主要景点大多分布在该区，另外机场、火车站也都设在这里，出行便捷。当然，作为市中心的秦州区也是不错的住宿所在地。

陇南

陇南市住宿方便，房价相对东部地区而言非常实惠，百元即可住上条件很不错的标准间，对于游客来说非常合算。武都汽车站周边是各类宾馆酒店的集中地，在这里可以找到不同档次的住宿点。

酒店客房一角

美食

天水

天水地方美食的显著特征是口味浓郁、厚重。特色菜主要有虾酱肉、粉蒸肉、梅菜扣肉、带把肘子、冰糖蒸菜、猴戴帽等传统名菜。它们菜形淳朴、香味醇厚，是当今天水传统宴席的精华。

天水有打卤面、浆水面、清真碎面、面鱼、呱呱等一大批独具地方特色的小吃。历经千年，经久不衰，凝结着天水人民的聪明才智和创造精神。

酿皮：天水市著名的地方风味小吃，天水各县区的每条街巷都有卖酿皮的小馆、小摊。一碗酿皮加上油泼辣椒等调料，再加一小撮青菜，非常爽口。酿皮既可当主食，又可当菜肴，深受食客们的欢迎。

呱呱：天水呱呱品种繁多，以原料区分有荞麦呱呱、冰豆呱呱、豌豆呱呱和粉面呱呱等，其中最受人们欢迎的是荞麦呱呱。当地人尤喜以呱呱为早点。

天水捞捞：学名荞麦凉粉，最大特点是用一个特殊的器具将凉粉捞成长粉条状。盛入碗中，调入油泼辣子等佐料，吃起来使人食欲大增，胃口大开。

酿皮

猪油盒子：天水汉族人钟爱的早点，具有酥脆松软、味香诱人、色泽黄亮、油而不腻、酥而不碎等特点。为甘肃天水的著名小吃。

猪油盒子

陇南

陇南地区的人们多以玉米、莜麦等杂粮为主食，由于邻近陕西、四川，陇南饮食口味偏辣，人们无论烹制什么菜肴小吃，总会放入辣椒、花椒、生姜等提味的调料。

陇南小吃众多，最具代表性的有豆花子、油面茶、漏鱼子、莜麦粥、烤羊肉等。这些小吃原料广泛、味道香辣，对于能吃辣食的游客绝对是一番享受。

豆花子：属黄豆制品，前期制作与豆腐相仿，比豆腐脑硬，比豆腐松软。盛碗后，调以胡椒、姜粉、虾皮等制作的汤汁热食，口感辛辣清香。

百花面：为武都洛塘、文县碧口、康县南部一带民间家常小吃。面有白面、杂面，手工擀制，配以豆花子、酸菜(或加入洋芋块、丝)，清香可口，经济实惠。

油面茶：以康县北部最具特色，将炒熟的白面加水煮沸，调以薄荷、藿香等香料，加上康县特产大叶绿茶。盛碗后再调以炒熟的核桃面、鸡蛋丁、豆腐丁、洋芋丁等，香味浓，口感好。

洋芋饼：洋芋擦丝，放入平锅内，烙成饼状，加入少许盐水，色泽金黄，口感香脆。

漏鱼子：原料有苞谷面、荞面、豆粉等。做成搅团后，用专用漏勺挤压过滤成小鱼状，调以醋、盐、油泼辣子，冷食、热食均可。

购物

天水

天水自古是陇东南重要的商品物资集散地，有西北“轻纺城”和“电子、电器城”之誉，皮毛、小百货、蔬菜、毛成衣四大专业市场各具特色，物产丰富，土特产琳琅满目，尤其以水果出名。

天水花牛苹果质优味美，可与美国王牌苹果“蛇果”媲美；秦安县的水蜜桃、甜杏、香瓜、西瓜、东郭梨，品优价廉，闻名全国。天水还是林麝、青羊、毛冠鹿产地，木耳、生漆、板栗、核桃也很出名；以党参、当归、红芪、大黄为主的中药材，十分有名；以生漆、松脂、泡桐、花椒为主的林副产品，亦堪称佳品。

天水市内的诸多购物商厦、购物城以及各种购物中心和物资批发市场等，是购买天水特产的上佳场所。主要的购物场所有麦积区亚太购物中心、麦积区景园大厦、麦积区金都商城、秦州区兰天城市广场、秦州区金龙大厦、天水秦安小商品批发市场等。

陇南

陇南市高山峡谷纵横，高原盆地交错，山高林密，地形复杂。独特的地理气候条件使得陇南成为物产丰富之地，各种山珍、中药材和水果在陇南都有大量种植。

除了大自然的赐予之外，红川酒、徽县游龙贡米、徽县丝绸、漆雕品也都是陇南所

徽县游龙贡米

特有的，皆为旅游购物的上佳选择。

● 红芪

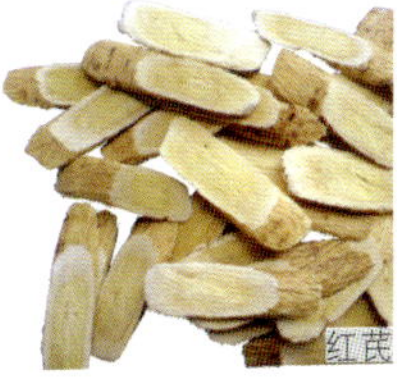
红芪

又名红兰芪，产于甘肃省，为多序岩黄芪的根，产量较大，最早种于武都县光明乡。身长条直，质地密实，粉性足，甜度高。

● 礼县大黄

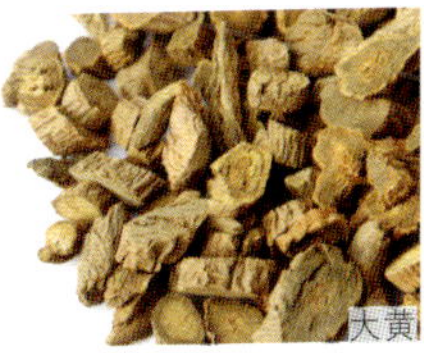
大黄

中药材优良品种，块形大，质地坚实，气味清香，药理性能好，品质优良，有效成分含量居中国之首。

● 陇南甜柿

甜柿

果实肥硕，肉厚香甜，营养丰富。柿子加工制柿饼，酿柿酒，造柿醋，做柿糖，色味俱佳。柿饼有健胃润肠、止血解毒、降血压等功效。

● 甘肃雕漆

选用当地天然生漆，沿用古老的工艺并结合现代科研成果精炼选制而成。装饰图案有人物、山水、飞禽走兽等。

甘肃雕漆

娱乐

天水麦积山附近的温泉，具有相当好的医疗保健作用，对多种疾病都有独特的疗效。游人来这里寻访古迹之余，还可以去泡一泡温泉，驱除倦意，放松身心。

天水街亭温泉度假村： 位于著名的麦积山石窟旁边，此泉水得益于麦积山景区森林之涵养，自秦岭西峡地下500米处涌出，其水量之稳定，水温之宜人为国内少见，属天然洗浴水温，水质为重碳酸钠钙型，含有20多种矿物质及微量元素，具有医疗、美容、保健之奇效。

天水街亭温泉度假村

麦积山温泉度假酒店

发现者旅行指南

平凉·庆阳

概览

亮点

崆峒山

道教的发源地，既富北方山势之雄伟，又兼南方景色之秀丽，有“崆峒山色天下秀”之美誉。

崆峒山

大云寺·王母宫

两座建筑隔河相望，王母宫是中国最早、最大的西王母祖庙。

田家沟

著名的国家水利风景区，风景似江南，有浓厚的人文积淀。

周祖陵

周先祖不窋的墓地，历史悠久，钟灵毓秀，自古为游览胜地。

陇东古石刻博物馆

以古石刻艺术展览为主题，被誉为“可移动的敦煌莫高窟”。

必逛街道

新民路：商家云集，每天人流如潮，是平凉城区第一商圈，商业气息十分浓重。

线路

平凉经典二日游

第一天早餐后赴崆峒山，拜访传说中的崆峒道长，午后来到柳湖公园，观赏“湖中柳，柳中湖”；夜宿平凉市区附近宾馆。第二天早餐后赴云崖寺，赏奇峰秀岭；午后前往紫荆山公园游览。

庆阳文化二日游

第一天游览小崆峒山，气场绝对不输崆峒山；然后参观华池双塔寺，这座寺院始建于金代，至今已有近千年的历史。第二天游览北石窟寺，这里号称甘肃四大石窟之一，红色的佛像在夕阳的映照下熠熠生辉。

周祖陵

平凉、庆阳精华三日游

第一天细游崆峒山，如果是个金庸迷，一定会对《倚天屠龙记》描述的“崆峒派”“七伤拳”产生好奇，因此需要细细品味；夜宿崆峒古镇。第二天上午游览集石窟艺术与天然美景于一身的云崖寺，下午去古灵台景区。第三天赶往庆阳，上午游览小崆峒山，下午游览北石窟寺，它也是甘肃四大石窟之一。

为何去

周祖陵

地处陇东的平凉、庆阳，自古就是中原通往西北的交通要塞，地理位置十分重要。平凉地处泾河上游，依六盘三关之险，素有“陇上旱码头”之称。平凉的崆峒山系宗教界“十二仙山之一”，极具游览价值。庆阳夏少酷暑，秋季多雨。当地居民完整地保留了传统窑洞的居住形式，和庆阳剪纸一起构成民俗之旅的重要内容。

何时去

崆峒山

平凉、庆阳所在的陇东地区，境内大部分地区四季分明，冬季寒冷干燥，春季多风沙，夏季炎热，秋季天气晴朗凉爽。又因为海拔地形的原因，平凉山区的气候垂直变化较大。最好的旅游季节为夏秋季。

秋季的庆阳多雨且昼夜温差大，准备在这个时候出行的游客需要做好准备。

区域解读

平凉区号：0933
庆阳区号：0934
面积：38 288km²
人口：约477万人

地理 GEOGRAPHY

区划

平凉市辖1个区（崆峒区），5个县（泾川县、灵台县、崇信县、庄浪县、静宁县），代管1个县级市（华亭市）。

庆阳市辖1个区（西峰区），7个县（正宁县、华池县、合水县、宁县、庆城县、镇原县、环县）。

地形

该区域位于陇山东麓，泾河上游，处于黄土高原边缘地带，山、川、塬兼有，沟、峁、梁相间，高原风貌雄浑独特。位于平凉的太统山森林公园主峰太统山海拔2234米，为境内最高峰。其中庆阳市境内的董志塬是世界上面积最大、土层最厚、保存最完整的黄土塬面，堪称“天下黄土第一塬”。

气候

平凉与庆阳属半干旱、半湿润向干旱半干旱过渡地带的大陆性气候，冬冷夏热、干燥少雨，降水主要集中在秋季，此时湿润凉爽的气候会让人感觉十分舒适惬意。由于地形和海拔高度的影响，气候的垂直差异明显。总之，冬天寒冷干燥，春天风沙大，比较干燥，这两个季节不适合出行。

陇东粮仓

位于甘肃省最东部的庆阳，是一块群山环抱的肥沃土地。这里塬面平坦，土壤肥沃，雨量充沛，气候温和，沉积的黄土层深达150多米，特别适于农耕，自古以来便是农业比较发达的地区之一，有“陇东粮仓”之美誉。

庆阳市以广袤无垠的董志塬为中心，12条大塬汇成了苍茫雄浑的黄土地，这里是黄土高原保存最完整的一块塬面，堪称世界之最。只要耕者有其田，百姓乐其业，不论董志塬还是它周围的山头峁顶、沟台湾掌，都会长出葱茏的庄稼。

庆阳市盛产小麦、玉米、油料，荞麦、小米、燕麦、黄豆等特色小杂粮，这里还是甘肃优质农畜产品生产基地。庆阳地处全国水果生产最佳纬度区，这里的红富士苹果、曹杏、黄柑桃、金枣等产品享誉国内外。庆阳还是全国规模最大的白瓜子仁加工出口基地，全国品质最优、发展面积最大的黄花菜基地。近年来，庆阳广大农民面向市场，调整产业结构，大力推进农业产业化，使“陇东粮仓”的生产能力不断提升，特色农业也有了迅速发展。

历史 HISTORY

平凉历史大事记

● **先秦时期**

根据泾川县太平乡大岭上出土的旧石器

庄浪梯田

早期遗址可断定，距今30万年以前，平凉境内就有人类繁衍生息。

秦穆公三十七年（前623年），秦伐戎，“益国十二，开地千里”，境内属秦。

秦昭王二十八年（前279年），秦置陇西郡（治今临洮），今静宁、庄浪县属陇西郡。

● **秦汉时期**

秦始皇二十六年（前221年），秦统一全国，全面推行郡县制。全区除华亭、崇信南部属内史，其余分属陇西、北地郡。

汉高祖刘邦二年（前205）十一月，置阿阳县（治今静宁城南）。

● **唐宋时期**

唐玄宗天宝元年（742年）改州为郡，今平凉地区辖境改为安定郡。

宋大中祥符年间（1008—1016年），曹玮收复陇山西境，于今静宁城南置静边寨，今庄浪、静宁县境纳入宋之版图。

● **明清时期**

明初，平凉城内置陕西行太仆寺、陕西苑马寺、韩王府等。

清康熙八年（1669年），平凉改属甘肃。

● **近现代**

民国二年（1913年），改分巡平庆泾固化道为陇东道，时领17县，裁府，州皆改为县，并复置庄浪县。

1950年2月，以原平凉县城区辖境设平凉市。1951年4月，平凉分区更名为平凉区。

2002年6月，撤销平凉地区和县级平凉市，设正地级平凉市和县级崆峒区。

名单 平凉历史名人

西汉将领李陵
东汉名将皇甫规
西晋文学家皇甫谧
唐高祖李渊长子李建成
唐高祖李渊第四子李元吉
唐代著名宰相牛僧儒
宋朝著名军事将领吴玠
宋朝著名军事将领吴璘
明代“嘉靖八才子”之一赵时春

庆阳历史大事记

● **先秦时期**

公元前2600年左右，中国医学鼻祖岐伯出生在庆阳，著有《黄帝内经》，故庆阳市被称为“岐黄故里”。

约4000多年前，周先祖不窋在今庆阳市境内开启了农耕文明的先河。

夏商时期，庆阳称鬼方，为周先祖公刘邑地。西周时期，称北豳。

名单 庆阳历史名人

中医鼻祖岐伯

周先祖不窋

周部族首领公刘

东汉思想家王符

魏晋政治家傅玄

明代文学家李梦阳

明代书画家米万钟

明代书画家米万钟作品

春秋战国时期，庆阳为戎狄之地，曾属义渠戎国。

秦昭王三十五年（前272年），秦灭义渠戎国，置北地郡，今庆阳境内属北地郡，为初秦四郡之一。

● 隋唐时期

隋开皇十六年（596年）置庆州，炀帝大业年间改为弘化郡，辖合水、马岭、华池、归德、洛源、弘化、弘德7县。

唐初庆阳市为庆州，后改安化郡、顺化郡。唐乾元元年（758年），复置庆州。

● 宋元明清

宋太祖建隆元年（960年），置庆州团练，属陕西路；乾德初复置庆州，庆历元年（1041年）改称环庆路。

宋政和七年（1117年），在庆州设“庆阳军”节度，“庆阳”这一名称方见于史册，并沿用至今。

元、明时期仍为庆阳府。明时隶属陕西布政司，并增庆阳卫，辖宁州及安化、合水、环县、正宁4县。

清康熙四年（1665年），分隶甘肃布政司。雍正五年（1727年），裁卫归并郡县，统辖1州4县。

● 近现代

1934年11月7日，中国共产党在南梁乡成立了陕甘宁边区苏维埃政府，随即建立了华池、庆北县的革命政权。

1935年，甘肃省在西峰分设第三区行政督察区，辖庆阳、环县、合水、镇原、宁县、正宁6县。

1949年7月8日西峰解放，成立庆阳专员公署。

2002年6月22日，国务院撤销庆阳地区和县级西峰市，设立地级庆阳市。

岐黄故里谱华章

庆阳市所处的独特自然环境使得其在远古便是中药材之乡。公元前2600年左右，中国医学鼻祖岐伯出生在这里。岐伯创作了闻名世界的《黄帝内经》蓝本，奠定了中华医学理论基础，也使庆阳这片土地成为中华医学的发源地，被称为“岐黄故里”。

岐伯少而神灵，长而博识，厚道谦恭，睿智超群。成人后，立志悬壶济世，解救民间疾苦。他长途跋涉，先后跟随广成子、赤松子、中南子等仙人学习医术。他白天识药、尝药性，晚间学习养生之道，掌握阴阳四时运气之理、经络医术疗疾之法。数年之后，岐伯的医学理论和临症技术精湛，治病无不奇验。

岐伯所开创的中医药学是中华文明宝库中的一颗璀璨明珠，为中华民族的繁衍昌盛作出了重要贡献，也对世界文明的进步产生了深远的影响。

文化 CULTURE

中华道教第一山

平凉的崆峒山是一座道、佛、儒三教合一的名山，它扼古丝绸之路要冲，自然景观奇险灵秀，人文景观古朴精湛，有八台九宫十二院四十二座建筑群，七十二处石府洞天，具有极高的观赏、文化和科学价值。

崆峒山自古就有“中华道教第一山”和

"道源圣地"之美誉。相传人文始祖轩辕黄帝曾至此问道于广成子，求教治国之道和养生之术；秦始皇、汉武帝亦慕名登临；司马迁、杜甫、白居易、林则徐、谭嗣同等笔下多有赞誉；崆峒武术与少林、武当、峨眉、昆仑等武术流派驰名华夏。

古往今来，众多文人雅士题咏作画，盛赞崆峒山的佳篇妙笔，云集霞蔚，洋洋大观。雄秀的山水，悠久的历史孕育并创造出了丰富灿烂的崆峒文化，崆峒山已经成为甘肃的旅游胜地。每年的农历四月初八，崆峒山都会迎来一年一度的传统庙会，大批善男信女慕名而来，来自全国各地的信众云集在大雄宝殿前庭，为纪念佛祖诞辰举办大型佛事活动，满山香客、袅袅的烟云与崆峒胜景构成了一幅美丽的画卷。

庆阳香包甲天下

香包又叫荷包，在庆阳的历史已有千百年。2002年的端阳节，首届中国庆阳香包民俗文化节在庆阳举办，近百名民俗学专家云集庆阳，深入民间调研采风，他们兴奋地称"庆阳是民俗文化的博物馆"，庆阳香包因而名闻天下。

庆阳香包内容丰富，取材宽泛，天地万物，山川日月，无所不包。农村妇女喜欢用自己熟悉的小物件来表达她们的心愿，家养的牛羊猪鸡犬、野生的狮虎猴鹿兔、水中的鱼龙龟蛇蟹、树上的桃杏梨瓜果等，都成为她们的创作题材。一个个小香包，浸透着妇女们的智慧。

庆阳香包的用料简单，一布一针一线加一珠而已。布料多用丝绸或彩布，线絮全为

崆峒山

五颜六色的彩线。刺绣手法多样，有手绣、锁绣、补绣、纳绣、套绣等；在缝制中有剪样、锁边、打结、绣样、吊絮、穿珠等工艺，其针工细密，绣中罕见。现在，香包已走出庆阳，走出国门，销往美国、日本、意大利、法国、俄罗斯、马来西亚等10多个国家和地区。

中国皮影之乡——环县

皮影又称“灯影戏”或“影戏”，是广泛流传于中国民间的一种古老独特的民间戏曲艺术。其内容和艺术效果通过灯光、幕布、唱腔以及演员手中操纵的影人表演表现出来。皮影所用的皮影人和皮影场景既是表演的道具，又是具有浓郁地方色彩的民间美术作品。

环县皮影戏的精髓在于道情。道情皮影的特点是以唱为主，以说为辅，音乐高亢激扬，婉转明快，曲调流畅，情深意长。环县道情皮影戏的另一特色，是其所选用的“影人”皆用牛皮制作，表面平滑透亮，造型精致，色彩丰富鲜艳，每个影人形肖神似，比例紧凑夸张，图案富于变化。

如今环县境内仍有近50家道情皮影戏班，500多名演出、雕刻艺人活跃在环江两岸的21个乡镇中，成为黄河流域、黄土高原上原生态的艺术群体。

皮影

景点推荐

崆峒山AAAAA

崆峒山位于甘肃省平凉市城西12千米处，是古丝绸之路西出关中之要塞。景区面积84平方千米，主峰海拔2123米，集奇险灵秀的自然景观和古朴精湛的人文景观于一身，具有极高的观赏、文化和科考价值。自古就有“中华道教第一山”“西镇奇观”和“道源圣地”之美誉。

景区峰峦雄峙，危崖耸立，似鬼斧神工；林海浩瀚，烟笼雾锁，如缥缈仙境；高峡平湖，山水一色，有漓江神韵。既富北方山势之雄伟，又兼南方景色之秀丽。凝重典雅的八台九宫十二院四十二座建筑群七十二处石府洞天，气势宏伟，底蕴丰厚。

平凉市崆峒区城西12千米处

通票制，旺季120元，淡季60元，包括五台景区、皇城景区、塔院景区、弹筝峡景区、胭脂峡景区、香山景区、崆峒古镇

玩家攻略

检票： 崆峒山景区设有东门、南门、西门、索道、崆峒古镇5个出入口售、检门票；设有朝天门二次检票点。

导游讲解费： 10人以下团队100元/天，10人以上团队150元/天；后山上山车费60元（双程）。

美食： 平凉特色的美食除了牛羊肉泡馍、炒面、烩面、生汆面、酿皮子、搅团、蒸鸡、蒸羊、臊子面等家常便饭之外，最有名的就是涮锅了。平凉涮锅酸甜苦辣咸五味俱全，萝卜、白菜、粉条子、鸡肉、鸭肉、牛羊肉都可以入锅。推荐当地的名菜羊胸叉——羊胸部的排骨。最好去春华楼（新民

路7号，电话：0933-8212303）吃，最好提前预订。

住宿：可以选择住在山上，不仅能听到僧人和道士诵经，还可以感受道家天地教会、阴阳五行的意境。推荐去法轮寺借宿。寺庙每天会在凌晨4点半鸣晨钟提示起床，5点开始做早课，下午5点再做晚课。崆峒山有很多小山洞，游人想住在修行的道观时，可以找只有一个道士的洞穴借宿，感觉一定非同凡响。

五台景区

以中台为中心

崆峒山景区中心

崆峒山有5个高台，呈东西南北中的格局，其中中台为全山和整个景区的中心。

中台地处崆峒全山中心，最高处海拔1927米，分二阶，高耸广衍合约10亩。下阶古建有真乘寺、飞升宫、紫霄宫、十方院、藏经楼、五龙宫、七真观、三皇楼，今存紫霄宫、三皇楼。上阶高埠处有法轮寺、舒花寺、凌空塔。

玩家攻略

五台景区住宿、购物、餐饮等设施齐全，公路交通、索道缆车四通八达，交通十分方便，可到达其他各个景点。

玩家解说

古往今来，崆峒山吸引了众多的风流才俊。被中华民族尊为人文始祖的轩辕黄帝亲自登临崆峒山，向智者广成子请教治国之道和养生之术。黄帝问道这一千古盛事在《庄子·在宥》和《史记》等典籍中均有记载；秦皇、汉武因“慕黄帝事”“好神仙”而效法黄帝西登崆峒；司马迁、王符、杜甫、白居易、赵时春、林则徐、谭嗣同等文人墨客也留下了大量的诗词、华章、碑碣、铭文。崆峒武术与少林、武当、峨眉、昆仑等武术流派驰名华夏。

崆峒山

皇城景区

有众多庙宇古建筑

崆峒山中台景区西南方

皇城位于一个很大的平台上，有很多的庙宇。三教洞中供奉的是儒释道三教的创始人释迦牟尼、孔子及老子。太极宫中供奉的是太白金星。

在崆峒山的主殿——太和宫中供奉的是道教的始祖广成子。相传广成子在崆峒山得道成仙，黄帝上崆峒向广成子请教治理天下的方略。另外还有雷音台、插香台、天仙宫等。

弹筝峡景区

因水声如弹筝而得名

崆峒山景区东南面，弹筝湖西侧

弹筝峡旧称轩辕谷，俗称前峡，泾水从老龙潭奔来，沿峡谷东去，旧时，泾水沿山麓遇岩石相阻，便发出清越的泠泠声，犹如古人弹筝入耳，故名弹筝峡。

游人上山前，乘游艇先观库景，水色、天光、云影、秀峰交相辉映，极富诗情画意。从王母宫上岸，进入月石峡，峡谷两侧，多为缓坡，也随处都有陡峭的山崖。

玩家解说

弹筝峡为前山通道，峡谷小路曲折跌宕，路面多碎小石块，陡坡处易致行人滑倒，故登山须有耐心和毅力，多须缓缓攀登。现在峡谷路面已修成水泥台阶式的景区步游道，方便了行走游览，一般耗费两小时始能至中台。兴尽由此下山后，可乘游艇再次领略山水之秀美。凉风袭来，驱散倦意，水天相映，舟行可缓可速，总会勾起人们的游兴。

胭脂峡景区

有优美的峡谷景观

崆峒山景区北部

胭脂峡即为崆峒后峡景区，首起望驾山

档麓，尾至平凉市和泾源县交界处，十里峡谷，河水如带，两岸悬崖峭壁，森剑而立，平泾公路沿河岸蜿蜒西进。

谷口以进，依次有甘家坟、放羊滩、站羊石、钻羊洞、二郎石、大象山、麦垛山、冰凌沟、桃花坪、小龙门诸景，均有传说故事。

玩家 解说

胭脂河相传是当地美女在河中沐浴，胭脂染红了河水，故有名。细观河中卵石，大多赤如丹粉，与岸边青青绿草，无名山花组成了一幅美丽的画卷。据考证，胭脂河在汉代叫乌支水，或简称乌水。汉以前，这里生活着一支少数民族，叫乌氏族。秦惠王灭乌氏族，在其故地设立乌氏县。“乌”和“焉”字在旧体字中字形相近，后人误写为“焉支河”，再到后来，因为音转之误，又写作“胭脂河”，这才是胭脂河的真实来历。

香山景区

崆峒山的最高峰

崆峒山以北香山

海拔2234米的香山，是崆峒山的最高峰。香山景区以丹霞地貌地质景观和地质构造地质遗迹为主，可以参观到白垩纪沙砾岩形成的峰林、石柱、苍松翠柏，如入崆峒仙境。同时可以看到断层、节理和泥裂（龟裂纹）地质构造遗迹，陡壁悬崖，孤峰石柱奇异百态的自然景观。山上还有人文庙宇景观，主要有香山路线和麦垛山路线供游人观赏旅游。

崆峒古镇

仿明清建筑风格

崆峒山景区，距崆峒山6千米

古镇整体设计为仿明清建筑风格，均为一至二层别墅式组群，相互对应，各具特色。四面城门创意性恢复了古平凉城门，其间道路纵横交织，流水环绕，景点景观镶嵌其中，既展示出崆峒文化的博大精深，又体现了南方园林的秀丽优美，把传统的人文景观和人与自然和谐的生态环保理念贯穿其中。

玩家 攻略

古镇问道驿站划分为5个功能区，集餐饮、住宿、娱乐、购物、休闲于一身，既有传统名优小吃和农家特色食品，又有中西特色的酒吧、咖啡屋；既有书法、绘画和文化娱乐演艺厅，又有旅游产品展销和购物中心，具有一流的硬件设施，可接待国内外的大型旅游团队。

崆峒山

景点推荐

平凉城区景点

柳湖公园

陇东著名的自然山水园林

平凉市城区中心

免费

柳湖公园位于平凉市城区的中心，占地面积133亩，其中湖水面积32亩，是陇东著名的自然山水园林。

柳湖以奇特的“柳中湖，湖中柳”著称。整个地形西高东低，南坡北平，各湖均有潜水泛流，故有百泉之说，其中西湖深1.5米，东湖深2~3米，特别有天然暖泉一眼，更是久负盛名。

太统森林公园

被誉为“西来第一园”

平凉市城区西南9千米处

0933-8714244

太统森林公园位于崆峒区西郊3.5千米处，占地面积21.7万亩，属省级自然保护区和森林公园，是一个天然动植物园。主峰太统山海拔2234米，为平凉最高峰。

太统山山巅有太白庙、菩萨庙、龙王庙、天桥、石窟等，并有多种神话传说，是道教崇奉的“青山圣地”。自然景观独特，群峰环翠，万壑松涛，波澜壮阔。夏日雨后放晴，有云雾蒸腾而起，笼罩山顶，状如巨型蘑菇，

太统森林公园

奇光异彩，景象蔚为壮观。

玩家攻略

太统山庄是太统森林公园的主要景点之一，坐落于太统山脚下，距城区8千米，占地1.5万亩，由四条沟系组成，是一处集山林秀色、溪水灵气、异域风情为一身的森林生态旅游胜地。这里春季山花烂漫、夏季凉爽宜人、秋季山果丰硕、冬季白雪压松，四季分明、景色各异，是回归自然享受大自然的最佳去处。山庄还会在黄金周期间举办富有特色的民族歌舞表演和别开生面的篝火晚会。

南山生态公园

与崆峒文化紧密融合

平凉市崆峒区圆通寺路附近　免费

0933-8493711

南山生态公园位于平凉城南，俯瞰城区，占地22公顷，是平凉又一处融自然生态、人文旅游和休闲健身于一体的综合性公园。

公园充分利用现有自然生态资源，与崆峒文化紧密融合，建有流水花园广场、音乐喷泉、大型浮雕文化墙、体育健身广场和公园标志建筑“玄鹤楼”等景点，形成自助采摘果园和玉兰园、樱花园、丁香园、银杏园、牡丹园和竹菊园6个名贵观赏树木专类园。

龙隐寺

建在悬崖上的古寺

平凉市崆峒区太统村　免费

0933-8214447

龙隐寺位于平凉市区西的龙尾山侧，建于汉代，背依山岩，面向泾河。龙隐寺所在的龙尾山上林木葱茏，树木植被覆盖面积近4万亩。寺建在悬崖上，林隐竹茂，柳绿花红，显得格外清幽。

山的中下部有四眼泉，寒暑不变其形，旱涝不改其盈。山坡上植被丰茂，乔木多为青槐、杨、柳、榆、椿以及松柏等，景色优美。近年来，龙隐寺新建了三清殿、王母殿等5处古建筑，对原灵宫殿及9处石窟也进行了修复。

弹筝湖公园

整个公园形状如“筝”形

平凉市崆峒区崆峒山东侧　免费

0933-8213509

弹筝湖公园是引崆峒水库之水建成的水上公园，有水上乐园、水趣园日光沙滩等游乐区10多处，占地22.2万平方米。园区还修建有6150平方米的游泳池，栽植樱花树、桃树、柳树等绿化带500平方米。

弹筝湖公园内绿湖碧波，湖岸柳丝依依，草坪花卉点缀。站在崆峒山中台的“卧观平凉”景点处，可看到整个公园形状如“筝”形，绿色的水域波光粼粼，如一颗翡翠镶嵌在苍山峡谷间。

观音殿风景区

四季游人不绝

平凉市崆峒区北塬香莲乡境内　免费

0933-8217282

观音殿风景区位于崆峒区北塬香莲乡境内，距城区30余千米。周围层峦环抱，寺院古木森森，山岩细流吐珠，汇集成半月状清泉，世称“灵鹫潭”。

据碑载，此处旧有殿宇始建于宋元之间，明清时期曾多次补葺重修。民国十七年（1928年）经大规模整修，建观音菩萨大殿、子孙宫、韦驮寺、文昌阁、打儿窝、龙泉滴珠、灵鹫池等。终年香火不断，四季游人不绝。

玩家攻略

每逢农历二月十九庙会，届时远近各方进香信士及赶会乡民络绎不绝，热闹非常，为西部塬区最大的庙会。

平凉宝塔

平凉的地标性建筑

平凉城东马道门外的宝塔梁上 免费

平凉宝塔位于平凉城东马道门外的宝塔梁上，宝塔高耸入云，数十里外可看见，是平凉的显著标志。

宝塔形制为七级八角锥状楼阁式无基座砖塔，高27.5米，底部周长36.6米。底层面南设拱门，内设木梯、阁板，供登高眺远。近年来，宝塔公园扩建了绿地，开挖恢复了东湖，使其成为继柳湖公园之后当地又一重要休闲娱乐场所。

玩家攻略

每逢农历三月二十八为东岳庙会，届时献戏三日，香客游人如潮如涌，为古城最盛大庙会之一。

平凉宝塔

景点推荐 平凉东部旅游区

大云寺·王母宫 AAAA

西王母文化发祥地

平凉市泾川县城西

20元，含王母宫石窟、回屋、瑶池、王母宫

www.xwmtour.com

大云寺·王母宫景区位于泾川县城西北，沿312国道分为王母宫、大云寺两个景区。位于回山和泾汭河交汇处的王母宫景区是西王母发祥地和祖庙所在地，始建于汉武帝元封元年，后经宋初、明嘉靖年间两次重修，是中国最早、最大的西王母祖庙。

位于泾河对岸的大云寺，历史上是武则天敕令珍藏《大云经》的皇家寺院，由隋代大兴国寺改建而成。2006年起恢复修建的大云寺庄重典雅、气势恢宏，为佛祖真身骨舍利供养圣地。

玩家 解说

泾川以西王母为代表的民俗文化别具特色，“西王母信俗”被列入第二批全国非物质文化遗产名录。县内王村镇完颜村是目前全国关内最大的完颜宗弼(兀术)后裔聚居区，具有800多年历史的金代女真人萨满教礼仪和祭祖仪式至今保存完整。九顶梅花山被认定为神秘王陵，备受历史文化学者高度关注。泾川皮影、社火、民俗表演，历史久远，风格独特。

田家沟 AAAA

国家级水利风景区

平凉市泾川县城关镇东庵村

0933-3321281

田家沟风景区是一处以生态景观为主，人文景观与休闲娱乐相结合的自然风景区。景区面积28平方千米，被水利部命名为国家级水利风景区、全国水保科技示范园区。

景区内环境幽雅，气候宜人，置身其中，犹入天然氧吧，是休闲度假、避暑疗养的绝佳选择。进入景区，不仅可以享受回归自然之美妙，还可以感受放飞心情之怡然，被誉为“梦中深处的世外桃源，触手可及的人间天堂”。

玩家 攻略

景区内有观光果园、西王母民俗园、珍稀动物园、珍奇植物园、水上乐园、游乐园、戏水池、垂钓中心、度假别墅、银杏园山庄、桃花源度假村、服务中心、蒙古包、狩猎场、亿年地质标本崖。另有池塘坝库、亭台楼阁、索桥奇洞、购物商场、五谷食府，让游客畅游人间仙境，尽享自然风情。

泾川温泉度假村

避暑疗养的仙境佳界

平凉市泾川县城以东7.5千米处的何家坪

0933-3335233

泾川温泉地处泾川县城以东7.5千米处

田家沟

玩家 攻略

依托得天独厚的温水资源优势而建成的泾川温泉宾馆是一所集“吃、住、洗、游、购、娱”于一身的国有旅游涉外三星级饭店。这里服务设施配套齐全、食宿浴环境舒适幽雅、服务优质高效、周边旅游景点星罗棋布，是中外游客洗浴游泳、住宿餐饮、理疗娱乐、商务洽谈、避暑疗养、休闲度假的绝佳胜地。

泾川温泉宾馆

的何家坪，位于泾河南岸，紧靠312国道，依山傍水，环境幽雅，景色秀丽，交通方便。

温泉温水井深1680多米，热水层厚164米，井口海拔1007. 6米，水井压力58. 6个大气压，常年恒温38. 2℃，泉水含有13种活性微量元素。沐浴温泉可使人体洁净润滑，并具有促进血液循环、锻炼心肌、解除疲劳的作用。泾川温泉度假村是避暑疗养、休闲度假的仙境佳界。

南石窟寺

在全国众多石窟中别具一格

平凉市泾川县城东蒋家村

泾川境内佛教文化遗存十分丰富，现存佛窟512个，形成了国内罕见的“百里石窟长廊”。其中，南石窟寺又俗称为东方洞，位于泾川县城东蒋家村，距泾川县城9千米。保存在洞内的南石窟寺碑，有“大魏永平三年”题记，晚建于北石窟寺一年。

南石窟寺之石窟

南石窟寺为国家级文物保护单位，与庆阳北石窟寺并称“陇上石窟双明珠”。窟内7尊高大立佛、14尊胁侍菩萨和窟顶佛传故事浮雕，在全国众多石窟中别具一格。

泾川城隍庙

泾川唯一的明代古建筑

平凉市泾川县城安定街北侧　免费

泾川城隍庙位于泾川县城安定街北侧，是泾川境内保存较好的明代古建筑。城隍庙始建于明代洪武三年（1370年）。新中国成立以来，城隍庙一直作为食盐库使用，后来交由文物部门管理至今。

城隍庙位于县城中轴线上，歇山顶，坐北向南，是泾川境内遗存唯一的一处明代古建筑，从其梁架结构及斗拱形制来看，在历史上没有经过大的落架修缮。

牛角沟遗址

泾川人化石的发现地

平凉市泾川县泾明乡白家村

牛角沟遗址位于泾川县泾明乡白家村东庄社牛角沟泾河北岸的一条冲沟内，面积约7000平方米。遗址于1976年发现，有砍伐器、刮削器及动物化石等，并出土了人类头盖骨化石。

泾川人化石的发现，证明在5万年以前泾

川地区就有人类生存，填补了甘肃省人类化石发现史上的空白，对揭示该地区旧石器时代文化面貌具有重要价值。

西山遗址

多种文化并存的遗址

平凉市灵台县中台镇许家沟村

西山遗址位于灵台县中台镇许家沟村达溪河北岸二级台地上，属仰韶文化、齐家文化和周代、秦代、汉代文化叠存。

遗址面积约20万平方米，文化层厚1.5~3米。遗址的硬地面用一种近似混凝土的材料铺就，表面青色、光硬，内含小石子。遗物有红陶尖底瓶、红陶黑彩钵、红陶罐、红陶绳纹瓮和绳纹罐、断片及汉代灰陶罐、陶仓等。

龙泉寺 AAAA

陇东山水的“天然盆景”

平凉市崇信县城北1千米处 60元

0933-6123648

龙泉寺景区位于崇信县汭河北岸凤翥山上，初建于元代。这里林荫蔽日，飞岩溢水，滴沥成泉，潺潺有声。山涧雕塑飞龙戏水吐雾，形成映日彩虹，蔚为壮观。

2006年扩建后的龙泉寺，更添山前50.4公顷龙泉广场，拦引汭河而建的龙湖、龙泽湖，水域面积达40万平方米。整个景区分东台、西台、芮谷、芮川，共建成龙柱、虎门、玉带桥、龙泉阁、观汭亭、音乐喷泉等大小景点20余处。

武康王庙

保留了宋代的建筑特色

平凉市崇信县东街

武康王庙，又名李元谅寝宫，俗称城隍庙，是为纪念唐代武康郡王、陇右节度使李元谅而建的。

现存的武康王庙总体布局呈南北纵长形，建筑分别位于南北中轴线上。王庙坐北向南，面阔五间，进深三间，由内外两周柱网组成，建筑坐落在一个朴素的台基上，庄重和谐。

链接

李元谅小传

李元谅，唐德宗时著名将领，安息(今伊朗)人。本姓安，少为宦官骆奉先所养，改姓骆，名元光。唐代数次参加平叛，屡建奇功，先后加封镇国军节度使、华州刺史、检校尚书左仆射、武康郡王。贞元三年五月率部参加平凉会盟。吐蕃劫盟，骆元光因料敌在先得到唐德宗嘉奖，赐姓李氏，改名元谅。

古灵台荆山 AAAA

神州祭天第一台

平凉市灵台县城内 免费 0933-3621982

古灵台荆山森林公园由古灵台和荆山森林公园两个景区整合而成。近年来，灵台县修复了古灵台景点，建成了前山荆山门、三贤祠、东沟景观湖等人文旅游景点，形成了以“人文荆山，秀美灵台”为景区内涵的独具特色的古灵台荆山森林公园景区。

公园占地6200余亩，道路畅通，服务功能齐全，自然景观与人文景观融为一体，相得益彰，初步形成了融自然生态、历史文化、民俗风情、休闲娱乐、科普教育五位一体的旅游景区，是旅游观光、休闲娱乐、怡神养性的理想胜地。

古灵台荆山

五龙山

“崇信八景”之一

平凉市崇信县城西20千米处的汭河南岸

五龙山属关山东麓之余脉，相传因环周有五条蜿蜒的巨大石崖相拱，形五王龙奔腾之势，故而得名。在宋代有“五龙捧圣”的说法，为“崇信八景”之一。

五龙山山势蜿蜒而挺拔，危峰峭壁，怪石突兀，层峦叠嶂，风光秀丽，林海古树、长沟翠谷、神泉碧水、兵戎遗址等自然和人文景观颇多。

华夏古槐王

已生长2800多年

平凉市崇信县铜城乡关河村

华夏古槐王生长在崇信县铜城乡关河行政村内，古槐树高26米，主干高2米，胸围13米，树冠东西宽34.2米，南北长37.7米，占地面积2.1亩。

据专家测定，古槐王已生长2800多年，气势雄伟，挺拔高大，根深叶茂，虬枝如龙，冠盖似云，蔚为壮观。更为奇特的是，树上寄生着杨、花椒、五倍子树和小麦、玉米等9种植物。

泾川县风光

景点推荐

平凉西部旅游区

米家沟生态园

森林生态旅游的首选之地

平凉市华亭市东峡林场场部西侧，华亭城东5千米处

¥ 10元

米家沟生态园位于华亭市东峡林场场部西侧，森林覆盖率67.6%，植被丰茂，林壑优美，动植物资源丰富，自然景观独特。

景区前是巨型雕塑般的山门，水丝如缕的小型瀑布、水纹荡漾的人工湖、别具一格的铁锈红色主道、凌空飞架的吊桥、淳朴天然的小木桥、曲径通幽的林荫小道等景点点缀山间，玻璃钢智能音箱于漫山遍野之中传来天籁之音，流连其间，恍若世外桃源。

玩家 攻略

景区内的仿古窑洞、蒙古包、餐饮中心、茅庵、森林别墅等可全方位满足游人食宿、休闲、娱乐、聚会等各种需求。

莲花台

相传为皇帝祭天的地方

平凉市华亭市西部的关山林海之中　¥ 10元

莲花台风景区相传为皇帝祭天的地方。莲花台是以大自然原始景观为主，兼容道教人文景观的风景名胜区，有观赏保护区域118.8平方千米。

莲花台主景区的著名景点有药园茅庵、幽谷迷宫、山门迎宾、天王塔与青龙潭、镇龟峰与藏虎崖、蘑菇崖与菩萨头、山鬼把桥、仙人桥、大象吸水等，奇、险、峻、秀各异，自然景观与人文景观相得益彰。

玩家 解说

莲花台以其幽甲天下的自然景观和众多的文物古迹享誉四方。古往今来的众多文人墨客纷至沓来饱览“神仙际会”的风姿神韵，领略东方道教文化的精髓。数千年的漫长历史，铸就了莲花台丰富多彩的道教文化。除保存下来和已经重建的宫观园庙等文化胜地外，还留有大量的古遗址、古碑、古石刻造像、古典史籍等文化实物，蕴藏着丰富的道教文化。

莲花湖公园

华亭最大的休闲、观光中心

平凉市华亭城区 免费 0933-7721601

莲花湖公园位于华亭城区，宽阔的仪洲大道直通景区。公园依山傍水，背靠风景优美的雷神山，脚临碧波盈盈的汭河水。

景区内有53亩观赏水域，音乐喷泉翩翩起舞，朵朵莲花给水面带来不少生机。湖边曲桥栈道、假山阁亭、园林小品、雕塑群等让人目不暇接；进入园区，移步换景，让人流连忘返。目前是华亭最大的休闲、观光中心。

石拱寺石窟

深藏在山间的北魏石窟

平凉市华亭市上吴镇半川村 30元

石拱寺始建于北魏时期，距今已经1600多年。由于石窟及雕像的基本材质是黄砂岩，结构松散易碎，加之长期自然风化和一些人为破坏，石拱寺现仅存14个窟龛和249余身造像。

窟龛格式多样，有拱形、尖拱形、覆斗形以及马蹄形。窟龛内造像内容丰富，分圆雕和浮雕两种，造像以佛、菩萨、弟子、飞天、力士、供养人等为主。

玩家解说

从雕凿艺术方面看，11号窟雕像最为精美，保存最为完整。它位于整个窟雕的中心部位，顶部有4组8尊飞天，形象飘逸生动、衣带翻飞，南壁供养人造像精美，栩栩如生。

双凤山公园

形似双凤叠翅而得名

平凉市华亭城区以南0.5千米处 免费

双凤山公园是自然景观、道教人文景观

双凤山公园

和现代游乐设施为一体的游乐公园，因形似双凤叠翅而得名。山上有药王洞、玉皇殿、城隍庙、观音殿等庙宇6处。

双凤山以其园林建筑、绿草如茵、山花烂漫、百鸟和鸣、环境幽雅、林木满山、四季常青的苍松翠柏和众多的庙宇吸引着四方游客，使人流连忘返。

野狐峡

两侧绝壁高达百米以上

平凉市华亭市山寨乡和河西乡之间 免费

野狐峡位于关山脚下的华亭市山寨乡和河西乡之间，峡谷长约1千米，最宽处50米，窄处不到10米，因入口右侧岩壁溶缝中石灰熔岩积淀而成的一只状似无头狐狸而得名。

峡谷四季有哗哗的流水，峡内绿树成荫，鲜花盛开，蝶舞蜂喧，百鸟翻飞，流水潺潺；崖边怪石嶙峋如龙若虎，扑朔迷离，让人流连忘返。

庄浪石窟·云崖寺 AAAA

融石窟艺术与天然美景于一体

平凉市庄浪县韩店镇郭曼村 60元

云崖寺石窟群开始建造于北魏年间，后

经北周、唐、宋、元、明、清历代修葺扩建，形成了以云崖寺为中心的八大石窟寺。

云崖寺石窟艺术是中国石窟建造史上大规模开窟造像之风的最后止息地，对中国晚期石窟与佛教艺术的探讨和研究有着重要的史学和艺术价值，其价值可以同天水的麦积山、泾川南石窟寺相媲美。

玩家 解说

自北魏以来的1600多年的历史中，历代能工巧匠在云崖寺主峰长约300米、高约80米的悬崖峭壁上殚精竭虑，修筑了众多精巧玲珑的悬阁危楼，雕凿了无数风格迥异的洞窟佛像，尤以白云洞窟群中的《五方佛洞》之彩雕泥塑最为精美。以云崖寺为中心向外辐射，依次有竹林寺、大寺、西寺、乔阳寺、金瓦寺、佛沟寺、三教洞、罗汉洞、红崖寺等10多个洞窟群遍布于广阔的林海。

链接

庄浪艺术节

庄浪艺术节内容丰富，风格各异，具有极高的艺术价值。其中马社火、舞狮子、高抬、高跷、地摊子等都独具特色，是一份很有价值的民间文化遗产。

每年艺术节，庄浪人民喜气洋洋，高抬、马社火、高跷、舞狮子、划旱船、扭秧歌等活动热闹非凡，观众可多达6万余人。

紫荆山公园

历来为山城形胜

平凉市庄浪县城之中

紫荆山平地突兀于庄浪县城之中，因山阴遍植紫荆树而得名，历为山城形胜，1986

庄浪云崖寺

年被县政府辟为公园。

紫荆山公园集自然景观与人文景观于一身，山势玲珑剔透，雄浑壮观，环境幽雅，令人陶醉。玉虚宫、十王殿、文昌楼、关帝庙、显对阁、药王洞等10多处见于史籍志书的名胜古迹，使紫荆山久负盛名。

庄浪梯田

黄土高原上的奇迹

平凉市庄浪县　免费

被誉为“梯田王国”的庄浪大地，望山山翠，看地地平，层层梯田如雕如塑，如诗如画。其“山顶沙棘戴帽，山间梯田缠腰，埂坝牧草锁边，沟底穿鞋”的生态梯田综合治理模式，将黄土高原精心描绘成一幅景色迷人的风景画。

走进庄浪，层层叠叠的梯田顿时扑入眼帘，如链似带，高低错落，行云流水般的线条，潇洒流畅，如同一幅纤巧秀美的山水画卷。

十万沟-大阴山

风景仍保持着原始状态

平凉市庄浪县麻武乡城子村　免费

十万沟－大阴山风景区位于崆峒山西南、泾河峡谷南侧，距城约20千米的麻武乡城子村境内。景区面积23.8平方千米。这里融自然风光、人文景观与历史景观于一体，有大小沟峁溪谷近百条。

由于十万沟的风景仍然保持着原始状态，少有人工斧凿痕迹，野花随意而开，荒草肆意蔓延，丛林葳蕤生长，飞鸟尽兴而鸣。因此，凡来此地探险者，无不为其充盈的野性、野趣所震撼。

关山天池朝那湫

由前后两湫组成

平凉市庄浪县郑河乡上寨村　0933-6820816

关山天池朝那湫位于庄浪县郑河乡上寨村东北湫头山（为天山山脉）巅，海拔2535

庄浪风光

米，因其处于朝那湫古地，故名朝那湫。

朝那湫湖泊由前后两湫组成，簸箕形，幽深莫测，湫水澄清，不染尘秽。前湫状若卧蚕，四周青黛环拱，绿草茵茵；后湫形似弯月，湫内遍生红色水草，犹如胭脂溶入其中。

成纪文化城

海内外华人祭祖朝觐的圣地

平凉市静宁县城关镇中街 免费

0933-2533055 全天开放

静宁县是华夏人文始祖伏羲的降生地。相传伏羲为其母华胥氏孕12年所生，古人以12年为一纪，故称"成纪"。为弘扬成纪文化，静宁县在县城中心设计修建了成纪文化城，现已成为海内外华人祭祖朝觐的圣地。

文化城占地面积4.4万平方米，建筑面积1.8万平方米，以伏羲大殿为主体，整体采用秦汉风格，气势宏伟，古朴典雅。伏羲纪念馆位于伏羲大殿主殿中层，塑有伏羲圣像，其东、西配楼建有成纪历史人物纪念馆，南院设游客中心、八卦坛及碑廊。

玩家解说

文化城成为集怀古祭祖、观光旅游、文化娱乐、休闲健身于一身的群众性文化娱乐场所，建有伏羲纪念馆、文化馆、图书馆、博物馆、档案馆、文化局、旅游局、档案局"五馆三局"等主要建筑，是学习、考察、休闲的好去处。

成纪古城

人类开元第一城

平凉市静宁县治平乡刘河村 免费

成纪古城遗址为西汉所置成纪县治。城址总面积33.6万平方米，城址为正方形，今存约14万平方米。

整个古城址压在新石器时代文化的遗址上，城外四周山坡上秦汉墓葬众多，出土了大量文物，有铜、玉、铁、漆等各类文物500多件。在古城西南1000米的王家沟庙儿坪西汉墓葬区，先后发掘秦汉墓葬5处，车马坑1处。

静宁文庙

具有代表性的明代建筑

平凉市静宁县一中校园内 免费

0933-2522647

静宁文庙位于静宁县一中校园内，始建于明嘉靖二十一年（1542年），清康熙年间重修。

文庙坐北向南，顺中轴线依次为先师庙门、戟门、大成殿，戟门内为四合院落。大成殿九脊顶，七开间，造型宏伟。整个布局主次分明，结构严整，造型独特，气势宏伟，是明代具有代表性的建筑。

界石铺红军长征纪念馆

知名的红色旅游景区

平凉市静宁县界石铺镇继红村 免费

界石铺红军长征纪念馆位于静宁县界石铺镇继红村，距静宁县城20余千米。界石铺是中国工农红军三大主力胜利会师的地区之一，留下了毛泽东、周恩来等一代开国元勋和数万红军将士的历史足印。

整个纪念园占地约2.3万平方米，主要建筑有纪念馆、南大门、红色记忆长廊、宣传教育中心、管理接待中心、毛泽东旧居、红军楼等，陈列有长征时期珍贵图片、实物、文物资料千余件，再现了中国工农红军长征中可歌可泣的历史场景。

界石铺红军长征纪念馆

景点推荐 西峰及周边景点

农耕民俗文化村
宗教特色浓厚的“小崆峒”

庆阳市西峰区董志镇　全天开放

庆阳农耕民俗文化村是一处宗教特色浓厚的风景旅游区。因该处宗教传播与天下道教宗主山、平凉崆峒山渊源深厚而被称为“小崆峒”。因其山势三面接塬，一梁延伸，如凤凰卧巢状，故又称为“凤凰山”。

庆阳农耕民俗文化村位于董志塬腹地，是世界上黄土层分布最厚的地方。现已完成了观光农业示范园、陇东民俗博物馆、碑林、四水茶社、神泉山庄、崆峒停车场、窑洞宾馆、岐伯纪念馆、民俗汇展中心、度假山庄、游乐园、休闲广场、观音阁、三清殿等景点建设。

玩家解说

风景秀丽的庆阳农耕民俗文化村历史悠久，人文史话厚重，至今已有300多年的历史。考证表明，明崇祯年间，庆阳农耕民俗文化村作为宗教圣地已远近闻名，“牛车绵延数里，游人香客莫可计数”是当时宗教、旅游活动盛状的真实写照。几百年来，历经宗教信徒和民间香客的保护与建设，庆阳农耕民俗文化村已成为陕甘宁边界较为集中和典型的宗教活动场所。

东湖公园
大型综合型游乐场所

庆阳市西峰区九龙路北段　免费

东湖公园是庆阳市目前唯一的一处大型综合型游乐场所。位于西峰区九龙路北段繁华地段，占地约170亩。内有峰、湖、亭、桥观赏景点和水、陆、空等游乐设施。

园内绿树成荫，环境幽雅，是广大游客和市民理想的游览、休憩场所。开园以来，各种设施及服务功能日趋完善。20亩水面碧波荡漾，游船穿梭其中，曲桥、云桥横贯水上，亭廊依山傍水。陆上景观有叠石、假山、喷泉、水榭长廊等。

北石窟寺

甘肃四大佛教石窟之一

庆阳市西峰区西南25千米处肖金镇　30元

9:00～17:30

北石窟寺位于庆阳西峰区西南25千米处，蒲河茹水交汇处东岸的覆钟山下。始建于北魏永平二年(509年)，历经北魏、西魏、北周、隋唐、宋、明、清数代增修扩建，形成一处规模宏大的石窟群。

窟群面积7500平方米，窟院面积5000多平方米，现存窟龛296个，石雕造像2126身，碑刻题记150余方。文物大多保存完整，内容丰富，是世界石窟艺术的珍品，被誉为“甘肃四大佛教石窟”之一，具有较高的历史、艺术、科学、旅游价值。

玩家 解说

165号窟是北石窟的精华，也是北魏石窟艺术的代表作。它开凿于北魏，位居窟群中心，方形、覆斗式绘顶，宽21米，高14米，深15米，规模宏大。窟内高大精美的彩绘造像，在国内北魏石窟作品中十分罕见。窟内雕有8米高的7身立式大佛，形态丰满、充实、魁梧、坚毅，显示出一种内在的力量。

陇东民俗博物馆

以弘扬古农耕文化为主线

庆阳市西峰区董志镇

0934-8422713　8:00～18:00

陇东民俗博物馆地处西峰南郊庆阳农耕民俗文化村风景旅游区，是庆阳唯一的一个专门搜集、整理、挖掘、陈列陇东民俗文物的机构。展览馆建设突出了当地传统的地坑院式民居风格，由18孔窑洞组成。

民俗展览馆以弘扬和发展陇东民俗文化与古农耕文化为主线，设有刺绣、剪纸、皮影、木偶、泥塑、手工艺品、农耕用具等7个展室，陈列民俗文物3200多件。这些质朴、古拙的民间艺术品，具有浓郁的生活气息。

北石窟寺

南佐遗址
新石器时代遗址

庆阳市西峰区后官寨乡南佐村　5元

8:00~19:00

南佐遗址位于庆阳市西峰区后官寨乡南佐行政村，西距西峰城区5千米，属新石器时代仰韶文化晚期，遗址分布于董志塬西北部两条沟壑之间的塬面上。

从1985年开始，该遗址内先后出土了多处住室、灶坑和大型灰坑，采集到了不少陶器标本，为研究高原人在原始社会的生产、生活等方面提供了十分珍贵的资料。

链接

南佐遗址文物

南佐遗址出土的大量文物有小口尖底瓶、宽平沿盆、罐、缸、瓮等陶器，有石刀、石斧等石器，有纺轮、匕、针、镞、笄等骨器，还有稻、粟、稷等粮食碳化物。这些遗物对研究我国特别是陇东地区上古史时社会形态及其性质具有非常重要的价值。

公刘庙
华夏公刘第一庙

庆阳市西峰区温泉乡

公刘庙位于西峰区温泉乡刘家店西庄庙嘴村，地处董志塬东侧塬畔上，地势平坦，三面临沟。

公刘庙原为明代修建，后被毁。1988年开始重建，现已建成庙宇上殿3间、戏楼1座、塑像10尊，总建筑面积260余平方米。每年农历三月十八，举行盛大的庙会，殿内香火缭绕，逛庙会的人络绎不绝。

公刘庙

链接

公刘小传

公刘本名姬刘，在名字之前加一个“公”字，表示尊敬。汉族人，世居北豳（今甘肃省庆城县）。他是古代周部族的杰出首领、周先祖不窋的孙子、鞠的儿子、周文王的祖先。每年农历的三月十八，庆阳、长武、彬县等四方百姓都会赴公刘庙拜谒祭奠，缅怀这位华夏农耕文化的不朽开拓者。

宝塔寺
求法问道者络绎不绝

庆阳市西峰区彭原乡　免费

宝塔寺位于西峰区彭原乡，距城区6千米。始建于后汉永平十年（67年），最先修建佛寺（浮图寺），后增修大雄宝殿，改名为正觉寺，唐代改名为宝塔寺至今。

宝塔高12级，耸入凌霄，鼎盛时期曾住出家僧人多达200多人。四方信众膜拜顺风，求法问道者络绎不绝。每逢农历七月三十，寺内佛事鼎盛，声名远扬，香客游人数以万计，一直延续至今。

新兴园
大型自然生态园区

庆阳市西峰区后官寨乡沟畎村

乘9路公交车可达

新兴园位于西巴公路沿线，后官寨乡沟畎村，距西峰城区10千米，总占地面积2000亩，是西峰区集休闲度假、风情旅游、餐饮住宿于一身的大型自然生态园区。园区地理位置独特，四面环沟、山清水秀、风光旖旎、环境优美，自然绿化面积达到60%以上。

南小河沟风景区
黄土高原上的一块翡翠

庆阳市西峰区西13千米处　免费

南小河沟风景区位于西峰区西13千米处，为泾河支流蒲河左岸的一条支沟。它北倚

陇东古石刻艺术博物馆

青山，南拥松树林，山清水秀，风光旖旎，可以见百鸟，视游鱼。

南小河沟是黄土高原区域较为典型的天然旅游避暑胜地和一块区内罕见的水上乐园，被誉为“黄土高原上的一块翡翠”。置身南小河沟之中，感受青山碧水，微波荡漾，绿树环绕，游鱼泛飞，轻舟穿梭，令人心旷神怡，赏心悦目，仿佛置身江南水乡。

陇东古石刻艺术博物馆

研究考古的绝佳场所

庆阳市合水县城北开发区乐蟠广场西侧

陇东古石刻艺术博物馆于2004年建成，是目前甘肃省首家以古石刻展览为主的特色博物馆。博物馆占地约2.67万平方米，建筑面积2911平方米。建有大门、单檐殿、重檐殿、双层殿、侧展厅及其他附属设施。

陇东古石刻艺术博物馆内珍藏有各个文化时期的陶器、铜器、瓷器、玉器、皮影、化石等文物，可为研究古代宗教、民俗、音乐、美术以及中西方文化交流，提供珍贵的实物资料，是中外游客游览观光、研究考古的最佳场所。

玩家 解说

陇东古石刻艺术博物馆现有一级文物22件、二级文物128件、三级文物559件。馆内收藏的4361件历代古石刻造像，雕造年份分早、中、晚三个时期。

早期为北魏时期，造像面形方圆，面颊丰满，深目直鼻，具有古印度犍陀罗的艺术风格。其中老城镇全巷子和店子乡吕家岘子长崇寺出土的两尊石像是佛教造像艺术中不可多得的珍品。中期为唐宋（金）时期，均为单体圆雕造像。唐代造像面相丰满，眉目清秀，体态自然，富有动感。晚期为明清时期，造像颇具时代特色。

夏家沟

集观光、游览、娱乐于一身

庆阳市合水县太白乡牛车坡村　免费

夏家沟森林公园位于合水县太白乡，它与子午岭主脉浑然一体。沟内森林密布，古树参天，流水潺潺，瀑布如帘，四季变化，云遮雾绕，恍若人间仙境。

公园全园分为庙宇古迹、度假山庄、运动狩猎、植物花卉、林间鹿场、避暑疗养、会议中心、自然保护等12个集景观、度假、游乐、餐饮、住宿、休闲于一身的综合旅游景区。

塔儿湾造像塔

中国最为纤细的古塔

庆阳市合水县太白乡苗村川塔儿湾村

塔儿湾造像塔始建于宋代，以凿磨的红砂岩石条块叠砌而成，呈八角形密檐式，共十三层，系省级文物保护单位。《中国名塔》一书认为，它是中国最为纤细的古塔，将其列为稀有的古建筑和珍奇的名胜之一。

造像塔高约12米，经宽1.2米，形体清癯纤细，塔身第一层达2米，第二层以上逐渐缩短，第二、第四层南面各设一假门，各层有塔檐，檐下出叠涩两层。塔身第一层每面约有浮雕石刻造像，雕刻技法纤巧细腻、疏密相间。

潜夫山

因《潜夫论》而得名

庆阳市镇原县城北

7:00~19:00

潜夫山因东汉末年著名的思想家、政论家王符在此隐居著书《潜夫论》而得名。相传山上古柏为王符亲手所植，潜夫亭即为王符的读书坛。

潜夫山公园从1987年开始修建，目前已建成潜夫亭、杏花亭、通明宫、佑法观、烈士陵园等景点，总建筑面积1540平方米。园内有古柏、国槐等风景树木，自然景观秀美。

链接

王符与《潜夫论》

王符，字节信，东汉安定临泾人。少好学，有志操，“耿介不同于俗”，所以“终身不仕”，隐居著书30余篇，编辑成集题为《潜夫论》。《潜夫论》与当时王充的《论衡》、仲长统的《昌言》并称为东汉最著名的学术著作，《四库全书总目》对《潜夫论》尤为推崇。该书具有巨大的学术价值和深远的社会影响。

灵武台公园

园内宋代砖塔为当地著名景观

庆阳市环县城北

灵武台公园位于环县县城北关，是依托宋代砖塔、灵武古台、宋城墙、烽火台等遗迹和灵武庙修建的县城综合性公园，有仿古（宋）牌楼、八卦平台、塔台护坡、登山踏步、艺术花梯等景观。

公园内的宋代砖塔是环县历史上一大著名景观。始建于元朝，塔体为八角结构，一砖到顶，铜质镀金塔刹，通高22米，造型美观，工艺考究。

子午岭

文物古迹遍布

庆阳市合水县东北部

子午岭位于合水县东北部，因走向与本初子午线方向一致而得名子午岭。海拔1600~1907米。峰峦叠翠，谷壑幽深。登岭远眺，群山连绵，峥嵘突兀，云海翻腾。

子午岭文化积淀深厚，文物古迹遍布，有秦直道、昭君庄、穆桂英点将台、范仲淹平戎寨、塔儿湾造像塔等，它们和巍巍雄岭，莽莽林海一起，共同构成了一道陇东地区独特亮丽的文化和自然旅游风景线。

子午岭

景点推荐 庆阳北部旅游区

南梁革命纪念馆 AAAA

陕甘边区苏维埃政府成立之地

庆阳市华池县林镇乡寨子湾　免费

9:30~16:30，周一闭馆

南梁革命纪念馆坐落在庆阳市华池县南梁乡荔园堡，是为了纪念20世纪30年代初刘志丹、谢子长、习仲勋等无产阶级革命家开展游击活动、在此建立陕甘边区苏维埃政府而修建的。

南梁革命纪念馆展室分东、西、北三部分。西展室有毛泽东、周恩来、朱德等老一辈无产阶级革命家为刘志丹、谢子长等烈士的题词以及烈士们的生平简介和武器、马鞍等71件实物。

双塔森林公园

综合性休闲游乐公园

庆阳市华池县城东山林区　0934-5123158

双塔森林公园位于华池县城东山林区，是一处集旅游观光、避暑度假、文化娱乐于一身的休闲游乐场所。现已建有范公祠、双塔寺、文化广场等30多个景点和游乐服务设施。

双塔寺原址位于华池县林镇乡豹子川。双塔分别高13.1米和11.8米，共有雕像4100余尊，神态各异，栩栩如生，其雕刻之精美，举世无双。双塔寺现已保护、迁建于华池县城双塔森林公园，被誉为“身世最离奇的石雕古塔”。

玩家 攻略

公园内有双塔寺、碧玉山庄、生态园度假村、文化中心、儿童游乐园、华池民俗园、草原风情园、石油观光园、射击场、垂钓中心、康复中心等景观项目可供参观游玩。

东华池塔

国家级文物保护单位

庆阳市华池县林镇乡

东华池塔位于林镇乡东华池古城半山腰，建于北宋元符二年（1099年）。全塔建造精致，宏伟华丽，为国家级文物保护单位。塔与脚下抗日军政大学第七分校校部相融，被誉为“陇上小延安”。

塔身平面八角形，底边边长3.29米，无基座，通高26米。第一层塔身较高，各面平素无饰，仅东北面开一券门。除第一、第七层塔檐砖风化脱落外，塔体保存较完好。

大小凤川风景区

陇上小江南

庆阳市华池县东部

大小凤川自然生态风景区位于华池县东部。景区森林资源丰富，动植物种类繁多，有军民大生产基地、中国古代最早的“高速公路”——秦直道、小凤川、烟雾沟、凤川松涛、子午烟雨等景点。

整个景区峰峦叠嶂，林涛如海，草木丰茂，溪流潺潺，置身其中，犹在仙境之中，令人心旷神怡。大小凤川风景区被誉为“天然氧吧”“陇上小江南”。

范公祠

为纪念范仲淹而建

庆阳市华池县双塔森林公园内

北宋名臣范仲淹在庆州戍边时，曾亲率将士在今华池山庄境内抢筑大顺城，给西夏军以致命打击，大顺城因而名留青史。他又在这里写下脍炙人口的诗词《渔家傲·秋思》，至今被人们传诵。为追念范仲淹，华池县城双塔森林公园内建成范公祠，供后世拜谒。

脚扎川万佛塔

通体遍雕佛像

庆阳市华池县紫坊畔乡高庄村

脚扎川万佛塔位于紫坊畔乡高庄村川畔组小河西岸台地，建于宋代。因通体遍雕佛像，故称“万佛塔”。

全塔以红砂岩石凿磨镶砌而成，锥形，底部残，现共存9层，残高8米，平面八角形，底层每面宽40厘米，各层均有塔檐。塔身通体布满浮雕佛像，每层各分3面，每面6身，疏密相间，排列井然，共有造像约1200身，均为一佛坐于莲花盆中，样式一致。

东老爷山

闻名遐迩的道教名山

庆阳市环县东北部陕、甘、宁三省区交界之处

东老爷山位于环县东北部陕、甘、宁三

玩家 攻略

每年农历三月三，一年一度的庆阳环县“东老爷山道教庙会”都会正式拉开帷幕，热闹非凡。

环县的特色旅游纪念品有三大类，即皮影、八卦香包和刺绣，是旅游购物的不错选择。

东老爷山

山城堡战役遗址

省区交界之处，海拔1774米，是闻名遐迩的道教名山。这里有错落有致、古朴典雅的15座元、明、清古建筑和21座新建庙宇楼阁及景点，有苍松翠柏、绿树满目的自然风光，是休闲观光、红色教育、宗教旅游的圣地。

山城堡战役遗址

甘肃省国防教育基地

📍庆阳市环县山城乡 ¥免费

山城堡战役遗址位于环县山城乡马掌子山、断马崾岘、哨马营一带，距县城45千米。现为全国红色旅游经典景区，省级文物保护单位，甘肃省爱国主义教育基地，甘肃省国防教育基地。

山城堡战役纪念园建有建筑面积2000平方米的陈列馆，完成了部分绿化、硬化及配套工程，形成了初具规模的红色旅游景区。

链接

山城堡战役

山城堡战役是1936年10月中国工农红军三大主力会师后，于11月由毛泽东、周恩来、朱德亲自部署，彭德怀前线指挥的一次著名战役。仅11月21日至22日在山城堡一带就歼灭胡宗南部主力一个师。山城堡战役是红军三大主力会师后取得的第一次重大军事胜利，是关系中国命运的大决战，是长征最后一战，也是第二次国内革命战争最后一战。

环县宋代砖塔

具有很高的艺术价值

📍庆阳市环县城北灵武古台上

环县宋塔是庆阳市至今保存最完整的一座宋代砖塔，经历数次地震等灾害，仍巍然耸立，完好无损，具有很高的历史和科学价值。它气势恢宏、造型美观，具有很高的艺术价值。

砖塔呈八角形，楼阁式，砖石仿木结构，高五层，逐层微敛，顶有塔刹，通高有22米。塔身全部以青砖镶砌而成，表面砖打磨得十分规整。塔顶有镀金铜质塔刹，由须弥座、仰莲、仰月、相轮和宝珠等组成。

文昌阁

西北最大的文昌阁

庆阳市环县县城环江西岸

文昌阁景区位于环县县城环江西岸，是一处集文化游、宗教游、生态游为一身的旅游景区。主要景点有环江翼龙雕塑、步云桥、桥西广场、文昌阁、钟楼、鼓楼、状元桥、砚池、任养亭、润物亭等。

文昌阁是景区内标志性景观，它矗立在县城西山之巅，通高36.9米，是全国最高、西北最大的文昌阁。其风格为仿明清建筑，是展望环县秀美山川的观景眺台。

环县烈士陵园

整体建筑呈三层阶梯状

庆阳市环县县城中街 免费

烈士陵园位于环县县城中街，始建于1952年，1967年和20世纪90年代进行了扩建。陵园占地15 620平方米，建筑面积达6600平方米。

烈士陵园整体建筑呈三层阶梯状。一层为仿古门面、活动中心等。二层中心为革命烈士纪念碑，碑高8.9米。三层建有烈士生平

文昌阁

事迹陈列馆和骨灰盒存放室。陈列馆展出资料2.79万字、照片图片14幅、烈士名录490名及部分烈士生平简介，馆后建有烈士公墓。

周祖陵景区 AAAA

华夏农耕文化发祥地

庆阳市庆城县城东山　免费

7:00～19:00　0934-3255333

周祖陵位于庆城县城东山，因山顶有一座著名的墓冢周先祖不窋之陵而得名。据史料记载，不窋失农官之后，西徙定居今之庆阳，在陇东庆阳一带创建了华夏文明的农耕文化。由于功绩卓著，不窋死后人们把他葬于此山。

周祖陵以周祖大殿、周王殿、肇周圣祖牌坊、姜嫄殿、后稷殿、碑亭、八卦亭、鉴亭、栖凤亭以及钟鼓楼为主要景观，从不同时段、不同角度、不同侧面直观地反映周祖农耕文化的发展过程和历史渊源。

链接

庆城周先祖

庆城县是农耕文化的发祥地。早在夏太康年间，周先祖不窋就率族人徙居于此，拓荒垦田，教民稼穑，作屋筑室以避寒暑，养蚕为丝始代毛革，劈山通道，削土营城，务修礼乐，涤除陋俗，肇创华夏民族农耕文化，奠定了周王朝发祥的基础。

周先祖死后葬于庆城东山，历代建行宫、修庙堂，这里被誉为"华夏周祖第一陵"。

庆城博物馆

唐代彩绘陶俑是藏品中的精华

庆城县庆城镇普照寺广场东侧

0934-3221903

庆城博物馆创建于1984年，是一座综合型博物馆。占地3960平方米，仿古式全框架结构，建筑面积4276平方米。设庆城历史沿革、石雕石刻、古生物史前史、岐黄文化、周祖农耕文化等10个展室，1个临时展厅和1个多媒体学术交流厅。

博物馆收藏有历史文物、近现代文物和古生物化石标本等多件。陶器、瓷器、青铜器、石器、钱币等历史文物是数量较多的几类藏品。唐代彩绘陶俑是藏品中的精华，具有极高的历史价值和艺术价值。

《黄帝内经》千家碑林

千名著名的书法家和中医学家书写而成

庆阳市庆城县

庆城是国医鼻祖岐伯的故里，黄帝与岐伯论道，著《黄帝内经》传承于世。为弘扬传统中医药文化，庆城县实施了岐伯圣景工程，建有岐伯雕塑、《黄帝内经》千家碑林、中医文化景墙、济世阁、四象轩、岐伯大殿、十大名医祠等景观。

链接

《黄帝内经》

《黄帝内经》成编于春秋之前，是中国现存最早的中医理论专著。在国学经典中地位独特，是唯一一本以圣王之名命名的书。该书总结了春秋以及春秋之前时期的医疗经验和学术理论，并吸收了春秋以前有关天文学、历算学、生物学、地理学、人类学、心理学知识，运用阴阳、五行、天人合一的理论。这本书确立了中医学独特的理论体系，成为中国医药学发展的理论基础和源泉。

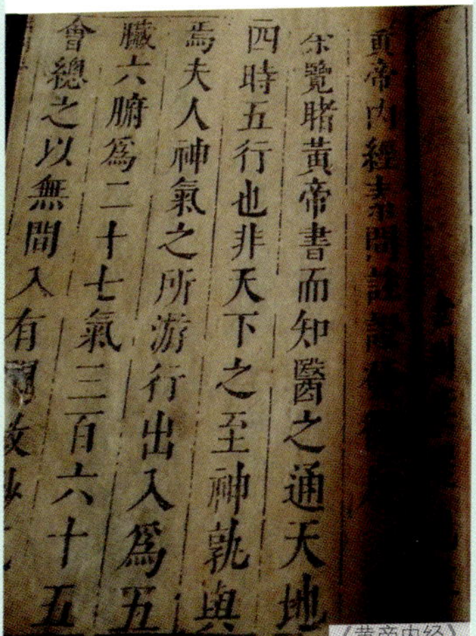
余覽睹黃帝書而知醫之通天地
四時五行也非天下之至神孰與
爲夫人神氣之所游行出入爲五
臟六腑爲二十七氣三百六十五
會總之以無間入有間

《黄帝内经》

景点推荐 庆阳东部旅游区

宁县博物馆

在原王氏祠堂基础上扩建而成

庆阳市宁县辑宁路12号 免费

宁县博物馆在原王氏祠堂基础上扩建而成。馆内有省级文物保护单位金代贞元铜钟、五代公牛碑等建筑。馆内北部建有仿古式碑林1座。目前馆藏文物2630件，其中一级文物9件、二级文物8件、三级文物86件，一般文物2536件。从仰韶文化开始到清各个时期文物俱有。馆内设3个展室，即历史综合文物展室、唐代文物展室、历代造像展室。

古豳文化旅游区

包容了宁州深邃的文化内涵

庆阳市宁县县城

古豳文化旅游区是以周先祖公刘在此创建“北豳古国”（今宁县庙咀坪）为文化载体而修建的。

古豳文化旅游景区包括古豳国遗址公园、狄公祠、宁县烈士陵园、王孝锡烈士纪念馆、九龙广场及“三江两岸”综合景观等景点。景区古韵风雅，山水环抱，川塬交错，景色秀丽。

湘乐砖塔

建于宋代的古塔

庆阳市宁县湘乐镇

湘乐砖塔建于北宋，为全国重点文物保护单位。湘乐古城目前城垣残存，砖塔耸立于古城内的西北角。

砖塔平面呈六角形，楼阁式，高7层，顶部残，通体高约22米。目前除顶残外，基本保存完好。

塔儿庄五代塔

系全砖结构古塔

庆阳市宁县盘克乡罗山府林场

塔儿庄五代塔修建于五代时期，造型优美，庄严富丽，建筑工艺极为精湛，为全国重点文物保护单位。

塔儿庄五代塔系全砖结构，平面正方形，楼阁式，共3层，顶部残损。通体高约11米，底边长3.73米。塔表层磨砖对缝，十分规整。该塔塔体表层砖经过精心打磨，做工精细，堪称一绝。

玩家解说

该塔为宁县境内3个塔中唯一有彩绘壁画的砖塔，造型独特，筑造精美，设计优美，庄严而富丽，建筑工艺极为精湛，檐、斗工整，棱角如锋，砖缝弥合如线，不见缝泥，为研究古建筑的珍贵资料，具有极高的史料和文物考古价值。2013年被国务院核定为第七批全国重点文物保护单位。

凝寿寺塔

庆阳保存最完整的砖塔

庆阳市宁县政平乡政平村

凝寿寺塔位于凝寿寺内，明代因遇山洪，淹没凝寿寺，仅存此塔至今。此塔是庆阳市境内年代最早、保存最完整的砖塔。

凝寿寺塔建于五代时期。通体砖结构，平面呈正方形楼阁式，共5层，通高21.2米。此塔造型敦厚，酷似西安大雁塔，因此此塔也有唐塔之说。

白吉湖

综合性度假区

庆阳市宁县盘克镇宋庄

白吉湖生态旅游度假区位于宁县盘克镇宋庄境内，处于子午岭腹地，是依据白吉湖和子午岭天然森林资源所开发的风景区。

凝寿寺塔

景区分设水上游乐区、休闲垂钓区、养生健身区、森林观光区等四大区块，是一个集休闲、娱乐、观光、避暑、垂钓于一身的综合性旅游度假区。

玩家攻略

近年来，白吉湖先后建成了停车场、客房、娱乐室、餐饮中心等基础接待设施。在库区周围种植莲藕200多亩，人工养鱼2万多条，可进行垂钓。

调令关森林公园

宁县最具特色的自然风景区

庆阳市正宁县东南部的中湾林场　20元

0934-6151104　8:00～17:00

调令关森林公园是正宁县最具特色的自然风景区，位于中湾林场和刘家店林场辖区内，由一岭二沟三梁组成。正铜公路贯穿全境，距县城29千米。

公园内自然风光秀丽，高峰临峡，大起大伏，林木遍布，群鸟飞鸣；阳春山花烂漫，盛夏绿浪涌荡，深秋红绿参差，隆冬银装素裹。公园有直道林荫、调令松涛、黄帝遗冢、子午斜阳、山花烂漫、八仙洞府、将军圣庙、森林氧吧、动植物园等景点。公园建有综合接待服务中心、休闲别墅、垂钓中心等休闲娱乐设施。

玩家攻略

调令关森林公园已建成1800多平方米集餐饮、接待、娱乐、会议、购物于一身的接待楼一栋和700多平方米的白桦林居别墅两幢。另外，公园内还建成垂钓中心、蒙古包、观景台、小木屋等10多个游乐项目。

调令关游客中心

轩辕黄帝冢

黄帝葬衣冠处

庆阳市正宁县五顷原乡

轩辕黄帝冢位于正宁县五顷原乡。此冢坐落在五顷原和二顷原之间，两边是两条河的发源地。

冢高40～60米，呈椭圆形。冢南为一西高东低的古道，冢西、北、东三面临谷，现行S303公路绕冢西、北、东三面而过。冢周自下而上为18阶梯田，冢顶为一长覆斗形隆起平地。

罗川古城

始建于北魏初期

庆阳市正宁县永和镇罗川村

罗川古城位于古县城所在地，始建于北魏初期，终迁于1930年。其南北两面被泰山、琴山、北华山、药王山四山合围，东西一马平川，四郎河沿川而过，自然风景秀丽。

现保存有国家级重点文物明赵氏石牌、省级文物清铁旗杆、市级文物文庙大殿和赵氏祠堂等。

罗川古城清铁旗杆

平凉崆峒山风光

攻略资讯

- 交通
- 住宿
- 美食
- 购物
- 娱乐

交通

飞机

● 平凉

平凉新建机场于2019年开工。机场位于平凉市东北，距市区直线距离8千米。新建机场为民航4C级国内支线机场、军用二级标准。

若选择飞机出行，可以到附近的兰州市乘坐，平凉市区内设有机票代售点。

平凉宾馆中楼大厅售票处位于平凉市崆峒区西大街86号，电话：0933-8219485。

海航机票平凉代售处位于平凉市红旗街市委对面，电话：0933-8222444。

崆峒国际旅行社民航代售处位于平凉宾馆东一楼门面，电话：0933-8217777。

● 庆阳

庆阳机场距离市区不远，仅有8千米，可乘出租车前往，另有西峰汽车站发出的公交29路可到，票价2元。

庆阳机场主要有3个航班：

庆阳—兰州：每天一班，9:20起飞，10:10到达。

庆阳—西安：每天一班，12:00起飞，12:30到达。

庆阳—西安—天津：每周二、四、六各一班，11:20起飞，14:00到达。

火车

平凉是甘肃省内的重要铁路节点，乘火车向东通过西安可到达东部各城市，向西可至兰州、乌鲁木齐等西部城市。

庆阳机场

平凉风光

目前，平凉市有平凉站和平凉南站两个客运火车站。平凉站位于平凉市解放北路，乘坐1路、16路等公交可达。平凉南站位于平凉市康庄乡三十里铺村附近，有城乡公交可通平凉市区。

汽车

● 平凉

平凉市主要有G6高速、国道312等公路干线经过。另外，还有省道202、203、304、318等连通市内各县。

平凉市汽车东站位于平凉市解放北路68号，电话：0933-8631271。

平凉市西郊长途汽车站位于平凉市312国道西南路，电话：0933-8712534。

● 庆阳

庆阳市境内有国道211、省道202两条主干线纵贯南北，国道309、省道303线横穿东西，构成"两纵两横"的公路主骨架。庆阳的汽车站主要有两个：西峰汽车西站和西峰汽车东站。西峰汽车西站也叫西峰汽车站，是庆阳市最大的客运站，主要是发往陕西、宁夏和甘肃省内其他地市的客运；位于西峰区长庆路2号。西峰汽车东站主要是发往庆阳所辖县镇和少量往广州、石家庄方向的客运；位于西峰区九龙路。

五味宫酒店

住宿

平凉

随着平凉旅游产业的不断发展，住宿设施不断得以改善，住宿接待服务网络已具规模，一批新建宾馆、饭店相继投入营运。全市现有国营和个体宾馆、饭店、招待所100多家。在平凉住宿价格相对而言较为便宜。

名称	位置	电话
广成大酒店	平凉市崆峒区崆峒山下	0933-8518888
五味宫酒店	平凉市崆峒大道西段附近	0933-8888998
天正大酒店	平凉市玄鹤北路1号	0933-8718600
陇东明珠宾馆	平凉市崆峒东路460号	0933-6812588

庆阳

庆阳的住宿条件一般，整个城市较小，住宿的地方比较集中，多位于西峰区长庆南路附近一带，如庆阳宾馆、陇上明珠大酒店等。这个地段交通非常便利，距离汽车站仅500米，距离机场9千米。

● 庆化大酒店

酒店距离机场10千米，乘坐机场大巴至庆阳市人民医院站步行10分钟可到达酒店，距离汽车南站2千米，离汽车西站2千米，步行20分钟可到达酒店。紧邻秀水美食长街，步行可至圣鼎步行街、小什字丽晶百货等购物场所。庆阳市西峰区长庆南路长庆大道102号

0934-8666666

● 皇朝大酒店

邻近庆阳市行政中心，去往汽车站位置便利。庆阳市西峰区长庆南路110号

0934-8889555

美食

平凉

平凉的著名小吃有静宁锅盔、静宁烧鸡、华亭核桃饺子、华亭麻腐、平凉酥饼等。平凉还有两种名菜，即红焖肘子和灵台清炖甲鱼。红焖肘子历史悠久，而灵台清炖甲鱼以灵台出产的甲鱼为原料，工艺独特，口味鲜美。

静宁烧鸡：亦称静宁卤鸡，以形色美观、鲜嫩味美、外表晶亮、卤色褐红、肉香味厚、爽口不腻，驰名甘、陕、宁等省（区）。

泾川罐罐蒸馍：酥软可口，醇香味长，热柔冷酥，具有长期存放不霉、不馊、不变味之特点。用开水浸泡，其味不减，是旅途必备之佳品。

静宁锅盔：也叫静宁大饼，历史悠久，是静宁传统食品。其面粉雪白，外形平整，薄厚均匀，色泽光亮，又脆又酥，甜美可口。品种有油质和糖质两种。

静宁锅盔

庆阳

庆阳市各地的美食小吃有镇原糖油饼、庆阳臊子面、合水糖圈圈、陇东黄酒、玉米发糕、搅团、荞面凉粉、年糕、高粱卷、羊羔肉、床子面、土暖锅、荞剁面等。庆阳餐饮集中地推荐西峰区华兴美食城。

羊羔肉：庆阳地区环县等地传统的地方风味名吃之一，肉嫩味鲜，不膻不腻，非常可口。

荞剁面：庆阳地区北部环县、华池等地久负盛名的传统名吃，食之别有风味。

搅团：原料为麦面、玉米面或者高粱面等。做熟之后，出锅在案板上摊开；冷却后，切条状加入佐料即可食用。

搅团

购物

平凉

平凉的物产丰富，从农产品、食品到工艺品、工业原料，特产种类非常繁多。其中，较为出名的有崆峒剪纸、华亭核桃、灵台牛心杏、静宁烧鸡、地毯、漆雕等。

● 崆峒剪纸

平凉民间工艺品中的瑰宝，反映题材多种多样，历史人物、鸟兽、花草、鱼虫等应有尽有，表现形式有门花、炕窑花、窑顶花、箱柜花、粮囤花、灯笼花等。

● 静宁地毯

以各种规格的化纤胶背地毯、纯羊毛地毯和仿古地毯为主。美观大方，经久耐用，畅销国内外。尤其是化纤胶背地毯，以日本进口腈纶纱为主要原料，其质量、配色在全国乃至世界业内名列前茅。

● 崇信根雕

以树枝（包括树身、树瘤、竹根等）的自然形态作为创作对象，因材施艺，通过巧妙的艺术构思和雕琢、打磨，创作出人物、动物、器物等艺术作品，使自然美的“奇”与人工美的“巧”相得益彰、浑然一体。

● 华亭核桃

华亭核桃品质优良，具有皮薄、出仁率高、低水分、高脂肪、高蛋白的特点，经多年开发，已形成核桃油、真空包装的鲜核桃和桃仁等系列产品。

庆阳

庆阳特殊的地理气候条件使这里盛产黄花菜、甘草、杏干、白瓜子等农作物，特别是西峰区的黄花菜，不但种植历史悠久、产量巨大，而且营养丰富、品质优良，远销世界各地。庆阳市的手工艺品有香包、陇绣、民间剪纸、道情皮影和陇东民歌等，是送亲朋好友的上佳礼物。

● 庆阳香包

一种立体造型和平面刺绣兼容的纯手工艺制品。丝绸布料上用彩色的线绣出各种各样的图案，美观大方，简单质朴。

● 庆阳剪纸

题材广泛，种类繁多，内容丰富，继承了古老的民间艺术传统，其风格古拙质朴、粗犷奔放、简单明快。

● 庆阳红富士

庆阳地区光照充足，昼夜温差大，果品含糖量高，色泽鲜艳，是历史悠久的瓜果之乡，所产苹果的含糖量高。

● 环县皮影

着色艳丽、均匀，色调层次分明，影件透明度高，立体感强，造型规范，人物形似，布景陈设、神怪异兽布局丰满。皮子薄厚匀称，润泽柔软且有弹力。

节日和重大活动

节日活动	举办地点	举办时间
平凉崆峒山庙会	平凉崆峒山风景区	农历四月初八
平凉泾川西王母庙会	平凉王母宫景区	农历三月二十
平凉庄浪文化艺术节	平凉庄浪县	农历正月十二
平凉龙泉寺庙会	平凉崇信县龙泉寺	农历四月初二
庆阳香包民俗文化节	庆阳市各地	端午节前后
庆阳社火	庆阳市各地	春节期间

崆峒剪纸

发现者旅行指南

武威·金昌

概览

亮点

武威雷台汉文化博物馆

馆内文化资源众多，是著名的《马踏飞燕》的出土地。

武威文庙

为纪念孔子而建，是一组造型富丽堂皇、类似皇家宫阙的建筑群。

神州荒漠野生动物园

有赛加羚羊、扭角羚等多种珍稀野生动物和娱乐项目，是武威休闲观光的胜地。

武威沙漠公园

融大漠风光、草原风情、园林特色为一体，是我国第一座大漠风光与沙漠绿洲相结合的游乐园。

北海子公园

始建于唐代，古建筑众多，是金昌旅游休闲的胜地。

金昌圣容寺

历史悠久，有甘肃省境内唯一保存完整的唐代佛塔建筑。

必逛街道

共和街：位于武威市区中心，集中了各大百货商场和名品店，是武威购物的首选地。

公园路：紧邻金昌城中心的金川公园，是当地最热闹的休闲购物步行街。

线路

武威历史文化三日游

第一天抵达武威，先前往雷台景区，观赏著名的《马踏飞燕》，再到鸠摩罗什寺访古朝拜。第二天先游览大云寺，接着去南城门楼登楼赏景，最后去文庙赏古建、观历史珍品。第三天先访名刹海藏寺，再到白塔寺赏藏传佛教建筑，最后到天梯山石窟欣赏艺术之美。

武威沙漠生态二日游

来到西北，不可错过这里的大漠风光。第一天先到沙漠公园欣赏一番，再前往神州荒漠野生动物园观赏野骆驼、藏原羚等。第二天到石羊河民勤湿地公园游览，最后前往民勤沙生植物园看看荒漠植物的生存之道。

金昌全景四日游

抵达金昌后，第一天可先逛逛金川科技馆，接着去金水湖游览，最后到三角城探幽怀古。第二天前往巴丹吉林沙漠欣赏迷人大漠风光，接着去金川峡风景区呼吸新鲜空气。第三天到御山峡圣容寺景区访古朝拜，随后去北海子湿地风景区访古赏玩。第四天去骊靬景区探秘，再前往祁连山河沟森林公园游玩，最后到窟窿峡景区感叹自然的奇妙。

为何去

金昌北海子公园

位于西北的武威、金昌虽不如东部城市自然条件优越，但也绝不像众人想象中的那样到处荒凉。这里不仅是古代“丝绸之路”的要冲，也是现代工业成功转型典范。这里历史悠久，武威雷台、文庙，金昌北海子、圣容寺依稀闪现着历史的荣耀；这里自然风光更是变化万千，民勤湿地、巴丹吉林沙漠、窟窿峡一定会让你难以忘怀。

何时去

黄羊川

武威、金昌位于甘肃省中部的河西走廊上，这里北邻内蒙古，南接青海，气候总体呈现温带大陆性特点。每年的夏秋季节是到武威旅游的最佳时节。

夏秋正值雨季，湿润的气候能够让旅途更加舒适，正是游览天祝三峡、黄羊川、北海子湿地的最佳时节。此外，武威雷台、武威文庙、金昌圣容寺则是不论何时来都不容错过的景点。

区域解读

武威区号：0935
金昌区号：0935
面积：42 165km²
人口：约229万人
主要少数民族：藏族

地理 GEOGRAPHY

区划

武威市辖1个区（凉州区），2个县（民勤县、古浪县），1个自治县（天祝藏族自治县）。

金昌市辖1个区（金川区），1个县（永昌县）。

地形

武威与金昌位于西走廊东段，地处黄土高原、青藏高原和蒙新高原三大高原交会地带。地势呈西高东低，局部地形复杂，整体地形可分为三带：南部祁连山区，海拔2100~4800米，山脉大致呈西北—东南走向；中部平原绿洲区，海拔1450~2100米，地势平坦，土地肥沃，是甘肃省主要农作物种植区；北部荒漠区，海拔1300米左右，干旱少雨，日照充足，是沙生植物、名贵药材的主要产地。

整个区域内最高峰冷龙岭主峰卡哇掌位于武威市天祝县境西北，海拔4872米；金昌境内西南部祁连山冷龙岭及其支脉，山势雄伟挺拔，有“祁连近天都”之称。有黄河流域与内陆河石羊河流域两大水系流经此区域。

气候

武威与金昌深处内陆，属温带大陆性干旱气候，整个地区四季分明，冬寒夏暑，光照充足，气候干燥。全年多西北风，昼夜温差大，境内气温北高南低，降水北少南多。南部祁连山区年降水量较少，平均气温0℃以下，无明显夏季。春季整个地区升温迅速，冷空气侵袭频繁，大风沙尘天气多，有效降水少。前往此处旅游要注意早晚添衣保暖。

中国葡萄酒城

2012年10月26日，“中国葡萄酒城”命名仪式在甘肃省武威市举行，武威被中国食品工业协会命名为全国唯一的“中国葡萄酒城”。

武威是中国葡萄酒的故乡，酿造葡萄酒的历史源远流长。早在2000多年前，张骞出使西域引进葡萄种子之后，武威就开始种植葡萄、酿造葡萄酒。武威葡萄美酒成为历朝贡品，历代诗人和名人为武威葡萄美酒留下了无数脍炙人口的诗篇。

武威光照条件充分，这里长出的葡萄穗大粒饱，着色好，香气浓，集聚了酿造葡萄种植的最好自然禀赋，是我国乃至世界有机葡萄酒的最佳产地。武威充足的土地资源，也为做强做大葡萄酒产业提供了广阔的空间。悠久的栽培酿造历史，独特的地理禀赋，深厚的文化底蕴，成为武威葡萄酒最好的名片和金字招牌。

金昌东湖风光

中国镍都

金昌因“镍”而闻名。这里有世界著名的多金属共生大型硫化铜镍矿，镍产量居亚洲第一位，镍和铂族金属产量占我国的90%以上，是中国最大的镍钴生产基地和铂族金属提炼中心。

镍矿工厂

镍矿是金昌的主要矿藏。金川硫化铜镍矿床储量丰富，在世界同类矿床中，可与加拿大萨德贝里相媲美，位居世界第二。到了金昌，不能不提到金川集团。金川集团是全球知名的采、选、冶配套的大型有色冶金化工联合企业，是中国镍钴生产基地、铂族金属提炼中心。20世纪60年代，金川镍矿的勘探开采，使得中国脱掉了“贫镍”的帽子，同时也奠定了中国镍钴生产工艺技术体系的基础。

然而，每一座资源型工业城市的发展都要面临严重的污染问题，金昌也不例外。经过50多年的发展，尴尬的“隐痛”随之而来，严重的环境污染，让金昌市曾两度上了环保部的“黑名单”。为此，从2009年开始，金昌开始下大力整治环境。到目前为止，金昌的自然环境已经大为改观，环境优良指数在甘肃省名列前茅。

历史 HISTORY

武威历史大事记

● 秦汉时期

武威地区周为雍州之地，春秋以前为西

戎占据，秦为月氏驻牧地。

汉武帝元狩二年（前121年），汉武帝派骠骑将军霍去病远征河西，击败匈奴，为彰其“武功军威”而得名武威。后置武威、酒泉、张掖、敦煌4郡，历代王朝都曾在这里设郡置府。

东汉献帝兴平元年（194年），武威郡隶属于雍州，领14县。

三国魏文帝黄初元年（220年）十月，重置凉州，辖武威等7郡，州治武威郡姑臧县。

● 隋唐时期

晋安帝隆安四年（400年），李暠建国西凉，以汉人1万户侨置会稽、广夏2郡，余户分置武威、武兴、张掖3郡。

隋文帝开皇元年（581年），废武威郡，置凉州总管府，治所姑臧。隋炀帝大业元年（605年），废凉州总管府，复置武威郡，郡治姑臧县。

唐太宗贞观元年（627年），分全国为10道，凉州属陇右道。武威郡属凉州，辖治范围仍沿用隋朝建置。

● 宋元明清

宋太祖建隆元年（960年），宋大力招抚西北地区的少数民族。凉州吐蕃也向宋朝频频遣使，通贡修好。凉州吐蕃首领折逋葛支、凉州六谷蕃部首领潘罗支等自立政权。

明洪武五年（1372年），置甘州卫（今张掖）和庄浪卫（今永登），统领河西地区。

清乾隆三十八年（1775年），改凉庄道为甘凉道，治所武威县。

● 近现代

民国二十五年（1936年）7月，甘肃省第六行政督察区成立，辖武威、民乐、民勤、永昌、山丹、张掖、临泽、古浪8县，治所武威。

1949年10月14日，武威分区行政督察专员公署成立，下辖武威、永登、景泰、古浪、民勤、永昌6县。

2001年5月，撤销武威地区设立地级武威市，原县级武威市改称为凉州区。

名单 武威历史名人

三国时著名谋士贾诩

东汉陇上英杰段颖

唐代诗人李益

唐代河西著名豪族李轨

北齐开国元勋段韶

南朝著名诗人阴铿

清道光朝两江总督牛鉴

反清义士齐振鹭

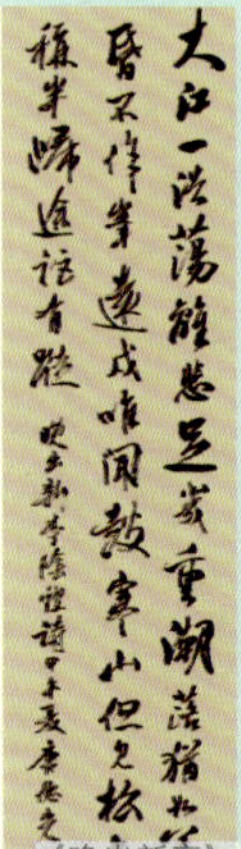

《晚出新亭》

金昌历史大事记

商代，今永昌境内为西戎牧地。

春秋至秦时期，月氏族驻牧于今永昌境内。

汉初时期，永昌境内属匈奴休屠辖地。

西汉武帝至宋时期，永昌一带先后置鸾鸟、番和、骊靬、显美、焉支等郡县。

元代初年，在永昌一带设永昌路。

明代时，永昌一带置永昌卫，清时置永昌县。

1936年，中国工农红军西路军进驻永昌，12月5日建立中华苏维埃永昌区政府，仅存23天。

1949年9月19日，永昌解放；9月23日，永昌县人民政府成立，隶属武威专员公署。

1981年，设立金昌市。1981年10月1日接管永昌县。

名单 金昌历史名人

明代廉吏胡执礼

著名相声表演大师马三立

霍去病远征河西

霍去病出生于公元前140年，是汉初大将军卫青的外甥，从小善于骑射，18岁时，他被汉武帝召为侍中。不久，武帝令他随卫青北击匈奴，其后封为骠姚校尉。

西汉元狩二年（前121年）三月，汉武帝以霍去病为骠骑将军，令其率领1万骑兵，反攻进追河西（今甘肃武威、张掖、酒泉一带）的匈奴军，决心以强有力的骑兵部队打通西域的道路，解除长安侧翼威胁。年仅20岁的霍去病接受任务后立即出征，他率军穿过乌鞘岭，跨过狐奴河，一路猛冲猛杀，杀死匈奴卢胡王、折兰王，俘虏浑邪王子及相国、都尉等，共歼敌8900多人，浑邪王、休屠王等随败军远逃。

这是霍去病第一次单独率军进行的深远作战，取得了辉煌的战果，汉武帝为彰其“武功军威”而赐名武威，今武威市即因此而得名。

文化 CULTURE

灿烂的西夏文化

有这样一个王朝，它曾雄踞西北，在中国历史上显赫近200年，但留给后世的却是一曲遥不可寻的悲歌。直到1810年，武威学者张澍在武威城清应寺发现了一块刻有西夏文字的石碑，人们的目光才重新投向那个被历史的尘土掩埋近千年的王朝——西夏。

西夏是党项族（原羌族的一支）建立的政权。1003年，在与吐蕃、北宋经过几番争夺后，党项族攻占凉州，并于1036年建立西凉府。1038年，党项族领袖李元昊正式建立西夏王朝，定都兴庆府（今宁夏银川）。凉州自此成为西夏王国的辅郡，长达近200年，史称“大夏开基，凉为辅郡”。

党项族人在统治期间创制了自己的文字——西夏文。张澍所发现的那块石碑后来被命名为西夏碑，是全国保存最完整、内容最丰富、最有价值的西夏碑刻，现保存在武威市西夏博物馆内。

民族瑰宝——《马踏飞燕》

1969年10月，在甘肃武威雷台发现的一座东汉晚期墓葬中，出土了铜人、铜车、铜牛、陶器等220余件文物，其中有39匹神态各异、活灵活现的铜马。其中的一匹铜奔马重7.15千克，三足腾空，右后足蹄踏一飞燕，它就是著名的《马踏飞燕》。

《马踏飞燕》是东汉艺术家的经典之作，也是中国古代雕塑艺术的稀世之宝，在中国雕塑史上代表了东汉时期的最高艺术成就，不论其神采的表现，抑或是铸造工艺之高明均令世人折服。

1983年10月，《马踏飞燕》被国家旅游局确定为我国的旅游标志。1985年，武威市将《马踏飞燕》定为象征武威腾飞的城标。1986年《马踏飞燕》被定为国宝级文物。

妙趣横生的凉州舞狮

西域是乐舞的发源地之一，西域各民族历来以能歌善舞闻名于世，凉州狮子舞则是西域歌舞当中最为清新耀眼的一章。

狮子舞在凉州很早就盛行了，到唐代流传到长安，成为宫廷乐舞中不可缺少的节目。当时，无论是宫廷宴会、迎送使节，还是庆功祝捷等仪式中，都以《西凉乐》中的凉州狮子舞为主要节目之一。在凉州，除春节外，在其他喜庆的日子里也常有舞狮助兴。

狮子舞在表演前和表演过程中，都要放鞭炮为狮子助威。一阵鞭炮响过之后，在烟雾腾飞中，狮子随着锣鼓点的轻、重、快、慢，忽而翘首仰视，忽而低头回顾，忽而回首匍匐，忽而摇头摆尾，忽而又与少狮追逐奔突，千姿百态，妙趣横生。

凉州舞狮那光彩夺目的形象，镀金贴银

舞狮表演

的化装和雷霆万钧、翻江倒海的气势，驱瘟散疫、恭祝安康的寓意，无不体现出古凉州人民的伟大智慧和对美好生活的向往。

永昌“卍”字灯俗

金昌市永昌县“卍”字灯俗2008年被国务院公布为第二批国家级非物质文化遗产名录，其原产地为永昌县红山窑乡毛卜喇村。“卍”是梵文，含义为“吉祥之所集”，是“瑞相”“万德吉祥”的标志。

“卍”字灯俗表演时，首先在村中心选择一块空地，按灯谱埋栽木杆，横竖各19排，每排19杆，间距一般为2米，呈正方形，杆高2米，共361根。在主场正中竖一主杆，上挂大型花灯，其余杆上挂360个小型花灯，象征农历360天。杆与杆之间按图谱用幕布遮蔽，观灯者按特定路线行进，左旋右转，直到出口，非常有趣。

“卍”字灯俗无论从内容上还是形式上，都深深根植于中华民族的传统文化土壤中，表现出浓厚的地方特色。随着政府对非物质文化遗产加大保护力度，永昌县对“卍”字灯俗等“非遗”项目的相关资料进行收集、整理，撰写了翔实的文字资料，拍摄了专题片，使“卍”字灯俗得以良好的传承和发展。

景点推荐

武威城区景点

雷台汉文化博物馆 AAAA

《马踏飞燕》的出土地

✉ 武威市凉州区北关中路 ￥ 免费 ☎ 0935-2215852

雷台是举世闻名的稀世珍宝、中国旅游标志《马踏飞燕》的出土地。现雷台保存基本完好，长106米、宽60米、高8.5米。台上有明清时期的古建筑群雷祖殿、三星斗姆殿等10座，其建筑雄伟、规模宏大。周围古树参天，湖波荡漾，是闻名遐迩的旅游观光胜地。

雷台旅游区有雷台文化一条街、堪称"中华第一门"的汉风格大门、大型音乐喷泉、天下第一马《马踏飞燕》、凝聚汉文化精粹的巨型浮雕、牌楼、图腾柱以及堪称"世界之最"的整体放大6倍的99件铜车马仪仗俑队列。

武威文庙 AAAA

有"陇右学宫之冠"之美誉

✉ 武威市凉州区崇文街43号 ￥ 30元

☎ 0935-2228884

武威文庙位于武威城东南隅，最早建于前凉或西夏时期。院内古建筑群保存完整，庄严雄伟，古柏参天，槐荫蔽日，素有"陇右学宫之冠"之美誉。为全国重点文物保护单位，甘肃省爱国主义教育基地。

文庙全庙由三组建筑构成：东以供奉"万世文宗"文昌帝君的文昌宫为中心，南为山门，北为崇圣祠；中为孔庙，是供奉"万世师表"孔子的地方，以大成殿为中心，南为戟门、棂星门、状元桥及泮池，北为尊经阁；西为凉州府儒学院。

玩家 解说

武威文庙内有武威市博物馆。馆内收藏有历代图书、字画、碑刻及其他文物3.6万余件。其中汉简、木雕、木乃伊、铜奔马、鸠杖、凉造新泉、西夏碑、西夏铜火炮等都是举世闻名的珍品。同时辟有7个文物陈列展室，所列历史文物、文字说明和图片，简要地反映了从新石器时代到明清时期的武威历史。它集中体现了武威古代劳动人民的勤劳和智慧，反映了武威的历史文明。

西夏博物馆

收藏有著名的西夏碑

✉ 武威市城区东南隅，与武威文庙毗邻

西夏博物馆位于武威文庙门前，坐东向西，为“回”字形仿古框架结构建筑，占地面积3570平方米，展厅面积1400平方米。

西夏博物馆从馆藏的众多西夏文物中精选150余件，其中包括全国重点文物保护单位西夏碑、国宝木缘塔、国家一级文物西夏木板画及西夏泥活字版经文等。展览用大型浮雕、文物图片、壁画、背景画相结合的手法，

链接

《马踏飞燕》

《铜奔马》高34.5厘米，长45厘米，重7.15千克。马昂头嘶鸣，三足腾空，右后蹄踏着一飞鸟。马头上一撮呈流线型的鬃毛指向彗星一般的尾部，既表达了奔马风驰电掣的速度超过飞鸟，又巧妙地利用飞鸟的躯体扩大了着地面积，保证了奔马的稳定。它体型矫健，神势若飞，艺术造型优美，合乎力学平衡原理，且给人以腾云凌雾、一跃千里之感。

1983年10月，《马踏飞燕》被国家旅游局确定为我国的旅游标志。1985年，武威市将《马踏飞燕》定为象征武威腾飞的城标。1986年，《马踏飞燕》被定为国宝级文物。

《马踏飞燕》

武威文庙

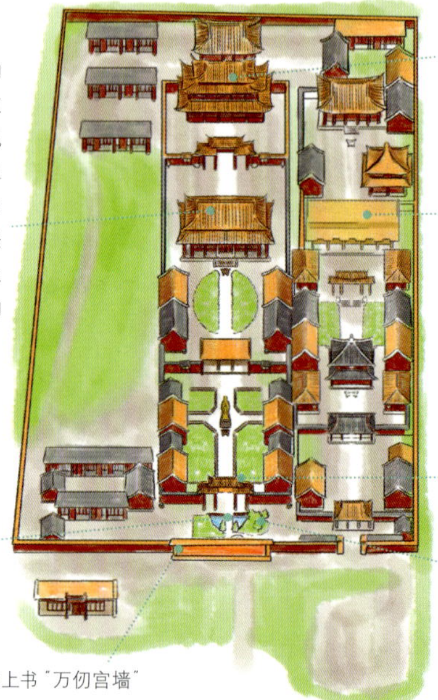

武威西夏博物馆

真实生动地反映了西夏统治时期，在政治、经济、军事、文化等领域所取得的巨大成就。

玩家 解说

西夏作为中华民族大家庭里的一个成员，曾在中国的历史舞台上叱咤一时。然而，由于在蒙古铁骑的征服过程中，西夏文物典籍在刀光剑影中累遭损失，历经数百年沧桑，连党项族本身也在历史的长河中消逝了。而武威是迄今发现西夏文物、遗迹最多的地方。这些丰富的文化遗存，是研究西夏历史乃至中国历史的珍贵资料，有不少还是国内独一无二的。

玩家 解说

西夏博物馆为我们讲述了古丝绸路上一个消失王朝的兴衰及灭亡的过程。曾经显赫一时的西夏王朝在被蒙古人征服后肆意烧掠，在生灵涂炭的同时，西夏典籍也被焚烧劫掠，由此西夏成了谜一样的王国。

链接

《西夏碑》

《西夏碑》是全国现存唯一的、保存最为完整的、西夏文与汉文对照文字最多的一块石碑。碑高2.6米，宽1米，厚0.3米，两面刻文。正面以西夏文书题名，碑文大意讲述了护国寺塔的初建、显灵及重修的经过等，对研究西夏语言文字和经济社会具有十分重要的价值，被中外学者称为研究西夏文的活字典。除文字外，尚有多种图案、花卉、人物等，雕刻技巧高超优美，具有很高的工艺水平。

大云寺

闻名遐迩的佛教古刹

武威市凉州区和平街钟楼巷18号　免费

8:00～18:00

大云寺位于凉州城东北隅，原为前凉国

大云寺之钟楼

王张氏的宫殿，大云寺历史悠久，是闻名遐迩的佛教古刹，全国重点文物保护单位《西夏碑》即发现于此。寺内现有古钟楼、大云铜钟、火庙大殿、春秋阁等景点。

其中，大云寺古钟楼巍峨壮观，古朴典雅，历史悠久。每逢日出时分，自西向东仰观大云钟楼，巨钟在朝霞映照下呈现红色并透出金色瑞光，此景被誉为凉州八景之一“大云晓钟”。大云寺铜钟体积较大，形状古朴精美，声音雄浑洪亮，是罕见的古代铸造艺术珍品。

玩家攻略

大云寺铜钟为唐代遗物，钟呈黄色，通高226米，口径115米，厚12厘米，重约5吨。钟体上的图案分上、中、下三部分，最上层饰飞天，中层饰天王力士，最下层饰龙。此钟体积较大，声音洪亮，形状古朴精美，是罕见的古代铸造艺术珍品。大云寺大云铜钟是凉州人心目中的神钟，每逢农历传统节日如正月十六、五月初五，众多的游人登上古钟楼，放眼凉州全景，敲击神钟，祈求五谷丰登，国泰民安。

鸠摩罗什寺

研究五凉文化的珍贵遗存

武威市凉州区北大街　10元

8:00～18:00　0935-2255335

鸠摩罗什寺始建于东晋后凉时期，是中国佛经大翻译家鸠摩罗什进入内地时曾经驻锡过17年的地方，距今有1600多年的历史。

鸠摩罗什寺

现在的鸠摩罗什寺占地102亩，主体建筑有大雄宝殿、大经堂、禅堂、念佛堂、理智法师纪念堂、客堂、僧房、云水堂等。

链接

鸠摩罗什寺的历史

据史书记载，后凉建国初年，吕光挟持西域高僧鸠摩罗什到达武威后，为了安顿他的身心，便下令招募各地能工巧匠，大兴土木修建寺院。建好后，便命名为鸠摩罗什寺，让鸠摩罗什住在其中，弘扬佛法。罗什法师圆寂后，他的弟子遵其遗嘱，将他的“舌”舍利供奉于寺内，并在供奉“舌”舍利处造寺塔一座，也就是今天的罗什寺塔。

西郊公园

初具规模的现代园林公园

武威市凉州区公园路　免费

0935-6111848

西郊公园亦称儿童公园，位于城区西关，是出土国宝级文物西夏木缘塔的地方。公园初建于1980年，居城市规划中心，交通便利，现已成为初具规模的现代园林公园，是集游乐休闲、餐饮娱乐、赏花观光、林木栽培、动物驯化为一身的游览胜地。

凉州植物园

有武威最大的休闲茶园

武威市凉州区城区东北角

免费

凉州植物园以百年薄皮核桃树和梨树为主，种植各类苗木100多万株，森林覆盖率达80%以上。

植物园建有游客中心、购物场所、景观大道、中心广场、星级厕所等旅游基础设施，现已建成核桃园、梨园、银杏园、植物迷宫等旅游景点。植物园利用核桃树和梨树树冠高大茂密遮阴面积大的特性，建成武威最大的休闲茶园，形成了独具特色的露天茶园饮食文化。

景点推荐 武威郊区景点

神州荒漠野生动物园 AAAA

野生动物大世界

武威阳光产业示范园区、凉古公路20千米处

0935-2516381　9:00~17:00

神州荒漠野生动物园位于腾格里沙漠南缘、武威阳光产业示范园区，距武威市区20千米，是在甘肃濒危动物研究中心沙漠生态治理和濒危动物保护的基础上，于2002年挂牌建设的集生态观光、动物观赏、休闲度假和科普教育于一身的特色景区。

玩家解说

馆舍内有孔雀、大天鹅、黑颈鹤、鸳鸯、鸵鸟、红腹锦鸡、岩羊等各类观赏动物。各类观赏动物在舍内都各有一个属于自己的天地，而馆舍内也将各类动物都分别作了分类。

武威沙漠公园 AAAA

世界首个以沙漠风光为主题的公园

武威市凉州区清源镇　5元

8:00~18:00　0935-2315200

沙漠公园位于武威市东端，距武威市区东南21千米处的腾格里沙漠前缘，占地面积7.5平方千米，由武威财税林场改建而成。公园将大漠风光与沙漠绿洲相结合，是世界第一座以沙漠风光旅游为主题，集民俗风情、科普教育、生态保护、园林雅趣于一身的综合性公园。

玩家攻略

园内沙丘起伏，景点林立，既有小桥流水的江南秀色，又有雄奇壮丽的大漠风光。观景塔、休闲广场、大漠亭、鸳鸯亭、九曲沙河，游泳池，跑马赛驼场等景点分布有致；沙生植物园、大型游乐场、卡丁车、健身广场、垂钓中心，田间梨园、葡萄园、蒙古包度假村等别具情韵；多功能厅、欧式别墅，标准客房，会议厅、歌厅茶坊等设施齐全。

白塔寺 AAAA

西藏归属祖国的见证地

武威市凉州区武南镇白塔村　16元

0935-2736599

白塔寺又名百塔寺，位于武威市城东南20千米的武南镇白塔村。1247年，西藏萨迦派宗教领袖萨迦班智达应蒙古汗国皇子、西路军统帅阔端的邀请，在白塔寺成功地进行了历史性的会谈，即"凉州会盟"，颁发了《萨迦班智达致蕃人书》。从此，西藏正式纳入中国版图，成为中国领土不可分割的一部分。

链接

凉州会盟

白塔寺是西藏宗教领袖萨迦班智达（萨班）与蒙元代表、西路军统帅阔端举行"凉州会盟"的地方。正是这个会盟，让吐蕃（现在的西藏）正式归入中国版图。因此，萨班也就成为西藏归入中国的重要推进者。"凉州会盟"使西藏纳入了中国版图，实现了蒙、藏、汉及多民族之间的世代团结和睦。

白塔寺主要景点有白塔寺塔林、白塔寺遗址、萨班灵骨塔、荷花池、凉州会谈纪念馆等。

白塔寺

海藏公园
为天然园林之地

武威市凉州城西北2.5千米处　免费

海藏公园位于城西北2.5千米处，总面积600多亩。北邻海藏寺，南至尹夫人台。海藏河贯穿园内，自南缓缓北流，蜿蜒而下。

海藏公园始建于1983年，现分为南北两湖。地形狭长蜿蜒，泉源密布，林木葱郁，绿草如茵，为天然园林之地。每年农历正月十五、十六，凉州人有“逛海藏，消百病”之习俗。届时游人如织，热闹非凡。

海藏寺
被誉为“梵宫之冠”

武威市凉州区金沙乡　乘5路公交车可达

0935-2362399

海藏寺位于武威城西北2.5千米处，始建于晋，是距今已有1700余年历史的古刹名寺，也是河西走廊保存较完整的古建筑之一，被誉为“梵宫之冠”。

海藏寺殿阁庄严，布局整齐，至今古貌犹存。寺院坐北向南，主要建筑依次是木构牌楼、山门、大雄宝殿、三圣殿、地藏殿、天王殿、灵钧台和无量殿（今为藏经阁）。其中，“海藏烟柳”、药泉井和灵钧古台最具传奇色彩。

海藏公园

玩家 解说

海藏寺既是一座历史古刹，也是一方旅游观光胜地。寺前为海藏公园，湖水荡漾，游人如织。寺内花木杂植，古柏参天。登台四望，田畴棋布，绿野弥望。海藏寺历经沧桑，依然庄严神旺，默默庇佑五凉大地，永远笑迎四海香客。

黄羊河休闲农业旅游区
大型现代农业园区

武威市凉州区

黄羊河休闲农业旅游区是当地企业依托“全国无公害农产品示范基地农场”“全国现代农业示范区”和周边旅游资源，于近年来开发创建的旅游景区。全区共分为中心服务区、现代农业展示区、葡萄长廊观光区、黄羊河工业园区、餐饮娱乐区、明汉长城遗址沙漠旅游区、时令果蔬采摘区等七个功能区。

黄羊河文化广场位于中心服务区，占地面积22亩。广场以黄羊河文化为主题、为主线，集休闲、娱乐、观光于一身。内设标志性主题雕塑、浮雕、广场、音乐喷泉、展览馆、健身器械、景观灯、花草植物等。

玩家 攻略

餐饮娱乐区以绿色风景为依托的苹果园内，以现有餐馆、度假村为基础，以民俗风情为主线，以突出乡情、乡味、乡土、绿色、传统、野味的农家食品为特色。

时令果蔬采摘区以发展日光温室种植为主，突出果蔬种植的反季节性，提供一个可观赏、采摘、习农的旅游胜地。

莫高庄园游览区的葡萄园规模宏大，葡萄品种多达50个，几乎囊括了世界流行的各种葡萄。进入葡萄园，犹如进入一座天然葡萄博物馆。在葡萄架下休憩，自驾马车穿行，自采葡萄品尝，别有一番情趣。

天梯山石窟
有世界影响的石窟

武威市凉州区张义镇灯山村　30元

0935-2980219

天梯山石窟位于武威市城南约50千米处的天梯山北麓，始建于北凉，距今1500余年。石窟所在山体轮廓犹如一只出水之龟，又名龟灵山。

天梯山石窟是一个有世界影响的石窟，其中有北凉洞窟5个，北魏洞窟4个，唐代洞窟3个，不明时代洞窟7个。它同敦煌莫高窟、炳灵寺石窟、麦积山石窟一样，具有很高的艺术价值和历史地位。

天梯山石窟之佛像

玩家解说

天梯山石窟现存18个洞窟。主体建造大佛窟开凿于盛唐时期，如来坐像高达28米，是全身贴金铂的一尊大佛，这在国内是罕见的。大佛两侧有迦叶、阿难、文殊、普贤、多闻、广目6尊造像，神态逼真，形象各异，塑造精致。石窟所在地势险峻，正处峡口。现窟内大佛、北凉中心柱、佛龛及珍贵的部分壁画依山傍水，是参观、研究古文物和游乐休闲的理想之地。

天乙生态园
再现凉州的繁华盛景

武威市凉州区武南镇

天乙生态园占地面积150亩左右，集旅游、观光、娱乐、餐饮、鉴赏、休憩、运动于一身，是凉州人文景观最集中、区域文化特色最浓厚的黄金游乐园。

天乙生态园种植各种花卉植物已有20多年的历史，现有各种花卉220多种4000多平方米。生态园的奇石馆有大小不同、形式多样的文化奇石300多件，大多数以西北罕见的钟乳石为主。

高沟堡古城
汉代古城遗址

武威市凉州区长城乡

高沟堡古城西至中沙墩，东临长城月城，南连新地滩，北靠二十里大沙。此城由于被沙漠包围，原貌尚在，是凉州境内唯一幸存的汉代古城遗址。

高沟堡古城呈长方形，东西长250米，南北宽135米，西南两面墙垣保存较好，西墙正中高约4米的土台上留有寺庙遗址，城周围有汉代墓葬，地表遗物有汉代红陶、灰陶砖瓦残片等。

景点推荐

民勤旅游区

红崖山水库

亚洲最大的沙漠水库

武威市民勤县，距民勤县城30千米 免费

全天开放

红崖山水库是1958年建成的一座沙漠水库，总面积30万平方千米，库容1.27亿立方米。水库除西面依红崖山而建，其他三面都是人工所筑，且建在大漠中，为世人所罕见，被人们誉为“瀚海明珠”，被中央电视台列为“中华之最”。

这里风景优美，气候宜人。库内游鱼簇簇，野鸭戏水，水鸟穿梭，黑鹤长鸣。库中有一座沙丘，鸟类时来歇脚，骆驼时来饮水，游人时来沐浴，骆峰雄姿，天光漠色，都蕴含在水光波影之中。

玩家解说

“聚龙亭”是水库风光的精华所在地，仰视红崖山巍然屹立，平视库面碧波万顷，水天一色。黑山头是库区制高点，登上山顶极目四望，别有一番景致。坝内碧波荡漾，绿浪翻腾；坝外绿树成荫，水渠纵横；身后又是沙丘连绵，大漠无边。这里江南水乡、塞北田园、大漠风光泾渭分明，又浑然一体，蔚为壮观。现已建成集旅游、休闲、娱乐、度假于一身的游览胜地。

沙生植物园

以丰富的沙漠植物而享誉国内外

武威市民勤县城西南16千米处的西沙窝　免费

民勤沙生植物园是世界上品种最齐全的沙生植物王国。园内奇花竞放，异草斗香，生机勃勃，令人大开眼界，并有明代长城墩等文物遗址两处。近年，先后有美、英、瑞典等20多个国家和地区的数千名专家、学者、官员来此考察。

圣容寺

国内稀有“千佛顶”寺庙

武威市民勤县城西南隅

武威圣容寺俗称大寺庙，位于民勤县城西南隅，属古建筑，于明洪武九年（1376年）初建于县城东北隅，成化五年（1469年）移建今址。

圣容寺整体建造布局合理，设计精巧，造型别致。其坐北向南，由山门、大雄宝殿、

红崖山水库

沙生植物园之仙人球

沙生植物园之植物

中殿、藏经阁组成院落。主体建筑为大雄宝殿，殿内顶棚由船底式方格天花板构成，其斜面与平面上满绘佛像彩云，是全国稀有的设计有“千佛顶”的寺院。

三角城遗址

民勤境内汉长城的最西点

武威市民勤县红沙梁乡西部

三角城遗址始建于西汉，城南北宽约120米，东西长约200米，现有石筑墙基残存，是民勤境内汉长城的最西点，为省级文物保护单位。

除古遗址外，这里的主要景观还有三角城林场，现已营造以梭梭为主的人工灌木林10万亩，封育以白刺、红柳为主的沙生灌木林13万亩，在绿洲西线筑起了一道亮丽的风景线。

镇国塔

藏传佛教塔

武威市民勤县城西

镇国塔位于民勤县城西，系藏传佛教塔，亦称白塔，建于明正统五年（1440年）。塔下层为基座，中层有覆体，上为相轮13层，号称十三天，似宝瓶状。镇国塔造型稳重挺拔，奇特雄伟。

塔高12米，塔基高1米，周长16米，塔身似瓶形。覆钵周围各有小佛龛两处。十三轮上面用木椽建成八角形开地盘伞盖，角上挂有风铃，伞盖上置葫芦形铸铁塔顶，中间用筒瓦砌成圆形，刹为铜制，塔身全部用条砖砌成。

连古城

沙漠里的绿洲

武威市民勤县　免费

连古城国家级自然保护区地处民勤绿洲外围的荒漠区内，是腾格里和巴丹吉林两大沙漠和民勤绿洲之间的天然缓冲带，总面积38.99万公顷。

保护区是以保护天然植被群落、珍稀濒危动植物和荒漠生态系统为目的，集资源保护、科学研究、生态旅游于一身的自然保护区。

玩家攻略

民勤人的面食做得非常精细，也特别受旅游者的欢迎，主要种类有发面馍馍、民勤拉面、醒揪面、月饼、锅盔、油果子等。

瑞安堡

集民宅和防御工事为一体

武威市民勤县三雷乡三陶村　免费

0935-4122422

瑞安堡俗称“王团堡子”，民国二十七年（1938年）修建。该堡南北长90米，东西宽56.5米，占地面积5085平方米，修建面积2394平方米，是国内保存最完整、设计最奇特的地主庄园之一。

瑞安堡规模宏大，建筑壮观，设计独特，造工奇丽，集民宅和防御工事于一身，融实用性和艺术性为一体，充分体现了我国古建筑艺术传统和现代相结合的独特风格。瑞安堡为国家级文物保护单位。

链接

瑞安堡的历史

瑞安堡位于民勤县三雷乡三陶村，堡主王庆云，字瑞庭，建堡时为民勤县保安团长，取其名中的“瑞”与他春风得意的官职中的“安”为堡名，既有吉祥安康之意，也隐含着炫耀之情。

1951年春天，民勤县人民政府在三雷乡召开镇反公审大会，59岁的王庆云被定为恶霸地主，执行枪决。瑞安堡被充公，交给县粮种场办公使用。

瑞安堡

景点推荐 武威南部旅游区

西路红军烈士陵园

武威市国防教育基地

武威市古浪县城西南角　免费

0935-5122517

经多年建设，古浪县西路红军烈士陵园现已建成烈士墓1座、西路红军烈士纪念碑1个、纪念馆2座、双拥展览厅1座，成为当地驻军、学生、周边干部群众集中接受爱国主义教育的重要场所。

天祝三峡

国家森林公园

武威市天祝县西南部　免费　0935-5949977

天祝三峡国家森林公园境内自然风光秀丽迷人，人文景观独具特色，藏传佛教文化深厚。天祝三峡原始的生态环境远离尘嚣，冰川与森林隔绝了盛夏的酷暑与烦闷，是众多游客心驰神往的避暑胜地。公园分石门沟景区、金沙峡景区、朱岔峡景区、先明峡景区、本康丹霞地貌景区、马牙雪山天池景区和天堂寺藏传佛教文化景区。

玩家解说

天祝三峡景区既有巍峨挺拔、陡峻如削的山峰，又有千回百转、奔流不息的河溪；既有终年积雪、洁白如莹的雪山冰川，又有常年温热、神奇独特的药水神泉；既有绵延起伏、碧绿如茵的草原，又有曲径通幽、遮天蔽日的峡谷；既有绵延不断、四季常青的乔灌林木，又有色彩纷呈、芳香四溢的奇花异草；既有闻名遐迩的藏传佛教名寺天堂寺，又有雄伟壮观的引大入秦现代水利工程。

马牙雪山

形似马牙、终年积雪

武威市天祝县西部，距县城35千米处 30元

9:00～17:00

马牙雪山位于天祝县西部，主峰藏语称“伦布什则”，意为“最高的须弥山”，海拔4447米。马牙雪山因形似马的牙齿、终年积雪而得名，藏族人民尊它为神山、圣山。

马牙雪山还有一状如观世音菩萨的山峰，峰脚下，众石如林而立，恰似凝神倾听佛家真谛的信徒，神态逼真，人称“观音讲经”。

玩家 攻略

每年农历六月十三，当地牧民都要在马牙雪山举行盛大的祭天池活动，异常热闹。

据说每到七八月，马牙雪山便有一种独特的自然现象，若在山顶大声喧哗或大吼一声，立时便会雷声大作，云雾密布，顷刻间大雨直泻而下，令人防不胜防。

五台岭

被称为“空中之路”

武威市天祝县中部

五台岭藏语称“夸兰尼哈”，意为“空中之路”，主峰海拔3200米，是进入天祝三峡、天堂寺、马牙雪山等风景区的必经之路。

五台岭属高山草原地带，其阴坡生长高山杜鹃、山柳、金露梅等灌木丛，阳坡为草原。登上山巅举目四望，便见万山起伏，云涛雾海。“五台岭远眺”是游人不愿错过的观光机会。

乌鞘岭

河西走廊咽喉

武威市天祝藏族自治县中部

乌鞘（shāo）岭藏语称“哈香日”，意为“和尚岭”，位于县城中部，属祁连山东延冷龙岭分支，主峰大洼顶海拔3562米。乌鞘岭为陇中高原和河西走廊的天然分界，也是半干旱区向干旱区过渡的分界线，又是东亚季风到达的最西端。志书对乌鞘岭有“盛夏飞雪，寒气砭骨”的记述，其为河西走廊咽喉，古丝绸之路要道，系军事要地。

每年7月，乌鞘岭金黄色的油菜花与绿色的麦田层叠交错，为雪域高原上增添了一道亮丽的风景。岭脊有韩湘子庙遗址。

马路滩生态旅游区

被誉为“瀚海明珠”

武威市古浪县城东北部，距离县城50千米

0935-5341818

马路滩沙漠生态旅游景区是全国农业旅游示范点。现有三大景区，其中有人文景观2处，自然景点16处，最为著名的景观有节水灌溉、高效农业、珍禽养殖、照子神树、沙漠植物园、治沙成果等。

马路滩是河西荒漠区生态经济圈模式试点，是展示钱学森沙产业理论的课堂，也是以色列滴灌设施、美国提子葡萄、日本理想大根萝卜等异域他乡的高新技术和名优产品安家落户的乐土。

玩家 攻略

旅游区内现在有沙滩排球、汽摩越野、野营野炊、沙海驼舟、射箭狩猎、沙浴沙雕、民族歌舞、篝火晚会、沙漠游泳、徒步探险等几十个旅游项目可供游乐。

马路滩

松山古城

规模较大的古城

武威市天祝县松山乡松山村

松山古城建于明万历二十七年（1599年），古城坐北向南，分内外线。1933年，军政部在山丹设军马牧场，并于松山设立分场，场部设在城内。松山城经历了400年的风风雨雨，至今基本完整，仍耸立在辽阔的松山滩草原。

玩家 攻略

松山草原位于松山古城附近，距县城30多千米，属干旱草原植被，主要为草本植物和灌木。这里地势平缓，地域辽阔，眼界宽广，羊群如云，牧歌声声。农历五六月份，这里常举办赛马会。

松山古城

景点推荐

金昌旅游区

人民文化广场

西北地区面积最大的广场之一

金昌市市中心新华路　免费

全天开放

金昌市人民文化广场占地12万平方米，由市政府广场、文化广场和绿色广场三大部分组成，是目前甘肃省内乃至西北地区面积最大的广场之一。

广场主要有旗区、花坛、大草坪、大型音控喷泉、落水瀑布及寓意深刻的城市主体雕塑——《金娃娃》组成。其中绿色广场占地6.5万平方米。这里已成为市民憩息、游乐、群众文化艺术活动、大型集会和庆典活动等的重要场所。

链接

金昌《金娃娃》

人民文化广场《金娃娃》城市主雕总高度19.81米，寓示金昌市1981年成立；其三足鼎立的不锈钢形体寓示着金昌政治、经济、文化的腾飞和崛起；上端的不锈钢球体象征地球、太阳，突出“丝路明珠”的含义；顶端的“金娃娃”为雕塑主体，取邓小平同志1966年3月来金视察时盛赞金昌是

金昌《金娃娃》

"难得的金娃娃"之意，集中体现金昌人民以豪迈的激情展开双臂拥抱明天、迈向新世纪的精神风貌。

金川公园

以人工湖为中心

金昌市中心　免费　全天开放

金川公园位于金昌市中心，建于1983年，占地448亩。公园总体布局以人工湖为中心，分为人工湖、观赏区、憩息游览区、儿童游戏区、生产管理区等。

金川公园整体布局层次分明，园中有园。人工湖有玉液池、眉湾、丹霞湖、静泊。丹霞湖是人工湖的中心区，东、西有碧春舫和清爽轩，西北面是梅岭，北面是云雀台。三山隔湖相望。园内景致优美，山水相映生辉，形成了一个自然山水的缩影。

玩家 攻略

金川公园儿童游戏区位于公园东部，占地30亩，有登月火箭、游龙戏水、电马、电瓶车、电动玩具、电子游艺室及荡船、秋千、滑梯等游乐设施。

金水湖 AAAA

号称西北最大的人工蓄水湖

金昌市东部开发区新华路以南、常州路以东

乘坐2路、5路、8路公交车可到　免费

金水湖又名金昌东湖景区，总占地面积约236公顷，号称西北最大的人工蓄水湖。景区蓄水池由5个不同面积的湖面组成，总水面面积约60公顷，总蓄水容量约230万立方米。

金水湖景观建设突出了"自然、野趣"的总体风格，营造了渔舟唱晚、水木自清、滨河绿带和生态康体活动区、老年活动区、生态教育区、拓展运动区等景区景点，具有储存、调蓄和景观三大功能的城市生态工程。

龙泉公园

儿童娱乐的绝佳去处

金昌市金川西路与永昌路交叉处　免费

全天开放

龙泉公园建于1989年，和儿童公园同时建设，两公园占地6.4万平方米。龙泉公园成为市民假日休闲、儿童娱乐的绝佳去处。盛夏时节，龙泉公园内垂柳摇曳，鸟语花香、空气清新，风景美不胜收，宛如一幅五彩缤纷的图画。

金川科技馆

甘肃省爱国主义教育基地

金昌市金川区北京路　免费

金川科技馆是甘肃省爱国主义教育基地。金川科技馆建筑面积6900平方米，展示面积4300平方米，于2009年4月16日揭牌，2009年11月1日正式对社会公众免费开放。

玩家 解说

金川科技馆展示了镍、铜、钴及稀贵金属资源储量、开采概况、有色冶金、化工工艺及压延深加工产品生产等内容，成为科普教育的最佳场所，吸引了众多市民及国内外参观者。

北海子公园

永昌一颗璀璨的明珠

金昌市永昌县环城北路　0935-7524898

北海子公园以丰富的自然资源和深邃的文化底蕴为基础，是永昌县一颗璀璨的明珠，也是人们休闲娱乐的好地方。

进入公园，首先看到的是北海子塔，塔有九层。过了北海子塔，又来到了侧门的腾飞塔，塔顶上雕刻着一只雄鹰，远眺着南方，展动翅膀跃跃欲飞。腾飞塔向东是人工湖。

玩家攻略

游完永昌美景，不能忘了品尝永昌美食。这里的羊肉垫卷子、手抓羊肉、清炖鳟鱼，再加上香豆卜拉子、洋芋搅团、清粉漏鱼子等“永昌八大碗”和麻腐水饺、胡萝卜油饼等特色面食，个个都让人垂涎欲滴。

西大河风景区

亚洲第一大皇家军马场

金昌市永昌县城西南70千米处

西大河风景区是金昌市主要水源地。这里是亚洲第一大皇家军马场，也是世界上历史最悠久的马场。

来到这片一望无际的广袤的土地，雪山、森林、湖泊、草原相映生辉，一群群牛羊如草原上朵朵白云，若时机合适，可一睹万马奔腾的壮观景象。策马奔驰在辽阔的草原，更是梦境般的旅游享受。

金川峡

夏季休闲、度假的最佳去处

金昌市永昌县县城北12千米处

金川峡水库是金昌市目前主要的生活、

金川峡

农业用水来源，也是金昌市夏季休闲、度假、旅游的风景区。

沿水库上游西行，汉、明长城从御山峡穿越。这里的长城保存完整，形制规整，女儿墙、墩院、旗墩俱存，沿丘陵沟壑起伏，宛如一条巨龙，气势雄伟。

永昌钟鼓楼

永昌历史文化的象征

金昌市永昌县县城中心　免费

全天开放

永昌钟鼓楼始建于明朝万历年间。内置钟、鼓，晨钟暮鼓，声闻四达，借以振兴文教，教化民众，历经数百年风雨浸润，是永昌

永昌钟鼓楼

历史文化的象征，古代汉族劳动人民的智慧杰作。

整体建筑结构严谨，造艺精湛，是河西走廊重要的古建筑之一，是研究明清以来古代汉族传统建筑艺术的重要实物资料。

窟窿峡
有北方独有的石林景观

金昌市永昌县西大河大坝附近　免费

窟窿峡地处西大河水库大坝下游，蜿蜒纵横20余千米，风景区包括大小黄沟等。这里层峦叠嶂，林木葱郁，高峡幽谷，飞流湍急，沙沟谷滩与林草地交错，有北方独有的石林景观。

在窟窿峡一带林区，还有许多巧夺天工的天然石景，如剑门关、鳄鱼潭、骆驼峰、神仙窟、镇河石、恐龙观山等，无不令人产生美好的遐想。

云庄寺
建于东晋的古寺

金昌市永昌县城东南36千米的祁连山中

免费

云庄寺建于东晋、北魏年间，因佛都宗师刘萨诃在此修炼17年而闻名于世。

云庄寺附近主要有云庄寺石窟、石佛寺石窟等人文景观以及祁连雪峰、森林、草原等自然景观。山上云雾缭绕，山景奇秀，峰峦叠翠，故称“云庄铺翠”。

玩家解说

云庄石窟今存大小洞窟21个，分布在云庄山主峰之下一个长约180米、高约60米的整体石壁的阳面。最大的洞窟约有两间房子大小，是按山体自然形成的崖洞修凿而成的。此洞右面的石壁上，开凿了一个一间房子大小的石窟，上下左右凿得方方正正，十分精巧。窟正中开门，门两边各开一窗，相传晋僧刘摩阿（刘萨诃）曾在这里居住过。

骊靬遗址

骊靬遗址 AAAA
留有丰富的文化遗存

金昌市永昌县城西南10千米处

免费

全天开放

骊靬遗址位于今永昌县城西南10千米处的骊靬村，古城墙正中竖有一石碑，上刻“骊靬遗址”四个大字。碑的后面也刻有碑记，叙述建骊靬县城的经过和历史。现在骊靬遗址城墙残存部分长不过30米，高不过3米。

悠久的历史给骊靬遗址留下了丰富的文化遗存，从新石器到汉唐宋元明清诸代文化在这里均有发现。者来河西岸、东部青沙沟分布着大量的新石器、汉及魏晋墓葬。

圣容寺
千年皇家古寺

金昌市永昌县城关镇金川西村

金昌圣容寺是一座有着1400多年历史的皇家寺院。隋炀帝曾在此会见西域27国首领，唐玄奘曾在此讲诵经文，因而在河西走廊久负盛名。

到圣容寺，可以去拜谒神秘的石佛瑞像，参观两座隔河相对的唐代双塔，倾听佛家禅音，荡涤心灵尘垢；也可以观瞻花大门塔龛悬葬遗址、六体文石刻、西夏墓、高昌王陵等人文遗迹，感受神秘独特的宗教文化和西北多民族多元文化交汇融合的深厚历史文化。

圣容寺塔

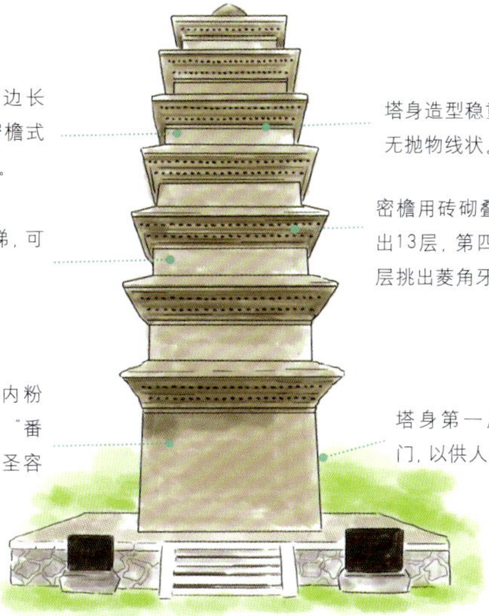

圣容寺

玩家解说

圣容寺内的大小两塔是甘肃省境内唯一保存完整的唐代佛塔建筑，参观圣容寺时不可错过。大塔塔身总高16.2米，塔基每边长10.8米，为七级方形。

小塔坐北向南，为七层塔身、七层出檐的空心砖塔。小塔每边长2.2米，塔基每边长5.26米，经实测塔身顶部至塔基为4.27米，南面一层有券砌拱门，方形塔檐用砖横斜敷砌，层层叠涩挑出3~5层。

2001年，圣容寺塔作为唐代古建筑，被国务院批准列入第五批全国重点文物保护单位名单。

攻略资讯

- 交通
- 住宿
- 美食
- 购物
- 娱乐

交通

飞机

金昌金川机场位于金昌市以东19千米八分地，于2011年8月建成并通航，为国内支线机场，通航城市包括北京、西安、兰州、敦煌、嘉峪关等。从金川机场坐飞机到兰州仅需30分钟。

火车

● 武威

武威市现有兰新、干武铁路通过境内，从兰州、西安、银川、乌鲁木齐、北京、上海等地出发的列车，都有经停武威南或武威的车次。

武威有两个火车站，其中武威南站位于距离市区西南13千米的武南镇，是兰州以西最大的列车编组站，也是兰新线和武威—中卫铁路的连接点。而武威站是一般的中间站，位于武威市内。

● 金昌

金昌市境内有兰新铁路经过。金昌火车站在金川镍矿发现后迅速发展，渐渐成为兰新线的主要站点，客流量大，常常“票满为患”，是继嘉峪关和武威南的第三大河西走廊火车站。

金昌火车站位于金川区和永昌县城的中间地带，有前往永昌县的公交车可直达火车站。

汽车

● 武威

武威市内有定武高速、连霍高速、金武高速、国道312线等贯穿全境，公路交通十分方便。位于市区南关西路的武威汽车站是进入河西走廊的第一个大站，主要通往兰州、

武威火车站

金昌风光

西宁、乌鲁木齐、敦煌、白银、银川等地。位于武威市凉州区南关西路的公用型汽车站，有发往天祝、古浪、民勤、古城、校尉、庙山、新华、南营、祁连、黄羊河农场、柏树、河东、天桥、杂木二干、沙沟、西大河等地的客车。

武威汽车站售票处电话：0935-2227913。

汽车北站售票处电话：0935-2315069。

● 金昌

金昌市面积不大，市内有金永高速、金武高速、连霍高速和省道212经过。

金昌汽车站位于金川区新华路28-1号附近，电话：0935-8213832。

永昌汽车站位于永昌县西街附近，电话：0935-7522910。

住宿

武威

武威市区的范围不大，各宾馆、招待所的价格也都不贵。武威市南关西路的长途汽车站附近不但宾馆相对集中，而且出行便捷。

● 天马宾馆

天马宾馆位于武威市区中心，为三星级旅游宾馆，由南、北客房楼、综合楼、商业网点及附属设施组成，可为宾客提供融吃、住、行、游、购、娱为一体的配套服务。

武威市凉州区西大街41号 0935-2212355

● 荣华宾馆

荣华宾馆为三星级旅游涉外宾馆，集餐饮、住宿、娱乐于一身，餐饮部拥有豪华包厢，提供高、中档菜品和地方特色菜品。

武威市荣华路1号 0935-3133600

● 武威大酒店

武威大酒店是按三星级设计标准兴建的旅游涉外酒店，拥有标准间193间、豪华套房6间、豪华标准间13间、总统套房3套，其他经营项目和设施有餐饮、娱乐、美容美发、商场等。武威市北关什字西北角市电视台对面 0935-2218888

武威大酒店的客房

金昌

金昌市面积不大。在金川区、永昌县城都可以住宿；也可以选择位于金川区和永昌县城中间地带的河西堡镇住宿，这里距离火车站不远，交通较为方便。

● 金昌饭店

金昌饭店坐落于金昌市中心，四星级，临近市政机关，交通极其方便，是商务、宴会、休闲、娱乐的理想选择。现金昌饭店以原有悦宾楼、贵宾楼、迎宾楼及新建综合楼组成。 金昌市新华路 0935-8368888

● 金川宾馆

金川宾馆是集餐饮、住宿、商务会议于一身的三星级绿色旅游饭店，是金昌市餐饮住宿行业的亮点服务窗口。坐落于市区主干道，地理位置优越，交通便利。 金昌市北京路35号 0935-8611808

● 龙首山庄

龙首山庄坐落在金昌市市中心，环境静谧、空气清新，是一座集餐饮、住宿、会务、娱乐、健身于一身的四星级涉外酒店。

金昌市金川西路16号 0935-8611588

美食

武威

武威市的特色小吃有面皮、油炸糕、米汤油馓、满族饽饽、燕窝酥、沙米粉等，特别是当地的面皮，筋道味美、香辣爽口，让人回味无穷，而满族饽饽则是以众多的花样令人眼花缭乱、口水直流。

● 凉面

当地凉面的制作用精粉兑蓬灰（一种绿色食用碱），掺入少量的清油，反复揉按，揉好后要醒三四个小时；然后根据需要拉成各种形状；煮好后，放进凉水激两遍，然后用清油拌两遍即可食用。

● 浆水面

做好的浆水面看上去嫩黄柳绿，红油浮面，酸辣可口，色味俱佳。制作浆水面，面条的种类不拘，擀压拉均可，关键在于浆水沤制的好坏。

● 米汤油馓子

米汤油馓子是凉州特色小吃之一。米汤用凉州特产黄米和少许扁豆调入砂锅用旺火熬成，再将少许面粉或玉米淀粉打成糊状兑入。它是一种经济实惠的风味食品。

● 酿皮子

酿皮子是面粉制的食品，色泽晶莹黄亮，半透明如玉，切成筷子粗细的长条状食品，再加上酱油、香醋、蒜汁、辣椒油、精盐等调料即可食用。

金昌

金昌处在农耕文明和游牧文明的交界线上，因而在饮食上既有草原游牧民族的风味，又有农耕民族古代美食的遗风。金昌市的美食小吃主要有香豆卜拉子、永昌水饺、羊肉垫卷子、永昌面皮等。

● 香豆卜拉子

香豆卜拉子采选香豆叶、艾叶、榆钱等天然植物花叶，掺优质精细面粉蒸制而成。色香味俱佳，为永昌传统的地方美食。

● 永昌水饺

永昌水饺为永昌县地方小吃，以洋芋、

永昌水饺

麻腐和精选大肉、羊肉为主，皮薄馅多，香味醇厚，营养丰富，食而不腻。

● 羊肉垫卷子

羊肉垫卷子是河西地区几百年来风行的一种风味名吃，金昌的风味则更纯正地道。羊羔肉质地细嫩，瘦而不柴，营养丰富，无一丝膻味，色正、味纯，香气四溢，鲜嫩可口。

● 手抓羊肉

手抓羊肉是金昌乃至河西走廊的风味名吃，味道鲜美，营养丰富，吃法独特，余香无穷，遍及城乡各地，是全市上千家“农家乐”的主打菜肴。

● 永昌面皮

永昌面皮具有筋道、柔软、凉香、酸辣可口、四季皆宜之特点，是西北较有民族风味的食品之一。在永昌大街小巷总能看到面皮。

酿皮子

购物

武威

武威旅游商品品种众多，形成了以“奔马系列、牦牛系列以及东汉铜车马”为主的文物复仿制品，“镶嵌、编制、刺绣”的纪念品，“山野菜、牛羊肉”的绿色食品等多个地方特色旅游商品系列。位于市中心的共和街是商业步行街，集中了各大百货商场和名品店，是武威购物的首选地。

《马踏飞燕》仿制品：武威市生产制造的《马踏飞燕》有原马放大4倍、3倍、2倍、原大等12种规格5种档次的铜奔马系列产品及其他如金制、玉制、水晶制等不同材质的奔马系列商品。

沙雕工艺品：由特殊的沙子精心制作而成，通过艺术家的创作，呈现迷人的视觉奇观，格调高雅，产品精致。

金昌

天水路步行街是金昌市最繁华的街道之一，地处金川区中心地段。在这里集聚着各种品牌服装、外贸服装、休闲娱乐场所、小吃以及手机、手机配件卖场，是来金昌不得不逛的一条商品街，也是消费娱乐的好去处。

永昌胡萝卜：胡萝卜为永昌特产，色泽鲜艳，味甜汁多，营养丰富，生、熟均可食，很受消费者的喜爱，宴客、馈赠均为上品。

金昌灰香豆：金昌特产灰香豆是甘肃著名的风味小吃，深受当地人民喜爱。灰香豆选择优良黑豆，佐以蓬灰煮煎，温凉后调入食糖，味色俱佳，食之清热凉血，是解暑消渴的风味小吃。

鸵鸟蛋雕刻：鸵鸟蛋艺术品是中国现代文化与传统文化的融汇，其色彩艳丽、雍容华贵、纯手工制作，做工细致精巧，构图完整饱满，极具观赏价值，是收藏和馈赠的珍宝。

发现者旅行指南

张掖

概览

亮点

张掖大佛寺

丝绸之路上的重要名胜，张掖的标志性建筑，寺内安放有国内最大的室内卧佛。

山丹大佛寺

千年古刹，久负盛名，大雄宝殿是山丹大佛寺的主体建筑，雄伟壮观。

张掖丹霞国家地质公园

造型奇特，色彩艳丽，国内唯一的丹霞地貌与彩色丘陵景观复合区。

山丹军马场

当前世界最大和历史最悠久的马场。公元前121年由西汉骠骑将军霍去病始创。

大佛寺

马蹄寺

石窟始建于北凉，融石窟艺术、祁连山风光和裕固族风情于一体。

文殊寺石窟群

建于北魏时期，是规模较大的佛教石窟群。文殊寺是远近闻名的古刹。

线路

张掖精品二日游

第一天到达张掖后，先在张掖市区的大佛寺朝拜游览，接着前往张掖丹霞地质公园感受宫殿式的丹霞震撼。晚上返回市区住宿。第二天先到山丹马场策马奔腾，接着前往肃南县的马蹄寺和金塔寺听传说、赏石窟。

名城古韵二日游

第一天先游览著名的张掖大佛寺，接着前往黑水国遗址寻找历史的踪迹。第二天先前往高台万亩葡萄园纵享美味，再到高台骆驼城回望昔日繁华。

张掖湿地公园

塞外江南二日游

第一天游览张掖国家湿地公园，接着前往大湖湾观赏候鸟飞翔，晚上返回市区住宿。第二天前往高台葡萄园感受采摘乐趣，再到月牙湖公园欣赏“湖映月牙”的美景。

为何去

张掖为国家历史文化名城，古称甘州，自古有“金张掖”美称。马可·波罗曾醉心于此，停留达一年之久。张掖旅游资源丰富，无论是张掖大佛寺、马蹄寺、文殊寺这样的历史人文景观，还是丹霞国家地质公园、山丹马场等众多自然风光，都是令人难以忘怀的旅游去处。

山丹军马场

何时去

张掖属大陆性气候，干燥少雨。每年6~9月是到张掖旅游的最佳时节。夏季来张掖，马蹄寺和山丹军马场不得不游，不论是骑马漫步马蹄山，还是策马在草场上奔驰，都能看到壮美的景象。如果恰逢山丹马场赛马艺术节或马蹄寺旅游观光节，更是热闹非凡。秋季的最佳选择是张掖丹霞国家地质公园。这里宫殿式的丹霞地貌全国第一，彩色丘陵色彩之缤纷更是冠绝全国。

沙漠中的骆驼

张掖旅游示意图

区域解读

区号：0936

面积：40 826km²

人口：约122万人

主要少数民族：裕固族

地理 GEOGRAPHY

区划

张掖辖1个区（甘州区），4个县（山丹县、民乐县、临泽县、高台县），1个自治县（肃南裕固族自治县）。

地形

张掖市西南为祁连山脉，东北有合黎山，黑河贯穿全境，形成了特有的荒漠绿洲景象。中部为海拔1410～2230米的倾斜平原，形成张掖盆地；平原地形呈冲积扇形，由东南向西北敞开，是“河西走廊”的重要组成部分。

张掖境内总体上地势平坦，土地肥沃，林茂粮丰，瓜果飘香。雪山、草原、碧水、沙漠相映成趣，既具有南国风韵，又具有塞上风情。境内最高峰是西武当大山，海拔3132米。

气候

张掖属于典型的大陆性草原荒漠气候，干燥少雨，年平均气温6℃，1月最冷，7月最热。冬季较寒，夏短较暖，多大风风沙天气。

美丽的塞上江南

美丽的“金张掖”是镶嵌在我国北方的一颗闪亮的明珠。这块沙漠中的绿洲亘古以来便蔚为壮观，美丽富饶，被人们誉为“塞上江南”，留下了“不望祁连山顶雪，错将张掖认江南”的佳句。

张掖位于黑河中游冲积扇上，地势平坦，土地肥沃。巍巍祁连，险峻挺拔，山顶终年积雪，山下水草丰润。祁连七一冰川是我国有名的冰斗山谷冰川，也是世界上距城市最近的可游览冰川；肃南草原被誉为中国最美的六大高山草原之一；汉武帝时期开辟的山丹皇家马场闻名遐迩；临泽、肃南境内彩色丘陵等丹霞奇观冠绝华夏。

张掖湿地地处黑河冲积扇形成的三角洲之上，以河流、草本沼泽、湿草甸等天然湿地以及人工湖、池塘、沟渠等人工湿地为主体。这里既有千里冰封的北国风光，又有田畦交错的江南景致；既是瓜果遍地的鱼米之乡，又是举步踩塘的天然湿地。

历史 HISTORY

历史大事记

● **战国以前**

夏时，张掖等地属雍州之域。

张掖丹霞

殷商时，张掖为西戎居地。

西周及春秋时期，张掖等地为月氏族所居。

● 秦汉时期

秦汉之际，北方的匈奴族强大起来，击败并赶走了月氏人，河西遂为匈奴右贤王的领地。

西汉武帝元狩二年（前121年），骠骑将军霍去病进军河西，战败匈奴，浑邪、休屠二王率众归汉。

汉元鼎六年（前111年），取“张国臂掖，以通西域”之意，置张掖郡。

● 隋唐时期

南北朝时期，沮渠蒙逊在张掖建立北凉国，都建康（今高台县骆驼城）。张掖文化呈现出空前繁荣的局面，成为北方中国佛教的中心。

唐代时，河西的国际贸易地位达到前所未有的高峰，张掖成为中国对外贸易的重要场所。

● 宋元明清

北宋天圣六年（1028年），党项族首领李元昊击败甘州回鹘，建立西夏，推崇佛教、道教，建成了规模宏大的佛教寺院大佛寺。

元代时，意大利旅行家马可·波罗曾在甘州停留一年。他在《马可·波罗游记》中记述了张掖的富庶、城市的规模以及宗教寺庙的宏伟。

明代洪武五年（1372年），宋国公冯胜平定甘肃，置甘肃卫于甘州，隶陕西都司。

清代时，张掖为甘州府治所，甘肃提督统军驻地，节制凉州、肃州、西宁、宁夏四镇总兵。

● 近现代

1949年，设张掖分区，辖张掖、山丹、民乐、临泽县，治所张掖县。

1958年，撤销张掖县，成立张掖市（地级），由张掖专区代管。

2002年3月1日，国务院批复撤销张掖地区和县级张掖市，设立地级张掖市。

古丝绸之路的咽喉

举世闻名的丝绸之路，是古代东西方之间政治、经济、文化交流的友谊之路；而地处河西走廊咽喉地带的张掖，则是古丝绸之路上的重要枢纽。

西魏时期（535—556年），西域商队云集张掖，东罗马帝国和波斯钱币可在张掖交易中使用，张掖成为国际贸易城市。隋代（581—618年），张掖成为经营河西和西域的大本营，民族贸易异常活跃。609年，隋炀帝西巡，亲自在张掖主持有西域27国使臣、

名单 张掖历史名人

唐代文人赵武孟

唐朝乌氏三将军：乌承玼、乌承恩、乌重胤

清代诗人陈史

清代名医杨多萌

清代著名书法家毛升汉

清代将军高孟

近代爱国富商刘芳

商贾参加的“互市”，有当时的“万国博览会”之称。此后，张掖贸易日益繁荣，由中西贸易的中转站，逐步发展成为对外贸易和对外开放的窗口，“金张掖”的美誉也开始传遍天下。

“一湖山光，半城塔影，苇溪连片，古刹处处”的张掖是魅力无限的。作为古丝绸之路的一个重要节点城市，张掖也曾经是无数商贾和文化名人的必经之地：霍去病、张骞、班超、法显、唐玄奘等都曾途经张掖前往西域，就连马可·波罗都曾醉心于此，停留长达一年之久。

文化 CULTURE

多彩的裕固族文化

裕固族源于唐代游牧在鄂尔浑河流域的回纥族，9世纪中叶，回纥族的其中一支迁徙到今甘肃河西走廊的敦煌、张掖、武威一带，史称河西回纥。他们与邻近各族交往相处，逐渐形成为一个单一民族。作为西北地区独有的游牧民族，勤劳的裕固族人在河西走廊的戈壁绿洲里代代传承，生生不息。

裕固族文化基本上属于北方游牧文化的范畴，在其形成过程中吸收了许多其他民族的文化，因此在总体上呈现出民族文化的多样性和特殊性。除汉文化之外，裕固族文化中包含有明显的藏族文化、蒙古族文化等民族文化的许多成分。

生活在绵延起伏的祁连山下的裕固族人，其宗教信仰、饮食、生产、生活习俗、服饰、传统体育及民间歌谣谚语等都极富情趣和民族特点。裕固族的民间文学内容非常丰富，体裁多样，包括神话、传说、民间故事、民间歌谣、叙事诗、谚语、格言等。

裕固族服饰

景点推荐

张掖城区景点

张掖大佛寺 AAAA

有全国最大的西夏佛教殿堂

- 张掖市甘州区民主西街大佛寺巷
- 41元
- 8:30~18:00
- 乘坐1路、5路、18路公交车可到

张掖大佛寺始建于西夏崇宗永安元年（1098年），因寺内供奉释迦牟尼涅槃像，又名“卧佛寺”。为历代皇室敕建的寺院，总面积3万余平方米。

张掖大佛寺保存有全国最大的西夏佛教殿堂——大佛殿、最大的室内木胎泥塑卧佛和最完整的初刻初印本《永乐北藏》，是集建筑、雕塑、壁画、雕刻、经籍和文物于一身的佛教艺术博物馆。

大佛寺现存古建筑包括山门、牌坊、钟楼、鼓楼、大佛殿、大成殿、藏经殿、土塔及金塔殿。大佛殿、佛教艺术陈列厅、佛教经籍陈列厅、土塔、山西会馆、金塔殿等可供游客参观游览。

大佛寺卧佛

甘泉公园

借张掖名胜“甘泉”而得名

张掖市甘州区北水桥街19号　免费

甘泉公园建于1984年，规划有精品花园区、儿童游乐区、水上游乐区、休闲避暑区、垂钓娱乐区、餐饮服务区等功能区，风景优美。

近年来，公园不断完善基础设施，现已成为全市人民及外地游客晨练、休闲、旅游、度假、娱乐的重要公共场所，成为全市乃至河西走廊重要的旅游景点。

玩家 解说

大佛寺大佛殿为全寺主体建筑，坐东面西，为两层楼结构，重檐歇山顶，高20.2米，宽48.3米，进深24.5米，面阔9间，进深7间，总面积1370平方米。大殿四周木构廊庑，殿檐下额枋上雕有龙、虎、狮、象等。正门两侧嵌各用50块方砖拼成的浅浮雕两幅，每幅4.6米见方，刻工精细，富丽浑厚，是砖雕艺术的精品。殿内彩塑现存31件。

张掖钟鼓楼

仿西安钟楼建造

张掖市中心　免费

张掖钟鼓楼又称镇远楼、靖远楼，俗称鼓楼，位于张掖市中心，东西南北四条大街交会于此，是河西走廊现存最大的钟鼓楼。

钟鼓楼仿西安钟楼建造，平面方形，建在一座砖砌的坛上，面阔3间，进深3间，底宽16米。台平面呈方形，台底宽32米，高9米，基座至楼顶30多米；楼为三层木构塔形，重檐四面坡，攒尖顶。钟鼓楼飞檐翘角，雕梁画栋，典雅庄重，是典型的中国传统建筑。

西来寺

甘州古文物荟萃之地

张掖市西南隅

西来寺院内，松柏交翠，青石铺道。这里是甘州古文物的荟萃之地，也是甘州佛教协会所在地、省级文物保护单位。寺内香火

佛像两侧塑优婆夷、优婆塞立像各一尊。

佛像安睡在大殿正中高1.2米的佛坛之上，佛身长34.5米，肩宽7.5米，耳朵约4米，脚长5.2米。

日夜不熄，朝佛礼拜者和中外游客接踵而来，络绎不绝。

现存藏经楼为单檐硬山顶，两加卷棚顶，面阔5间，进深五架梁八架椽。南配殿有护国仁王佛像一堂，北配殿有护国天尊护法一堂，大殿有如来佛像。寺内的观音殿为单檐歇山顶，面阔3间；殿顶部中心有藻井，围以绘有各种图案的天花板，系明代建筑，文物价值极高。

山西会馆

宫廷与民间风格融为一体

张掖市甘州城南街 免费 全天开放

山西会馆位于甘州城南街，与大佛寺相邻，是清雍正八年（1730年）山西客民赵世贵、赵继禹、张朝枢等将始建于雍正二年（1724年）的关帝庙改建而成，修建费用都由客商募捐。

会馆将宫廷建筑与民间建筑融为一体，形成起伏开阖、疏密相间、错落有致的院落群体。殿宇楼阁、庭院花木，使整个建筑绚丽多彩。精美的木雕、石雕、彩绘、泥塑遍布全馆，交相辉映，具有重要的研究价值。所有建筑除配殿已拆除外，其余保存完好。

链接

山西会馆的来历

自明清早期起，山西人“走西口”的队伍逐渐壮大起来。内地的大量物资流向口外，而口外的毛皮、呢绒原料又是内地富贵之家的必需品，山西商人抓住了这个巨大的商机。商事往返的频繁又催生了大量的旅舍、客店、饭庄，从此，口外展现出前所未有的生机与繁荣。

在异地他乡，难免有思亲怀旧之感，而“会馆之立，所以联乡情，笃友谊也”。朋友居五伦之一，四海之内，以义相投，皆为兄弟。晋商文化和精神曾经通过他们的一切有形之物和一切无形之义而存在并传递着，会馆就是这样一种精神的载体。

灵隐寺

著名的千年古刹

张掖市甘州区西沙井镇兴隆村

灵隐寺是丝绸之路上一座著名的千年古刹。灵隐寺经历了1000多年的沧桑岁月，庙宇早已被风沙侵蚀掩埋，虽然不见了庙宇，可佛光灵气千年不减。

1988年，当地民众及僧人自发筹资重建灵隐寺。经过近20多年的兴建，今日灵隐寺，四周红柳环抱，绿树成荫；内有山门殿、天王殿和雷音宝殿，两侧有钟楼、鼓楼、讲堂、僧房、客堂、地藏殿、弥陀殿。现已成为一座颇具规模的建筑群落，香火甚是旺盛。

玩家攻略

张掖灵隐寺在旅游文化节期间，开展灵隐寺庙会、戏剧演出、甘州小调及民间小曲演出、民间工艺品展销、地方小吃展示等一系列文化活动，届时十分热闹。

链接

灵隐寺的传说

灵隐寺始建于唐朝。据传唐僧西天取经时，沿丝绸之路西行，途经甘州，见城西茫茫沙滩上生长着一片郁郁葱葱的胡杨林，林中弥漫着祥光瑞气，认定此处必是佛门圣地，随即点化当地民众在这里建起一座

木塔寺木塔

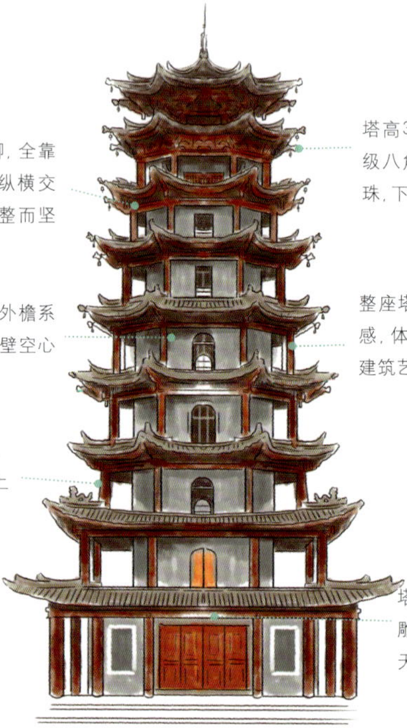

寺庙，取名灵隐，意为灵光隐于沙滩密林，灵隐寺由此得名。近年来，灵隐寺的名声远传省内外，前来朝觐观光的游人络绎不绝。

木塔寺

甘州区标志性建筑

张掖市甘州区县府南街　25元

乘坐3路、5路、18路公交车可到

0936–8229595　8:00～18:00

木塔寺原名万寿寺，位于原张掖中学校园内，现仅存木塔及藏经楼两座建筑，为甘州区中心广场标志性建筑。

寺与塔初建于北周或更早一些，经隋、唐、明、清历代重修。现存木塔重建于1926年，为甘州五行（金、木、水、火、土）塔之一。

木塔寺

总兵府

规模宏大的古建筑群

张掖市甘州区民主西街图书馆院内

总兵府建于清康熙年间，系凉州总兵甘州人高孟的府第，是一座规模宏大的古建筑群。与整个大佛寺景区隔街相望。这里已成为探寻古城文化内涵与旅游观光的又一去处。

总兵府现存殿堂、配殿各两座，后楼一座。前堂面宽5间，进深3间，单檐硬山顶；后堂距前堂18米，面积稍小于前堂，顶部结构与前堂相同。后楼为四合院式，建筑华丽，装修精美。

景点推荐 张掖郊区景点

张掖国家湿地公园 AAAA

一湖春光、半湖芦花

张掖市甘州区城郊北部

全天开放

张掖市地处祁连山下冲积扇三角洲，自古以来就是坐落在湿地上的一座城市，有“半城芦苇、半城塔影”“一湖春光、半湖芦花”的自然美景和历史风貌。2009年12月，被国家批复命名为“张掖国家湿地公园”。

二坝湖水利风景区

距张掖市区最近、最大的水域

张掖市甘州区碱滩镇二坝村　全天开放

二坝湖旅游风景区是在始建于1958年的二坝水库基础上建设而成的，是距张掖市区最近、最大的水域。水库是融防洪、水产养殖、补充地下水为一体的综合型水库。景区内亭台楼阁，曲径长廊，芦苇湿地相互映照，别具一格。现已成为区内外游客休闲、旅游、度假、娱乐的旅游景点游览胜地。

玩家攻略

二坝湖景区内有国家二级资格厨师，随时为游客提供各种农家风味的特色小吃，品尝原生态二坝鱼、红沙窝手抓羊肉等，同时还能承接各种宴席，可容纳200人同时就餐。

环湖人行道设计精巧，可供游客散步、慢跑；游客接待中心设有乒乓球室，免费供游客进行切磋、比赛；景区大院拔河比赛场地、小型体育娱乐活动等场所，可承接小型职工运动会，使游客在健身的同时体验运动的乐趣。

张掖森林公园

理想的园林佳地

张掖市甘州城区东郊9千米处 免费

9:00~17:00

张掖森林公园位于张掖市东郊9千米处。这里地貌独特，地势开阔，林茂水秀，花繁草盛，是古丝绸道上文化名城“金张掖”的又一新型风景游览热点。

张掖森林公园地处河西走廊绿洲平原中部，拥有独特的自然地理环境。园内沙滩、阳光、森林、湖水等紧靠市区，自成天地，环境幽雅、意境深邃，是理想的园林佳地。

黑水国遗址

新石器时期的古文化遗址

张掖市西北12.5千米处

0936-8229595

黑水国遗址南北长15千米，东西长10千米，是新石器时期的古文化遗址。遗址内有汉代墓葬群，多数墓葬已被沙埋没。

黑水国古城遗址分南北两城，相距约3千米。现存城墙多为明代所筑，城内建筑遗址密集，散存有大量汉代砖块，遗址内发现的壁画有《西游记》《三国演义》等故事情节，具有较高的历史艺术价值。

甲子墩墓群

规模较大的古墓群

张掖市甘州区碱滩镇甲子墩村

甲子墩墓群是河西地区规模较大的古墓群之一，保存较好，出土器物丰富，对研究汉晋时期河西地区的埋葬制度、丧葬习俗及政治、军事、经济、民族融合、文化等，具有很高的价值。

墓葬出土了较多的随葬器物，有陶壶、陶钟、仓、灶、罐、案、井、鼎、博山炉等，还有木马、木牛、铜弩机等。

黑河森林公园 AAAA

自然景观独具特色

张掖市甘州区西郊黑河滩林区 免费

0936-85102008

黑河森林公园有中国第二大内陆河——黑河萦绕而过。这里树木郁郁葱葱，泉流清澈见底，鸟鸣清脆悦耳，奇花异草争奇斗艳，自然景观独具特色。

公园始建于1996年6月，占地面积376公顷，是一处自然风光和人工造景相融，集旅游、休闲、避暑、度假、餐饮服务于一身的园林胜地。

东大山风景区

奇峰异石众多

张掖市甘州城区东北32千米处 10元

8:00~17:00

东大山风景区山峦起伏、山秀峰奇、沟壑纵横、岩峻石怪，松柏苍翠、花草飘香，游人来此如入仙境，心旷神怡，流连忘返。

陡峭的奇峰异石还造就了“棋盘绿荫、神仙赐福、接驾神泉”等自然景观。棋盘山中间有一条界线分明的“楚河”，两边各一营盘，棋局对弈，传说是道家祖师袁天罡和张天师云游至此对弈，布下的棋局。

玩家 解说

东大山风景区有不少古建筑。东山寺又名相国寺，始建于西夏，清代鼎盛；红沙窝古堡始建于清朝同治年间，是当地人为抵御贼寇而建的一座大庄园，别具一格，气势雄伟，有很重要的史学价值。

东大山

景点推荐 张掖东部旅游区

山丹大佛寺 AAAA

有世界上最大的室内泥塑坐佛

张掖市山丹县城西5千米处　免费

山丹大佛寺旧名“土佛寺”，始建于北魏太武帝始光二年（425年），距今已有1500多年。

大佛寺在历史上屡遭战火，又屡次重建。自1992年开始，时任住持释觉慧大师八方化缘，在香港宝莲禅寺著名佛教活动家圣一大师的支持及捐助下，共耗资1700多万元对山丹大佛寺进行重建，并于1998年正式开光。寺内拥有世界上最大的室内泥塑坐佛。

玩家解说

大雄宝殿是山丹大佛寺的主建筑。整座大殿为全木质结构，琉璃瓦盖顶的楼阁，高39米，飞檐陡壁，雄伟壮观。殿内正面供奉的是释迦牟尼坐像，佛高35米，造型逼真，姿态优美，坐佛的手、足、胸及面部用纯金箔裱贴，金光熠熠，气度不凡，有“天下第一佛”的美名。

山丹军马场

世界最大马场

张掖市山丹县祁连山区大马营草场

免费，骑马20元/小时

全天开放

山丹军马场位于河西走廊中部、山丹县

城南55千米处的祁连山北麓大马营草原，地跨甘青两省、毗邻三市。在苏联顿河马场解体后，山丹马场成为世界上最大的马场。目前由总场、一场、二场、三场和四场组成。

山丹军马场草原地势平坦，水草丰茂，属高原牧区。气候常年温和阴湿，是马匹繁衍、生长的理想场所，也是中国最美的六大生态草原之一。

链接

山丹军马场的历史

山丹军马场在秦以前为月氏人的游牧地。秦以后，一直被匈奴人占据，成为匈奴战骑的培育基地。在这里培育出的战马粗壮结实，耐力久，又具有良好的负重能力，适于长途奔袭。公元前121年，骠骑大将军霍去病率军越过焉支山，击败匈奴，夺取了整个河西走廊之后，山丹军马场正式纳入汉朝版图。不久以后，汉武帝在此设置牧马苑，屯兵养马，这里遂成为汉王朝的皇家马场。

窟窿峡

窟窿峡是一条幽深狭窄的峡谷，由南向北逐渐蜿蜒收缩，南北长约20千米，面积约1万平方米。窟窿峡南面地势平坦，两侧山峰层峦叠嶂，树木葱郁，飞流湍急，沙沟谷滩与林木草地交相辉映。

鸾鸟湖

鸾鸟湖位于山丹军马场一场南面窟窿峡上游，每年都有许多飞鸟在湖中嬉戏。此湖地处雪域高原，清澈如镜，神秘幽深，雪山倒映其中，朦朦胧胧，若隐若现，蓝天白云，雪山草原，湖水涟漪，菜花铺金，令人心旷神怡，浮想联翩，流连忘返。

大黄沟

大黄沟在山丹军马场境内，位于山丹县城东南100千米处，是祁连山北麓西大河流域一条南北走向的狭长沟谷，因盛产名贵中药“大黄”而得名。这里山水奇特，风景怡人，是大自然赐予人类的一块风水宝地。

白石崖

白石崖风景区是天然雕饰的人间仙境，又是资源丰富的绿色植物宝库，也是山丹人

山丹军马场

民的生命线，景色十分壮观。站在白石崖下，石崖绵延百里，可通到青海境内。对想要探险、寻求刺激的人来说，白石崖是个绝好的探险佳地。

油菜花海

山丹军马场拥有连片种植农田40余万亩，是河西地区重要的大型油菜生产基地，也是全国最大的油菜连片种植基地。油菜花盛开的季节，数十万亩菜田金波摇曳、蜜源飘香，蔚为壮观，吸引着无数游客慕名前来观赏。

塘坝景区

通过蓄水工程建设，山丹军马场已使“高峡出平湖”成为现实。每年的6~9月，是这里最美丽的季节。在塘坝景区游览，不仅可观赏大型农业种植区的美景，还能捕捉到野鸭嬉戏、候鸟聚集的场景，泛舟水面，又可领略水天一色、高峡平湖的无限风光。

南湖公园

新型综合型公园

张掖市山丹县南大街　免费

南湖公园又名南湖生态植物园，是山丹实验推广花卉树种新品种的林业示范园，同时又是融历史人文景观与自然景观为一体的游览之地。

公园由喇嘛缸泉改扩建而成，至今已形成占地面积20万平方米、观赏景点近20处、游乐项目10多项，融观光旅游、休闲娱乐、餐饮聚会为一体的新型综合型公园。园内有发塔寺、常青苑、转轮亭、昭文堂等建筑。

焉支山森林公园 AAAA

以自然风光为依托

张掖市山丹县境内城南40千米处

焉支山森林公园人文景观众多，是一座历史名山。焉支山自然风光秀美，园内植物有1000多种，是消夏避暑、度假旅游不可多得的自然风光游览胜地。

艾黎博物馆

为纪念艾黎而建

张掖市山丹县文化街　免费

艾黎博物馆即艾黎捐赠文物陈列馆，坐落在山丹县文化街，是为了珍藏和展示艾黎伟大而又充满传奇的一生及其捐赠的珍贵文物而建的。

整个馆舍呈颇具民族特色的四合院结构，主展厅为中西合璧式两层大楼。陈列馆院内正中被松柏环围、百花簇拥着的是路易·艾黎半身铜像，赭红色的大理石基座正面镌刻着邓小平同志的亲笔题词“伟大的国际主义战士永垂不朽”几个苍劲有力的镀金大字。

链接

艾黎小传

路易·艾黎

1942年，路易·艾黎和乔治·何克一起在陕西的双石铺建立培黎学校，1944年学校迁到了山丹。艾黎同山丹人民一起生活了近10年，为新中国培养了一批特别能战斗的建设人才。他60年如一日，为中国的革命和建设事业，作出了巨大贡献，赢得了中国人民的尊敬和爱戴。

新河驿遗址

明清时期的古驿站

张掖市山丹县城东南20千米处

新河驿位于汉明长城脚下。山丹县内

长城遗址保存完好，东西两边城墙绵延。

这里曾是明清时期的古驿站，现存遗址为一正方形土堡，边长70米，墙体上宽3米、下宽5米，黄土夯筑，墙内存一驿井。游客可在驿站或2642号里程碑处下车，骑马、骑骆驼或坐木轮马车，亲自走一段2.5千米长的“丝绸古道”，体验在丝路上长途跋涉的苦乐。

汉明长城

有保存较为完整的古城

张掖市山丹县境内 免费

山丹县境内长城东接永昌县水泉子乡，西至东乐乡龙首山脉的烟洞沟，约160千米。这里有较完整的汉长城60千米，烽燧19座；明长城98千米，烽燧64座。

汉明长城走向、长度大致相同，汉长城在北侧，明长城在其里，两者相距10~80米，平行延伸。在山丹新河驿内，有一段“双城墙”（大墙内有双道随墙），墙上的双道随墙中间是巡道，这也是“露天长城博物馆”独有的景观。

圆通寺塔

砖包土藏传密宗金刚宝座塔

张掖市民乐县六坝乡城堡内

圆通寺塔初建于明代。1994年，甘肃省政府拔出专款对该塔进行维修，2001年圆通寺被国务院公布为第五批全国重点文物保护单位。

圆通寺塔坐东朝西，正面偏南30度，是一座砖包土藏传密宗金刚宝座塔。台基高20~40厘米，塔体四周约3.31米处有砖砌护栏，塔座之上是须弥山。须弥山上、下四角各设小塔1座，共计8座，上下对应，精巧玲珑。

八卦营古城址

西汉时期古遗址

张掖市民乐县永固乡八卦营村

八卦营城址是一处中国西汉时期古遗址，位于张掖市民乐永固乡八卦营村西北，以汉初名将霍去病在此布八卦阵击退匈奴得名。

城址占地广达42万平方米，城垣为残高4米的夯土建筑，东、南各开一门，内有宫城、内城、紫营台。遗址有大量汉砖瓦残片、灰陶片等留存，城址东北有2000平方米的5米高台，俗称为“点将台”。

东灰山遗址

发现了我国最早的小麦标本

张掖市民乐县六坝镇

民乐县东灰山遗址是1958年9月甘肃省博物馆开展文物普查时发现的。遗址由灰土与沙土堆积而成，呈东南—西北走向，高出地表5~6米，面积24万平方米，属四坝文化。

与其他遗址不同的是，考古学家在东灰山遗址中发现了小麦、大麦、粟、黍籽粒等作物的炭化籽粒，尤其是小麦粒完整饱满，且数量很多。

民乐公园

浓缩了民乐的历史与现实

张掖市民乐县城西北郊

民乐公园因势造景，自然布局，精心设计，独具匠心，既有江南之秀丽，又有北国之雄风。雕梁画栋的门楼气势轩敞，雄狮对峙，翘角冲天。门楼之后，影壁上鲜活的画面，浓缩了民乐的历史与现实。

面积1.3平方千米的人工湖端居园中，与亭、台、桥、岛相得益彰。长廊、水榭、临水雕塑环湖而建，花木锦簇，绿地如茵，与彩绘长廊相互映衬，形成风光旖旎的景观。

景点推荐 张掖西部旅游区

张掖丹霞 AAAA

"中国最美的七大丹霞"之一

张掖市临泽县倪家营乡、肃南县康乐乡

张掖火车站有直达景区的专线

74元（含观光车票）

0936-5623666

张掖丹霞国家地质公园以地貌色彩艳丽、层理交错、气势磅礴、场面壮观而称奇，是一种独特的地貌类型——彩色丘陵。地质公园色彩之缤纷、观赏性之强、面积之大冠绝全国，举世罕见，具有很高的科考和旅游观赏价值。

张掖丹霞地貌主要有两块带状分布区，而整个张掖丹霞区域目前开发的主要有两个——临泽丹霞和冰沟丹霞，一个位于肃南县，一个位于临泽县。其中，临泽丹霞开发相对成熟，冰沟景区属于原生态。

玩家攻略

入口：张掖丹霞地质公园有东西两个入口，东口允许私家车进入景区。西进口禁止私家车进入景区，须购买门票（40元）后再购买观光车票（20元），方可进入景区。东进口进入景区内，可以自己开车或者租车看丹霞；西进口进入景区内，因受观光车制约不便看彩色丘陵。

住宿：景区门口有一个游客接待中心，地理位置优越，电话：0936-5678118。可前往丹霞景区指示牌后面的雷姓家庭住宿，电话：

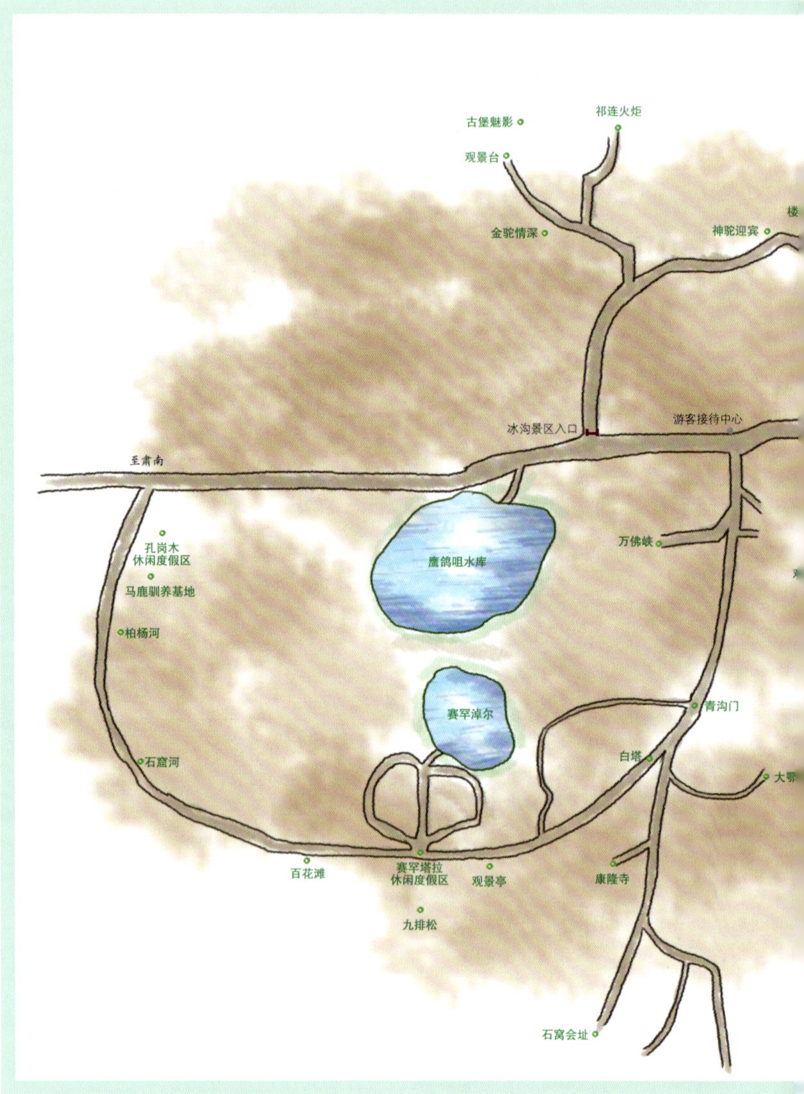

0936-5678308，也可去倪家营乡南合子村，这里有不少农家庭院，住宿条件稍差。

美食：景区的住宿地一般都提供饮食服务，特色美食有搓鱼子、拉条子、臊子面、酿皮、炒炮、揪面片、鱼儿粉等西北风味的菜肴。其中的搓鱼子为张掖特色面食小吃，因外形犹如白色小鱼苗而得名，吃起来韧性滑软，既可干拌，也可浇汤。

摄影：红色的丹霞在晨光下会呈现迥然不同的线条和色块。在拍摄张掖丹霞日出时，建议采用明暗对比的手法拍摄出立体效果。从二号观景台一直往西有一条路直通三号观景台，这里是欣赏日出的最佳点。再沿着颠簸的土路走到一块开阔地，就到了四号观景台。站在此观景台上，可纵目丹霞地貌群，可谓是"横看成岭侧成峰，远近高低各不同"。

临泽七彩丹霞

临泽丹霞地貌是张掖丹霞地貌景区的

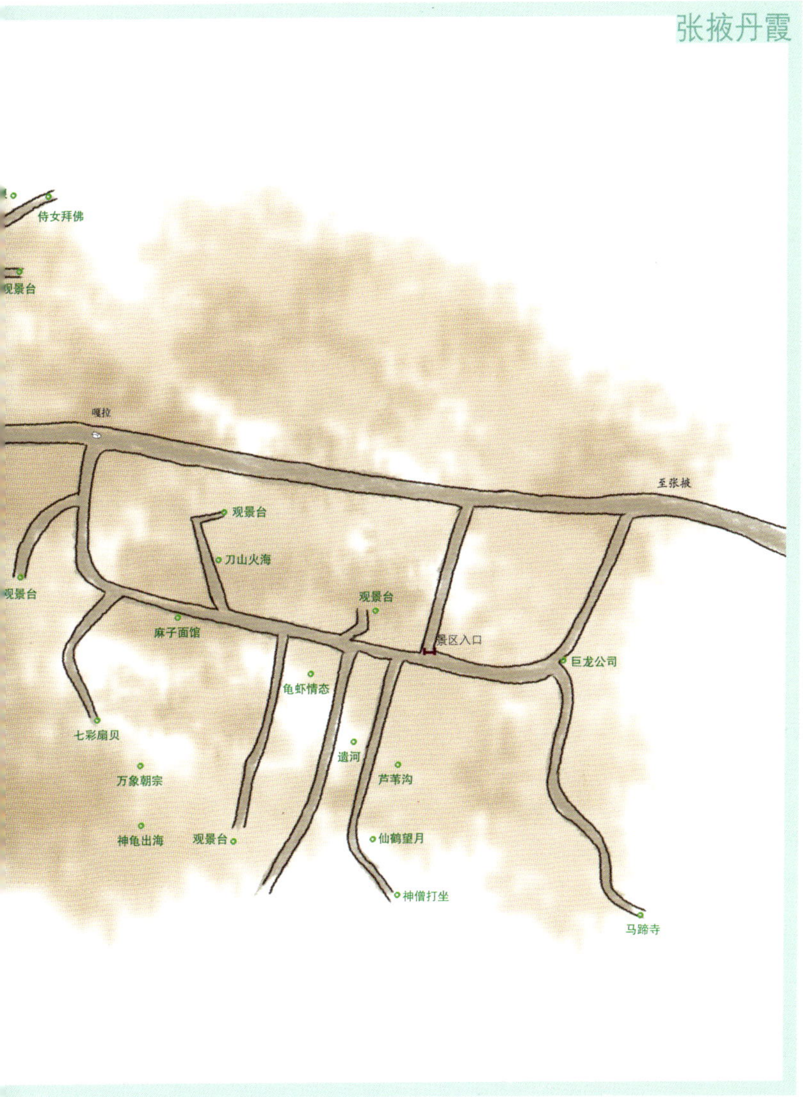

核心区。景区与周边的山峦、河流、田园、村庄相辉映，宛如一幅风景名画。通过近年的开发，已成为科考、探险、旅游览胜、休闲度假、摄影采风、写生作画的理想之地。

临泽丹霞主要由一、二、三、四号观景台和冰沟等景区组成。通过检票口沿着景区的道路一直走就可以走到一号观景台。走上观景台，面前群峰林立、色彩斑斓，如同上天撒下的调色板，又如仙人精心绘制的彩绘。

走下一号观景台可前往附近的二号观景台。远处可眺望白雪皑皑的祁连山，近处可俯望到山谷中坐落的一座客栈式建筑——张艺谋导演的影片《三枪拍案惊奇》中的麻子面馆。如今，它已经成为一座标志性建筑静静地矗立在那里。

丹霞公园

■ 肃南冰沟丹霞

肃南冰沟丹霞是全国丹霞地貌精品中的精品，走进游览区，如同走进了一方红宝石雕塑园。其右手边的沟里有一个酷似骆驼头的岩墩，被称为“神驼迎宾”。沿着沟底继续前进就可以抵达冰沟主要景区。该处从沟底至沟两侧的丹霞顶部，其相对高度100~110米，高耸的岩柱，有的形成“千里相会”“大地之根”，有的如昂起头的眼镜蛇，惟妙惟肖，栩栩如生。也正是因为这些丹霞赤壁、岩柱以及各种造型地貌，形成了冰沟丹霞风景区令人称奇的独特魅力。

大湖湾水利风景区 AAAA

水量丰富、水鸟云集

张掖市高台县城以西6千米处

大门票40元，崇文楼10元　0936-6669918

大湖湾风景区位于高台县城以西6千米处，总面积10平方千米，其中水域面积5平方千米。景区地处高台农业腹地，水量丰富，水鸟云集，是一处集水产养殖、农业灌溉、观光旅游、生态保护于一身的水上生态乐园。

景区标志性建筑崇文楼为仿明清式南派风格，占地面积875平方米，建筑面积1124平方米，总高度41.67米，设计为四面五层、重檐攒尖顶形式，由台明、楼身和宝顶三部分组成。

香古寺

有名的朝圣旅游胜地

张掖市临泽县板桥镇

香古寺占地面积约201亩，北依明长城，南眺黑水河，始建于西汉武帝元狩年间，是丝绸之路久负盛名的千年古刹。

香古寺建筑布局、风格融道、佛、儒“三教合一”基调，充分展示了河西走廊东西文化相交融的特色，是西北地区有名的朝圣旅游胜地。香古寺恢宏的气势、精美的建筑、鲜艳的壁画、精湛的雕塑，吸引着众多游客前来观光。

香古寺

链接

西路军的悲壮历史

西路军征战史在中国革命史上留下了可歌可泣的一页。发生在1937年年初的高台攻防战是其中最惊心动魄、悲壮惨烈的一幕。

1937年1月1日，红五军大部指战员在军长董振堂的率领下攻占高台县城后，于1月12日遭到六倍于己的敌人的包围。在与敌人进行了九天八夜的殊死战斗后，弹尽援绝，红五军2000多位红军指战员壮烈牺牲，为了革命事业长眠于高台这片热土。

西路军纪念馆

高台西路军纪念馆 AAAA

再现了红军将士浴血奋战的历史

张掖市高台县县城 ¥ 免费

高台西路军纪念馆是为了纪念血战河西走廊壮烈牺牲的红军将士而建的。建成于1957年，融纪念性、历史性、教育性、艺术性和观赏性为一体，使观众感到强烈的视觉震撼和心灵震撼。

纪念馆由序厅及西渡黄河、策应河东、血战临高、石窝分兵、全力营救、忠心耿耿、光照千秋等8个展厅组成，运用声光电高科技展览手段和丰富多彩的表现形式，活灵活现地展示了红军将士浴血奋战的光辉业绩。

双泉湖

娱乐项目众多

张掖市临泽县城北5千米处

双泉湖史称梁家湖，千百年来，泉水潺流四季，清凉可口，在众多泉水中有两眼泉（九眼泉和五眼泉）涌水较盛，水聚成湖，双泉湖由此而得名。园内建有水上公园、千亩鱼池垂钓区、芦苇区、食府娱乐区和湿地保护区5个旅游景区。

月牙湖公园

因形如新月而命名

张掖市高台县城西郊 ¥ 免费

公园位于高台县城西郊，本为天然湖塘，道路将湖面分作两半，路两边湖岸璧合，屈曲环绕，形状如新月，故称月牙湖。整个公园占地面积557亩，其中水域面积186亩。

月牙湖西南角一湖因类似中国地图昂颈长鸣的“雄鸡”，故誉名为“中华湖”。这里青龙腾空，假山悬壁，并配有仿水车、仿长城、仿竹排，湖水清澈见底，为公园又增添了几分清逸雅致。

祁连葡萄庄园

生态旅游胜地

张掖市高台县南华镇

祁连葡萄庄园位于高台县南华镇，由葡萄种植园、园艺科技园、葡萄酒生产工业园三大园区组成。

庄园根据三大园区功能，建成了集企业文化宣传、酒品展示和旅游观光于一身的展示厅。景区内栽植有赤霞珠、蛇龙珠、霞多丽、琼瑶浆、佳里酿、西腊、佳美、贵人香、黑比诺等26种世界名贵酿酒葡萄品种，是一处集科研实习、休闲度假、观光避暑、餐饮娱乐于一身的生态旅游胜地。

许三湾古城及墓群

有大规模的古墓群

张掖市高台县新坝乡许三湾村

许三湾古城虽然在规模上远逊于骆驼城，但完好程度在同时代遗址中都是首屈一指的，被专家称为河西半荒漠地区古城遗址的典型代表。

许三湾古城遗址有两处：一处是旧存汉、魏晋时期古城遗址残骸，方圆300米左右。另一处就是现存的许三湾古城，它和已损毁的古城遗址及许三湾墓群，均为全国重点文物保护单位。

链接

许三湾墓群

许三湾遗址周围坟墓密布，森然林立，分外壮观而又恐怖。每到黄昏时，这里便呈现出一幅“哀鸿绕荒冢，落日映孤城”的边塞怀古图。

许三湾墓群是目前河西地区发现的数量最多、保存最完整的密集型汉晋古墓群，包括城西南墓群和五道梁墓群，总数达4000多座。其中，西南墓群不足5平方千米内就有墓葬3000多座，密度之大，在全国也绝无仅有。

骆驼城

历经千年仍巍然屹立

张掖市高台县骆驼城乡永胜村

0936-6783280

骆驼城遗址由南北两部分组成。南北两城仅一墙之隔，从整体上看又分外廓、宫城、皇城三层。

在城西南2千米处，还有俗称“羊蹄鼓城”的小方城，长55米、宽40米，向东开一小城门，系主城外围防御堡垒，二者遥相呼应，互为犄角之势。统观全城结构严密精巧，气势宏伟雄壮，历经千年仍巍然屹立，充分展示了古人在军事工程设计施工方面的高超水平。

链接

骆驼城的故事

神秘的骆驼城曾让后人产生了许多遐想。相传，西夏王李元昊在攻打由回鹘骆驼王子镇守的骆驼城时，因城池坚固久攻不下，便命人用乱木、骷髅截断了从山上流向骆驼城的“臭门泉”。

断水后骆驼王子支持不住，以土丘水缸假制米山面岭、油缸醋井来迷惑城外重兵，摆出誓同来敌一决死战的架势，而在背后则调兵差民开挖了一条自城中直通往今罗城红寺坡的地道。一个月黑风高的夜晚，骆驼王子用饿马摇铃、悬羊擂鼓的手法掩敌耳目，他自己则率领城中军民老少潜入地道悄然远遁。

骆驼城角楼

大野口水库

富有裕固族草原风情

张掖市肃南县境内的红石峡

大野口水库库区水域面积30公顷。风景区植被丰富，草场茂密，是黑河和大野口河重要的水源涵养地。

景区内有深峡幽谷、苍翠欲滴的自然景观，有绿草如茵、牧歌飘扬的全国独有的裕固族草原风情，有以香喷喷的手抓肉、酥油茶为特色的民族饮食文化，有国内海拔最高的浆砌石重力大坝，有配套齐全的住宿、餐饮及服务设施。

马蹄寺 AAAA

汉传藏传佛教圣地

张掖市肃南县马蹄藏族乡　58元

8:00~18:00　0936-4000936015

马蹄寺是河西走廊著名的佛教圣地，有着悠久的宗教渊源。石窟群开凿于十六国北凉时期，距今约有1600年的历史，由马蹄南寺、马蹄北寺、千佛洞，以及上、中、下观音洞和金塔寺七部分组成。

玩家攻略

住宿：可选择的住宿地有金龙旅馆、华茂旅社等。

就餐：不错的就餐场所有兰花坪度假村、金马裕固风情乐园、雪域呀帐等。游客可以在肃南喝青稞酒，吃手抓肉，品尝藏族美食。

娱乐：娱乐项目有裕固族歌舞演艺厅、CS真

马蹄寺
千佛洞
三十三天
卧龙回首
胜果寺
歌舞演艺厅
格萨尔王殿
龙眼洞
观音山
下观音洞
试剑石
剑劈石
动物园
莲花湾
中观音洞
丹霞映翠
杜鹃花海
临松瀑布
上观音洞
金塔寺后窟
金塔寺文物博物馆

马蹄寺之佛塔

人实战基地、气炮打靶射箭场。

购物：到肃南旅游可以购买的旅游商品有风干牛肉、野生蘑菇、冬虫夏草、祁连玉等西域特产。

文殊寺石窟群 AAAA

有“小西天”之美誉

肃南裕固族自治县祁丰藏族乡境内

45元 0936-6164852

文殊寺石窟群位于肃南县祁丰藏族乡境内，距西汉胜迹酒泉、天下雄关嘉峪关仅10余千米，交通便利。

文殊寺石窟始建于北凉时期，石窟依山势开凿于文殊山前山和后山的崖壁上。寺庙建于唐贞观盛世之际，距今约有1500年的历史。共计有大小寺院庙观360多处，石窟70余座。百子楼、观音楼、玉皇阁、卧佛殿、文殊菩萨殿、五百罗汉堂等古建筑宏伟壮观；千佛洞、文殊洞、三清洞、洪钧洞、白衣洞、闪佛洞等石窟独具特色，其楼阁、殿宇、云梯、石窟蔚为壮观，素有“小西天”之称。

康隆寺猎场

甘肃三大国际狩猎场之一

张掖市肃南县红石窝乡

肃南康隆寺猎场是甘肃省对外开放的三大国际狩猎场之一，猎场因这里有藏传佛教寺院康隆寺而得名。

康隆寺猎场地处祁连山腹地，场区东西宽40千米，南北长60千米。境内主要地貌由高山裸岩、高山灌丛和森林草原组成。

玩家攻略

根据狩猎者的需求，可由各旅行社或甘肃省国际狩猎俱乐部组织，猎场提供适应在野外狩猎生活的帐篷、发电机、食品、医药、汽车、马匹等基本的生活和交通设施。

猎场每次可接待10余名猎人。外出狩猎主要骑马，辅助以步行或乘车。猎人须自备防寒服装和必需的药品。

藏原羚、鹅喉羚、兰马鸡、藏野羚、野牦牛、雪鸡等全年均可狩猎；岩羊、白唇鹿等以9月至来年4月为佳；马鹿以10月至来年3月为佳。每期狩猎约需10天。

文殊寺石窟群

攻略资讯

- 交通
- 住宿
- 美食
- 购物
- 娱乐

张掖火车站

交通

飞机

张掖机场是位于甘肃省中部张掖市的军民合用机场，开通于2011年，通航点有兰州、西安、成都。

在张掖火车站乘1路公交车到工商银行站下车，再到街对面坐飞机场专线公交车即可到达张掖机场。

火车

兰新铁路横贯张掖，东起山丹县东乐镇，西到临泽县沙河镇。张掖火车站每天有列车通达北京、乌鲁木齐、兰州、上海、西安、济南等地。兰新客专也途经张掖，游客可从张掖西站乘坐动车，快速抵达兰州、嘉峪关、乌鲁木齐等地。

张掖火车站位于市区东北方向，张火公路东北端，在市内乘坐1路公交车可直达。

汽车

由于扼守着河西走廊的咽喉要道，张掖境内有众多高等级公路通过，甘新公路、甘青公路、312国道、227国道在张掖境内纵横交错，形成了一个便利快捷的公路交通网络。

西关汽车站是国家一级客运站，位于环城西路128号，有开往甘肃各大城市的长途班车，以及张掖各区县的短途班车。此外，位于东环南路1号的汽车东站、南环路35号的汽车南站也有部分班车开往张掖各区县。

张掖风光

住宿

张掖的旅游住宿有两种选择，一是住在市区内，二是住丹霞地景区附近。张掖市内有很多专为游客准备的不同档次的宾馆，集中在甘州区东大街、西大街和南大街上，大多服务热情，价格合理。如果选择在丹霞景区看日出，那么前一晚就住在临泽丹霞景区门口处的农家院即可。

● 甘州宾馆

宾馆周边有电影院、商场、超市，购物方便；内有大型停车场，交通便利，是张掖市区内位置最佳的三星级宾馆。张掖市中心鼓楼南100米处 0936-8888822

● 临泽丹霞宾馆

宾馆建于2008年，地理位置优越，是一家集餐饮、住宿、商务接待、休闲娱乐于一身的国家三星级宾馆。张掖市临泽县中心文化路229号 0936-5531999

● 高台天源大酒店

按国家三星级酒店标准建造的一家高档次酒店。酒店外观恢宏气派，富有特色，极具现代风格，内部装修设计豪华、时尚、典雅，也是高台县标志性建筑之一。张掖市高台县城关镇人民西路32号 0936-6632888

● 甘州电力宾馆

宾馆内部装修精雕细琢、豪华富丽，是集住宿、餐饮、商务联谊于一身的三星级宾馆。整座楼宇可俯瞰市中心。张掖市甘州区北街什字 0936-8256555

甘州电力宾馆

美食

张掖的小吃较有名，如搓鱼子、拉条子、臊面、酿皮、炒炮、揪面片、鱼儿粉等本地小吃。在保持传统口味的基础上，小吃又增加了张掖特色，回味无穷。除此之外，张掖的豆腐脑、灰豆汤、醪糟、马场酸奶等特色饮品，也是张掖人民的最爱。

灰豆汤

● 鱼儿粉

用精细的大豆粉制作的小吃，形状像小鱼，颜色有白有红，配上调料、小菜，活像一条条小鱼在碗里。吃起来清凉可口，既充饥，又止渴，是一种地道的夏令风味小吃。

鱼儿粉

● 香饭

又称西北大菜。在张掖，只要是宴席，都会上一道特别的名为“西北大菜”的菜肴。香香的扣肉下是一个个象征吉

香饭

祥的肉丸子和豆腐丸子，旁边点缀着嫩香的炒鸡蛋和木耳以及翠绿的青菜，美味无比。

● 拉条面

又称饧面，历史悠久，制作方便。面条随人喜好可粗可细，可厚可薄，可圆可扁，绵软润滑，独具地方特色。

拉条面

● 油糕

表皮酥脆，色泽金黄，松软适口，入口黏甜。色、香、味俱佳，从选料、配料、火候、制作等各个方面均独具特点，是深受大家喜爱的名优小吃。

油糕

购物

张掖拥有丰富的物产，曾为皇家贡品的乌江大米、细腻甜美的临泽红枣、一代梨王民乐苹果梨，都是张掖特产的代表。在张掖，女孩子从小就学习剪纸、刺绣等手工艺制作。出自张掖的精美窗花，别致的枕头、兜肚、绣鞋、被单等，都深受各地游客的喜爱。

张掖市区内的购物场所多集中在人民南路、人民西路附近，那里的张掖商场、河西商场等大型购物商场拥有种类众多、品质优良的商品，是休闲购物的理想场所。

临泽红枣：以核小味甜、肉质细腻、营养丰富、久贮不坏著称，其钙、磷、铁含量丰富，具有良好的补中益气、养血安神之功效。现先后开发出枣茶、枣冻、枣晶、枣粉、枣酒等枣产品。

民乐大蒜：因蒜皮呈紫色，亦名“紫皮大蒜”。个大瓣肥、汁多味浓、醇香辛辣、易于剥皮，具有良好的杀菌解毒、调味去腥的功效，素有“天然抗生素”的美誉。

高台辣椒：辣椒家族中独有的品种。肉厚油丰，色泽红润鲜亮，条形秀长均匀，辣味纯正鲜浓，具有开胃健脾、养颜明目、减肥健美等功效。

乌江大米：张掖产的稻米个儿大粒长，颗粒饱满，洁白纯正，晶莹剔透，米香浓郁，品质优良。历史上曾列为贡米供应皇宫御用。

节日和重大活动

节日活动	举办地点	举办时间
大佛寺庙会	甘州区张掖大佛寺	农历四月初四
香古寺庙会	临泽县香古寺	农历四月初八
马蹄寺旅游观光节	肃南县马蹄寺	8月中旬
文殊寺庙会	肃南县文殊山	农历四月初一至初八

发现者旅行指南

嘉峪关·酒泉

概览

亮点

■ **敦煌莫高窟**

有众多古壁画、古雕塑，是世界上规模最大、内容最丰富的佛教艺术圣地。

■ **敦煌鸣沙山－月牙泉**

鸣沙山因沙动成响而得名，月牙泉酷似一弯新月，山水相映成趣。

■ **酒泉西汉胜迹**

河西走廊唯一保存完整的一座汉式园林，迄今已有2000多年的历史。

■ **敦煌雅丹国家地质公园**

亚洲规模最大、地质形态发育最成熟、最具观赏价值的雅丹地貌群落。

■ **嘉峪关关城**

嘉峪关关城是明长城西端的第一重关，也是古代“丝绸之路”的交通要冲。

■ **必逛街道**

沙洲夜市：位于敦煌市中心，是敦煌最大的夜市，因具有鲜明的地方特色和浓郁的民俗风情，被誉为敦煌“夜景图”和“风情画”。

大唐美食街：位于嘉峪关市中心体育大道，各种风味美食应有尽有，而且经济实惠。

线路

■ **敦煌经典三日游**

第一天先去探秘莫高窟，区内的石窟艺术陈列中心和藏经洞文物陈列馆不可错过。

第二天先前往鸣沙山和月牙泉，感受“沙漠第一泉”的奇特魅力，下午到雷音寺朝拜。

第三天先前往雅丹国家地质公园，接着到玉门关感受历史的变迁，下午到阳关景区体会诗中之况味。

■ **酒泉城区二日游**

到达酒泉后，第一天先前往西汉酒泉胜迹，感受古代园林的气息，接着游览酒泉博物馆，下午到丁家闸魏晋壁画墓欣赏艺术的魅力。

第二天先到常青苑赏花，中午去酒泉钟鼓楼欣赏古建，最后到花城湖风景区感受西北城市的柔美一面。

■ **嘉峪关精品三日游**

第一天到达嘉峪关市区后稍作休整，先去关城欣赏明长城遗址，接着前往天下第一墩观览万里长城的西端起点。

第二天前往新城魏晋壁画墓这座“世界最大的地下画廊”游览，再到嘉峪关滑翔基地体验飞行的乐趣。

第三天前往亚洲离城市最近的冰川七一冰川，感受攀登的乐趣。

为何去

敦煌月牙泉

自然条件不怎么优越的酒泉、嘉峪关，却有着悠久的历史文化。酒泉为汉代河西四郡之一，自古是中原通往西域的交通要塞、丝绸之路的重镇，阳关、安西、敦煌一座座城镇值得你前往揭开她们的神秘历史面纱。嘉峪关市是明代万里长城的西端起点，素有“天下第一雄关”“边陲锁钥”之称，亦不可错过。

何时去

嘉峪关讨赖河

酒泉与嘉峪关属大陆性干旱气候，全年温差较大，干燥少雨。冬季严寒期较长，夏季干热短促，春秋两季短暂而不明显。

5~10月是前往此区域旅游的最佳时机，此时气候适宜，自然风景也最美。春季推荐到河西走廊唯一保存完整的一座汉式园林西汉胜迹去。7月中旬参加嘉峪关国际滑翔节，10月是攀登七一冰川的好时节。

区域解读

酒泉区号：0937
嘉峪关区号：0937
面积：190 932km²
人口：约137万人
主要少数民族：哈萨克族、蒙古族

莫高窟

地理 GEOGRAPHY

区划

酒泉市辖1个区（肃州区），2个市（玉门市、敦煌市），2个县（瓜州县、金塔县），2个自治县（肃北蒙古族自治县、阿克塞哈萨克族自治县）。

嘉峪关市属甘肃省直辖市，下辖雄关区、长城区、镜铁区三个非正式行政区（民政部不在册）。

地形

酒泉和嘉峪关位于甘肃省西北部，河西走廊中部。境内地势呈南高北低，自西南向东北倾斜。高山丘陵，大漠戈壁，绿洲草原，构成了区域内独特的自然景观。

南部祁连山地是一系列3000～5000米的高山群，自东而西有祁连主峰、讨赖山、大雪山等山脉。东部的酒泉盆地多绿洲分布，海拔1350～1500米。酒泉市的疏勒南山的宰吾结勒（团结峰）海拔5808米，为区内最高峰。境内河流分疏勒河、黑河、哈尔腾河三大水系，均发源于南山冰川积雪区。

气候

酒泉与嘉峪关属大陆性干旱气候，干燥寒冷，降水奇缺，降水量由南向北递减，中部的酒泉、嘉峪关约80毫米，是甘肃省乃至中国雨量最少的地区之一。夏季干热而较短促，冬季寒冷而较漫长，但春季升温迅速。年平均气温5℃。酒泉的安西素有“世界风库”之称。

神秘的雅丹奇观

雅丹，为维吾尔语，意为具有陡壁的山丘。敦煌雅丹位于汉代玉门关西北大漠深处。这里连片分布着千姿百态的风蚀地貌，入夜，尖厉的风吹过岩壁，凄厉的呼啸声犹如千万只野兽在怒吼，当地人俗称“魔鬼城”。

据专家考证，这片神奇的雅丹地貌，其主体是形成于数百万年前的新生代冲洪积和湖积地层。敦煌雅丹地貌土质坚硬，呈浅红色。地质公园东西长约15千米，南北宽约2千米。与青色的戈壁滩形成了强烈的对比，在蓝天白云的映衬下格外引人注目。地质公园内集中连片地分布着各种各样造型奇特的风蚀地貌，它宛如一座中世纪的古城。在这里，可以找到许多世界著名建筑的缩影，令世人瞠目。

敦煌雅丹国家地质公园以其独特的大漠风光、形态各异的地质奇观、古老的民间传说，吸引了无数勇敢的探险者前来揭开“魔鬼城”神秘的面纱，探寻大自然的奥秘。

雅丹国家地质公园

祁连山水美如画

坐落在祖国大西北的祁连山由多条西北—东南走向的山脉组成，长近1000千米，最宽处有300千米。这条长龙般磅礴的山脉上，分布有无数座海拔4000米以上的雪山和冰川。晶莹的雪山之水，养育了它身边的各个民族，也孕育了古老的丝路文化。

祁连山脉由走廊南山、黑河谷地、疏勒南山、柴达木山、宗务隆山、大通河谷地、大通山等一系列山脉与宽谷盆地组成，自然景观雄奇优美。漫长的山脉上共有冰川3306条，最高峰疏勒南山的团结峰海拔5808米。

祁连山区植被较好，有许多天然牧场。自海拔2000米向上，植被垂直带分别为荒漠草原带、草原带、森林草原带、灌丛草原带、草甸草原带和冰雪带。其中，森林草原带和灌丛草原带是祁连山的水源涵养林，大通河、石羊河、黑河等河流发源于此，是河西走廊绿洲的主要水源。祁连山区的气候变化会直接影响其周围植被的好坏，中国于1988年成立了“祁连山国家级自然保护区”，以便更好地保护区域的生态环境。

历史 HISTORY

酒泉历史大事记

● 先秦时期

先秦时，这里称西戎地、西羌地、匈奴右地及西部、西方、河西三危地等。秦汉以前，上古为羌、戎所居。羌、戎为这里的土著居民，羌族指月氏，乌孙即“戎”的转音。

● 汉代时期

西汉文帝时（约公元前174年），匈奴入侵河西，打败了大月氏，迫使大月氏人西迁，至此河西一带被匈奴人占据。

汉元狩二年（前121年），汉武帝派霍去病进攻盘踞河西的匈奴昆邪王和休屠王，大获全胜。

汉元鼎六年（前111年），置敦煌郡，并建立玉门关、阳关。从此，敦煌成为丝绸之路咽喉之地，也成为“华戎交所一都会”。

汉宣帝神爵二年（前60年），设立了西域都护府，管辖从阳关、玉门关以西到巴尔喀什湖以东广大地区。

十六国前秦建元二年（366年），僧人乐尊首先在今莫高窟建窟，为莫高窟建设伊始。

● 隋唐时期

隋朝时期，河西地区仍然是中西贸易的

主要通道，隋炀帝专门派大臣裴距驻镇酒泉，经营河西，发展商贸。

唐高祖武德七年（624年），始置酒泉县，肃州的名称开始使用。

唐代建中二年（781年），吐蕃乘“安史之乱”侵入河西，统治酒泉近190年。大中年间，沙州（今敦煌）人张仪潮乘吐蕃内乱，组织武装起义，河西又重新归唐。

● 元明清时期

1271年，蒙古改国号为元，设肃州路，长官称“达鲁花赤”。

明太祖朱元璋于洪武五年（1372年）派兵远征朔漠。征西将军冯胜出金兰，取甘肃（今河西走廊地区），肃州成为西北边陲的第一重镇，扼守中西交通的锁钥。

清代，改置为肃州直隶州，设知州。

● 近现代

1912年置安肃道，设道尹，1927年改尹为“行政长”。

1949年9月25日，酒泉和平解放，置酒泉专区，设专员至今。

1987年，酒泉市敦煌莫高窟被列为世界文化遗产。

嘉峪关历史大事记

明洪武五年（1372年），征西大将军冯胜在班师凯旋途中，选址在河西走廊中部的嘉峪山西麓建关。嘉峪关建关历时160多年，于1540年建成完工。

1837年，清朝左宗棠驻肃州时曾修整关墙和关楼，并亲笔写下“天下第一雄关”的匾额。

1965年嘉峪关设市，1971年经国务院批准为省辖市。

2009年12月1日，嘉峪关市成立雄关区、长城区、镜铁区3个管理区。

春风不度玉门关

唐代诗人王之涣的一句“春风不度玉门关”，让世人记住了祖国大西北的这一古老关隘。如今的玉门关只剩下了一座四方形的小城堡，耸立在东西走向戈壁滩狭长地带中的砂石岗上，四周沼泽遍布，沟壑纵横，长城蜿蜒，烽燧兀立，让人怀古之情油然而生。

玉门关的设立始自西汉武帝时，距今已有2000多年的历史。秦汉以来，好战的匈奴对汉民族威胁很大。汉初，匈奴占据河西，并以河西为基地，屡犯汉境。西汉元狩二年（前121年），骠骑将军霍去病率兵西征，沉重打击了匈奴右部。元鼎六年（前111年），同时修建玉门关和阳关，从此，玉门关和阳关就成为河西走廊西部的重要关隘，并在其后

玉门关

的历史当中发挥了重要的作用。

中国卫星城

1970年4月24日，中国的第一颗人造地球卫星腾空而起，飞向太空，标志着中国进军太空的开始。这颗卫星是由著名的酒泉卫星发射中心发射的。

酒泉卫星发射基地始建于1958年，位于内蒙古西部阿拉善盟的额济纳旗西南，是中国建设最早、规模最大的卫星发射中心。到目前为止，这里已经成功发射了80多颗卫星、10艘神舟飞船、1艘天宫空间实验室，相继将10位航天员安全顺利送往太空，为我国的太空事业立下了汗马功劳。

目前，酒泉基地对国内游客开放的景点有卫星发射场、指挥控制中心、长征二号火箭、测试中心、酒泉卫星发射中心场史展览馆、革命烈士陵园等，游客可以在这里最真实地领略到我国航天事业的辉煌战绩。

天下第一雄关

嘉峪关是古“丝绸之路”的交通要冲，也是明代万里长城的西端起点。这里是中国丝路文化和长城文化的交汇点，素有“河西重镇”“边陲锁钥”之称。

早在战国时代，嘉峪关一带便已经有了人类的狩猎活动，在距嘉峪关市20千米的黑山峪谷发现的岩画足以证明这一点。到了汉代，骠骑将军霍去病击破匈奴右地，初置酒泉郡，在嘉峪关设“玉石障”。从此，嘉峪关一带归酒泉管辖。牧羊人发现的“地下画廊”——魏晋墓群中的砖壁画，风格独特，技法巧妙，说明到了魏晋时这里的政治、经济、军事、文化已经相当发达，这成为研究敦煌的另一史料来源。

嘉峪关关城始建于明洪武五年（1372年），历时160多年，于1540年建成完工。从此，嘉峪关成为和山海关相对应的长城西端要塞，每年都会吸引大量的游人来此参观凭吊。

名单 酒泉历史名人

东汉书法家张芝

晋代书法家索靖

十六国时期教育家祈嘉

十六国时期文人宋纤

十六国时期著名学者郭瑀

隋朝大将军赵才

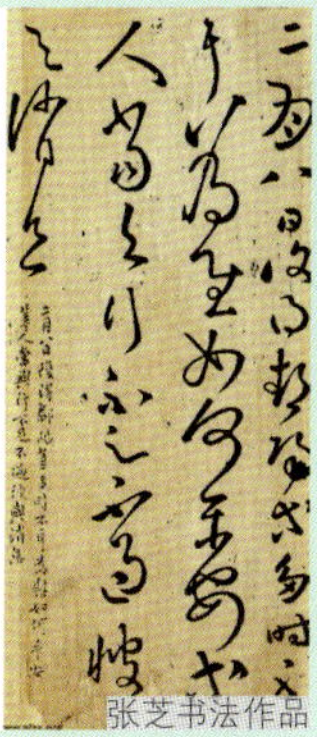

张芝书法作品

文化 CULTURE

佛教艺术宝库——莫高窟

敦煌地处河西走廊西端，是古代关中通往西域的咽喉。莫高窟最初开凿于前秦建元二年（366年）。此后，洞窟开凿和寺院兴建日盛，历经十六国、北朝、隋、唐、五代、西夏、元等历代的兴建，形成巨大的规模，形成了如今的佛教艺术宝库——敦煌莫高窟。

清光绪二十六年（1900年），看守莫高窟的王道士发现了震惊世界的藏经洞。不幸的是，在晚清政府腐败无能、西方列强侵略中国的特定历史背景下，藏经洞文物发现后不久，大量藏经洞文物就被西方探险家从王道士手中骗取，致使藏经洞文物惨遭劫掠，绝大部分不幸流散，造成中国文化史上的空前浩劫。

莫高窟至今尚存约500个洞窟，保存着历代塑像2400余身，壁画约4.5万平方米，成为我国最重要的一处石窟寺。洞窟内的壁画、雕塑主要是北朝、隋、唐、宋、西夏、元代的作品。石窟壁画讲述着各种各样的古老故事，记录了山川景物和亭台楼阁等建筑

莫高窟九层楼

画、山水画、花卉图案、飞天佛像以及当时劳动人民进行生产的各种场面等，是十六国至清代1500多年的民俗风貌和历史变迁的艺术再现，雄伟瑰丽。其中，又以窟中飞天壁画最为传神，是历史学家和四方游客最为青睐的吉祥物。

这些完整保存下来的壁画、建筑和雕塑，成为后人研究和了解佛教艺术发展脉络的宝贵遗产。作为人类珍贵的文化瑰宝，1987年敦煌莫高窟被联合国教科文组织列入世界文化遗产名录。

绚丽多彩的敦煌曲子戏

根植于敦煌民间文化沃土的敦煌曲子戏，在长期的流传过程中，饱经大漠风雨冲刷，形成了独特的艺术风格，成为敦煌艺术百花园中一枝珍贵的艺术奇葩。2006年，曲子戏被列为第一批国家级非物质文化遗产保护名录。

敦煌曲子戏是敦煌独有的地方戏种，它源于明清时期的民间俗曲。曲子戏的唱腔属联腔体，由众多的曲牌连缀而成，在发展过程中又吸取了秦腔、眉户的艺术成分。曲子戏的演出形式有舞台演出和地摊坐唱两种。剧目题材广泛，多表现神话故事、历史传说及民间社会生活等。

敦煌曲子戏最大规模的演出是在庙会期间。每年农历三月初三在西云观演唱，四月初八在莫高窟演唱，五月端午节在月牙泉演唱，浴佛节在雷音寺演唱，年年如此，从不间断。随着越来越多的人了解并喜欢上这一古老艺术，曲子戏这朵民族之花必将继续绽放下去。

嘉峪关国际滑翔节

嘉峪关国际滑翔基地位于嘉峪关市东北12千米处的民航基地内，是目前世界上与澳大利亚和南非并列的三大开展滑翔运动的理想场所之一。

滑翔运动是运动员驾驶滑翔机，利用大气中的上升气流，进行翱翔的一种运动。它是当今世界上较为普及和竞争激烈的一个体育运动项目。嘉峪关的每年3～10月，热力气流最高可升到6000米，一般4500～5000米，最强上升气流强度每秒钟可达6米，加上气流持续时间长达8小时，这样的气流是滑翔运动最理想的气流。

嘉峪关的国际滑翔基地每年都会举办盛大的国际滑翔节，这里地形整齐，可进行长距离、创纪录滑翔飞行；基地周围是“丝绸之路”的平坦旱作物农田，适宜于滑翔机场外迫降。这些优越条件，已受到中外滑翔运动员、教练的好评，正吸引着越来越多的中外滑翔运动员接踵而来。

滑翔伞运动

景点推荐 嘉峪关文物景区 AAAAA

嘉峪关自古就是"丝绸之路"的交通要冲，为中国"丝绸之路"文化和长城文化的交汇点，有"河西重镇""边陲锁钥"之称。

嘉峪关文物景区内，雄伟挺拔的嘉峪关关城、古朴而沧桑的悬壁长城、长城第一墩以及历代兵家征战的"古战场"烽燧等许多历史古迹和珍贵文物，在两千多年的历史长河中得以保存。这块土地拥有厚重的历史。

嘉峪关市区西南6千米处

乘坐4路、6路公交车可到

旺季120元，淡季100元

0937-6396281 8:30~17:30

嘉峪关关城 AAAAA

天下第一雄关

嘉峪关是明代万里长城的西端起点，是明代长城沿线建造规模最为壮观、保存程度最为完好的一座古代军事城堡，是明朝及其后期各代长城沿线的重要军事要塞，素有"中外钜防""河西第一隘口"之称。

嘉峪关距今已有600多年的历史，它比山海关早建9年。关城有三重城郭，由内城、瓮城、罗城、城壕及三座三层三檐歇山顶式高台楼阁建筑和城壕、长城烽台等组成。关城内现有的建筑主要有游击将军府、官井、关帝庙、戏台和文昌阁。

嘉峪关关城依山傍水，扼守南北宽约15千米的峡谷地带；而峡谷南部的讨赖河谷，又构成关防的天然屏障。嘉峪关附近烽燧、墩台纵横交错，关城东、西、南、北、东北各路共有墩台66座。嘉峪关地势天成，攻防兼备，与附近的长城、城台、城壕、烽燧等设施构成了严密的军事防御体系，又被誉为"天

嘉峪关关城

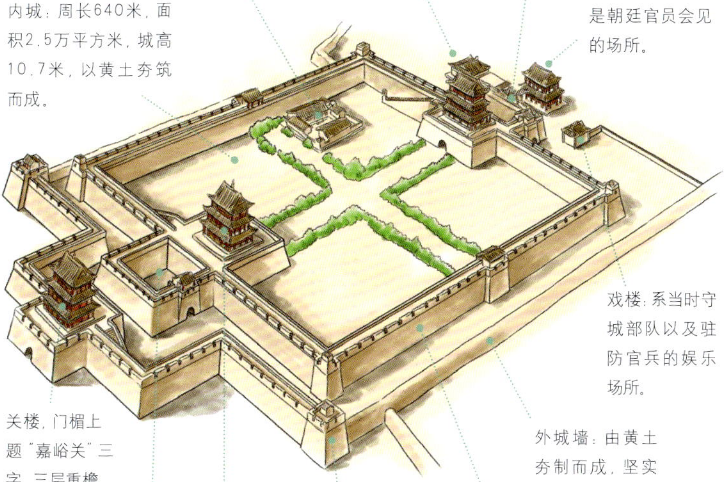

下第一雄关”。

链接

嘉峪关的“最后一块砖”

在嘉峪关流传一个歌颂古代工匠的传说。据说明朝修嘉峪关时，主管官员给工程主管人出难题，要求他预算用材必须准确无误。在工匠们的帮助下，工程主管人进行了精确的计算。工程竣工时，所备的砖瓦木石恰恰用完，只剩下一块城砖，称为“最后一块砖”。

这块砖现在仍放在会极门（西瓮城门）门楼檐台上。到嘉峪关旅游的人们都要来看一看这“最后一块砖”，以表达对古代工匠们的聪明、智慧的敬佩之情。

天下雄关碑

天下雄关碑位于嘉峪关城楼西面，碑坐南向北，碑高3米、宽85厘米。清嘉庆十四年（1809年），肃州总兵李廷臣视察防务至嘉峪关，见关势雄伟，便写下了“天下雄关”四字，后来镌刻成碑，立于嘉峪关东关坊一里道左，给后人留下了永恒的纪念。

罗城和箭楼

罗城初建于明弘治八年（1495年），由肃州兵备道李端澄主持修建。罗城是应敌的正面，“凸”字形城墙全部用砖包砌，非常坚固。

罗城南北两端建有箭楼，是观望关西、关南、关北烽火的设施，两端与外城墙相接，外城墙又与关城南北的长城相连。

游击将军府

在嘉峪关古代军事史上，游击将军府不但是嘉峪关长城防御体系的指挥中心，而且是朝廷统治地方、检查商旅使者往来、联系西域和中亚及各少数民族的枢纽机关。

现在的关城游击将军府建筑是1987年在原建筑的基础上恢复修建的，为两院三厅四合院式，占地面积为1755平方米，建筑面积808平方米。

光化楼

光化楼建于明正德元年（1506年），由时任肃州兵备道李端澄主持修建。光化楼为三层三檐歇山顶式结构，楼高17米，精雕细刻，五彩装成。

楼阁第一层为砖木结构，第二、第三层是木结构榫卯咬合而成的。虽然经历了500多年的风风雨雨及地震等自然灾害，但它仍巍然屹立于关城之上，尽显中国古代建筑艺术的高超和精妙。

长城博物馆

以长城历史文化为主题

嘉峪关市新华南路西侧

免费

0937-6215162　8:30～18:30

嘉峪关长城博物馆是我国第一座以长城历史文化为主题的博物馆。原馆在嘉峪关市区，建成于1989年10月。新馆坐落在嘉峪关文物景区，建成于2003年，总建筑面积3499平方米。

主陈列厅有《伟大的长城》基本陈列，内容丰富，设计精巧，将我国“上下三千年，纵横十万里”的长城展现在此馆中。该陈列以文字、图表、照片、电动模型、实物等形式，全面、系统地介绍了我国历代的长城。

黑山岩画

羌族文化遗迹

嘉峪关市西北约20千米处的黑山峡谷

黑山岩画位于嘉峪关市西北约20千米处的黑山峡谷的峭壁陡崖上，岩画年代从战国延续至明。岩画主要集中在四道鼓形沟、红柳沟、磨子沟、石关峡口等处，计有153幅，延绵约2千米。

岩壁呈黑紫色，刻石较浅，手法古朴，风格粗犷，造型生动。画幅大小不一，内容有围猎、骑射、操练、舞蹈等场面，以及众多的羊、牛、鹿、狗、驼、鸟、鸡、鱼等动物形象。

悬壁长城

有“西部八达岭”之称

嘉峪关市西北14千米处　30元

0937-6396110　9:00～18:00

悬壁长城——石关峡文物景区的主题是古丝绸之路文化和长城文化，有体现长城文化的悬壁长城，有体现古代丝路文化的《丝绸古道》雕塑群和嘉峪关古代兵器展览等。

景区的主要项目分为四大功能区，即石

链接

悬壁长城和断壁长城

悬壁长城和断壁长城是嘉峪关西长城的重要组成部分，明嘉靖十九年（1540年）由肃州兵备道李涵监筑。断壁长城居于黑山峡口之南，为东西走向。悬壁长城在峡谷的北面，为南北走向，城墙陡峭直长，气势雄伟，垂若悬臂，有“西部八达岭”之称。这两条长城形成拱卫之势，共同扼守黑山峡口。

悬壁长城

关峡古丝路文化长廊区、悬壁长城军事防御体系区、休闲度假区、管理区。另外，在这里可以领略浑然天成的弥勒山景观，报国寺里的钟声悠悠、梵音袅袅。

万里长城第一墩

万里长城西段第一墩台

嘉峪关南讨赖河岸，距关城7.5千米

120元，含嘉峪关关城、悬壁长城与万里长城第一墩3个景点

万里长城第一墩又名“讨赖河墩”，始建于明嘉靖十一年（1532年），是原肃州西长城的南端墩台，也是明代万里长城西段第一墩台。它是嘉峪关长城防御体系中的重要组成部分，又是长城沿线气势最为壮观的墩台。

墩台筑于长城墙体内侧，矗立于57米高的垂直河岸上，地形奇险，猿臂难攀。现残高8.3米，底边东西底阔14.3米，南北长15.7米，为黄土夯筑。

九眼泉

关城不可或缺的风景

嘉峪关市嘉峪关关城下

嘉峪关关城下九眼泉湖是关城不可或缺的一道风景。九眼泉被列为肃州八景之一，古称“峪泉活水”，据说嘉峪关的诞生也与“九眼泉”有着极深的历史渊源。

2000年3月，九眼泉在干枯长达20年后，突然有水从湖底涌出，这一奇特的出水现象给关城文物景区保护工作人员带来了不小的惊喜，也曾一度引起人们的高度关注，可近几年来，水位突然不断下降，有再次干涸的危险。

中华孔雀苑 AAAA

国内目前最大的孔雀生态园

嘉峪关市区金华西路

中华孔雀苑坐落在嘉峪关峪泉镇，是集旅游观光、休闲度假、蓝孔雀种群繁育、规模养殖于一身，以蓝孔雀为主题的景区。

园区占地26万平方米，绿化面积超过10万平方米。景区分为大型生态孔雀观赏区、放飞区和甘肃特色文化餐饮区、休闲居所、小剧场、艺术会所、红酒廊等区域。园内蓝孔雀的养殖规模超过3万只，种孔雀繁育能力达到10万只。

长城第一墩

景点推荐

嘉峪关市区景点

东湖生态旅游区 AAAA

被誉为“戈壁明珠”

嘉峪关市和诚路　西部明珠气象塔30元

8:30~23:00

东湖生态旅游景区是嘉峪关市规模最大的生态建设工程，是一个集休闲娱乐、观光游览、改善生态、承办赛事、调蓄用水等功能于一身的综合性景区，被誉为“戈壁明珠”。

景区位于嘉峪关市南市区新区，总面积165万平方米，建有人工湖56万平方米，中心广场3万平方米。景区内还有瀑布通廊、景观凉亭、绿色游廊、拱桥、码头、铁人三项赛纪念雕塑和赛事转换区等景点设施。

嘉峪关城市博物馆

展示嘉峪关的城市风采

嘉峪关市雄关广场南侧　0937-6330550

嘉峪关城市博物馆展示内容分为“三篇四厅”，即辉煌篇、历史篇、展望篇三个篇章，序厅、展示厅、公示厅、临时展厅四个展厅。馆内还建有国内一流的4D影院、休闲庭院。

链接

博物馆的"三篇"

"辉煌篇"通过多媒体视频、沙盘模型、图片等一系列的手法展示了一个绿树成荫、空气清新，蓝天、白雪、碧湖、绿地交相辉映的现代化工业旅游城市，体现了嘉峪关市不凡的建设速度与建设成果。

"历史篇"通过实物、照片、场景复原、视频、多媒体等方式展现了嘉峪关50年的发展历程，生动形象地再现了来自全国的建设者们艰苦创业的情景。

"展望篇"绘制的宏伟蓝图，是依托建成区沿讨赖河两岸向东向南发展的格局，是对明天嘉峪关发展前景的憧憬。

嘉峪关城市博物馆

迎宾湖

被誉为"大漠绿洲"

嘉峪关市区西侧

迎宾湖旅游园区以城市活动游憩、民俗文化休闲、城市主题公园、戈壁植物观赏等为主题，有旅游广场区、湖滨游乐区、大型娱乐场、健身康乐区及休闲区五大区域。湖边围栏上绘有1011幅反映嘉峪关人文历史以及中国和世界文化成就的图画，构成了别具一格的迎宾湖文化长廊。

嘉峪关森林公园

复合型公园

嘉峪关市嘉峪关长城东南边

嘉峪关森林公园是一个复合型公园。园区地形高低起伏、园路蜿蜒曲折，全园种植适生植物40余种、植树4.58万株，建成绿地18公顷。

园区以东西走向的中心广场为景观中轴线，以南有帐膜亭和仿古亭，供游人休憩娱乐；以北有植物迷宫、仿古廊亭、人工湖、七星连座、儿童活动场所等。公园具有观赏、休闲、娱乐、生态教育、文化传播、自然保护等功能，让人充分感受到21世纪的现代化生态文明。

雄关广场

嘉峪关的标志之一

嘉峪关市市中心

雄关广场坐落在嘉峪关市的中心，广场上高达39米的《雄关之光》雕塑是嘉峪关这颗戈壁明珠的标志之一。

雄关广场占地1.18万平方米，分为娱乐区、文化区、休闲区三大块。在广场上，飘带河蜿蜒曲折，赤足的小孩在水中尽情地嬉戏、叫喊；每走几步，就会有诸如《曹冲称象》《闻鸡起舞》《精忠报国》《伯乐识马》等寓教于乐的雕塑跃然面前。

嘉峪关国际自驾车营地

自驾旅游的胜地

嘉峪关市新文大桥西北角　8:30~18:30

自驾游营地位于嘉峪关市新文大桥西北角，高速公路出口处，占地面积约35万平方米。目前，营地共有自驾游车辆20辆，设计规模50辆。

自驾车旅游营地通过文化、体育、商业等活动形式，组织相关的汽车比赛、旅游探险、戈壁奇石、摄影、车辆租赁等活动，为自驾游客提供了一个良好的平台。

七一冰川

亚洲距城市最近的可观赏冰川

嘉峪关市西南116千米处的祁连山腹地

161元

0937-6321626　9:30~16:30

七一冰川斜挂于坡度小于45度的山坡

是全国十大剧院之一，内部功能齐全，目前居西北之首。大剧院由剧院本体、健身中心、露天演艺广场及水景观三部分组成，设有咖啡屋、茶坊、书吧及观众厅和休息大厅等，还设有健身中心，网球、篮球等场地。开放式的广场有音乐喷泉，整个广场看上去错落有致，独具匠心。

上，冰层平均厚度78米，最厚处达120米，冰峰海拔5150米，冰舌前沿海拔4300米。

七一冰川旅游区域约4平方千米。每到夏秋季节，雪山冰川在蓝天丽日下分外晶莹耀眼，与潺潺的溪流以及绿草如茵、鲜花盛开的高山牧场，共同构成一幅恬静而又充满生机的迷人画卷，让旅游者体验远离城市喧嚣的宁静与安逸。

嘉峪关大剧院

全国十大剧院之一

嘉峪关市雄关路　0937-5986207

嘉峪关大剧院占地面积6.39万平方米，

嘉峪关国际滑翔基地

世界三大滑翔基地之一

嘉峪关市东北12千米处的民航基地内

免费

嘉峪关滑翔基地是世界三大滑翔基地之一。1980年，法国最先通过气象卫星发现了嘉峪关上升气流。之后国家体委组织力量，在嘉峪关建立了得天独厚、自然条件十分优越的滑翔基地。每年七八月，这里都会举办国际滑翔节活动。

嘉峪关滑翔基地有首屈一指的滑翔条件：纬度高，总云量少；日照时间长，地面热

嘉峪关风光

感强；温差大，易产生强大的上升气流，平均每秒达6米；降雨少，且形成早消失晚能见度高，适合开展多种滑翔活动。

紫轩葡萄酒庄园

以葡萄酒文化为主

嘉峪关市嘉东工业园区5396号 120元

9:00～17:30

紫轩葡萄酒庄园地处古丝绸之路中西结合部、万里长城西端的嘉峪关市。庄园于2010年4月正式被国家旅游局评定为国家AAAA级工业旅游景区。

庄园在酿酒为核心功能的基础上，以葡萄酒的8个酿制基本步骤为主要内容。围绕葡萄酒这一主题，以欧洲小镇的建筑风格为蓝本，配备会员制小型高级休闲会所、主题休闲区、专业地下酒窖和鉴赏中心等特色功能区。

草湖

湿地风貌非常独特

嘉峪关市新城镇中北部 免费

草湖是指位于新城镇泥沟村附近的“拱北梁水库”“狼星湾”水域。这里近几年作为湿地保护的重点区域，植被恢复得比较好，旅游开发也不错，戈壁中的湿地风貌非常独特，是一处很值得一去的风景区。

链接

李陵碑的典故

草湖附近有李陵碑。相传，汉武帝时骑都尉李陵率军由肃州北出居延海抗击匈奴，大获全胜，班师凯旋后见花城湖一带水草茂密，四面沙丘回护，是个屯兵的好地方，便下令在此驻扎，并命令全军将士夜以继日轮班运土填湖，夯筑了一座黄土墩台，李陵亲笔书写了“誉满边关”四个大字，署名“骑都尉李少卿题”。

匈奴早就探知消息，趁机起兵反攻，李陵急忙督军迎击。由于士卒长时间填湖筑台，劳累过度，士气低落，而单于兵强马壮，攻势凌厉，汉军很快就溃散兵败。李陵力竭而被单于生擒，只得降服。汉武帝闻讯后，把李陵家满门处斩。

魏晋壁画墓群

有“地下画廊”之称

嘉峪关市区东约18千米的新城镇 30元

嘉峪关魏晋壁画墓群位于嘉峪关市区东约18千米处的新城镇。在这处近13平方千米的地域内，分布着魏晋时期的古墓葬1000余座，素有“地下画廊”之称。

这里先后发掘了18座墓葬，其中9座为画像砖墓，9座为素砖墓。目前正式对外开放2座。新城墓葬建筑形制独特，墓葬由墓道、墓门、门楼、前室、中室、后室、甬道、耳室、壁龛等组成。

玩家解说

魏晋壁画墓群建筑用砖分为印纹方形砖、长方形砖、雕刻砖、画像砖等。墓门用条形砖叠砌为拱券形，券顶以上采用条形砖叠造门楼，门楼墙面嵌砌有斗拱、人物、兽首等造型的雕刻砖，墓顶多为盝顶式和拱券式。

墓葬共出土760余幅砖画，形式多为一砖一画、半砖一画或几块砖组成的连环画。这些砖壁画色彩鲜艳，风格独特，画技巧妙。砖壁画内容取材于当时的现实生活，反映农耕、养殖、采桑、宴居、出行、军事操练、狩猎等内容。墓葬砖壁画填补了我国魏晋时期绘画史上的空白。

嘉峪关魏晋壁画墓群

景点推荐 肃州及周边景点

西汉酒泉胜迹 AAAA

保存完整的汉式园林

- 酒泉市肃州区公园路100号
- 乘1路、9路公交车可直达
- 30元，酒泉、嘉峪关籍游客免费
- 0937-2633441

西汉酒泉胜迹即酒泉公园，是河西走廊唯一保存完整的一座汉式园林，迄今已有2000多年的历史。

园内有泉有湖，有山有石，建有酒泉胜迹、月洞金珠、西汉胜境、祁连澄波、烟云深处、曲苑餐秀、花月双清、芦伴晚舟八大景区。园内古树名木，参天蔽日，亭台楼阁，雕梁画栋，素有“塞外江南”“瀚海明珠”之美誉。

链接

酒泉名称的由来

据说公元前121年，汉武帝派骠骑将军霍去病西征匈奴，与匈奴打了一场著名的河西之战，大获全胜。汉武帝从长安赐御酒一坛犒劳征西霍去病将军。霍去病认为功劳属于全军将士，于是将酒倒入泉中与将士取而共饮，所以“酒泉”的美名便传承至今。

古酒泉流淌至今已有2100多年的历史，它是汉王朝打通西域、开江扩土的历史见证，是酒泉地方文化的核心和载体。

大法幢寺之香炉

常青苑

西北最大的花卉苗木繁育基地

酒泉市新城区肃州路

常青苑园区汇集国内外名贵花卉植物800多个品种，是甘肃省河西地区最大的花卉苗木繁育驯化、培育基地，拥有河西地区最大的室内外四季观赏热带植物园和盆景园。

常青苑是酒泉唯一一家以农业产业化建设为主体，特色鲜明，配套设施完善的现代设施农业观光旅游景点。这里还建有花卉展销大厅、接待室、会议厅、书画艺术馆及设计独特的葡萄长廊、绿化通道等配套服务设施。

大法幢寺

河西重要寺院之一

酒泉市肃州区城北2千米处　50元

9:00～17:00

大法幢寺寺院坐北向南，依崖傍水，祁连雪峰尽收眼底。周边林木葱郁，流水潺潺，风景秀丽，景色怡人，气象万千。

大法幢寺原名钟楼寺、救生寺，为明清以来河西重要寺院，肃州八景之一。殿宇为仿唐建筑，塑像端庄古朴，与敦煌莫高窟艺术一脉相承，出自著名雕塑家何鄂之手。

玩家攻略

每年四月初八，大法幢寺不仅要举办隆重的庙会活动，而且还要对金佛进行浴佛。这就是佛教中所说的“浴佛节”。在此期间，广大信徒和游客都会前来上香祈祷，并且观看佛教法会和“浴佛节”等活动。庙会活动往往将商贸旅游与佛教活动融于一体。

花城湖

有“第二个月牙泉”之称

酒泉市怀茂乡

花城湖生态旅游景区位于酒泉市怀茂乡，总面积4000余亩。花城湖地处沙漠戈壁腹地，是由地下泉水汇聚而成的自然水源，水量充沛、四季长流，湖宽200米至800米不等，蜿蜒而下10余千米，仿佛宛宛之游龙行于茫茫沙漠。

花城湖集大漠戈壁、草原、山峰、湖泊、沙丘、长城烽燧于一身，汇大西北典型风景为一处，自然景观独一无二。这里历史遗迹丰富，民间传说故事生动有趣，烽火台、天罗城、李陵碑、钱匣泉、花木兰营城等景点尽现文化之魅力。

花城湖

酒泉钟鼓楼

千年钟鼓楼

酒泉市市中心

酒泉钟鼓楼最早创建于东晋穆帝永和年间（345—356年），是前凉政权酒泉郡太守谢艾主持重修的酒泉城时东城门。鼓楼坐落于酒泉古城中央，距今已有1600多年的历史。鼓楼的基座原是东晋时期酒泉古城的东门旧址，后来城市扩建，慢慢地由东门变成了市中心。

鼓楼拔地27米，基座呈正方形，周长112米，高8米。鼓楼为木架结构塔形楼，东西两面分别悬挂“声震华夷”和“气壮雄关”巨幅匾额。

酒泉市博物馆

馆藏文物丰富

酒泉市区东大街56号　免费　0937-2800089

馆内有馆藏文物6000余件，分为新石器时代、两汉、魏晋南北朝、隋唐等时期。陈列有《酒泉历史文物展览》《酒泉人文地志展览》《酒泉古代农业发展展览》3个展览。博物馆担负着对酒泉市境内260余处古文化、古墓葬、古建筑遗址的保护管理和调查研究的重任。

丁家闸魏晋壁画墓

始建于东晋时期

酒泉市肃州区西北8千米处

丁家闸五号壁画墓位于酒泉市肃州区西

酒泉钟鼓楼

北8千米处的戈壁滩上，该墓距今约1600年，始建于东晋时期。

丁家闸五号墓呈东西坐向，墓底距现在地表12米多。墓分前后两室，共长8.64米。前后室地面均平铺穿壁变体云气纹方砖一层。前室壁画环绕，内容极为丰富；后室西壁上绘画略显简约。

西沟唐代彩绘模印画砖墓

豪华的双室模印画砖墓

酒泉市肃州区果园乡西沟村

享誉中外的西沟唐代彩绘模印画砖墓，位于酒泉市西北10千米处的果园乡西沟村，1988年9月因水泡塌陷露出墓顶被发现，经过5年时间的抢救清理和考证后，于1993年5月正式对外开放。

西沟的5座墓葬，分属3个时期，3种艺术表现手法和建筑风格，是集研究和观赏价值于一身的珍贵历史文化遗存。5座墓的距离很近，参观游览较为方便。

鸳鸯湖

有“大漠瑰宝”的美称

酒泉市金塔县城西南10千米处

鸳鸯湖风景区位于金塔县西南12千米处的夹山峡谷中，湖依山傍水，景色怡人。工程建设规模宏大，气势雄伟，自然条件得天独厚，素有“大漠瑰宝”“塞上明珠”的美称。

金塔鸳鸯湖旁边的青山寺是金塔南部的天然屏障，是历史名胜古八景之一。青山寺周边峰峦起伏，重岩叠翠，以四周青山环抱、风光秀丽而得名。

金鼎湖清泽溪

园林之美赛江南

酒泉市金塔县城西南5千米处

金鼎湖清泽溪风景区始建于2004年，主要有景区景观建筑、绿化造林、道路铺筑、人工塑石、叠水瀑布、景观灯架设等工程。景区内桥、廊、亭、榭交相辉映，湖、溪、潭、瀑巧夺天工，湖中水鸟嬉戏，岸边植物丛生。

酒泉卫星发射基地

中国三大卫星发射基地之一

酒泉市金塔县巴丹吉林沙漠深处

酒泉卫星发射基地为中国著名的三大卫星发射基地之一。位于酒泉市东北210千米处的巴丹吉林沙漠深处，是中国建设最早、规模最大的卫星发射中心，也是各种型号运载火箭和探空气象火箭的综合发射场。这里拥有完整、可靠的发射设施。

目前，基地对国内游客开放的景点有卫星发射场、指挥控制中心、长征二号火箭、测试中心、卫星发射中心场史展览馆、革命烈士陵园、东风水库、沙漠胡杨林等。

链接

基地的辉煌史

酒泉卫星发射中心自1958年创建以来，曾为中国航天事业的发展创造过骄人的多个第一：1970年4月21日，中国的第一颗人造地球卫星在这里升起；1975年11月26日，第一颗返回式人造地球卫星在这里升空；1980年5月18日，第一枚远程运载火箭在这里飞向太平洋预定领空；1981年9月20日，第一次用一枚火箭将3颗卫星送上太空……

酒泉卫星发射基地

景点推荐 瓜州及周边景点

榆林窟

佛教石窟艺术的重要宝库

酒泉市瓜州县城南76千米处的榆林河谷两侧

8:30~18:00　40元；特窟：第2窟100元，第3窟150元，第4窟100元，第25窟200元

榆林窟又名万佛洞，是中国佛教石窟艺术的重要宝库之一。位于瓜州县城南76千米处榆林河谷两侧的砾石崖壁。目前存石窟42个，其中东崖31座，西崖11座。

榆林窟因其河谷中遍生榆树而得名。始建于北魏，洞窟形制、壁画内容、艺术风格及供养人题名等均表现出了与莫高窟石室艺术的密切联系，为敦煌艺术不可分割的重要组成部分，显示出了很高的历史价值和艺术价值。

玩家解说

榆林窟的价值主要表现在精美的壁画上。榆林窟的壁画内容十分丰富，有精美的佛和菩萨画像，有场面宏大的佛教故事画，有种类繁多的花卉禽兽，有极为精致的装饰图案。自唐至元，历代留有不少佳作，其中25窟盛唐壁画是世所罕见的珍品。

铁人王进喜纪念馆

再现了王进喜的辉煌一生

酒泉玉门市赤金镇甘店子高速公路服务区

铁人王进喜纪念馆位于王进喜的故乡，

铁人王进喜纪念馆

2008年10月建成投入使用，是一座以铁人王进喜事迹陈列为主的纪念馆。

馆内共展出珍贵历史照片、图片260余幅，珍贵文物100余件，并运用了大型浮雕、场景复原、多媒体等形式，再现了王进喜同志“爱国、创业、求实、奉献”的光辉一生。纪念馆记录了中国石油工业发展初期的艰辛历程，是西北地区唯一一家弘扬铁人精神、宣传铁人事迹、传承铁人文化的爱国主义教育基地。

链接

“铁人”王进喜

王进喜于1923年出身于玉门赤金堡一个贫苦农民家庭。1950年春，王进喜成为中华人民共和国第一代钻井工人，先后任司钻、队长等职。

1960年3月，王进喜率队从玉门到大庆，组织职工用“人拉肩扛”的方法搬运和安装钻机，用“盆端桶提”的办法运水保开钻，跳进泥浆池用身体搅拌泥浆压井喷，被称为“铁人”。1970年11月在北京逝世。

火烧沟

重要的原始社会遗址

酒泉玉门市清泉乡

火烧沟因其地沟壑纵横，山峦起伏，而山沟山峁又多呈火红色，所以人们将其地命名为火烧沟。1976年，在修建清泉中学的过程中，这个重要的原始社会遗址被发现。

整个遗址主要是墓葬群，分为上、中、下3层。考古工作者对上、中、下3层墓葬进行了清理，共出土了312座古墓。上中两层主要是魏晋墓和汉代墓，而最下面的一层为新石器时代后期的墓葬，距今约3700年，约与夏代同时。

玩家 解说

火烧沟遗址中出土了大量的锄、刀、斧、镰、锤和磨盘等农具，这些农具大多数是石制器具，也有不少铜制器具，说明当时的农业生产工具已有较大进步。在许多陶器和棺木中，贮存着粟粒和植物种子。在部分墓坑中，还出土了制作精美的彩陶方杯、人形陶罐等酒器。酿酒业的出现，是农业有相当发展水平的标志，这说明在当时的玉门已经有了较为发达的原始种植业。

赤金峡 AAAA

有雄伟壮观的水库大坝

酒泉玉门市赤金峡　115元（含门票、景区车、漂流）　8:00~21:00

赤金峡水利风景区依山傍水，景色独特秀丽，气候宜人，旅游资源十分丰富。景区内自然景观和人文景观较多，有雄伟壮观的水库大坝、气势恢宏的坝后水电站、红柳仙子救唐僧的红柳湾、五颜六色的月季坛、争奇斗艳的玫瑰园、赤金断水碑记等。

景区内空气清新、水面宽广、花草茂盛，自然景观和人文景观相互照应，相互依托。

桥湾城遗址

建于清代的古城

酒泉市瓜州县城东85千米处的312国道南侧

桥湾城遗址是一座残破的清代古城。这里东连嘉峪关，南望祁连山，北通内蒙古，西接新疆，是丝路上的一大枢纽。

桥湾古城始建于清雍正十年（1732年），为一军事据点。清同治元年（1862年）因回民暴动，城失民逃，城址遂废弃。现城址东西长320米，南北宽122米，残高5~8米，四角有角墩，城内有房屋建筑等遗迹。

锁阳城遗址

典型的唐代古城

酒泉市瓜州县中南部 ¥50元

锁阳城遗址始建于汉，兴于唐，其他各代都有不同程度的重修和利用，其形制保存了典型的唐代古城风格。城东北方向有一座大型寺院系元代建筑，大塔高14.5米，千座小塔整齐地排列于一条线上。

锁阳城在汉代是敦煌郡冥安县治所，西晋为晋昌县，隋为常乐县，唐代为瓜州郡。后历经战乱，明王室闭关后遭废弃。锁阳城之名缘于清代民间，因城周围有诸多味美甘甜的锁阳，后人因物命名为锁阳城。

玩家解说

古代锁阳城附近有一大片非常开阔的绿洲，是酒泉郡与西域联系的纽带。锁阳城分内外两城，外城总面积80万平方米，内城总面积28万平方米。西北角墩高18米，上有敌台、擂台等古代军事设施。

锁阳城具有我国保存最完好的古代军事防御系统和古代农田水利灌溉系统，它们是古代沙漠化演进过程中沧桑变化的典型标本。锁阳城是中国西部古文化遗存和独特自然景观结合最为完美的旅游景点。

瓜州极旱荒漠

沙漠物种保护地

酒泉市瓜州县境内 ¥免费 全天开放

瓜州极旱荒漠位于甘肃省瓜州县境内，面积80万公顷，主要保护对象为极旱荒漠生态系统。

保护区地处暖温带与中温带的过渡区，位居亚洲中部荒漠的腹地。区内的生态系统和物种具有典型性、独特性、珍稀性和多样性，植被类型主要有红沙、珍珠、泡泡刺、合头草等四大荒漠植被类型。有野生植物347种，高等动物152种，其中雪豹、野驴、北山羊、金雕等26种为国家重点保护野生动物。

锁阳城遗址

景点推荐

敦煌旅游区

莫高窟

中国最大的古典艺术宝库

敦煌市东南25千米处、鸣沙山东麓的断崖上

200元　0937-8825328

旺季（5月1日至10月31日）8:00～18:00，淡季（11月1日至次年4月30日）9:00～17:30

莫高窟位于敦煌市东南，距城约25千米，洞若观火窟开在鸣沙山东的断崖上。它是中国最大的古典艺术宝库，也是佛教艺术中心。

莫高窟洞窟数目达到492个，塑像2000尊以上，其中最大者33米，最小者仅10厘米。壁画总面积为4.5万平方米。1987年，莫高窟被联合国教科文组织列为世界文化遗产。

链接

数字展示中心

敦煌莫高窟数字展示中心已于2014年8月1日对外开放。中心开放后，原有的莫高窟参观模式将发生改变。莫高窟的参观将由数字展示中心和莫高窟两部分组成，但二者不在一处。数字展示中心位于敦煌火车站附近，距离敦煌市9千米。莫高窟和数字展示中心之间有摆渡车接送游客。

敦煌莫高窟数字展示中心循环播放介绍敦煌和莫高窟历史文化背景的主题电影《千年莫高》和展示精美石窟艺术的球幕电影《梦幻佛宫》。两部影片各长20分钟。《梦幻佛宫》是全球首部超高清8K实景数字球幕电影，影片对莫高窟最具艺术价值的7个代表洞窟进行了展示。在莫高窟实体洞窟中，可参观8个洞窟。全新的模式将为您提供全新的参观体验。

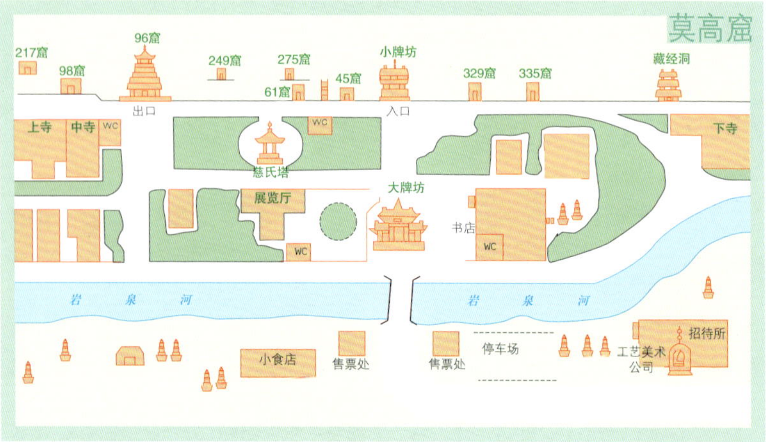

游客须通过网络预约后才能参观。莫高窟参观预约网(www.mgk.org.cn)也支持在线支付。咨询电话:0937-8825000,咨询服务时间:7:00~00:00。

玩家 攻略

●莫高窟正常开放洞窟有:北魏:257、259号窟;西魏:249号窟;北周:428号窟;隋:244、292、390、427号窟;唐:16、17(藏经洞)、23、26、29、94、96(北大佛窟)、130(南大佛窟)、148、172、202、231、237、320、323、328号窟;五代、宋:55、61、100、146、152、454号窟。另外,旅游旺季会适当增加一些洞窟作为调节用,窟号为12、46、79、103、196、256、332、397、419、420号窟。

●通常进窟人数每次限在20人左右,团体旅游者须注意。

●售票处另有电筒出租,方便游人进入漆黑洞窟时,配合讲解员说明来欣赏各种动人有趣的画面和故事。

●洞内相当阴凉,即使在夏天入洞,也宜备衣物御寒。

●窟区范围不准携带行李包及摄影器材。窟内严禁照相、摄录、临摹、刻画或任何破坏文物的活动。

●严禁携带易燃物品,窟内不准抽烟和烧香。

玩家 解说

莫高窟的壁画分尊像画、经变画、佛教史迹画、神怪画、故事画、供养人画像以及山川、风物、装饰类画等不同内容,直接或间接地反映出当时的社会历史及生活背景。

莫高窟的彩塑有圆塑、影塑、浮塑、善业塑

等类型，主要有佛陀、菩萨、弟子、天王、力士、僧人、天兽等。大的有34米高的巨型石胎塑弥勒佛，小的有几厘米高的影塑千佛。其造型从北魏前期的粗壮而逐渐演变为后期的清瘦。隋唐以来，出现了七至九身彩塑的群像艺术风格，并趋向雍容华贵。

莫高窟的建筑艺术完整地保存了千百年来的建筑形式。现存的492个洞窟中，有形式多样的禅窟、殿堂窟、塔庙窟、影窟等形制。

藏经洞

藏经洞即第16号洞窟，是由道士王圆箓在清理甬道积沙时所发现的。这座蕴藏丰富、包罗万象的古文献文物宝库中，满贮宗教、历史、文学、艺术和人民生活等方面的重要文献文物资料五六万件。

其中，有大量佛教、道教、儒学和其他宗教经典著作，还有大量的经、史、子、集、诗、词、曲赋、通俗文学及水经、地志、历书、星图、医学、数学、纺织、制糖、酿酒、棋经等，中华文化的精品珍奇一应俱全，应有尽有。

道士塔

道士塔即僧人圆寂塔，位于莫高窟大门外。塔呈圆形，状近葫芦，外敷白色。从几座坍弛的来看，塔心竖一木桩，四周以黄泥塑成，基座垒以青砖。余秋雨先生的散文《道士塔》里面记录了很多莫高窟和道士塔的往事。

千佛洞

千佛洞即著名的九层楼，始建于695年，是第96号窟。早期为四级窟前殿堂建筑，后经历代重修和增建，现存窟檐建筑建于20世纪30年代。

九层楼高45米，依山崖而建，位置在莫高窟上寺石窟群的正中，里边供奉的是世界最大的室内盘腿而坐的泥胎弥勒菩萨的造像。

第130窟

开凿于唐开元、天宝年间。窟内塑莫高窟第二大佛，因位于第96窟之南，也称南大佛。佛高26米，为石胎泥塑弥勒倚坐像。洞窟窟形为上小下大的方锥形覆斗顶窟。甬道南北壁上部各开一龛，下部分别绘有供养人像；主室南北壁各绘高约15米的巨型菩萨坐像一身，上部为宋代所绘飞天，是敦煌石窟中最大的飞天图像。

窟前保存有西夏殿堂遗址。大佛仅头部就有7米，虽然不符合人体比例，但却巧妙地解决了自下而上仰望佛时的视觉差，从而使观佛者能清晰地看到既庄严又慈祥的弥勒佛的表情，更增加了对佛的敬畏感。

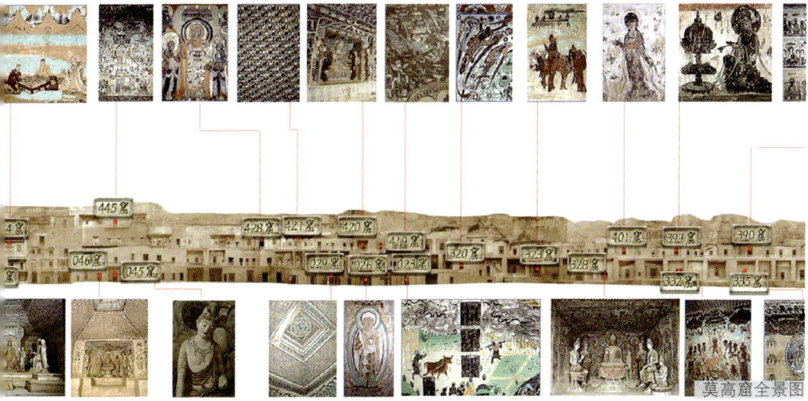

莫高窟全景图

第172窟

此窟南北两壁的《观无量寿经变》是这个洞窟的主要内容。由于画家的高超技艺，相同内容在同一洞窟中不仅不显得重复，而且内容丰富多彩。南北两壁的《观无量寿佛经变》中以西方净土为主，两侧为对联式的立轴画，分别画《未生怨》和《十六观》。

北壁经变画以佛为中心，宏伟壮观的楼台亭阁，耸立在碧波荡漾的“七宝莲池”中；各种姿态的佛、菩萨，体态优美，面含笑意、神态安然恬静；宝池中莲花盛开，“莲花童子”嬉戏追逐于莲荷之间。舞台上乐伎随着音乐的旋律翩翩起舞，体态轻盈的飞天，穿游于楼阁廊宇之间；飘荡在空中的乐器不鼓自鸣，演奏着美妙悠扬的乐曲。画面里一派幻想的极乐世界的美妙景象。南、北两壁经变画中，均绘有场面宏大的寺院建筑群，是唐代壁画中表现建筑群的代表作。

第323窟

为开凿于初唐时期的代表洞窟之一。洞窟主室南北两壁绘制了内容丰富的佛教史迹故事。北壁经典壁画《张骞出使西域》有三个场面：汉武帝祭拜“祭天金人”、汉武帝送别张骞和张骞穿山越岭。

此窟所有壁画都是组合式，每个故事中绘有尺寸灵活、相互交错的四五幅画面，画面与画面、故事与故事都是以山水、建筑为背景，人物活动在其中，情景交融，是杰出的唐代山水人物画。南壁中央的空白，是1924年美国人华尔兹用化学胶布粘走壁画后留下的痕迹。龛内雕塑经过清代重新彩绘，唐代原貌所存无几。

莫高窟特窟

第45、156、158、217、254、275、285、322、57、220窟为2010年来莫高窟开放的特窟。

想要了解莫高窟早期风格变化的，可以参观3个早期洞窟——第254、285和275窟。第254和285窟为西魏窟，特别是第254窟的浮雕交脚菩萨与两壁《尸毗王割肉贸鸽》《南壁萨埵太子舍生饲虎》都是典型；第285窟则出现了传统中国神话中的西王母、东王公等人物。第275窟则是开凿于晚些的北凉，交脚菩萨则呈现出了中原和西域风格的混搭，晕染、服饰都极为典型。

第57窟是初唐时期开凿的，其沥粉堆金的背景富丽至极，丰腴婀娜的菩萨也非常精巧。第322窟同样是初唐洞窟，东壁门主尊右侧的菩萨，手姿极其优美，造型比例合适，

线条简单，为菩萨画像代表作。第200窟的初唐壁画因表层曾绘有西夏壁画，1944年剥离后保存完好。前壁的维摩诘极为传神，北壁的《药师净土变》中4个乐伎飞天在宝池前的圆毯上翩翩起舞，据说是“胡旋舞”和“胡腾舞”。

第158窟是晚唐吐蕃统治时期开凿的，是莫高窟最著名的涅槃窟之一。第156窟则是更晚些的归义军时期代表作，四壁经变图画下方绘制有声势浩大、场面壮观的《张议潮统军出行图》和《宋国夫人出行图》。

第217窟以山水画著称，南壁的《化城喻品》有李思训的青绿山水风格，是绝世之作。同时期的第45窟则拥有最杰出的雕塑，佛、弟子、菩萨和天王形神兼备，栩栩如生。南壁的《胡商遇劫图》也极为著名。

敦煌石窟文物保护研究陈列中心

敦煌石窟文物保护研究陈列中心是中国唯一的石窟类文物保护研究陈列机构。该中心陈列部分设有录像演播厅和3个展区。录像演播厅向观众放映有关敦煌石窟艺术和陈列中心概况的录像片。敦煌石窟艺术的精华和发展历程的概况在此得以展现。

第一展区是8个原大复制洞窟。它们是敦煌莫高窟十六国时期的第275窟、西魏第249和第285窟、隋代第419窟、初唐第220窟、盛唐第217窟、元代第3窟和安西榆林窟中唐第25窟，均属各时期的杰出代表窟。展现了自十六国至元代1000年间敦煌石窟艺术的风采。

第二展区为《敦煌石窟文物陈列》。该展区展出敦煌石窟出土的文物精品，设有敦煌莫高窟的创建、敦煌壁画摹本珍品、敦煌石窟的创建过程和画工绘制洞窟使用过的绘画工具、莫高窟发现的精美的古代丝织物、藏经洞发现的古代写本真迹、敦煌花砖艺术等陈列单元。它们从不同的侧面反映了敦煌石窟的发展历史和丰富多彩的文物。

第三展区位于陈列中心展厅的二楼，是辅助展区，可以举办各种展览和专题文物陈列。

敦煌研究院院史陈列馆

馆内有敦煌研究院成立前后的有关历史档案、文献资料和实物。两进的庭院还包括常书鸿故居和张大千故居，设有常书鸿作品临摹展与文学作品展。这里在成立敦煌研究院以前为喇嘛们居住的地方，因此也叫作上（雷音寺）寺和中（皇庆寺）寺。

莫高窟全景图

鸣沙山-月牙泉 AAAAA

以“沙漠奇观”著称于世

酒泉敦煌市城南5千米处，杨家桥月牙泉村

120元　0937-8883388

旺季（4月1日至10月19日）6:00～19:30，淡季（10月20日至次年3月31日）7:30～18:00

鸣沙山-月牙泉风景名胜区以“沙漠奇观”著称于世。

鸣沙山以沙动成响而得名。东汉称沙角山，俗名神沙山，晋代始称鸣沙山。鸣沙山东西长40余千米，南北宽约20千米，主峰海拔1715米。峰峦危峭，山脊如刃；人乘沙流，有鼓角之声，轻若丝竹，重若雷鸣，此即“沙岭晴鸣”。

月牙泉处于鸣沙山环抱之中，因其形酷似一弯新月而得名。古称沙井，又名药泉，一度讹传渥洼池，清代始称月牙泉。水质甘冽冽澄清如镜，沙不进泉，水不浊涸。铁鱼鼓浪，星草含芒，水静印月，荟萃一方，故称“月泉晓澈”。

玩家攻略

- 在鸣沙山一定要注意保护相机，风里的沙尘非常细，除非要拍照，否则还是把相机装起来比较好。
- 进入景区大门，左侧是电瓶观光车车站，右侧是骆驼可以骑。电瓶车向右行驶至月牙泉方向（进入景区后一直向右走，从大门到月牙泉只要10分钟），骆驼向左走至鸣沙山深处。
- 可以玩沙漠越野车、摩托车、滑翔机和直升机、滑草、滑沙等项目。
- 月牙泉南岸的小花罗布红麻是泉边独特而唯一的保健中草药，每年6~8月盛开，十分美丽。
- 去鸣沙山月牙泉游玩以下午、黄昏时分最佳。
- 游客进入景区后，可根据自身需要租赁防沙鞋套，15元/双。

雷音寺

酒泉敦煌市鸣沙山下

雷音寺亦名观音堂，位于鸣沙山下，月牙泉边。传说古时在月牙泉附近有雷音寺，后被风沙所埋。1989年重建寺院。新寺院重现了唐式佛教寺院风格，其扩建后成为敦煌最为重要的汉传佛教宗教活动场所。

雷音寺占地约2.8万平方米，建筑面积3000余平方米。全寺由1个正殿、2个配殿和僧房、施主客房组成，共有殿阁房舍百余间，

链接

神奇的"鸣沙"

所谓鸣沙，并非自鸣，而是因人沿沙面滑落而产生鸣响，是自然现象中的一种奇观，有人将其誉为"天地间的奇响，自然中美妙的乐章"。

鸣沙山

供奉佛、菩萨、罗汉、弟子塑像37身。其中，正殿为大雄宝殿，殿内正中为一尊汉白玉佛像，系缅甸华侨捐赠的，形象逼真。

敦煌历史博览园

酒泉敦煌市敦月公路中段　30元

8:00~21:00

敦煌历史博览园位于敦煌敦月公路鸣山路口北侧，是由敦煌历史艺术园有限公司投资兴建的大型展览馆，占地面积约1万平方米，建筑总面积近3000平方米。

博览园主要由敦煌历史人物厅、敦煌（西域）性文化厅、丝路民族艺术厅、敦煌古玩收藏品厅以及摄影厅等5个部分组成，另设有餐厅、贵宾室等配套设施。

敦煌民俗博物馆

酒泉敦煌市月牙泉景区　20元

敦煌民俗博物馆位于敦煌月牙泉风景区，是展示西北民俗风情习俗的庄院式博物馆。博物馆面积4300余平方米，采用敦煌民间传统的古堡式建筑结构及敦煌民居建筑中最流行的四合院形式，风格古朴、典雅，室内陈设多样、朴实。

馆内展示了敦煌地方民间文化、宗教信仰、岁时节令、衣食住行、游艺竞技、玉雕珠宝、民间刺绣等20余项专题内容，集中反映了丝绸之路上人民的生活风貌。

敦煌阳关景区 AAAA

丝绸南路必经的关隘

酒泉敦煌市阳关镇　50元

0937–8601264　全天开放

阳关景区位于敦煌市区西南70千米处，由汉唐历史遗迹、大漠自然风光、生态农业观光以及阳关博物馆等景观构成，是一处具有文化价值、旅游观光、休闲体验等多元素的特色景区。

阳关景区现存有汉唐时期的古关、古城、古烽燧、古水源、古道、古塞墙、古墓葬、古陶窑等众多文物遗址。景区内的阳关博物馆整体呈现仿汉建筑风格，占地约10万平方米，是目前中国西北地区最大的景点式遗址博物馆，馆藏文物丰富。

玩家攻略

游客游览阳关景区，可凭吊古迹、参观展览、登城远眺、持牒出关、饮酒壮别、骑射练兵、刻石留名、攀行独木桥、沙漠探险、品尝农家餐饮等。

到阳关景区游览可走阳关大道，方式有骑毛驴车（20元/人）、骑马（40元/人）、坐电瓶车（10元/人）。游客可以根据自己的需要来选择。

雅丹国家地质公园 AAAA

亚洲规模最大的雅丹地貌群落

酒泉敦煌市西北约180千米处

旺季80元，淡季50元　0937–8841885

旺季7:00~18:00，淡季8:30~16:30

雅丹国家地质公园距敦煌185千米，俗称魔鬼城，目前已建成中国地质公园。在一条东西长25千米、南北宽1~2千米的干涸河床地带上，雅丹密布，丘峰林立，形态各异，不论是个体还是整体，规模之宏大，气势之浑雄，均属世界罕见。

敦煌古城一景

景区东西长约25千米，南北宽约18千米。景区面积达398平方千米。景区划分为南、北两个大区。北区集中连片，以雅丹地貌为主，总体近南北走向。南区以风蚀谷、风蚀残丘、风蚀柱等为主，分布相对分散，总体呈东西走向。

玩家 攻略

敦煌雅丹国家地质公园是影视广告拍摄的绝佳外景场地，曾先后拍摄过《英雄》《天脉传奇》《女子十二乐坊MTV风光片》《海神》及《七匹狼》等多部影视或广告作品。同时公园还为游客提供餐饮、住宿、导游讲解、自驾车探险游、骑骆驼游等旅游服务项目。

敦煌古城

我国西部最大的影视拍摄基地

酒泉敦煌市至阳关公路的南侧，距市中心25千米

免费

敦煌古城又称敦煌仿宋沙洲城。古城融千年西域民俗于一体：城开东、西、南三门，城楼高耸，城内由北宋时期的高昌、敦煌、甘州、兴庆和汴梁5条主要街道组成。街道上点缀以不同地域的过街楼、佛庙、当铺、货栈、丝绸店、酒肆、饭馆、住宅等，作为拍摄用道具，互为背景，相辅相成。

敦煌古城再现了唐宋时期西北重镇敦煌的雄姿，被称为中国西部建筑艺术的博物馆，具备拍摄古代西部边塞景观的独特优势，现已成为中国西部最大的影视拍摄基地。

玩家 解说

敦煌古城是1987年中日合拍大型历史故事片《敦煌》时，以宋代《清明上河图》为蓝本，仿照沙洲古城设计建造的。建筑面积达1万平方米。除《敦煌》一片外，先后在这里拍摄过《封神演义》《怒剑啸狂沙》《新龙门客栈》《敦煌夜谈》《沙洲王子》《海市蜃楼》等20多部中外影视剧目。现已成为敦煌主要的游览参观点。

三危山

宗教活动圣地

酒泉敦煌市东南25千米处　30元

8:00~18:00

三危山是敦煌的一处宗教活动圣地。

东西向约6千米的景区有山门牌坊、王母宫、观音井、阿弥陀佛殿、观音殿、龙王庙、平安庙、释迦牟尼大佛、老君庙等庙宇宫观建筑，远山上还有乐堂和各种碑刻、塑像。

三危圣境规模甚大，一派佛国圣地、道家天宫景象。新修的各佛殿于2000年农历四月初八举行开光仪式，并对游人开放。

白马塔

具有明代喇嘛塔的风格

酒泉敦煌市党河乡白马塔村，距市中心2千米

15元

白马塔位于敦煌市西郊敦煌故城南，据说高僧鸠摩罗什东归传经所乘白马葬于此地，当地佛教信徒遂葬白马于城下，修塔以纪念，取名“白马塔”。

现存白马塔建筑雄伟，塔身9层，高12米，直径7米；以土坯砌成，中有立柱，外涂以草泥、石灰。

敦煌博物馆

综合性地志博物馆

酒泉敦煌市阳关东路

敦煌博物馆是以历史文物为主的综合性地志博物馆。现馆址建于1984年，主楼三层，建筑面积2400平方米。楼前大院内有象征丝绸古道上牵驼跋涉的大型雕塑一组。

博物馆馆藏文物有石、陶、瓷、木器、写经、汉简、丝绸、珠玉、花砖、书画、拓片、古币、铁铜器等14类，计4800多件。其中，敦煌藏经洞出土的遗书、汉长城烽燧出土的汉简、200多座东汉及魏晋古墓中出土的墓葬文物最有特色。

西云观

敦煌的旅游胜景之一

酒泉敦煌市西郊

西云观始建于清雍正八年（1730年）。创建之初，有歇山顶式面阔三间的前、中

西云观

殿各1座。后经民国时期两次续建，观内有殿宇7座，错落有致，壮丽雄伟；南北斗楼耸立，高峻挺拔，前后垂柳花亭，别有情趣。

20世纪90年代，当地信众集资10余万元，对西云观殿堂、塑像、壁画进行了修复，使西云观成为敦煌的旅游胜景之一。

链接

西云观的传说

相传很久以前，王母曾居敦煌三危山，乘青鸟往来于瑶池之间，因而东来紫气，西呈祥云，登古城而眺眺，见霞光辉于垣西。当地群众遂集资修观于斯，命名为西云观（又名栖云观）。西云观与三危山的王母楼、老君堂遥相对峙，和月牙泉古庙群鼎足而立。

西千佛洞

敦煌艺术的重要组成部分

酒泉敦煌市西郊　30元

8:00~17:00

西千佛洞因位于敦煌莫高窟（俗称千佛洞）之西而得名，距离敦煌市区约35千米，开凿于党河河岸的悬崖峭壁上，是敦煌艺术的重要组成部分。据藏于巴黎的敦煌遗书记载，西千佛洞的开凿时间应早于敦煌莫高窟，最晚也与莫高窟同一时期。

西千佛洞现存洞窟16个，大都为北魏时所开凿，只有其中9个窟可以观赏，其他各窟因无法登临，所以只能在崖下仰望。

渥洼池·寿昌故城

寿昌故城为汉代遗址

酒泉敦煌市南湖乡

渥洼池为传说中天马的故乡，由众多泉水汇成，碧波荡漾，别具佳色，又名寿昌海。

寿昌故城遗址内皆是沙丘，东、西、北三面仅存断续城垣，南面只存墙基。城墙全为红胶土版筑，夯土中夹有灰、红陶片及汉代遗物。残墙有高有低，最高为4米，城外东南70米处有窑址一处。

西千佛洞之壁画

沙漠森林公园

有“小吐鲁番”之称

酒泉敦煌市西南80千米处的南湖林场附近

免费

沙漠森林公园距阳关故址10千米。1993年开始，在原南湖林场基础上，陆续建成了葡萄长廊、葡萄观赏区、沙生植物园、动物园、游泳池、儿童娱乐场和南湖度假别墅。

沙漠森林公园总面积16.65平方千米，是敦煌旅游线上的重要一景。公园所在的南湖乡村村造园，户户栽树，尤以葡萄品种多，质量好，堪与吐鲁番的葡萄相媲美，有“小吐鲁番”之称。

河仓故城

仅余断壁残垣

酒泉敦煌市西北60千米处的戈壁滩中

河仓故城位于东西走向的疏勒河古道旁的凹地上。故城西面约50米处是一个大湖泊，水平如镜，蔚蓝透明，岸边长满芦苇、红柳、甘草；东面是深不可测的沼泽地。

河仓城建在高出湖滩3米许的土台地上，因临疏勒河，故称河仓城。南北有高出城堡数丈的大戈壁怀抱，使河仓城极为隐蔽。戈壁滩还建有好几座守卫河仓城的烽燧，好似城堡的眼目。

玉门关遗址

古代丝绸北路必经的关隘

酒泉敦煌市城西北80千米的戈壁滩上

30元

玉门关是古代“丝绸之路”北路必经的关隘。玉门关俗称小方盘城，相传古时候西域和田等地的美玉从塔里木盆地经此处输入中原，玉门关由此而得名。

现在的玉门关遗迹是一座四方形小城堡，城堡全部由黄土夯筑而成，面积约600平方米，矗立在东西走向的戈壁滩砂石岗上，四周城垣至今保存完好。城堡东南无门，西北开门，登高远眺，沼泽遍布四周，蜿蜒透迤的汉长城像一条巨龙，一望无际。

链接

玉门关的历史

玉门关的设立始自西汉武帝时，距今已有2000多年的历史。秦汉以来，好战的匈奴对汉民族威胁很大。汉初，汉王朝曾对匈奴采取和亲政策，希图换取暂时的安宁，但是这种希望被匈奴骑兵的频繁侵扰和掠夺所打破。汉武帝时，放弃了和亲政策，对匈奴发动了大规模的军事反击。元狩二年（前121年），骠骑将军霍去病率兵西征，沉重打击了匈奴右部。元鼎六年（前111年），建玉门关和阳关。从此，玉门关和阳关就成为西汉王朝设在河西走廊西部的重要关隘。

玉门关遗址

悬泉置遗址

出土汉简上书“悬泉置”而得名

酒泉敦煌市城西北80千米的戈壁滩上　免费

全天开放

悬泉置遗址位于敦煌市与瓜州县行政区域交界处，因出土的汉简上书“悬泉置”三字而得名。

遗址由主体建筑坞堡和坞外附属建筑仓、厩构成。坞呈正方形，边长48.10米，土坯砌筑，坞内有两组房屋建筑。遗址现存面积约2.25万平方米，文化层厚0.5~2.5米，地面暴露有灰层、大量绳纹灰陶片、草渣和汉简。

玩家 解说

悬泉置遗址是继居延遗址之后简牍出土数量最多、内容最为丰富的遗址。该遗址的科学发掘，对研究汉晋驿站的结构、形制和布局提供了极为重要的实物资料。与之相联系的大量简牍及其他各类遗物，为我们了解汉代邮驿制度及西北边郡地区的政治、经济、军事及文化生活等方面提供了新的实物资料，具有极高的历史、科学和文化价值。

敦煌汉长城

古代国防屏障

酒泉敦煌市境内　免费

敦煌境内汉长城横贯市境东西，东起北湖瓜州、敦煌交界处，西至马迷途与新疆接壤，现存全长136千米。

这里保存的长城虽不算很完整，但整个的气势还可以看出来，最高的一段在靠近当谷燧东西约300米处，现存的城墙高达3.2米、厚达2米多。

敦煌西湖自然保护区

自然、人文景观众多

敦煌市西部　免费　全天开放

敦煌西湖保护区主要保护范围包括湾腰墩、天桥墩、土豁落、盐池湾和卡拉塔格等区域。

保护区主要保护对象为湿地生态系统、荒漠生态系统和珍稀野生动植物及其生态环境。特有的自然景观资源和人文历史遗迹众多，有广袤的湿地资源、胡杨林资源、罗布麻及灌木林资源、雅丹景观、沙漠戈壁、山地峡谷和汉长城资源。

敦煌汉长城遗址

景点推荐 敦煌南部旅游区

哈萨克民族风情园

民族特色浓郁的乐园

酒泉市阿克塞县城的中心地带

0937-8322996

民族风情园占地面积4.8万平方米，是一座具有民族特色，集山水园林、赛马集会、休闲、娱乐、饮食于一身的民俗文化游乐园区。

风情园的环境幽雅，绿树成荫，花香草翠，建筑别具一格，突出了牧业文化的特点。园内建有椭圆形跑马场1处、哈萨克族民俗博物馆1座、亚洲最大的哈萨克毡房1座和3排小型毡房等。

金山湖水上游乐园

阿克塞大地上的一颗璀璨明珠

酒泉市阿克塞县金山湖

金山湖水上游乐园占地面积16万平方米。这里修建有宽窄型人工湖、游泳池、假山瀑布景观、环湖水道、拱桥、葡萄长廊和儿童游乐设施等景观，环境幽雅，风景秀丽，是阿克塞大地上的一颗璀璨明珠。

游乐园的主要游乐项目有游泳、划船、沙浴、滑冰、湖心岛观光、儿童水上游乐区等。游乐园是休闲、避暑、观光、旅游、娱乐的理想去处。

苏干湖
甘肃省最大的内陆湖

酒泉市阿克塞县海子草原西北端

苏干湖有大苏干湖、小苏干湖两湖。海子草原是一个秀美的盆地草原，草过马背，微风之时碧浪翻滚，有“风吹草低见牛羊”之景。

大、小苏干湖四周绿茵连天，犹如蓝缎，草丛中百鸟转鸣；湖内碧波轻漾，清辉映月，水面上鸭嬉鱼跃，宛如人间仙境。春夏秋三季来此游览时，还常能看到草原上的哈萨克牧民举办阿肯弹唱会的盛况。

哈尔腾国际狩猎场
狩猎和观景的好去处

酒泉市阿克塞县城南200千米处的哈尔腾宽谷内

哈尔腾国际狩猎场境内主要地貌由高裸岩、草甸草原、荒漠戈壁和山间盘（谷）地组成，最高海拔5400米，最低海拔3000米，山顶终年积雪。狩猎场主要动物种类和肃北县哈什哈尔猎场大致相同。

和哈尔腾国际狩猎场同处一条旅游线路的敦德冰川，是祁连山区最大的平顶冰川，顶部海拔5290米，顶面平缓，可徒手攀登，是科考、探险、观光、自驾车旅游的理想旅游线路。

全民健身中心赛马场
综合体育运动场所

酒泉市阿克塞县县小学北端

阿克塞县全民健身中心赛马场是自治县“十一五”期间的重点建设项目，位于县小学北端，原为阿克塞县赛马场，于2007年进行改扩建。

全民健身中心赛马场以赛马道为主体，以大面积的草坪和多种类的风景树为映衬，将浓郁的民族风情与现代建筑相结合，是集赛马、健身、体育运动于一身的综合体育运动场所。

安南坝野骆驼保护区
世界野骆驼的主要栖息地之一

酒泉市阿克塞县阿尔金山北麓　免费

全天开放

阿尔金山北麓及库穆塔格沙漠南沿是中国野骆驼的主要栖息地之一。在安南坝自然保护区经常出没的野骆驼共有7群，近200峰，约占我国野骆驼数的1/3，阿尔金山北麓种群的1/2。

保护区内的双峰野骆驼，学名叫双峰驼，毛色为沙棕色或白垩色，鼻梁隆起，耳短颈长，头顶无长毛。双峰野骆驼为世界上趋于灭绝的濒危动物之一，属于国家一级保护野生动物。

链接

国家一级保护动物双峰野骆驼

双峰驼作为第四纪遗留下来的化石动物，是在地球上最恶劣的气候条件下艰难生存的珍奇动物，也是世界上趋于灭绝的濒危动物之一，属于国家一级保护野生动物。

目前，世界上双峰野骆驼仅分布在4个区域，其中3个位于中国西北地区，即罗布泊北部嘎顺戈壁、阿尔金山脉北麓地区和塔克拉玛干沙漠，另外1个位于中蒙边境。目前，全世界双峰野骆驼分布总数730～880只，作为濒危的独特物种，它也是地球上唯一可以靠喝盐水生存的陆生动物。双峰野骆驼的数量比国宝大熊猫少得多，其保护的意义尤为重要。

双峰骆驼

肃北人民公园

休闲娱乐的好地方

酒泉市肃北县公园路路东67号

免费

8:00~17:00

肃北人民公园始建于1987年。公园占地面积28.8公顷，园内林荫茂盛，空气清爽，气候宜人，是一处旅游观光、避暑、娱乐、休闲、运动的好地方。

公园内排列着座座雪白的蒙古包，供游人餐饮、休闲、娱乐，体验蒙古族民俗风情。这里还有中国西北干旱地区珍稀动物园和野生动物繁殖中心，饲养着国家一、二级珍稀动物野驴、红羊、猞猁、雪豹等20种。

哈什哈尔国际狩猎场

国家化大型狩猎场

酒泉市肃北县东南部，距县城280千米

0937-2682507

酒泉哈什哈尔国际狩猎场建于1988年，位于肃北县东南部，距县城280千米，总面积为8292平方千米，其中核心面积为500平方千米。

狩猎场平均海拔约3800米，属荒漠山丘和高寒地区，可供狩猎兽类动物有五目十二科27种之多，有盘羊、岩羊、鹅喉羚、野骆驼等。可狩猎动物分布密度为0.45只/平方千米。前往狩猎场途中可游览庙石窟、党城遗址、大黑沟岩画、盐池湾温泉等景点。

玩家 攻略

狩猎场平均海拔高，年平均气温只有6.5℃，属荒漠山丘和高寒地区。前往狩猎或游览要做好防寒措施。

透明梦柯冰川

祁连山区最大的山谷冰川

酒泉市肃北县境内的祁连山西段

透明梦柯冰川又称老虎沟12号冰川，位于肃北县境内的祁连山西段。这里的雪山平均海拔4000米左右，最高峰5483米，是祁连山北端最高的山体，也是祁连山区最大的山谷冰川。

梦柯冰川有宽大的粒雪积累区，坡度较平缓，冰面坡降为3度到6度，游人容易进入、攀登；粒雪区最大坡度为26度，没有雪崩危害，适宜游览。

透明梦柯冰川

攻略资讯

- 交通
- 住宿
- 美食
- 购物
- 娱乐

嘉峪关机场

交通

飞机

整个区域有3个民航机场。其中，酒泉鼎新机场（金塔县鼎新镇，电话：0937-3661212）为军民合用机场，现仅开通飞往西安、北京的固定航班，但手续需要特批，酒泉汽车站每天上午九点有车通往鼎新机场；嘉峪关机场（嘉峪关市东北12千米，电话：0937-6381114）开通了飞往北京、西安、兰州、乌鲁木齐、敦煌等地的航线；从敦煌机场（敦煌市东12千米，电话：0937-8866133）乘坐飞机则可以抵达北京、上海、大连、西安、成都、兰州、银川、乌鲁木齐、鄯善、嘉峪关等地。

火车

兰新铁路复线横穿酒泉地区。酒泉火车站位于酒泉市南距市内12千米，从酒泉火车站乘坐过路火车可以到达兰州、嘉峪关、库尔勒、乌鲁木齐、西安、商丘、重庆、成都、北京等地。乘坐2路、4路等公交车可到达酒泉火车站。

嘉峪关市有兰新铁路、兰新铁路第二双线、嘉镜铁路、嘉策铁路经过。嘉峪关火车站是新亚欧大陆桥上的一等客、货运站和二等编组站，每天有20多对客运列车通过。嘉峪关火车站位于嘉峪关市站前路，从市区可乘坐1路、2路、3路、4路公交车到达。

汽车

酒泉境内公路运输比较发达，312国道贯穿全境，而境内的城乡公路也是四通八达。酒泉汽车站有通往鼎新机场、嘉峪关、花海、玉门、哈密、敦煌、肃北的长途汽车。

敦煌市除了去玉门关的路况较差外，其余景点都已铺设柏油路面，公路交通比较方便。从敦煌乘坐长途汽车可前往兰州、西安、乌鲁木齐、张掖、武威、酒泉、嘉峪关等地。

嘉峪关市交通发达，有连霍高速、国道312、省道214和省道215等公路干线经过。嘉峪关汽车站位于市区内兰新西路和胜利中路的交叉口一带，有发往乌鲁木齐、兰州、张掖和周边各县区的班车。酒泉汽车站位于酒泉市西关路（电话：0937-2671287）；敦煌汽车站位于鸣山路飞天宾馆对面（电话：0937-8822678）；嘉峪关汽车站位于城区兰新西路（电话：0937-6224010）。

住宿

酒泉

酒泉市的酒店主要集中在肃州区。市内酒店在旅游淡旺季价格差别较大，旅游旺季时前往酒泉旅游最好提前订房。

金塔胡杨林风光

敦煌是著名的旅游城市，住宿条件很不错。市区各种星级宾馆和旅社一应俱全，也有很多适合驴友们的青年旅舍。繁华的地段主要集中在鸣山路和阳关中路，到达和出游非常方便，建议在这两个地段选择住宿。莫高窟景区及鸣沙山景区距离市区都非常近，建议返回市里居住。

嘉峪关

嘉峪关市并不大，可供选择的宾馆酒店主要集中在商业街和火车站附近；同时，在市西北部嘉峪关市森林公园附近也有一些宾馆可供选择。

嘉峪关的酒店价格总的来说不算很高，从几十元的旅店到几百元的星级酒店这里都有，100多元即可住上条件不错的标间，游客可根据自己的需求选择。如果想要更好地了解当地的民俗风情，也可选择在少数民族家中住宿，费用较宾馆便宜一些。

嘉峪关关城

美食

酒泉

酒泉的餐饮别有风味，最令人注目的是具有戈壁特色风味的雪山驼掌、海誓山盟、祁连牦牛柳、金银发菜等。敦煌当地人对面食制作尤其讲究，敦煌黄面，细如龙须，长如金线；敦煌手工臊子面，切面讲究，拌汤鲜美；最有名还要数敦煌酿皮子，辣凉，爽口，不可不尝。

酒泉的钟鼓楼附近是寻觅小吃的好去处，尤其是小西街，美食众多。除此之外，春园的糊锅、民族饭店的牛肉面不可不尝。敦煌阳关东路的沙洲夜市内有风味小吃区，可以品尝到各种甘肃风味美食。另外，可以到鸣山路飞天宾馆附近，那里有不少中西餐馆，价格适中，饭菜可口。

海誓山盟：为酒泉宾馆的厨师研究创造的一道名菜。将本地特产驼掌与海参同置一盘，驼掌嫩黄软烂，海参光亮美观；吃起来不腥不腻，鲜美可口。

糊锅：鸡汤做汤料，投入蚕豆粉汁，搅成糊状，加上各种配料，把大麻花掰碎放入配好的汤中即成；其味鲜香，姜与胡椒的辣味最为突出。

驴肉黄面：敦煌的一道名吃。黄面细如龙须，长如金线，柔韧耐拉，调汤或加菜食用，香味溢口，制作工艺极其讲究。

驴肉黄面

油酥馍：用烫面投入姜黄、红曲等味料，通过揉、卷、盘、压等技艺，形呈扁圆，面上撒白糖粒，入鏊烧炙。色黄鲜亮，酥脆香甜，冷热皆可食。

蒸粉：小麦面和软揉硬，擀成圆形薄饼，上笼蒸制而成。晾冷后切成细条，装碗拌上各种调料，即可食用。为家庭中常见冷食之一。

热豆粉：黄豆磨粉，上锅蒸熟，调料以鸡汤炎成卤。这种食品老少皆宜，易消化，营养丰富，四季皆宜。

敦煌酿皮子：敦煌酿皮子有的黄亮滑爽，有的洁白如玉。拌上特殊的佐料后，其味辣凉，柔韧爽口，食用方便。

嘉峪关

嘉峪关市的多数居民来自全国各地，使各地的美味佳肴也随着移民云集此地，形成各种小吃汇聚的局面。嘉峪关的小吃集中在振兴市场美食一条街和镜铁路美食一条街，夏天还在建设东路设有美食夜市。

雄关宴：采用当地的精选食材，以牛、羊肉为主，在大厨的创意下千变万化，通过煮、烤、卤、炖、炸等不同的烹调手法，有的熟烂黏牙，有的香酥脆嫩，有的弹牙而有嚼劲。

烧壳子：将面做成烧锅大小，盖上烧锅盖，埋在烧好的羊粪火中，四面加温，直到烤到黄亮，味香而脆。手艺好的还可做出花卷、百叶、石榴、桃子等花样不同的烧壳子。

烧壳子

雪山驼掌：以终年白雪皑皑的祁连山、广阔无垠的戈壁滩和沙漠之舟的骆驼群为背景，经过精心构思，以高超的烹饪技艺再现河西走廊特有的壮丽景色。

菊花牛鞭：此菜造型美观，口味香醇，色泽鲜亮。该菜既有食用价值，又有药用价值，即具有滋肾润肺、强筋壮骨之功效。

购物

酒泉

酒泉的手工艺品十分有名，玉器、毛毡、皮革等的制作历史都有数百年甚至上千年之久。其中，以酒泉玉为材料的夜光杯最负盛名。而前往敦煌旅行购物，各种纪念品更是数不胜数。敦煌市内有名的购物场所有飞天商场、天马商场、沙洲市场、南关综合市场、济芳斋等，大多集中在市中心反弹琵琶雕像的四周。

夜光杯：采用优良的祁连玉经精心加工而成，造型独特，式样精巧。其墨黑如漆、碧绿似翠、白如羊脂，内外平滑，具有耐高温、抗低温的优点。

彩塑：以莫高窟彩塑为标本仿制，造型有反弹琵琶、飞天、力士等，塑像和壁画浑然一体，相映生辉，既有绘画艺术的外在美，又体现出雕塑工艺的娴熟，有很高的欣赏价值。

蜡染：引进云贵地区的蜡染工艺手法，将莫高窟藻井、卷草图案及佛陀、菩萨、飞天、乐伎等形象染制成衣料、壁挂、帘巾、信插等。

阳关葡萄：古阳关一带盛产葡萄，主要品种有无核白珍珠、白水晶、马奶子、喀什红、玫瑰香等，近年来又引进了红提、黑提等名优新品种。

敦煌瓜：敦煌特有的水果之一，种类繁多，形状各异。这种瓜很大，小的就有10斤左右、大的有三四十斤，皮薄肉厚，吃起来特别爽口。

嘉峪关

在嘉峪关市，可以买到很多当地特产及旅游纪念品，如发菜、驼毛、风雨雕、驼绒画、祁连玉雕、嘉峪石砚、文物复制品及反映魏晋时期人文景观的墓砖画等。其中，嘉峪石砚等是当地所特有的。嘉峪关的购物场所主要集中在新华路、迎宾路及市区各处的大市场等，如人民商城、万汇园商场、建设市场、镜铁市场都是购物的好去处。

驼绒画：为室内理想的装饰品。利用骆驼各部位不同颜色的毛鬃，浓淡薄厚、疏密有致地粘在一块纸板上，使人有画尽其妙之感，内容有花鸟、山水、动物等。

发菜：为嘉峪关特产，是一种营养价值很高的干菜，味道鲜美，惹人喜爱。

嘉峪石砚：取材嘉峪山石。砚石质地润泽，色彩绚丽，青、绿、赤、黄等条纹的石料，为制砚上等良材。嘉峪关石砚造型古朴，雕饰精美，为当地工艺珍品之一。

节日和重大活动

节日活动	举办地点	举办时间
四月八庙会	酒泉敦煌莫高窟、三危山等地	农历四月初八
滑沙节	酒泉鸣沙山	6月1日
六月六晒腰腿	酒泉鸣沙山	农历六月初六
中国丝绸之路节	酒泉敦煌市区	9月中旬前后
敦煌之夏表演	酒泉敦煌宾馆	每年6至10月
张灯观灯赛	嘉峪关市	元宵节
嘉峪关国际滑翔节	嘉峪关国际滑翔基地	七八月

嘉峪关国际滑翔节之表演

发 现 者 旅 行 指 南

宁夏

图游 宁夏

西夏王陵

西夏王陵是西夏王朝的皇家陵寝，埋葬了西夏王朝的多位皇帝。现在整个陵区有9座帝陵和140多陪葬墓，是中国历史上占地面积最大的皇家陵寝之一。陵墓的形状与其他中国陵墓不一样，呈倒扣的窝头形，故被称为“东方金字塔”。

青铜峡一百零八塔

青铜峡一百零八塔是中国现存的大型古塔群之一。塔群坐西面东，依山临水，塔基下曾出土西夏文题记的帛书和佛帧，可能建于西夏时期，是喇嘛式实心塔群。

沙坡头

沙坡头景区内，一边是浩瀚无垠的腾格里大沙漠，一边是长流不息的黄河水。唐代诗人王维的千古名句“大漠孤烟直，长河落日圆”，描写的就是此处。在这里，你可以去国内最大的天然滑沙场尽情滑沙，也可以乘坐古老的羊皮筏子在黄河上畅游。

沙湖

沙湖地处贺兰山下、黄河岸边， 22.52平方千米的沙漠与45平方千米的水域毗邻而居，构成了西部罕有的沙漠湿地特色景观。因其融江南水乡之秀丽与塞北大漠之雄浑为一体，被誉为“塞上明珠”。湖傍金沙，沙环碧湖，沙水相连，巧夺天工。

须弥山石窟

须弥山石窟是中国十大石窟之一。始建于北魏，西魏、北周、隋、唐继续营造，以后各代修葺重装，成为固原规模最大的佛寺遗址。这里峰峦叠嶂，岩石嶙峋，夏秋之际苍松挺拔，桃李郁然，景色异常秀丽，是中国西北黄土高原上少有的风景区。

▶ 镇北堡西部影城

镇北堡西部影城由明城、清城和“老银川一条街”三部分组成，以古朴、粗犷、荒凉为特色，曾拍摄过《牧马人》《红高粱》《大话西游》《刺陵》《锦衣卫》等经典影片以及具有影响力的电视片100余部。

▶ 贺兰山

贺兰山位于宁夏回族自治区与内蒙古自治区交界处，北起巴彦敖包，南至毛土坑敖包及青铜峡，山势雄伟，若群马奔腾。山前冲积平原上草场辽阔，是宁夏滩羊的重要产区。

▶ 水洞沟遗址

水洞沟是中国最早发掘的旧石器时代遗址之一。这座1919年由比利时人肯特发现的遗址，迄今已有5万多年的历史，被誉为“中国史前考古的发祥地”。在这里发现了野驴、犀牛、鬣狗、羚羊、转角羊、牛、猪等动物化石和各种石器达1万多件。

▶ 中华回乡文化园

中华回乡文化园依托古老的纳家户清真大寺和回族风情浓郁的纳家户村所建，以展示伊斯兰建筑文化、礼俗文化、饮食文化、宗教文化、农耕与商贸文化为特色，是中国唯一一处回族文化习俗的陈列展示场所。

▶ 六盘山

六盘山是中国最年轻的山脉之一，近南北走向，山脊海拔超过2500米，最高峰米缸山达2942米。六盘山山腰地带降雨较多，气候较为湿润，宜于林木生长，有较繁茂的天然次生阔叶林，使六盘山成为黄土高原上一个“绿色岛屿”。

印象
宁 夏

回族风情

宁夏回族历史源远流长，最早可上溯至唐末。这里的回族同全国其他地区的回族一样，有着基本相同的风俗习惯。

丝绸之路

宁夏位于古丝绸之路上，历史上曾是东西部交通贸易的重要通道。作为黄河流经的地区，这里同样有古老悠久的黄河文明。

沙坡头

地处腾格里沙漠东南缘，是草原与荒漠、亚洲中部与华北黄土高原植物区系的交会地带。沙坡头充分展示出一个以亚洲中部北温带向荒漠过渡的生物世界。

塞上江南

宁夏蕴藏着丰富的资源，水土资源得天独厚，并利用黄河水灌溉，农牧业发达；湖泊众多，湿地连片；风景优美，胜似江南，故被美誉为“塞上江南”。

西夏王朝

西夏王朝是1038年由党项人在宁夏建立的一个政权，历时190年。在此期间，中原的汉族文化、北方的草原文化都对党项族产生了深刻的影响，形成其独特的文明。

宁夏枸杞

宁夏是枸杞的原产地。宁夏枸杞美名扬天下。这里的自然条件适宜枸杞生长，所产枸杞粒大肉厚、味正质优，富含人体所必需的多种营养物质。

概览

亮点

沙坡头

沙坡头景区兼具西北风光之雄奇与江南景色之秀美。这里有中国最大的天然滑沙场、横跨黄河的“天下黄河第一索”以及黄河上最古老的运输工具——羊皮筏子。

沙湖

沙湖旅游区是国家首批AAAAA级景区，中国35个王牌景点之一。沙湖拥有万亩水域、5000亩沙丘、千亩芦苇、荷池，是一处以自然景观为主，融江南水乡与大漠风光为一体的生态旅游胜地。

西夏王陵

西夏王陵是西夏王朝的皇家陵寝，方圆50多平方千米的陵区内分布着9座帝陵、253座陪葬墓，是中国现存规模最大、地面遗址最完整的帝王陵园之一，被世人誉为“神秘的奇迹”“东方金字塔”。

六盘山

六盘山风光旖旎，久负盛名。景区内林木茂密，是著名的避暑休闲地，历来就有“春去秋来无盛夏”之说。成吉思汗征西夏时，曾在这里休养生息，整肃军队。

必逛街道

新华街：为宁夏地区著名的购物观光地，也是游客来访的必游之地，有着“宁夏第一街”的美誉。新华街购物商场林立，其中新华购物中心是银川市最大的商业中心，宁夏最值得购买的特产如枸杞酒、八宝茶、贺兰石雕等都可以在这里买到。

线路

宁夏经典三日游

第一天前往西夏王陵，参观完遗迹之后，可以去观赏贺兰山岩画，晚上在银川市区住宿。第二天前往沙湖景区，骑骆驼，逛沙丘。第三天前往中卫市沙坡头景区，在这里可以玩滑沙、乘羊皮筏子。有时间的话还可以去鼓楼参观。

银川市区二日游

第一天上午参观海宝公园，欣赏完海宝塔后前往玉皇阁。下午参观鼓楼，然后前往有“小天安门”之称的南薰门游览。之后参观南关清真大寺，好好欣赏这座阿拉伯风格的寺庙建筑。第二天上午前往西夏王陵，然后去镇北堡西部影视城，寻觅那些电影中的场景。

固原三日游

第一天上午去须弥山石窟欣赏石窟艺术，然后前往火石寨风景区，时间足够的话还可以去固原博物馆参观。第二天前往六盘山景区，首先参观红军长征纪念馆，然后前往游览胭脂峡美景，晚上在景区住宿。第三天继续在六盘山景区游玩老龙潭、二龙河、凉殿峡等景点。

为何去

宁夏位于黄河上游，这里既有边塞风光的雄浑，又有江南景色的秀美，素有“塞上江南、回族之乡”的美誉。悠久的历史留下了诸多的名胜古迹，“两山一河”（贺兰山、六盘山、黄河）、“两沙一陵”（沙坡头、沙湖、西夏王陵）、“两文一景”（回族文化、西夏文化、塞上江南美景）构成了宁夏旅游资源的主体。绚丽多彩的人文景观和独具魅力的民族风情，让宁夏成为中外游客纷纷向往的旅游胜地。

何时去

每年5~10月是到宁夏旅游的最佳季节。春秋季出游，游客可以前往沙坡头景区，骑骆驼游沙漠、乘羊皮筏漂流黄河，乐趣无穷。每年的五六月前往，还能赶上一年一度的宁夏“花儿会”，届时跟着远近的百姓登山会歌，体验这里独特的生活气息。9月则可以游沙湖，看浩渺湖水，观金色大漠。

但需要注意的是，宁夏昼夜温差较大，紫外线强，气候比较干燥，游客要根据自身情况，备好御寒衣物、遮阳伞、墨镜和防晒霜等物品，及时补充水分，使身体保持良好状态。

区域解读

银川区号：0951
石嘴山区号：0952
吴忠区号：0953
固原区号：0954
中卫区号：0955
面积：6.64万km²
人口：约682万人
主要少数民族：回族

地理 GEOGRAPHY

区划

宁夏回族自治区下辖5个地级市（银川市、石嘴山市、吴忠市、固原市、中卫市）。自治区首府为银川市。

地形

宁夏地处黄河上游地区，由腾格里沙漠、乌兰布和沙漠和毛乌素沙地相围，南面与黄土高原相连，西有贺兰山，南有六盘山，这种地理环境造就了宁夏独有的塞上江南和沙漠绿洲景观。地形南北狭长，地势南高北低，西部高差较大，东部起伏较缓。

宁夏境内有名的山地有贺兰山和六盘山。贺兰山绵亘于宁夏西北部，南北长220多千米，山地海拔多在1600米以上，主峰达3500多米。六盘山古称陇上，位于宁夏南部，耸立于黄土高原之上，是一条近似南北走向的狭长山脉。

被誉为“塞上江南”的宁夏平原，地势从西南向东北逐渐倾斜。黄河自中卫入境，向东北斜贯于平原之上，河水顺地势经石嘴山出境。黄河在宁夏境内最主要的支流有清水河和苦水河。清水河发源于六盘山。清水河谷是古丝路的一部分，也是萧关古道的一部分，沿途有不少古城遗迹。

宁夏境内的大湖很少，但这个西北干燥之地，居然有一座被水包围的城市——银川。古黄河和古灌溉水渠为银川留下了大量的湖泊湿地，现存近200处，其中城区较大的湖泊就有20多处，被称为“塞上湖城”。

气候

宁夏深居内陆高原，属典型的大陆性半湿润半干旱气候，四季分明，冬长夏短。由于宁夏平均海拔在1000米以上，所以夏季基本没有酷暑。1月平均气温在零下8℃以下，极端低温在零下22℃以下。宁夏雨雪稀少，降雨多集中在夏秋季节。

塞上江南的屏障——贺兰山

贺兰山位于宁夏西北部，南北长220千米，东西宽20~40千米。南段山势缓坦，三关口以北的北段山势较高，海拔2000~3000米，主峰亦称贺兰山，海拔3556米。贺兰山是我国一条重要的自然地理分界线，它不但是我国河流外流区与内流区的分水岭，也是季风气候和非季风气候的分界线。山势的阻挡，既削弱了西北高寒气流的东袭，阻止了潮湿的东南季风西进，又遏制了腾格里沙漠的东移，对银川平原发展成为“塞北江南”有着显赫功劳。

沙坡头

历史 HISTORY

历史大事记

●先秦时期

宁夏地区历史悠久，早在3万年前，这里就已有了人类生息的痕迹。旧石器时代的横城水洞沟遗址和镇北堡、暖泉等处的新石器文化遗址，是宁夏地区已被发现的最早居民点。

春秋时期，今固原地区为乌氏戎所居。战国时期，秦惠文王攻取乌戎地，置乌氏县辖今固原地区。秦昭王三十五年（前272年）后，划归北郡管辖，这是宁夏地区行政设置之始。

●秦至唐代

秦始皇统一六国后，置天下为36郡，宁夏为北地郡。秦在此派兵屯垦，兴修秦渠，开创了宁夏引黄河水灌溉的历史。

西汉时期，汉武帝两巡宁夏，移民70万，大兴水利，固原设安定郡，宁夏分属北地郡和安定郡。东汉将安定郡治移至今甘肃镇原县，将北地郡治移至今吴忠市利通区西南。

南北朝时期，宁夏社会稳定，经济开始恢复。北魏、北周时继续推行移民兴屯，宁夏再次得到有效开放，始有“塞北江南”之名。

唐朝时期，宁夏全境属关内道，设6州（原州、灵州、西会州、安乐州、雄州、警州）。

唐天宝十四年（755年），“安史之乱”爆发，太子李亨在灵武登基称帝，即唐肃宗。

●宋至近代

北宋真宗天禧四年（1020年），党项族首领李德明将其都城由灵州（今灵武）迁至怀远镇（今银川市），修建都城，后更名为兴庆府。

宋宝元元年（1038年），李德明之子李元昊在兴庆府筑坛受册，即皇帝位，建大夏国（史称西夏），兴庆府为其首府。

1271年，元朝在西夏国故地设西夏中兴等路行中书省。

明初在宁夏设府，后改设宁夏镇和固原镇，为明代长城沿线“九边重镇”之二。

1648年，清朝在宁夏设巡抚，属陕西布政司，宁夏为准省级。后改宁夏府，下设州县，归属甘肃。

1929年宁夏建省，辖朔方道八县外，将阿拉善、额济纳划入。

1935年10月7日，中央红军越过六盘山主峰，在青石嘴与国民党何炷国骑兵军第七师十九团展开了一场激战。红军大捷，毛泽东在六盘山纵情吟词一首《清平乐·六盘山》。

●新中国时期

1949年9月23日，宁夏解放。同年12月23日成立宁夏省，并于同年10月25日成立了宁夏省人民政府。

1958年10月，宁夏回族自治区成立，银川市为自治区首府，自治区政治、经济、文化中心。

逝去的辉煌——党项族的西夏王国

西夏的祖先党项族原居四川松潘高原，唐朝时迁居陕北。因平乱有功被唐帝封为夏州节度使，先后臣服于唐朝、五代诸朝与宋朝。夏州政权被北宋并吞后，时任党项族首领李继迁不愿投降再次立国，并且取得辽帝的册封。李继迁采取连辽抵宋的方式，陆续占领兰州与河西走廊地区，势力日益壮大。1038年，党项族首领李元昊称帝，史称夏景宗，西夏正式建国。

西夏国在李元昊的统治下，先后打败了宋辽的军队，国力日盛，最终形成三国鼎立的局面。但夏景宗去世后，大权掌握在太后与母党手中，西夏因为皇党与母党的对峙内乱不断，后来随着漠北蒙古国的崛起，西夏内忧外患不断升级，最终于1227年被成吉思汗及其子孙所灭。

西夏王陵

西夏曾经创造了辉煌的文明，是中华民族文化的重要组成部分，神秘的西夏文字更是有着不可替代的意义。如今遗留在宁夏地区的西夏王陵等遗址，承载着一个王国的记忆，值得人们不断地发掘与探索。

文化 CULTURE

长城文化

宁夏境内的长城，从战国开始，经秦、汉、隋、明数朝的不断修筑，总长度达1500千米，有“中国长城博物馆”之称。宁夏境内，战国秦长城全长约有200千米，是宁夏境内最古老的长城。隋代曾在宁夏修筑过一段新的长城，以防御突厥、契丹的威胁。明代在全国长城沿线共设9个边境重镇，而在宁夏境内就设有宁夏和固原两镇，由此可见宁夏长城在全国边防上的重要地位。

由于宁夏特殊的历史、地理等诸多元素的影响，宁夏段长城也具有分布广、跨度大、时代全等特点。这里的长城分布地段大都苍穹辽远，风声呼啸，雄浑壮阔的长城与塞上风光融为一体，羌笛婉转，群山逶迤。在这样的原始背景中，长城更多添几分雄浑苍凉的历史感。而巨龙般蜿蜒的长城与宁夏的黄河文化、游牧文化、西夏文化、回族文化、丝路文化等不断碰撞、融合，又形成了宁夏独具魅力的长城文化，让人无限神往。

黄河文化

黄河是中华文明的摇篮。浩浩荡荡的黄河养育了中华民族，孕育了中华文明，培育了黄河文化。千百年来，黄河之水奔流不息，滋润着宁夏平原，造就了良田沃野、鱼米之乡的“塞上江南”。黄河是宁夏的生命之河，宁夏的各族人民，依黄河而生存，因黄河而发展。“天下黄河富宁夏”，这句话真实地反映了黄河对宁夏地区的特殊恩泽。

随着黄河金岸的建设，“天下黄河富宁夏”也有了新的内涵。黄河金岸是一项集防洪、交通、旅游、生态及土地开发等功能于一身的综合性工程。滨河大道形成了宁夏纵贯南北的一条交通大动脉，给宁夏经济跨越式发展插上了腾飞的翅膀。立足黄河，不断汲取养分的宁夏有望更上一层楼。

源远流长的伊斯兰文化

宁夏回族自治区有着悠久深厚的伊斯兰文化积淀。这里的回族人民普遍信仰伊斯兰教，信仰安拉是唯一的真主，教民们一般须修念、礼、斋、课、朝五门“功课”，大多数的宗教活动在清真寺举行。

宁夏建有3000多座不同形式和规模的清真寺。清真寺的主体建筑礼拜大殿位于整个寺院的中轴线上，坐西朝东，面向圣地麦加的方向。每年去麦加朝圣的宁夏回族群众多达千余人。

道堂是中国伊斯兰教门宦对宣传该教教理场所的称谓。不同于公有的清真寺，道堂是传教士私设的传道之处。一旦教派或门宦形成，道堂即成宗教中心，管辖数十或数百座清真寺，成为教派和门宦的教权基础。宁夏吴忠市的板桥道堂是比较著名的道堂。

中国的穆斯林习惯将苏非派导师、道祖先贤等人的陵墓称为拱北，以区别于一般坟墓，表达对先贤、圣者的尊崇。拱北除了是穆斯林教众纪念先贤的拜谒之地，同时也是传教、行教及举行重大宗教活动的中心场所。宁夏金积的洪乐府拱北、韭菜坪拱北就是历史上著名的两座门宦拱北。

特色鲜明的回族民俗

回族是宁夏回族自治区的主体民族。与中国其他少数民族相比，回族在衣着、饮食、起居、婚丧、节庆和娱乐等诸方面都独具特色。

中华回乡文化园

回族人民除了世人所知的普遍信奉伊斯兰教外，他们在生活上还喜欢清洁，讲究卫生。回族的住宅室内外都非常的整洁，灶具碗筷洁净。平时洗脸洗手多用汤瓶，沐浴用水罐。

回族人民喜欢曲调高亢、婉转动听的民间山歌“花儿”。花儿形式灵活，不用乐器伴奏，即兴演唱，把手往耳后一搭，张嘴就唱，内容非常广泛。

回族的衣着也保持着本民族的特点，呈现出多姿多彩的风貌。男人们一般头戴回回帽，上衣穿双襟白衬衫，有的还喜欢穿白裤子、白袜子。回族妇女的衣着打扮更讲究，一般都戴白色圆锥口帽，搭盖头。成年女性大多穿大襟衣服，少女们则喜欢在衣服上镶色、滚边、绣花，有的还点额，染指甲，看上去清新秀丽。回族男女青年穿着回族服饰，跳起回族舞蹈，唱起回族民歌分外引人注目，是宁夏独特的一景。

回族人民喜欢吃牛、羊肉，而且爱喝一种营养丰富、配料考究的“八宝”盖碗茶。回民宴请尊贵客人和朋友，会以丰盛的全羊席和各种回民小吃热情款待。

此外，回族人民还喜爱书画艺术，尤其是阿拉伯语书法以及花卉画，普通的回族家庭也大都会挂上一幅阿拉伯语字画或者是花卉画。

景点推荐 银川旅游区

银川古城
遗迹众多的文化古城

银川市兴庆区

银川古城历史悠久，底蕴深厚，特殊的历史地理以及人文环境造就了这里得天独厚的文化内涵。古城历经数千年的演进，文化脉络清晰，城市文明的进程从未间断，影响深远。从厚重的历史中走过来的银川古城如今又成了旅游胜地。城内众多的古迹，如钟鼓楼、玉皇阁、古佛建筑海宝塔以及有小天安门之称的南门楼等，都是游客争相踏访之处。

承天寺

银川市兴庆区利民街121号

乘17、19、23路公交车可到

3元，登塔另付15元　9:00～17:00

承天寺始建于西夏毅宗天祐垂圣元年（1050年），已有近千年的历史。承天寺的殿屋廊宇，规模宏大，寺内香火鼎盛，游人不绝。它与凉州（今武威）的护国寺、甘州（今张掖）的卧佛寺，同是西夏著名的佛教圣地。寺院内的承天寺塔与北郊的海宝塔遥相呼应，也是一处著名景点。后院的主要建筑是卧佛殿，现为宁夏博物馆所在地。宁夏博物馆通过3层陈列、12个展览，多层次、多角度地反映了宁夏地区的历史文化和地方特色。

玩家解说

现在我们见到的承天寺是清嘉庆二十五年（1820年）重新建造起来的。寺院坐西朝东，由前后两进院落组成。前院是五佛殿、承天寺塔。寺院内古木参天，林荫蔽日。特别值得一提的是，前院的一棵银白杨，据说树龄已逾400年。但观其勃勃生机，绝无衰老之象，反而像是正值壮年。

海宝塔

银川市兴庆区民族北街　10元　乘16、29、30、49路公交车可达　9:00～17:00

海宝塔坐落在银川老城北郊的海宝塔寺内，历史上又称“赫宝塔”“黑宝塔”。因其位于城北，当地人又称之为“北塔”。海宝塔是一座方形九层十一级楼阁式砖塔，通高

54米，建在一个方形台基上。塔身简洁而富于变化，形制独特，风格别致，是我国优秀的古代建筑遗产，反映了我国古代劳动人民高超的建筑艺术。

玩家 解说

海宝塔寺是中国开放的重点佛教寺院之一，它坐西朝东，寺内的主要建筑山门、天王殿、大雄宝殿、韦驮殿、卧佛殿等都在一条东西向的中轴线上。海宝塔就位于大雄宝殿与韦驮殿之间。巍然耸立的海宝塔被人们称颂为"古塔凌霄"，是"朔方八景"之一。

玉皇阁

银川市兴庆区玉皇阁北街2号　¥ 15元

乘1、22、28路公交车可到

9:00～18:00

银川玉皇阁是一座重楼叠阁、玲珑别致的传统木结构建筑，因阁内有铜铸玉帝像，故而称为玉皇阁。主体建筑为高大雄伟的山顶玉皇大殿，高约20米，前为玲珑别致的卷棚顶抱厦，两翼为重檐飞脊的亭式钟鼓楼。玉皇阁独特的建筑风格、高超的建筑技巧，充分体现了古代建筑巧匠的精湛技艺，是研究明初建筑艺术和工艺技巧的绝佳资料。

玩家 解说

玉皇阁主阁为重檐二层阁楼，阁高约22米，台基呈长方形，高19米，气势雄伟，犹如大鹏展翅，凌空欲飞，给人以向上、拼搏之启迪。现在的玉皇阁是银川市开放的旅游景点之一，阁上经常举办各种小型美术、书法和文物展览。

银川鼓楼

银川市兴庆区解放东街26号　¥ 5元

乘1、11路公交车到鼓楼站下车

9:00～18:00

银川鼓楼又称"十字鼓楼"，始建于清道光元年（1821年）。现高36米，由台基、楼阁、角坊组成。鼓楼结构严密紧凑，造型俊俏华丽。整个鼓楼建在一个高大的方形台基上，台基下为洞形十字通道。洞门额上有

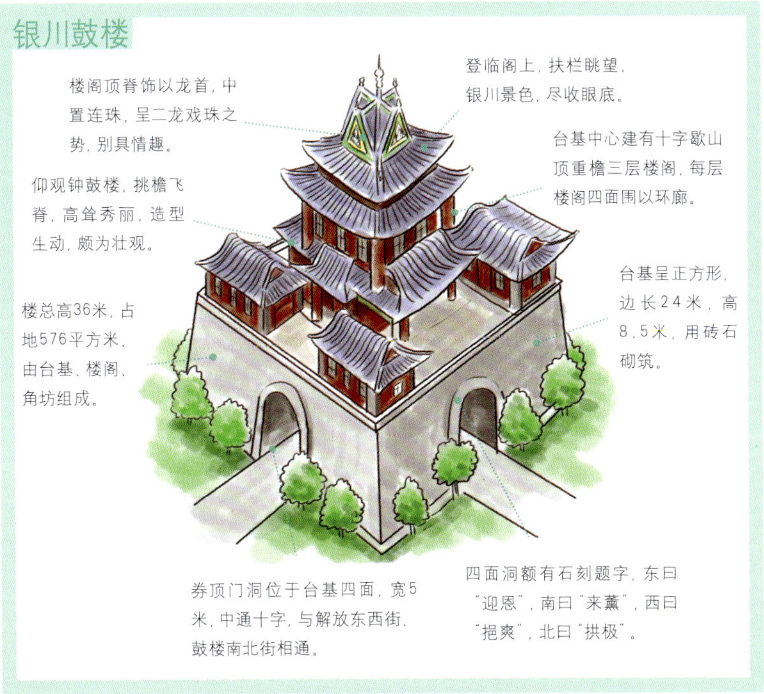

石刻，东为“迎恩”，南为“来薰”，西为“挹爽”，北为“拱极”。台基上为十字歇山顶的三层楼阁，有木梯可上。

南薰门

银川市兴庆区南门广场　免费

乘 307、305 路公交车至南门站下

全天开放

南薰门是银川古城六大城门之一，也是银川市保存最完整的城楼。它坐北朝南，通高27.5米。砖包台基高7米，还建有歇山顶重檐二层楼阁。整座建筑结构严谨，气势宏大，素有“小天安门”之誉。

玩家解说

南薰门始建年代不详，相传为1020年西夏党项族首领李德明将都城从灵州（灵武）迁至怀远（银川），大起宫室，扩建城池时建造。明洪武年间重修宁夏卫城，有“南曰南薰，上建南薰城”之记载。清乾隆三年（1738年）发生大地震，府城尽毁，城门亦坍塌。乾隆五年（1740年）又重建，时称“南楼秋色”一景。

南关清真大寺

银川市兴庆区玉皇阁南街

乘 28、43 路公交车在龙海灯市站下车

10 元　0951-4106714　8:00～18:30

南关清真大寺是一座具有阿拉伯建筑风格的寺院，建筑面积达1300多平方米。清真大寺主体建筑分上下两层。礼拜大殿位于上层，呈正方形，边长各21米，窑殿用汉白玉做成圆心复叶型壁龛形式，上刻《古兰经》。礼拜大殿下层建有小礼拜殿、阿訇住房、会客室等，以回廊相连接。院内绿树成荫，春夏秋三季百花争艳。

链接

南关清真大寺

南关清真大寺由清华大学毕业的回族建筑设计师姚复兴主持设计，是银川市回族群众进行宗教活

南关清真大寺

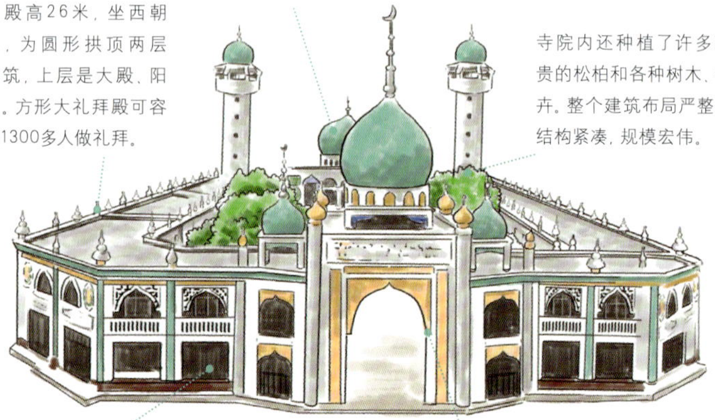

动的中心场所。每逢主麻日或回族传统节日时，成百上千的穆斯林会聚于此，朝圣礼拜。近年来，许多海外穆斯林亦到此参观做礼拜。南关清真大寺在贯彻民族政策、加强民族团结、对外友好交流等方面，发挥了它独特的作用。

镇北堡西部影视城 AAAAA

被誉为“东方好莱坞”

银川市西夏区镇北堡镇 ¥ 80元

乘57路公交车可到

8:00～18:00 0951-2136068

镇北堡西部影视城有“东方好莱坞”的美誉，是国家AAAAA级旅游景区，现已成为中国西部题材和古代题材的电影电视最佳的外景基地。城内有昊王宫、德明殿等仿古建筑，极具西北风情。这里已拍摄了几十部脍炙人口的影视作品。因其对中国电影事业的特殊贡献，镇北堡西部影视城也享有“中国电影从这里走向世界”的美誉。

玩家 解说

镇北堡西部影视城是一个很有文化内涵的景点。这里已拍摄了获得国际国内大奖的《红高粱》《黄河谣》《老人与狗》以及著名影视片《大话西游》《新龙门客栈》《书剑恩仇录》《逆水寒》等60多部影视剧，有“东方好莱坞”的美誉。

玩家 攻略

景区主要有三个大区域，老城、明城、清城。每个区域内又有多个电影的拍摄景点。喜欢照相的朋友建议去明城取景。《红高粱》拍摄取景地就在明城，当然清城里《大话西游》的取景地也不能错过。老银川一条街主要是银川20世纪老城区的再现，街尽头有原比例复建的马鸿逵官邸，喜欢历史的朋友可以重点参观。

明城

建于1500年，明代沿长城西北线所建的众多军事要塞之一，取名“镇北堡”。明城以原始粗犷、古朴荒凉的面貌而著称，以展示著名的电影电视拍摄场景为主，主要景点有聚宝盆、牧马人、文革大院、月亮门、关中城门、柴草店、盘丝洞、酒作坊、九儿居室、铁匠营、遗址廊、招亲台、龙门客栈等。

链接

导演们的最爱——月亮门

月亮门不过是由几块土坯砌成的，但却是电影

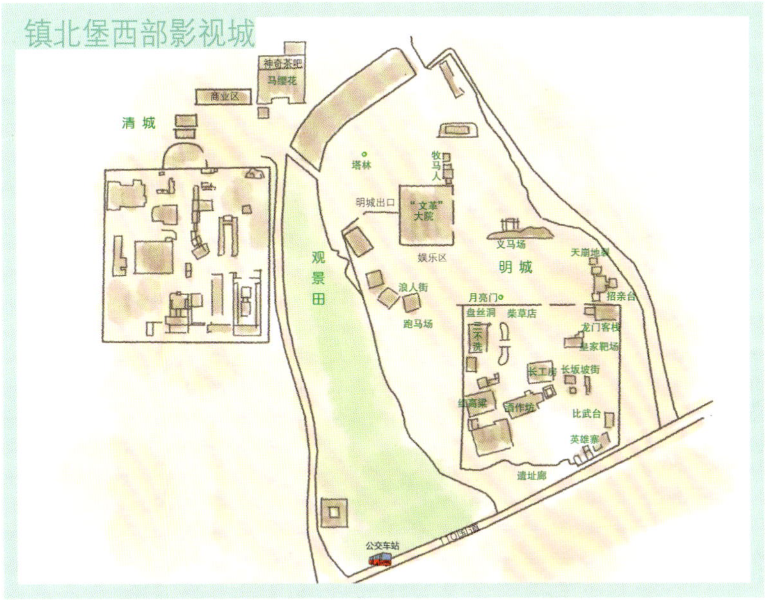

《红高粱》中最美的镜头，现在更是成了电影摄影艺术的经典作品。尤其是夜晚的时候，明月高悬，高悬的月亮门孤独而静美，在晚风中静静地照着，让人不禁动情，所以张艺谋有意让它反复出现在银幕上。

清城

建于1740年，奉乾隆皇帝之命用石夯擂筑黄土修建而成的兵营，故名“清城”。清城外形似大龟，由贺兰山上往下爬，取“灵龟下山，吉祥如意”之意。清城繁华热闹，内部以各种民间、民俗工艺表演为主，主要景点有幸运之门、牛魔王宫、瓮城、神秘山洞、百花堂、影视一条街、古堡龟卦、都督府、观音阁、明星犬舍、告子亭等。

链接

幸运之门的得名由来

幸运之门位于贺兰山中段，是清城的一处景点，城门巍然，有卧龙怀珠之势。自从与影视界结缘后，这里走出了不少影视界的明星翘楚。更为神奇的是，凡是在这座城门拍摄取景的影片不是获得国内外大奖，就是票房很高，因此逐渐被人们称为“幸运之门”。

老银川一条街

老银川一条街以原宁夏省国民政府（马鸿逵官邸）的复制建筑物为中轴，以新中国成立前银川市最繁华的柳树巷为蓝本，再现了老城当年的商铺、街巷。可以立体地观赏银川旧貌。街长120米，有银川市历史展、消防科普教育展、小商品专卖场、承天寺戏园等。

镇北堡西部影视城

西夏王陵 AAAA

中国现存规模最大的帝王陵园之一

银川市西夏区贺兰山东麓

乘游1、308、309路公交车可到

95元（含景区观光车） 0951-5668960

7:30～18:00

西夏王陵有“东方金字塔”之称，是西夏王朝的皇家陵园。在方圆53平方千米的陵区内，9座帝陵布列有序，250余座陪葬墓星罗棋布，是中国现存规模最大、地面遗址最完整的帝王陵园之一。西夏王陵规模宏伟，布局严谨，虽然没有秦陵的铺张、唐陵的华彩，也没有宋陵的考究、明陵的气派，却更表现出一种磅礴的气势，显示出西夏王朝特有的时代气息和风貌。如今西夏王陵以泰陵为中心，又相继建设了西夏博物馆、西夏史话艺术馆、西夏碑林等能够展现西夏深厚历史文化的景点。

玩家解说

西夏王陵是我国最大的西夏文化遗址，也是宁夏最重要的一处历史遗产和最具神秘色彩的文化景观。远处雄伟的贺兰山脉，广袤的蓝天白云，一望无垠的黄色王陵，置身于此，更能体会古老西夏王国的神秘。

链接

西夏王国

西夏是我国11世纪初以党项族为主体建立的封建王朝。自1038年李元昊在兴庆府（今银川）称帝建国，至1227年被蒙古所灭，在历史上存在了189年，经历10代皇帝。西夏国疆域“东尽黄河，西界玉门，南接萧关，北控大漠，地方万余里”，最鼎盛时期面积约83万平方千米，包括今宁夏、甘肃大部，内蒙古西部、陕西北部、青海东部、新疆东部及蒙古共和国南部的广大地区。前期与北宋、辽平分秋色，中后期与南宋、金鼎足而立，被人形容是“三分天下居其一，雄踞西北两百年”。

贺兰山风景区 AAAA

巍峨壮丽的名山风光

贺兰山位于宁夏回族自治区与内蒙古自

贺兰山南寺

治区交界处，山势雄伟，蔚为壮观，又因岳飞《满江红》一词而闻名天下。贺兰山风景壮丽，树木葱郁。主要景点有贺兰山岩画、滚钟口、拜寺口、苏峪口国家森林公园。另外，观赏贺兰雪景也是贺兰山旅游的一大特色。

滚钟口

银川市西夏区镇北堡镇

可自驾或包车前往

30 元　0951-4110458

8:00～18:00

滚钟口是贺兰山著名山口之一，又称“小口子”。口内三面环山，面东开口，中间有座孤立的小山峰，名叫钟铃山。这座小山峰处在三面环山的山谷中间，犹如一口大钟的铃锤，因此称为滚钟口。滚钟口风景秀丽，林木葱茏，共有70多种常绿树和落叶林，尤以初春时节景色最美：山花争艳，泉水淙淙，山腰绿荫葱葱，山巅白雪皑皑，这就是闻名遐迩的“贺兰晴雪”。

玩家攻略

滚钟口风景区山中绿树、红花争相辉映，绿草如茵，绚丽多彩。景区内古禹王台、兴隆寺、晚翠阁等清代所建的寺庙，布局巧妙，错落有致。贺兰山前有笔架峰，峰上有望海亭，站在亭中远眺，银川市的平原景色一览无余。

拜寺口

银川市贺兰山东麓　10 元

可从镇北堡镇包车前往

8:00～17:00

拜寺口是贺兰山著名山口之一。这里山大沟深，环境幽静，面东开口，视野开阔。双塔位于拜寺口内，它们就像两个孪生兄弟般守卫在山口两旁，显得格外挺拔。双塔东西对峙，相距约百米，皆为八面十三层楼阁式砖塔，正南辟券门，可进入厚壁空心筒状塔室。东塔二层以上，每层每面都贴有彩塑兽面两个，左右并列；西塔比东塔较为粗壮，二层之上每面腰檐下均有彩塑佛像及装饰图案。

链接

拜寺口双塔

拜寺口双塔是一对砖砌佛塔。山口东侧的塔称为东塔，它是一座正八角形建筑，高13层，每层塔檐下各面都有各种兽头的浮雕。西塔也是13层高，外形呈抛物线状，曾在塔上发现梵文、西夏文题记和元代银币等。双塔东西相距百米，像一对情侣，含情脉脉，形影不离。人们还送给她们许多美丽的名字：“相望塔”“山神塔”“海神塔”“飞来塔”。

苏峪口国家森林公园

银川市贺兰县金山乡 60元

可自驾或包车前往

7:00~18:00

苏峪口森林公园处于贺兰山的腹地。公园内有着独特的自然景观，野生动、植物资源丰富，主要景点有“丁香谷”“鬼见愁”“山屏晚翠”“贺兰晴雪”等。此外，贺兰山的最高峰也在苏峪口森林公园内。园内的贺兰山阳光索道，是建在苏峪口国家森林公园内的宁夏第一条高山旅游观光索道，全场1200米。

玩家 解说

苏峪口国家森林公园，以山体巍峨、森林茂密、自然风光秀丽、人文景观独特、野生动植物资源众多、旅游基础设施完善而著称。在近万公顷的景区内，高耸入云的油松、杜松、云杉等天然林木一望无际；吐红的樱桃、挂紫的丁香、披粉的蒙古扁桃等珍稀灌木遍布山谷沟壑。踏入森林公园的深处，处在苍茫林海之中，低头看百丈悬崖，放眼望郁郁葱葱，景观气象万千，让人流连忘返。

玩家 攻略

新开发的贺兰山阙景区内不仅可以观赏到峡谷风光，还可以登上海拔3000米的景区主峰“灵光顶”，望银川塞上湖城、观阿拉善戈壁、赏大漠落日，尽情感受苍凉的塞外风光。如果留宿于景区，除了能观赏到贺兰山迷人的夜色和日出，还能看到奔跑的马鹿、跳跃的岩羊、嬉戏的蓝马鸡等野生动物。

贺兰口岩画

银川市贺兰县金山乡境内 40元

可自驾或包车前往

8:00~18:00

贺兰口岩画风景名胜区，是贺兰山岩画的荟萃之地。在山口内外分布着近6000幅岩画，其中人面像岩画就有700多幅。这里除了有大量的岩画外，还发现有原始人类居住的山洞及房屋遗址、祭坛、古代北方游牧民族的圈石墓等。同时，位于景区内的银川世界岩画馆，是目前世界上规模最大的岩画专题博物馆之一。另有西夏寺庙建筑遗址、明代水关、明代石砌哨台、清代龙王庙、土地庙和羊圈圈神主庙等古建筑。

玩家 解说

贺兰山在古代是匈奴、鲜卑、突厥、党项等北方民族游猎、放牧，生息繁衍的地方。古代生活在这里的民众把生产生活的场景以图画、符号等形式凿刻在贺兰山的岩石上，来表达对美好生活的向往与追求。在200多千米长的贺兰山腹地中，有20多处遗存岩画，贺兰口岩画是其中最有代表性的部分。

贺兰山岩画

鸣翠湖

鸣翠湖 AAAA

西部地区第一家国家湿地公园

银川市兴庆区掌政镇境内　乘10、游6路公交车可到　7:00～19:00　30元

鸣翠湖湿地公园东临黄河，总规划面积近7平方千米，是银川市东部面积最大的自然湿地保护区。湖中有自然植物100余种，鸟类90余种。每逢春夏，成千上万只鸟儿在这里繁衍栖息，一派生机。鸣翠湖有以世界最大的芦苇迷宫为代表的十大景点景观：百鸟鸣翠、迷宫寻鹭、芦花追日、青纱漏月、车水排云、碧水浮莲、千步廊桥、绿帐问茶、白沙落雁、东堤夕照。景区集黄土高原、黄河、湖泊、芦苇、湿地等景观于一身，能够让人真切地感受到塞上江南的魅力。

玩家 攻略

园内的娱乐项目也很多，但几乎所有的人工景点和娱乐项目都在公园的北部，公园南部是自然状态的生态保护区。公园有4个入口，几乎都位于北部区域，西南部的入口位于南北两部分的分界处。

公园内湖水清澈，一派江南水乡的风景。夏天你来到这里，可以沿着水边漫步、垂钓；还可以在湖中荡舟，近距离地欣赏荷花。冬天来到景区也不会失望，你可以在景区内的滑雪场进行刺激好玩的雪上运动。景区还特地为年轻人准备了许多娱乐项目，如水上梅花桩、水上S桥、水上云梯等。此外，还有一些拓展项目可供游客选择。

金水园

大漠黄河古渡口

银川市兴庆区　20元

乘游6、10路公交车可到

9:00～17:00　0951-6131136

金水园西临黄河，背靠毛乌素沙地，是游黄河、观大漠、体味休闲与娱乐的好去处。金水园中的大型雕塑《黄河颂》是金水旅游区的标志性建筑，高约20米，雕塑内设有观光电梯，游人可乘坐电梯登上顶部，两岸风光尽收眼底。

金水园内的古渡口曾是西夏首府（今银川市）的门户所在。1697年，清康熙皇帝在此东渡黄河平定了噶尔丹，并留下“历尽边山再渡河”的壮丽诗篇。园内还有黄河游船、摩托艇、内湖划船、沙滩运动、汽车越野、草原风情园等娱乐项目，是休闲散心的好地方。

兵沟旅游区

西北规模最大的汉墓葬群

银川市兴庆区河东地区

银川汽车站开往陶乐方向的车途经兵沟

50元　9:00～18:00

兵沟旅游区地处平罗南部的黄河大峡谷，占地2万余亩，是一个集观光、休闲、娱乐、度假于一身的综合景区。

兵沟旅游区有中国自驾车旅游示范基地和中国一流的沙漠汽车电影俱乐部。兵沟旅游区沟壑纵横的原始地貌，使得国内外影视剧组和游客争相前往拍摄猎奇。目前，已有《贺兰血》《黄河知我心》《苦泉记事》等10多个影视剧组在此进行过拍摄，来往的游客更是不计其数。

兵沟北岸与黄河东岸之间不规则地分布着百余座葬墓群，有单葬墓、合葬墓；从内部结构看，有砖墓室、木墓室、石墓室、土墓室。它是西北地区目前发现最集中、数量最大的汉代墓群，具有较高的文物考古价值和旅游参观价值。

玩家 解说

兵沟旅游区的主要景观是“一障、二墓、三河、四沙、五谷”。“一障”是指浑怀障。兵沟是秦大将蒙恬北击匈奴时修筑的要塞浑怀

中华回乡文化园

障军城所在地。"二墓"指的是汉墓群。兵沟汉墓群为秦末至西汉守边将士的墓葬群，有数百座之多。"三河"指黄河。奔腾不息的古老黄河从兵沟旅游区流过，与兵沟段黄河相联系的历史文化也非常丰富。"四沙"就是大漠。兵沟旅游区东连毛乌素沙地，沙漠中有古烽火台。"五谷"是指兵沟大峡谷。这是一处原始地貌景区，峡谷中的珍珠泉泉水潺潺流出，长年不息。

宁夏科技馆

宁夏青少年科技活动中心

银川市金凤区人民广场西侧

乘 1、2、38 路公交车可到

9:00～17:00，周一、周二闭馆

宁夏科技馆外部造型极具吸引力，飘逸流动的玻璃顶壳，象征连绵起伏的贺兰山脉。科技馆由主展馆、穹幕影院和综合楼三部分组成；围绕"自然、科技、人"的主题，在三个楼层设置序厅、宇宙探秘、地球家园、走近海洋、生命奥秘、儿童科技乐园等展区，共设展品和展项200多个，矿物、动物、古生物标本1500多件。

中华回乡文化园 AAAA

展现回乡历史文化的第一园

银川市永宁县西京藏高速路永宁入口处

乘坐 302 路公交车至中华回乡文化园站下

60 元　8:00～19:00

中华回乡文化园是一个以展示伊斯兰文化为主题的文化旅游综合景区。建筑包括主体大门、中国回族博物馆、回族礼仪大殿、民俗村、演艺大殿、餐饮中心。主体大门气势恢宏；中国回族博物馆历史文化氛围浓重；礼仪大殿金碧辉煌；民俗村地方习俗别具一格；演艺大殿餐演结合，超级享受；餐饮中心，饮食与文化的完美结合。这些建筑映衬在绿地水系之间，回族文化特色突出，成为宁夏发展回乡风情旅游的"名片"。

黄沙古渡 AAAA

宁夏八景之一

银川市兴庆区月牙湖乡　可自驾或包车前往　60 元　8:00～18:00

黄沙古渡原生态旅游景区是国家级湿地公园、明清宁夏八景之一。景区分为门户区、沙漠野生动植物观赏区、黄河湿地公园、黄河古渡、月牙湖、黄河古镇六大区域。景区深入挖掘了黄沙古渡的历史文化，恢复与建设了黄河祭台、黄龙镇河、黄河渔村、昭君出塞和亲雕塑等古迹景观，复原了大漠驼场、漠北大营、黄河滩老羊圈。在这里可以亲临康熙大帝渡黄河的古渡口以及昭君出塞留在大漠的月牙湖。

黄沙古渡湿地公园

黄沙古渡湿地公园是黄河与大漠相拥形成的一大奇观。景区内有芦苇、蒲草、沙蒿、蒲公英、沙枣树、沙柳、新疆杨等植物，还有大天鹅、灰鹭、沙燕等40余种鸟类和30多种动物在此栖息繁殖，是一个纯天然、原生态的观光胜地。

民俗文化博物馆

民俗博物馆以黄沙古渡旅游景区为依托，利用原有民居风格的四合院作展馆进行陈列和展览，让广大游客在游览黄沙古渡自然景观的同时，享受民俗文化带来的美妙乐趣。展览有宁夏地区人民生产生活中常见常用的各种生产生活物品、器具以及各种石雕作品。

观日台

观日台位于景区沙漠最高处，登上观日台展现在眼前的就是广为流传的大漠黄河、塞上江南的绝世景观。

黄沙古渡黄河楼

黄沙古渡黄河楼位于景区黄河边，是黄河边上一处古老的建筑。相传清朝康熙皇帝来宁夏在此渡黄河时，曾经登楼品茶观黄河。

黄沙古渡

水洞沟遗址 AAAAA

3万年前古人类的生活画卷

银川市灵武市临河镇　60元

银川市北门旅游汽车站可乘旅游班车直达景区

水洞沟是中国最早发掘的旧石器时代文化遗址，被誉为“中国史前考古的发祥地”“中西方文化交流的历史见证”，被国家列为“最具中华文明意义的百项考古发现”之一。景区内有魔鬼城、旋风洞、卧驼岭、摩天崖、断云谷、怪柳沟等20多处奇绝景观，由“横城大边”、烽燧墩台、城障堡寨、藏兵洞窟等构成的古代长城立体军事防御体系，是中国保存最完整的军事防御建筑大观园。

玩家 攻略

水洞沟的部分景点如藏兵洞，需要购买景区的套票或单独景点的门票才能参观。景区有南门和东门两个入口。游客可从南门进入景区，顺时针方向游览到东门。两个大门之间有观光车；如果购买的是景区大门票，乘坐观光车需要再付10元。

玩家 解说

景区内的水洞沟遗址博物馆是我国西北地区唯一展示旧石器时代文化面貌的主题博物馆。馆内运用了声、光、电等高科技，真实再现了3万年前远古人类的渔猎生活和打制石器的生产场景以及洪水肆虐、山崩地裂等灾难场景，让人震撼不已。

灵州古城

历史悠久、古迹尚存

银川市灵武市

灵武，古称灵州，由西汉惠帝四年(前191年)置县至今，已有2000多年的悠久历史。灵州城旧址在黄河南，后屡遭洪水、地震、战火破坏，几度易址。如今灵州城墙仅有西北角尚存，墙体外包城砖，这也是宁夏境内唯一的明代城墙遗存。灵州古城千年的历史文脉和记忆积淀在城墙厚厚的黄土层中，它与镇河塔、高庙等古建筑一起承载着灵州的过去，期待着崭新的光明未来。

景点推荐

石嘴山旅游区

沙湖 AAAAA

融江南水乡与大漠风光为一体

石嘴山市平罗县

银川北门旅游汽车站乘坐沙湖旅游专线

¥ 120元　8:00～18:00

沙湖是一处融江南秀色与塞外壮景于一体的生态旅游胜地，也是国家首批AAAAA级旅游景区。景区以自然景观为主体，将沙、水、苇、鸟、山五大资源有机结合，构成了独具特色的秀丽景观。景区现已开发建设有游乐园、瞭望塔、西部大漠、西夏行宫、水上飞机、天然浴场等旅游项目。

沙湖还是著名的观鸟胜地。春秋两季是最佳的观鸟时节，即便是轻微的响动也会惊起上万只飞鸟，黑压压一片在空中盘旋，遮天蔽日，飞鸣不已。

玩家攻略

沙湖拥有万亩水域，是鸟儿的天堂。这里栖居着白鹤、黑鹤、天鹅等十多种珍鸟奇禽，游客可在观鸟塔上欣赏群鸟嬉戏的场景。水边茂盛的苇秆间更有鸟巢无数；每年春季，五颜六色的鸟蛋散布其间，堪称奇观。

除了品种繁多的鸟类外，沙湖还盛产各种鱼。在湖南岸的水族馆里，可以看到几十种珍稀鱼类，包括北方罕见的武昌鱼、娃娃鱼和体围1米多的大鳖。

鸟岛

鸟岛位于沙湖鸟类保护区核心地域，又叫百鸟乐园，是景区内最佳的观鸟地点。鸟岛设有别开生面的鹦鹉表演项目，它们不仅会表演投篮、骑单车、滑旱冰、爬云梯、

沙湖景区

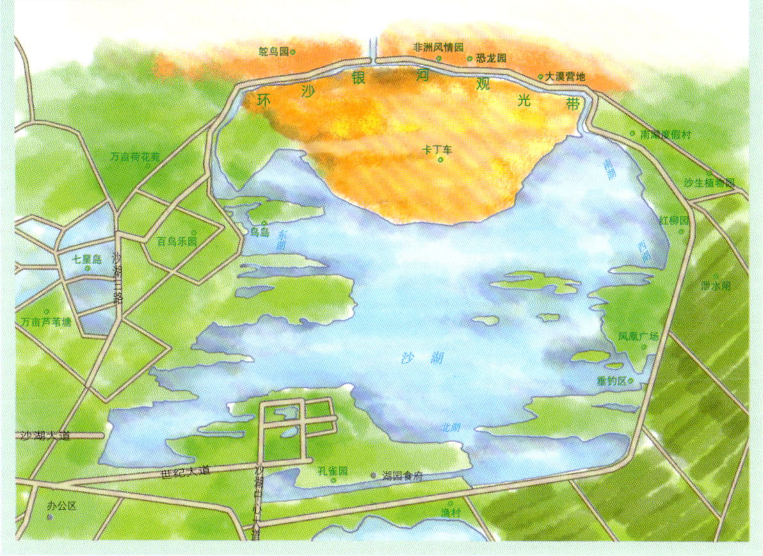

走钢丝等竞技项目，与来客对话也是它们的拿手好戏，使游客在观鸟之余，又多了许多欢乐。

玩家 攻略

每年的 3~5 月举办的沙湖国际观鸟节，是一个让游客贴近自然、感受自然的好机会。在这片鸟儿的净土上，远离城市的喧嚣，呼吸新鲜的空气，聆听鸟儿动人的歌声，共享和谐生态，静下心来去体会大自然那无穷无尽的魅力。

□ 宁夏湿地博物馆

宁夏湿地博物馆是一座以普及湿地知识和鸟类博览为主要内容，以湿地为展览主线，以沙湖为重点，以自然、社会和人的和谐统一为主题的博物馆。博物馆以苇、鸟、水、沙为设计元素，以沙丘为主造型，结合声、光、电、像等科技技术，将科普科研、收藏展览、演艺娱乐和旅游服务有机结合。

玩家 解说

宁夏湿地博物馆大厅以鸟巢为视觉元素，周围以沙丘为主造型，划分为湿地与鸟类知识介绍、人鸟同乐表演、鸟类生态行为观察、4D 科普教育电影厅等 6 个功能区。

□ 荷花苑

荷花苑位于沙湖东侧，占地1万亩。这里不仅是戈壁滩上的荷花苑，也是西北最大的荷花苑之一。

每逢盛夏，荷花竞相绽放，姹紫嫣红，争奇斗艳，带给游客一种心胸豁然、无拘无束、浮想联翩、海阔天空的感觉。

□ 尼罗河风情景区

尼罗河风情景区充满了异国风情：有金字塔、狮身人面像等沙雕艺术作品。通过艺术家们的精心创作，可以感受到别样的风情。

玉皇阁

塞上江南的俊彩玉阁

石嘴山市平罗县　¥ 22 元

在大武口区乘车至平罗县，可步行至景点

0952-6012261

9:00~18:00

平罗玉皇阁是宁夏最大的道观之一，也

是我国西北地区不可多得的优秀古建筑。玉皇阁造型独特、工艺精湛，被誉为塞上江南的俊彩玉阁。

玉皇阁台座分为4级，由南向北渐次升高，最高建筑三母殿距地面约26米。阁内有城隍殿、娘娘殿、三清殿、洞宾殿、文昌阁、关帝阁等主体建筑和大量为游客服务的辅助设施。整个建筑虽为不同时期、不同工匠设计修建，却结合得严谨协调。四进院落，层层相递，高低楼阁互为衬托，回廊、飞桥如金丝银线将所有建筑连成一体，是名副其实的“西北第一阁”。

玩家 解说

平罗玉皇阁楼阁出檐深远，檐角翘指苍穹，似雄鹰展翅欲飞。高楼气势宏伟，小阁玲珑剔透，主体突出，竞相媲美。整个楼阁尽为雕梁画栋，刀笔洗练，功底深厚。迈进大殿让人肃然起敬，登临高阁凭栏远眺，上扶白云下履轻风，大有飘飘欲仙之感。

玩家 攻略

景区每年农历四五月间会举行盛大隆重的城隍庙会。届时人们装扮成牛头、马面、判官、小鬼等角色，簇拥着被高高抬起端坐在神舆之上的城隍神像巡游，称之为出驾，有惩恶扬善、体察民情之意。

北武当生态旅游区

文化底蕴深厚的综合旅游区

石嘴山市大武口区西北贺兰山东麓

乘 3、5、7 路公交车可到

0952–2033673　8:30～18:00

北武当生态旅游区是一处集山、林、庙、地质遗迹等于一身的综合性旅游区，由森林公园、北武当庙、北武当地质公园等景点组成。旅游区内天然风貌保存良好的贺兰山群峰林立，重峦叠嶂，山色皂灰凝重，气势恢宏。另外，景区内每年重阳节来临之际，会举办北武当九九重阳登高节、庙会等活动，参观游客众多，在西北地区影响力首屈一指。

玩家 解说

北武当生态旅游区以其自然环境独特、文化底蕴深厚而闻名天下。这里有以“西夏名兰、山林古刹”为代表的福寿文化、以荒漠绿化为代表的生态文化，以地质奇观、古化石为代表的地质文化、以古长城边墙烽燧、藏兵洞为代表的贺兰山军旅文化等。神奇而多彩的北武当生态旅游区以其丰富多彩的旅游资源扬名海内外，吸引着八方游客。

北武当庙

北武当庙又名寿佛寺，占地1.2万平方米，是西北地区的一座著名古寺。古刹依山而建，庙宇格局与群山险峰相得益彰，互为风景。

整座庙宇坐北朝南，四进院落布局严谨、庄重而不失秀美。中轴主要建筑有山门楼、灵光殿、观音楼、无量殿、多宝塔、大佛殿。建筑相互对称，和谐自然。

链接

历史悠久的西北古刹

北武当庙是一座名扬宁蒙周边的古寺，史上就有“西夏名兰、山林古刹”的美誉。庙宇始建于盛唐时期，清康熙四十年（1701年）正式建庙，慈禧太后曾钦赐“护国寿佛禅寺”。

北武当地质公园

北武当地质公园是一个拥有典型地质历史演化过程的天然博物馆。归德沟内奇石嶙峋，山势陡险，气势壮观，贺兰山的奇美险境，全部集中在这里。沟内主要有“四景一泉”，即古长城烽火台、归德沟岩画群、转洞沟、沙窑田园及其滩山水泉。这些“景”和“泉”形成了一条亮丽的风景线，它们将天生的风韵发挥得淋漓尽致，让人赞叹。

玩家 解说

北武当地质公园分布有天然次生林，近年来又人工造林近万亩，在整个贺兰山脉系中有着得天独厚的优势。这里有陡峭挺拔的高山、火山爆发形成的熔岩，有芬芳如画的花草和盘根错节的松柏。林间不时会有岩羊、鹞鹰等野生动物出没，可谓人间奇景。

韭菜沟

韭菜沟是贺兰山的一条原始山沟峡谷，四面环山，清凉幽静。这里水草丰美，风景秀丽。沿着沟谷前进，一路皆是让人感到奇绝的风景。

景区有“天门洞开”“山神巡游”“力士探险”等分景点，风景天然雕饰，美不胜收，让人恍惚置身于仙境之内。

玩家 攻略

沟内一条清澈小溪蜿蜒流淌。在树下小憩凉风送爽；在此听泉、赏景，只见山高水清，让人心中劳尘顿消，惬意油然而生。加上20世纪中期建造的许多军事设施，更为韭菜沟增添了几分别样的氛围，是人们寻幽猎奇的绝好去处。

多宝塔

北武当庙里的多宝塔是一座五层楼阁式砖塔。塔基呈方形，塔身底部为八角形基座，底层四角有铁铎，原为悬挂风铃之用。塔身四面正中向外凸出，每层四面中间都辟有券门；第一层南券门顶有一砖雕花边匾额，上刻“多宝塔”。塔室呈方形，四壁截角，塔室内有木梯可供登临。多宝塔高约20米，塔形呈“亚”字形，和银川的海宝塔多有相似。

大武口森林公园

山水园林城市建设的重要成果

石嘴山市大武口区

可在市区租车前往

大武口森林公园占地面积1万亩，紧邻北武当庙，背靠贺兰山，是大武口山水园林城市建设的重要成果，也是北武当生态旅游景区建设的重点项目。森林公园集观赏游乐、餐饮休闲于一身，被游人誉为“戈壁绿洲”“世外桃源”。

玩家 解说

大武口森林公园于1997年正式开工建设，经10多年时间，先后建成了防风林、名人纪念林、青年志愿林、沙生植物园等林区，树木成活率达到93.8%以上。近年来，又相继建成并开放了荷花池、亚热带植物园、文博馆、回归村等景点。森林公园是游客休闲娱乐的好去处。

链接

来之不易的绿色

大武口森林公园曾经是一片高低起伏的沙丘和乱石堆，除了星星点点的杂草和低矮的酸枣树外，四周几乎无一绿植。每逢刮风天气，黄沙弥漫，城市环境十分恶劣。1997年11月开始，大武口人民经过10多年坚持不懈的种植、绿化，最终建成了如今的大武口森林公园。它的建成，对大武口地区防风固沙、涵养水源、改善生态环境具有明显作用。

红果子瀑布

壮观的西北瀑布

石嘴山市惠农区红果子镇

红果子瀑布落差100多米，由于水势之穿凿，风势之镌刻，千百年来将山壁淘掠成巨勺形状。瀑布前巨石横空，错落参差，造就三大自然台阶。第一台阶直径约为20米，第二台阶直径约为30米，第三台阶直径约为40米。四周重峦叠嶂，遮天蔽日，伴随着瀑布的巨大轰鸣，撼人心魄，蔚为壮观。每年春夏之交是观赏瀑布的最佳季节。

红果子瀑布

景点推荐

吴忠旅游区

青铜峡黄河大峡谷 AAAA

风光旖旎的塞上明珠

吴忠市青铜峡市

银川南门汽车站乘青铜峡公共汽车可达

青铜峡旅游区是以青铜峡黄河库区为主体，辐射青铜峡市域旅游资源的综合旅游区。旅游区境内风景奇绝，被誉为“塞上明珠”。这里有气势雄伟，蔚为壮观的大型水利枢纽工程——青铜峡拦河大坝，有号称“小八达岭”的北岔口明长城，还有西北最大的佛教庙群牛首山寺庙和始建于西夏时期的一百零八塔等景点，风光旖旎，引人入胜。

玩家解说

青铜峡旅游区自然和人文景观资源丰富，水利工程闻名于世，将黄河风光、西夏文化和回族穆斯林等民族风情有机地结合起来，充分展现了充满宁夏特色风情的塞上江南风光。

一百零八塔

青铜峡一百零八塔是一处塔群建筑，位于青铜峡市西塔路 11 号。塔群坐落在陡峭的山坡上，坐西朝东，背山面水，依就山势凿石分阶建造，自上而下，按一、三、五、七的奇数排列成 12 列，构成一个等边三角形的大型塔群，因塔数而得名为一百零八塔。塔的底座为砖砌的八角形须弥座，外表涂抹白灰，塔顶是宝珠，与北京妙应寺的元代白塔十分相似。最上面的一座塔，形制特别大，以下逐层按比例缩小，远望可综观塔群的全貌。此种形制的塔群建筑，在中国的古塔建筑中是仅有的一例。

玩家攻略

来到一百零八塔不妨拜一拜。据当地人说，只要拜了一百零八塔，就可以消除人生的烦恼，获得吉祥好运。

青铜峡水利枢纽

青铜峡拦河大坝是黄河流域修建的第二座水利枢纽工程。大坝气势雄伟，高 40 多米，并配有一座回水 5 千米的峡谷型水库，水库内可供游客泛舟游览黄河自然风光。

站在宏伟的拦河大坝上举目眺望，东有庄严肃穆的牛首山寺庙群，西有国内罕见的一百零八塔，南面则是一片开阔的高峡平湖，景色蔚为壮观，让人过目难忘。

玩家攻略

游客可以乘普通船只或羊皮筏子，观赏青铜峡拦河大坝逆流而上的十里长峡景观。从青铜峡水库大坝开始，自北向南有一百零八塔、一线天、魔窟、睡佛山、禹门口等景点。

董府

董府是清末著名将领甘肃提督董福祥的府邸。因董福祥官加太子少保衔，又称“宫保府”。

内寨建筑布局为“三宫六院”，是北京宫廷建筑与宁夏地方民族特色的结合物。迎面有一石碑，绕过石碑，即可进入中院，右拐进北院，左拐进南院，南、中、北三院又都采用二进门庭，分别构成前后四合院，各自单成一体，其中以中院最为气派宏伟。

链接

董府主人的传奇人生

董福祥(1839—1908)，汉族，固原人。19世纪60年代因不堪忍受清朝廷腐败统治和压迫而起事反清，后兵败投降湘军刘松山。1875年追随左宗棠参加了收复新疆的战役，屡立战功，战后率部戍守西陲十数载。先后任阿克苏总兵、喀什噶尔提督、甘肃提督等职，授尚书衔，加封“太子少保”。义和团运动时期奉调入京，充武卫后军统领，受慈禧太后宠爱。1900年董福祥率军抗击八国联军，杀死日本外交官和德国公使，血战正阳门。北京沦陷后，董福祥保驾西太后、光绪皇帝出逃西安。签订《辛丑条约》时，洋人坚持杀董福祥，西太后力保免死罪，留太子少保衔，革职还乡。

牛首山寺庙群

牛首山古寺庙群初建于唐代以前，分“西寺”和“东寺”两部分。庙群建筑分布在山崖和幽谷之中，以金宝塔寺为中心，从东向西，有保安寺、舍身崖、睡佛洞等 19 座庙宇。西寺庙群枕山面河，依山势而建，有万佛阁、净土寺、观音殿等 26 座庙宇。

这里山峦重叠，草木葱茏，有“秀丽如芙蓉出水”的赞誉。

青铜峡鸟岛

青铜峡鸟岛属于青铜峡水库区的一部分，因其栖息许多鸟类而得名。这里景色得天独

青铜峡

厚，有自然河流、湖泊和天然林区，是观光旅游的好地方。每年聚居这里的鸟类多达数十万只，180多种，其中还有许多珍贵的国家一类保护鸟类，如黑鹳、中华沙秋鸭、冠麻鸡等。

古渠首

青铜峡引黄河灌溉历史悠久，引水灌溉工程最早始于秦代，至今已有2000多年，后历代不断完善，现存主要干渠有秦渠、汉渠。

青铜峡秦汉古渠灌溉工程与都江堰、灵渠同为我国最早的三大水利工程。这里沟渠纵横，沃野平畴，民风淳朴，享有“塞上江南”之美誉。

中华黄河坛

景区左傍万里黄河臂弯，右依青铜峡峡口。站在黄河圣坛的位置向下望去，眼前的黄河及滩地正好成一个太极八卦图。

景区包括思恩区、礼恩区、感恩区三部分，有五牌楼、三大道、三大殿、一广场、一坛、一院等建筑。主景黄河坛由方坛和圆坛组成，以应天圆地方之说。方坛边长99.99米，总面积9999平方米，中间圆坛用圆柱头含三层，非常壮观。

罗山

国家级自然保护区

红寺堡区东南，距红寺堡城区约40千米

免费　全天开放

罗山自然保护区由大、小罗山两个山体构成，大罗山因形似陀螺而称“螺山”，小罗山位于大罗山之南。保护区内植被种类众多，有青海云杉、油松等。草本植物主要以豆科、菊科等为主。其中，药用植物有细叶百合、麻黄、柴胡等200多种，野生动物、鸟兽虫类100多种，已知的泉眼有30多处。山间苍翠如染，是游览观赏、休闲避暑的好去处。

玩家解说

罗山山势挺拔，峰峦叠嶂，与贺兰山、六盘山齐名，为宁夏三大天然林区。在唐高宗时称“安乐山”。宋时有和尚在此修身悟道。明代人以其形似陀螺而称螺山，之后逐渐演变为现在的罗山。“罗山叠翠”曾经是清代平远县（今同心县）第一名胜。

韦州古城

远近闻名的历史古城

吴忠市同心县

韦州古城历史悠久，明代朱元璋第十六

罗山花开

韦州古城

子朱旃的庆王府就建在韦州。韦州镇区内有两座古城，仅一墙之隔。东边俗称新城，建于明朝；西城称为老城，建于西夏，城池规模是新城的两倍之大。在老城内建有康济寺塔及九级浮屠（佛塔），在城西大罗山东麓还有30余处明王陵墓。

盐池古长城

数个朝代的古长城遗址

吴忠市盐池县

在银川汽车站坐大巴到盐池县

盐池古长城自古以来就是中国北部边防前线，素有“关中屏障，河陇咽喉”之称，战略地位十分重要。自战国时期到秦、汉、隋、明几个朝代，都曾在这里修筑过长城。

盐池县境北部“深沟高垒”，北侧有黑褐色或白色的墙体呈鱼脊状露出地表，从杨柳堡乡的上红沟梁至陕西省定边县界较为清楚，这就是隋长城。隋长城在盐池县境内长30余千米，墙体为黑色、红色、白色土的堆积，

盐池古长城

建筑粗糙。明代建立初期开始到明神宗万历年间，也先后在此修建长城，盐池东长城就是明代长城的杰出代表。

哈巴湖

荒漠地区少有的自然综合体

吴忠市盐池县中北部

在银川汽车站坐大巴到盐池，转乘到郑记堡的中巴在去哈巴湖的路口下车

60元　0953-6996888　8:00～18:00

哈巴湖是集自然保护区与湿地、森林、沙漠为一身的风景区，荒漠类型景观独特，有丘陵、草原、沙柳，还有湖泊、沙漠、果园等。其主要景观有沙海观云、云中折柳、西湖烟云、柳浪听莺、沙岛观潮等。主要娱乐活动有沙漠越野、篝火晚会、野菜采摘、沙漠浴等。

玩家 解说

哈巴湖旅游区内数万亩林木郁郁葱葱，排列整齐，随风婆娑起舞，煞是迷人。大小湖泊点缀其间，湿地纵横，是消夏避暑、休闲度假的绝

哈巴湖之植物

好去处。同时保护区内文物古迹众多，山川沙海兼有，具有重要的教学和科研价值。

同心清真大寺
迷人的自然风光

吴忠市同心县　10元

同心清真大寺是中国现存的十大古老清真寺之一。该寺融中国古典建筑与伊斯兰木刻砖雕装饰艺术为一体，具有很高的观赏价值。寺院大门朝北，门前有一座仿木建筑的砖照壁，照壁的中心是砖雕大幅花木图，十分精美。礼拜大殿坐西朝东，视野开阔，殿前南北讲堂各5间，与大殿形成三合院式布局。大殿由两座歇山顶和一个卷棚顶勾连搭，内有20余根明柱支撑，木板铺地，墙壁装饰有《古兰经》文书法。大殿宽敞，可以容纳千余人同时礼拜。殿外装饰精致，翘檐斗拱，庄重朴素。

链接

光荣的革命文物建筑

同心清真大寺不仅是穆斯林宗教活动场所，还是一座具有光荣革命历史的文物建筑。1936年，中国工农红军西征时，曾经发动当地群众在此召开各界代表大会，并成立了中国历史上第一个县级回民自治政权——陕甘宁省豫海县回民自治政府。

板桥道堂
神圣的传教地

吴忠市利通区明德小学附近

乘6、34路公交车可到

板桥道堂是宁夏地区较早的伊斯兰建筑，建于1918年。当时的道堂整体建筑由道堂、拱北、清真寺三部分组成。后经重修，现在的道厅为宫殿式建筑，半坡瓦式的外檐、平方梁、花廊插板、花边拱门，大飞檐采用水泥雕刻代替了传统的木雕装饰，大飞檐下四周刻《古兰经》《圣训》等经文。

同心清真大寺

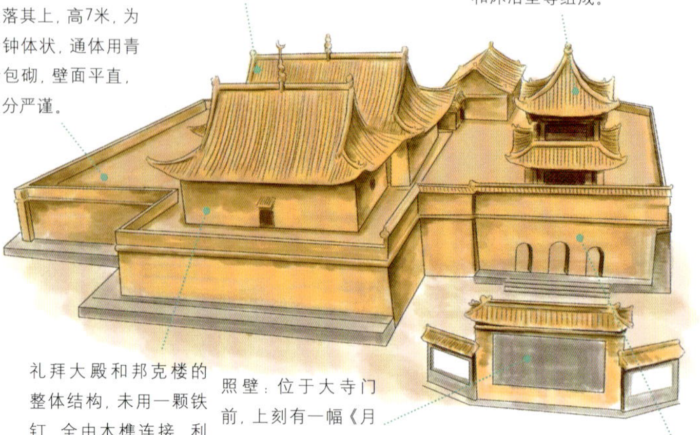

景点推荐 中卫旅游区

沙坡头 AAAAA

闻名国内外的旅游胜地

中卫市区以西约 20 千米处　80 元

中卫汽车站有发往沙坡头景区的专线车

8:30～17:30　0955-3988699

沙坡头旅游区集大漠、黄河、高山、绿洲为一身，既具西北风光之雄奇，又兼江南景色之秀美，是一处自然景观独特、人文景观丰厚的大型综合性旅游景区，被旅游界专家誉为世界垄断性旅游资源。

沙坡头景区南靠巍峨雄奇的祁连山余脉香山，北连沙峰林立、绵延万里的腾格里大沙漠，中间被奔腾而下、一泻千里的黄河横穿而过，在沙与河之间还有一片郁郁葱葱的古朴园林——童家园子。沙堤高耸，河水奔流，沙、山、河、园交相荟萃，风景如画。

玩家 攻略

沙坡头景区是著名娱乐节目《爸爸去哪儿》的拍摄地之一。有兴趣的游客可以去景区内的亲子互动区和拍摄基地参观。

玩家 解说

浩瀚无垠的腾格里大沙漠、蕴灵孕秀的黄河、横亘南岸的香山、战国秦长城、新旧石器遗址、黄河两岸的史前岩画，以及滴翠流红的河湾园林在这里交汇，谱写了一曲大自然瑰丽的交响曲，形成了沙坡头独特的 S 形地理风貌，极似中国阴阳太极图，曾被美国著名的《国家地理》杂志作为世界奇观向全球读者推荐。

金沙鸣钟

金沙鸣钟景区拥有一片最适宜滑沙的

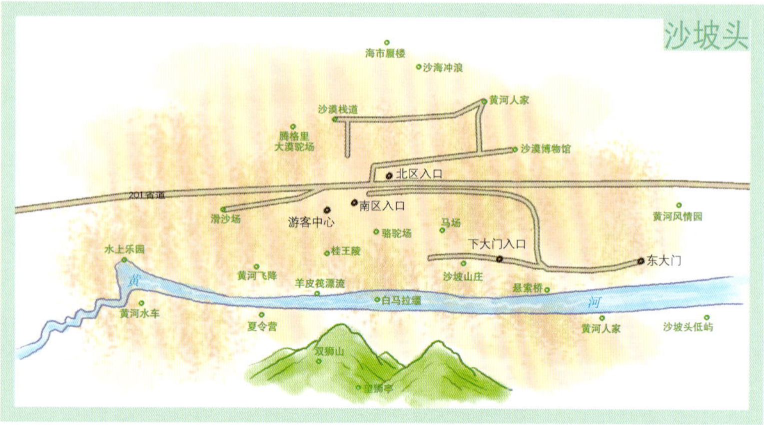

沙坡。滑沙坡度非常大，刺激过瘾。从高约百米的沙坡头的坡顶往下滑，由于特殊的地理环境和地质结构，座下会发出一种奇特的响声，沉闷如洪钟，因而称为金沙鸣钟。

要登上沙坡顶端的滑沙起点，可以乘坐沙漠扶梯，也可以乘坐缆车。

黄河景区

黄河景区是展现黄河文明、体验黄河水上活动的重要区域。

这里的漂流具有极大的刺激性，比较著名的有“老两口”与“三兄弟”两处。景区还有七姊妹、阎王匾、龙王炕等景点。

九龙湾风景区

九龙湾风景区与沙坡头首尾相连、沙水相依，位于沙坡头旅游区西区，景区核心区约由200万平方米沙漠和6千米长的沙漠河岸线组成。

黄河在这里形成了绝无仅有的290度大转弯，构成了奇妙绝伦的太极阴阳八卦图造型，堪称“自然瑰宝、人间胜境”。

大漠景区

大漠景区是腾格里沙漠的一部分，有治沙科技馆、科学实验园地和沙生植物园等景点。景区内可开展沙漠探宝、赛马、滑沙、篝火等娱乐活动。

沙关古道

位于沙坡头北区大门不远处的沙关古道，是对古代“沙关驿”的仿建。“沙关驿”是古丝路、古商道上的著名驿站，早已不复存在。

这条古道由木板铺成，古道尽头是大型的驼场，被称作“宁夏第一驼队”，从这里乘骆驼可进入腾格里沙漠深处。

黄河漂流

从沙坡头旅游区向下漂流，沿途古老码头、制陶遗址、黄河水车、军阀别墅以及风景如画的塞上江南田园风光，令人叹为观止。

中卫鼓楼

中卫城市标志之一

中卫市沙坡头区鼓楼东西街与南北街交叉处

全天开放

中卫鼓楼是一座四方台基拱洞型的楼阁建筑，始建于明崇祯四年（1631年），清嘉庆二十二年（1817年）庙会时不慎失火焚毁，后于道光十一年（1831年）在原址上重建。鼓楼楼型为四面八方一体式，楼西南角有一小门可通达楼基上部。基座之上正中为三重檐十字歇山顶的主楼，最上层四面有观景回廊。楼基四面建有小型配楼4座，其内壁分别刻记鼓楼始建、重建的背景、时间、经过及有关事项等。

中卫高庙

三教合一的寺庙，内有著名的高庙地狱宫

中卫市沙坡头区高庙景区

高庙就在火车站附近，步行即可到达

30 元　0955-7012164　7:30～18:00

中卫高庙与“大漠奇观”齐名，是中卫两大景观之一。高庙前有保安寺，山门朝南，两侧建有厢房。殿后为高庙，拾级而上，经牌坊、南天门、中楼，最后是高达三层的五岳、玉皇、圣母殿。

在高庙主体建筑的两侧，还有钟楼、鼓楼、灵官殿、地藏殿等配殿。整个建筑群重楼叠阁，亭廊相连，翼角高翘，构成了迂回曲折的内外空间，从一个侧面反映出宁夏古建筑精湛的艺术风貌，让人印象深刻。

玩家 解说

始建于明清时期的中卫高庙，依山势而建，建筑精致优美，佛、道、儒三教文化在此汇聚。高庙的地狱宫很有名，这里的塑像讲述 18 层地狱的各种刑法，阴暗的灯光配上音效，让人直打冷战。

南长滩村

黄河黑山峡冲刷淤积形成的河滩地

中卫市沙坡头区香山乡

南长滩村地处宁夏、甘肃交界处，因黄河黑山峡冲刷淤积形成狭长河滩地而得名。这个神秘的村落虽然规模不大，但却拥有“宁夏黄河第一村”“宁夏黄河第一渡”“宁夏黄河第一漂”等诸多头衔。这里也是宁夏首个“全国历史文化名村”。

每年春天，村里绽开着如云的梨花，花繁似锦，因而人们又称其为梨花村。700 多年来，散落的西夏党项后裔的一支就与世无争地生活在这个小山村里面。而南长滩村秦汉遗址的发现，又将人们生活在南长滩的历史追溯到 2000 年之前。

中卫高庙

海原大地震遗址

鲜有人知的灾难记忆

中卫市海原县

海原县海原地震博物馆于2010年12月正式开馆，展馆以图片、文字、海原地震博物馆外景实物等形式向参观者展现地震的危害，警示教育人们以科学的方法防灾减灾。

位于中卫市海原县的西安州古城也是当年海原大地震的震中地带。1042年，西夏在天都山下（今黄湾村）修建了豪华壮丽的7座大殿，内府库馆舍齐备，西夏皇帝李元昊在这里举行了盛大的婚礼。如今的西安州城经过大地震的破坏已是断垣残壁，北城倾塌严重，城墙仅存七八尺的漫坡状土垄，南城现存状况较好，城之四周可见当年的护城壕痕迹。

链接

鲜有人知的大灾难

1920年12月16日，宁夏南部海原县和固原县(当时属甘肃省管辖)一带发生里氏8.5级特大地震，震中位于海原县县城以西哨马营和大沟门之间。地震共造成28.82万人死亡，约30万人受伤。这是中国有地震记载以来最高强度的地震，全球共有96个地震监察局录得此次地震，余震持续了3年时间。2010年12月16日，是这场地震的90周年纪念日，海原地震博物馆在这一天正式开馆，供人们凭吊和检视。

海原县风光

石空寺

历史悠久的石窟古寺

中卫市中宁县余丁乡

石空寺石窟始开凿于唐代，共有石窟13个，自西向东分别为焰光洞、万佛洞、百子观音洞、老君洞、三清洞、玉皇洞、无量洞、九间无梁洞、财神洞、药王洞、娘娘洞、龙王洞、睡佛洞。其中，九间无梁洞规模最为宏大，是该石窟寺的中心：洞高25米，深15米，宽13米，内塑88佛，加上菩萨、罗汉、供养人等共有360尊之多。

石窟两侧各塑罗汉坐像三排，每排八九尊，形态各异，栩栩如生。窟顶绘有彩色西番莲花图案的藻井，窟底为方砖铺地，窟内宽敞，可容纳200多人跪拜诵经。

石空寺之石窟

景点推荐

固原旅游区

固原博物馆 AAAA

再现历史盛况

固原市原州区西城路133号　免费

0954-2032653　9:00～17:00，周一闭馆

乘2、6、9路公交车可到

固原博物馆是一座以历史文物收藏为主，又兼地方史和民俗文物陈列的国家重点博物馆。博物馆由陈列大楼、古墓馆、石刻馆、民族团结宝鼎等建筑群构成。陈列大楼是一座仿古建筑，气势宏伟，有基本陈列《固原古代文明》和专题陈列《丝绸之路在固原》两大展示区，也是固原博物馆文物最精粹的展厅。馆中文物藏品总量1.2万余件，经国家文物鉴定委员会确定的国宝及国家一级文物123件，其中又以春秋战国时期北方系青铜器和北魏、北周、隋唐时期丝路文物最具特色。

玩家解说

固原博物馆的3件镇馆之宝分别是北周鎏金银瓶、凸钉玻璃碗、北魏漆棺画，全部收藏在基础陈列之中。其中，国宝鎏金银瓶极为珍贵，具有典型的波斯萨珊金银器风格，它造型奇特，瓶身由鸭嘴形的流、细长的颈、上立胡人之弧形的把、玉壶春瓶似的腹和喇叭形的座结合而成，瓶体腹部的三组人物图案叙述的是一个古希腊的神话故事。

凸钉玻璃碗，碗高约8厘米，腹深约7厘米，通体呈现出透明的碧绿色，碗体内还含有小气泡并且分布均匀。碗的外壁以两圈凸起的14个圆形装饰，上下错位排列。

北魏漆棺画出土于固原南郊的一座夫妻合葬墓，男棺上绘制有精美的漆画，棺盖、前档及左右侧板上绘有天河图、墓主人生前饮宴图、孝子故事画。根据墓主服饰、棺木形制及漆画内容推测，年代约在北魏太和十年（486年）前后，墓主人可能是鲜卑人。

3件镇馆之宝，有时会被送到其他博物馆进

行巡展，而北周镏金银瓶过于珍贵，博物馆有时会把它收入库房保存，游客不是每天都有机会看到这些藏品。

开城遗址
元代古城遗址

固原市原州区开成县

开城遗址处在六盘山东缘清水河与泾河、葫芦河的分水岭上，遗址面积 2.86 平方千米。这里出土了大量黄琉璃龙纹瓦、圆形瓦当、雕龙石座等大型建筑构件，表明此处是一处较高级别的城郭遗址，对研究元代社会，元、明时期西北地区的行政沿革有较高的学术价值。

火石寨 AAAA
壮美的丹霞地貌

固原市西吉县境内　8:00～19:00

银川汽车站有去往火石寨的旅游直通车，每天三班

60 元

西吉火石寨被誉为中国最壮美的丹霞地貌群，由于它的山峦呈现暗红色，尤其在绿树的掩映下，如同一团团燃烧的火焰，因而取名火石寨。这里远看红的是山崖，绿的是树，蓝的是天空，黄的是梯田，红绿蓝黄相映成趣，构成一幅幅色彩绚丽的天然画卷。景区方圆百里之内，大大小小的山峰兀立而起，景色奇特，让人叹为观止。

火石寨不仅有奇山异石、茂树、岩洞等令人神迷的自然景观，还有石寨、石窟、石洞、石巷等人文景观。景区内的 10 多处石窟建筑与须弥山石窟一脉相承。每当春夏时节，漫山遍野花草丛生，蜂飞蝶舞，生机盎然。在稀疏的林木间，还生长着一簇簇箭竹，为这一方北方山水增添了几分南国的韵味。

玩家解说

在东西 300 多米长的石壁上分布着玉皇阁、大佛殿、菩萨殿、万寿宫等 30 多孔洞窟。窟室多为长方形平顶式。石窟内造像多数已毁，较完整的石雕像只有 4 尊，其中最大的立佛高近 5 米。此外，石窟内还有 3 尊铜佛像：其一为北魏太武帝拓跋焘（424—452）时所造；其二是宋代释迦牟尼镏金铜像，高 46 厘米，重 18 千克。

禅佛寺

禅佛寺石窟与须弥山相连，为唐朝佛教禅宗流传圣地。石窟凿造在一座尖顶宝塔式的石峰上，四壁悬空，奇特异常。石峰东西现存石窟 10 孔，残存壁画、石雕须弥座等遗迹。石窟主峰四周奇峰怪石纵横，或凸起凌空，或沉落幽谷，形态各异，让人叹为观止。

扫帚岭

扫帚岭石窟因山岭上生长着一种用来制作扫帚的毛竹而得名，亦称“西武当”。这里林木葱茏，流水清澈，特别是奇特高耸的石山让人油然而生一种“桂林山水”的感觉。扫帚岭主峰四面绝壁，唯东北角有人凿石阶可攀。山峰神态飘然若仙，颇具风采。

须弥山石窟 AAAA

绝世旷古的石窟艺术

固原市原州区　固原市区乘坐中巴到达三营镇，然后在镇上换乘私人的小车前往景区

60元　0954-2610325　8:00～18:30

须弥山石窟是中国十大石窟之一，它特有的丹霞自然景观和丰厚的人文历史以及具有的浪漫神奇色彩，使人印象深刻。在保存较为完好的350余件各代造像和壁画、题记中，无论是佛教人物造像，还是彩绘壁画和佛教传说故事，都各自保留着鲜明的时代特征。其中，特别值得一提的是第5窟唐代弥勒坐像，高20余米，是须弥山石窟唐代造像的代表，也是中国现存为数不多的唐代大像之一。

玩家攻略

须弥山石窟第5窟的唐代大佛像是不可错过的石窟奇景，它也是须弥山石窟的象征。这座佛像比云冈石窟的大坐佛和龙门石窟的卢舍那佛还要高大，它是当年武则天在全国范围内供奉弥勒佛的功绩。

景区中现存造像最多的第45、46和48窟，都位于景区中的园光寺范围内。这里有比真人还大的造像40余尊，龛内立佛多为一佛二菩萨，刻工精美。龛额上还雕有各种小佛，龛座下有手执各种乐器的乐伎，窟顶有围绕塔柱翱翔的飞天浮雕，千姿百态，造型优美。

链接

石窟艺术的演进

须弥山石窟开凿于北魏时期（386—534年），一直延续到唐末。这些从北魏到隋唐开凿出来的石窟反映了不同的时代风格。北魏的石窟佛像鼻梁高隆，保留着印度佛教的风貌，有些造像，脸瘦肩溜，宽袍大袖；隋代佛像则是上身长、下肢短，方面短颈，形象质朴拙重；唐代佛像造型趋于完美，它们体态丰满，服饰华贵绚丽，表现出唐代非凡的艺术气质。

六盘山风景区 AAAA

汇集西北地区生态旅游之精华

固原市泾源县　可从固原市旅游局散客服务中心乘坐专线旅游车前往景区

8:00～18:00　65元　0954-5648319

六盘山风景区地处宁夏南部，是国家级自然保护区。六盘山风景区的自然景观汇集了宁夏乃至西北地区生态旅游之精华，容纳了中山峡谷、泉溪瀑布、野生动物等多种景观。良好的生态环境、富集的动植物与昆虫资源和积淀深厚的历史文化底蕴使之被称为黄土高原上的“绿色明珠”和清凉胜境。

玩家解说

六盘山是西北地区重要的水源涵养林基地和风景名胜区，总面积6.78万公顷，横跨泾源、固原、隆德三县，森林覆盖率达到70%以上，历来有“春去秋来无盛夏”之说。六盘山主峰米缸山海拔2900多米。登上主峰远眺，只见朝雾迷漫，云海苍茫；日出云开时，又见重峦叠嶂，层出不穷。

须弥山石窟

六盘山

野荷谷

野荷谷又名荷花苑，是条南北走向的峡谷，虽长不过6千米，但景色奇异，风光佳秀。幽幽曲谷，峰峰对峙，苍松蔽日，野荷掩道，松柏立于绝壁，红白桦木悬于山崖，谷底水面清泓，绿叶黄花，苍翠芳菲，崎岖小道在野荷中延伸。长长峡谷犹如碧翠长廊，彩色画屏，满峡的陶醉，满峡的清香。

玩家解说

野荷谷自然风光秀美，谷底连片的荷叶，碧波荡漾、如诗如画。高大的茎秆、肥硕的叶子在山水之间亭亭玉立，如伞如盖。徜徉在野荷幽谷的小径上，顿感心灵升华，宠辱皆忘。

小南川

小南川景区是一个透着纯自然美的景区。这里由秀美的人工针叶林、茂密的天然次生林和跌宕起伏、清澈透亮的泉溪瀑布构成，风景如诗如画，让人流连忘返。

凉殿峡

凉殿峡位于六盘山腹地。此处气候湿润，环境幽雅，自古以来就是避暑胜地。史载元太祖成吉思汗西征时曾在此避暑蓄锐，并建有亭台楼阁，至今尚有勒马石、柱墩、马槽、插旗座等遗址。凉殿峡凉爽宜人的气候和山清水秀的风景，让人的身心都能得到极大的愉悦。

生态植物园

植物园主要以生态植物为主要景物，由春色苑、夏芳苑、秋怡园、佳木园等24个园区组成，还有虬龙展姿、青松迎客、苍龙卧波等21处奇特的自然景观。园内配置植物科目繁多，形成了体现中国花卉文化、中草药文化、森林生态文化为主题的特色区域景观。

二龙河

二龙河被称为六盘山的“天然植物园”和“天然动物园”。传说老龙王盘踞龙潭时，派他的两个儿子在这里的河边安营扎寨、镇扼咽喉，故名二龙河。这里是上帝恩赐的天然博物馆，有金钱豹、林麝等国家重点保护动物，是六盘山野生资源最富集的地区。二龙河以森林探险、科普科考、生态观光等生态旅游为特色。区内的流泉瀑布、茫茫林海给人以飘然脱俗、如入仙境的感觉。

老龙潭

老龙潭位于六盘山主脉东麓，由三个潭组成，一、二潭位于水库大坝下游，是一段深峡危崖急流深潭，神奇莫测。三潭现被水库淹没，蓄水40多万立方米。潭水平静出奇，阳光投射在深幽的水面，薄薄雾气在潭面上飘逸，恰似一面宝镜，瑰丽迷人，有“高峡平湖”之美称。

六盘天池

六盘天池又称北联池、雷泽等，是葫芦河的发源地之一，人文始祖伏羲孕生的地方，被誉为古“隆德八景”之一。池南曾有伏羲帝君祠，池北岸有惠泽大王祠，后为历代祭祀地。现旧宇不存，山门左右各立一石狮，庙院置六角形大石香炉，院内还供祀黑水龙王、送子观音等多位神祇。每年农历六月初六，六盘天池庙会，四方香客云集，人数逾万。

六盘山红军长征纪念馆

六盘山红军长征纪念馆，由1986年所建的六盘山红军长征纪念亭改扩建而成，占地面积2000多平方米，由展厅、纪念碑、红旗造型的影壁墙、青铜雕塑等部分组成。

纪念馆共有4个展厅，由《红军不怕远征难》《红旗漫卷西风》《三军过后尽开颜》《不到长城非好汉》4部分组成。展厅展示了红军长征中的上百件遗物、文物、图片资料，再现了中国工农红军长征3次经过六盘山区时的斗争历史以及六盘山儿女在长征精神的鼓舞下建设家园的情景。

清凉世界景区

集宗教文化和生态观光于一身

固原市隆德县

清凉世界景区集宗教文化和生态观光于一身，有佛道兼容的寺庙群、青龙瀑布、成吉思汗点将台、笑佛山、情人谷等景点，总面积3.5平方千米。景区内著名的清凉寺是宁夏最古老的佛寺之一。

目前，清凉世界景区已建成山门、景观

清凉世界景区

小桥、桃花池等景点，并配有石桌、石凳等基础设施，是一处休闲游玩的好去处。

隆德城

历代兵家用兵之地

固原市彭阳县古城镇　8:00～18:00

隆德城位于六盘山西5千米处的甜水河南岸。这里地势开阔，“坦为兵冲”，在古代是一处战略要地。城区良田千顷，干渠穿城而过，渠水潺潺，绿树成荫，蝶飞蜂舞，风景如画。1920年冬，遭震灾，城墙及门楼全部倒塌。1927年，集资修补，并引清流、清凉水入壕。

隆德城东门“拥翠”、西门“登丰”、南门“挹青”、北门“迎恩”。门洞砖砌拱形，城楼双层飞檐斗拱。明代所砌南墙尚在。城南出土金代《德顺州广济禅寺塔下安葬功德记》碑石及柱石8块。

朝那城

秦汉时期朝那县治古城遗址

固原市彭阳县城西15千米处

朝那城是秦、汉时期朝那县治古城遗址，历代为兵家必争之地，秦汉时期为通往长安的战略要地。如今朝那古城断垣残墙，古朴浑厚，新建的商贸大楼与庭院民宅形成鲜明对比，宽阔的沥青公路与僻巷小径并存，繁华的街市与恬静的农舍别具一格，幽静肃穆的东山清真寺与书声琅琅的古城小学掩映在苍松翠柏之中，构成一幅古朴幽雅的画卷。

攻略资讯

- 交通
- 住宿
- 美食
- 购物
- 娱乐

交通

飞机

●银川河东机场

位于银川灵武市北部，距银川市区19千米，现已成为宁夏回族自治区改革开放的重要窗口。目前银川河东国际机场有国航、东航、南航等10多家航空运输企业，运营着银川至北京、上海、广州、深圳、西安、成都、香港、台北等几十条国内航线和银川至迪拜、首尔、曼谷等多条国际航线。

机场大巴：银川河东机场大巴路线为机场—民航大厦—民族北街—国际饭店—兴庆区世纪大厦，票价20元/人，车程约半小时，机场大巴随航班降落动态发车。从市区发往机场的大巴在民航大厦乘坐，大约每半小时一班，部分发车时间随航班起飞及到达时间变动，建议至少提前90分钟前往乘车，具体信息还可拨打宁夏民航服务热线96111进行咨询。

银川河东机场

●固原六盘山机场

位于固原市西北方向的彭堡乡，距离固原市直线距离10千米，是宁夏唯一的高原机场。目前已开通固原至银川、西安、上海、重庆等多条航线。

火车

目前有包兰铁路穿过宁夏回族自治区，纵贯银川市区南北，东接华北重镇包头，与京包铁路相连；西接西北古城兰州，和兰新、兰青、陇海3条铁路衔接。宁夏境内有多个火车站，主要城市火车站有银川火车站、固原火车站。

●银川火车站

银川站自2011年12月交付运营，有银川至郑州、上海、北京、西安等多趟列车专线。

银川火车站地址：银川市西夏区通达北街371号。市内乘坐15路、24路、30路等公交车可达。

●固原火车站

固原火车站位于固原市原州区，银川开往上海、西安、兰州等地的列车均经过固原火车站。

银川街景

固原火车站地址：固原市原州区清河路与六盘山东路交叉口附近。市内乘坐1路公交车可达。

汽车

宁夏境内有6条国道。以银川汽车站为中心有近30条长途汽车线路，可通达全区各行署、市县所在地和陕西、内蒙古、甘肃部分地区。主要干线通往固原、吴忠、永宁、灵武、中卫、大武口及内蒙古的巴音浩特、乌兰矿，陕西的定边和甘肃的平凉等几十个地方。此外，固原、吴忠、石嘴山汽车站还有30余条中途线路通向区内外各地，各县汽车站均有开往乡村的短途车。

银川汽车南站：位于银川市兴庆区清和南街附近，是西北地区最大的公路客运枢纽，主要有发往西安、济南、兰州、延安等地的长途客车。银川市内乘坐37、38、102、302路公交车可达。电话：0951-7899633。

银川汽车西站：位于银川市西夏区兴洲北路109号（银川火车站南200米处）。主要是发往乌海、石嘴山等地的长途车，乘坐1、11、18、30路等公交车可到。电话：0951-3067452。

银川旅游汽车站：位于银川市兴庆区清河北街570号，主要是发往西夏王陵、镇北堡西部影视城、水洞沟、金水园等景点的班车。银川市内乘坐3、11、18、20、30路等公交车可到。电话：0951-6738245。

固原汽车站：位于固原市大明城新汽车站高速公路路口，主要是发往银川、西安等地的长途客车。电话：0954-2662905。

银川风光

住宿

银川

银川市区呈长条形，东西长、南北窄，最东面是银川的老城区，这里是银川的商业中心，大部分市区景点都集中在这里，住宿选择也比较多，从普通旅馆到高档酒店一应俱全，连锁经济型酒店的价格在150元左右。火车站所在的银川新城区便于出行，这里的住宿价格相比较老城区更便宜一些。喜欢校园气息的年轻游客还可以在城市的最西端住宿，那边是银川的大学区，住宿费用更低，不过距离市中心较远。

●银川颐和大酒店

酒店地处通达南街颐和城府以南，坐拥繁华地段，交通便利，可轻松到达机场、火车站，地理位置十分优越。酒店拥有不同类型的优质客房，店内餐厅精心制作粤菜、西餐等精美食品，是商务、旅游、会议活动的理想选择。银川市金凤区通达南街颐和城府向南300米处，近长城中路 0951-8938888

银川颐和大酒店

●银川凯利莱酒店

凯利莱酒店位于宁夏大学附近，内部拥有多功能办公厅及各类客房，房间设施齐全，装修舒适，服务体贴耐心。银川市西夏区怀远东路宁夏大学南门对面 0951-3817888

固原

固原市旅游景点众多，游人如织，住宿资源较多。这里的宾馆大多集中在市区或六盘山等旅游景区，很容易就能找到，而且价格也都不贵。

●固原西港航空酒店

酒店毗邻市政府，周围商业氛围浓厚。客房全部配有中央空调、卫星电视、保险箱、迷你吧等设施，24小时便捷的“管家式”服务，让宾客处处感受到体贴细微的真情和关怀。固原市原州区北京路，近雁岭北路 0954-2660000

●固原宾馆

固原宾馆位于市政府街，地处风景如画的西湖公园东侧，与尚都国际、五指广场等商业中心隔街相望，交通便利。固原市政府街118号，近西湖路 0954-3982888

●固原六盘山冶家农家乐

该店位于六盘山风景区内，靠近老龙潭，环境清幽。客房宽敞明亮，整洁卫生，配套设施齐全，入住十分方便。固原冶家村农家乐15号，临近白通路 18095420720

中卫

中卫住宿十分方便，不论是在市中心的繁华地带，还是著名的沙坡头景区，都有各种档次的宾馆可供选择。价格从几十元一晚的床铺到数百元一晚的单间不等，店内的基础设施都比较齐全，干净卫生。但旅游旺季最好提前预订。

●中卫宁商大酒店

中卫宁商大酒店位于中卫市新区怀远南

路十字路口处，与黄河相邻，临近香山湖公园。酒店采用现代化设计，内设各类房型，具备先进的设施，并提供优质的服务。✉ 中卫沙坡头区怀远南路十字路口 ☎ 0955-7989999

●中卫沙坡头沙观生态园

生态园位于201省道，毗邻沙坡头景区北门，交通十分便利。入住的旅客可以免费采摘园内水果，还可享受景点门票优惠。✉ 中卫沙坡头景区北门东50米 ☎ 18795157797

美食

古老的伊斯兰文明，优越的地理环境和富饶的物产资源，为宁夏的清真饮食文化的扎根生长打下了良好的物质基础。因此，百花齐放，继承和发扬民族传统，是宁夏清真小吃的显著特征。在这里既可以品尝到美味的清真菜，还可以品尝到颇具特色的回族风味小吃，如金钱发菜、清蒸羊羔肉、涮羊肉、扒驼掌等。特色菜主要有糖醋黄河鲤鱼、鸽子鱼、清蒸羊羔肉、羊杂碎、羊肉泡馍等。此外，沙湖盛产鲤、鲢鱼及北方罕见的武昌鱼、大鳖，所以在沙湖的餐馆里，专门设有沙湖鱼宴。你还可以到热情好客的回族家庭里去做客，品尝一下回族特有的油香等小吃。

风味小吃

●羊肉臊子面

羊肉臊子面是宁夏著名的传统面食。在首府银川的大街小巷，处处可以见到羊肉臊子面馆。据说是由唐朝初期的“长寿面”演化而来，成为老人寿辰、小孩生日及其他节日的待客佳品，含“福寿延年”之意。

臊子面

推荐店铺：银川市迎宾楼。✉ 银川市兴庆区解放西街11号 ☎ 0951-6025950

●酿皮子

回族风味小吃之一。食用时，将涮好的一张张酿皮子切成细条，上面再放上几块蒸熟的、切成薄片的面筋，浇上辣椒油、醋、蒜末、酱油、芥末等佐料。其色悦目，香味诱人，在炎热的夏季，若能吃一盘酿皮子，顿时倍感凉爽提神，食欲大增。

推荐店铺：国强手抓。✉ 银川市西夏区北京西路199号(地矿大厦) ☎ 0951-2031199

酿皮子

●烩羊杂碎

烩羊杂碎风味独特。用羊的内脏、头蹄肉，经仔细冲洗后，入锅煮熟后捞出，切成丝。再将切好的杂碎丝浇上原汤，加葱、姜、蒜末、红辣油、味精、香菜，即成烩羊杂碎。

推荐店铺：阿叶羊杂碎。✉ 银川市兴庆区前进街180号 ☎ 0951-5054686

清真菜

●油香

回族民间传统食品。相传油香在元代从古波斯和伊斯法罕传入中国。油香种类和口味众多，有发酵面的咸味油香、淡味油香、甜味油香，还有烫面油香、发酵面油旋子等。

凡是回族聚居的地方，都有吃油香的习俗。

推荐店铺：银川市尔利油香坊。📧 银川市兴庆区景墨家园双福巷全水便民市场 📞 13995400134

●手抓羊肉

宁夏有很多回族居住，因此这里的手抓羊肉也格外正宗。主要是尝起来肉质特别细腻，不用担心塞牙，所以蘸着食盐、蒜蓉吃，显得特别豪放。

推荐店铺：银川市同心春。📧 银川市兴庆区富宁街296号 📞 0951-4122991

手抓羊肉

●清真羊羔肉

宁夏羊羔肉细嫩鲜美，没有膻味，放上生姜、大葱、大蒜；再放上几粒生花椒，上笼蒸30分钟左右。然后扣至汤盘内上桌，配以醋、蒜汁、盐等调料，鲜美异常。

推荐店铺：银川市靖远羊羔肉。📧 银川市金凤区民生城市花园南门向西100米 📞 13895386758

美食去处

银川中山街：银川老城连接南门到北门的中山街，既是城市的主干道又是美食街。湖滨路也汇集了许多餐馆，有烧烤一条街之称，夜市很热闹。各种风味小吃和清真菜式都能在这里找到。

吴忠清真美食街：吴忠有“清真美食之乡”的美称。位于利通区的清真美食街是吴忠市美食最集中的地方。在这里可以品尝到吴忠正宗的以中药为配料的特色菜品，如甘草霜烧牛肉、羊肉枸杞芽等。

购物

宁夏最有名的地方特产，首推枸杞、甘草、贺兰石、滩羊二毛皮、发菜，因颜色分别是红、黄、蓝、白、黑，所以又称“五宝”。其中，发菜采集会引发环境问题，现已禁止售卖。

宁夏特产

●甘草

又名甜草，在中药界有“十（个中药）方（中）九（个要用甘）草”之说。有解毒、祛痰、止痛、解痉、抗癌、补脾、益气等功能。

●枸杞

宁夏枸杞以皮薄、肉厚、籽少驰名中外。枸杞不仅含铁、磷、钙，且有大量人体必需的营养成分，常服能润肺、清肝、滋肾、祛风、明目、强筋骨。

宁夏枸杞

●贺兰石

产于贺兰山，质地细密、刚柔相宜、紫绿相间。用其雕刻的贺兰砚，具有发墨、存墨、不干不臭、护毫等特点，雅趣天成。

●滩羊二毛皮

二毛皮素来就有“轻裘”的美称，不仅坚韧柔软，而且非常轻便。用滩羊皮精细加工的各色围巾、披肩、马甲等衣物，穿着轻便，暖和舒适，美观大方，且经久耐用，在国内外享有盛誉。

●灵武长枣

灵武长枣是灵武市的特有品种，栽培

历史悠久，品种优良。灵武所产鲜枣果味鲜美，质地酥脆，汁液多，可食率和营养价值高，现已被批准为中国国家地理标志产品。

银川购物场所

银川的商业区基本集中在兴庆区，主要的购物场所有新华购物中心、银川商城、宁夏商都、宁夏文物总店、银川百货大楼等。新华步行街汇集了众多的商场、专卖店及餐厅，是当地最繁华、时尚的商业街。鼓楼周边富有生活气息，是当地人日常购买各种生活用品的地方。

娱乐

回族是一个能歌善舞的少数民族，在宁夏可欣赏到具浓郁西北风情的回族花儿和口弦等。近年来，伴随着一大批旅游景点的兴起，宁夏的现代娱乐设施亦有较快发展。您可在沙湖旅游区滑沙、骑驼，在沙坡头漫游沙海，或者乘羊皮筏子畅流黄河等。

羊皮筏子：这种由14个囫囵羊皮(当地叫浑脱)组合成的小“木筏”，每筏载重可达一吨。人坐在上面，由轻车熟路的老筏工驾驶在黄河上漂流，一路上有惊无险、开心刺激。

羊皮筏子

滑沙：滑沙，即乘坐滑板从高高的沙山顶自然下滑。滑板用木质、竹子、塑料等材料制成。坐在滑沙板上，两手撑在板壁上，双脚蹬住前沿，身体微向前倾；下滑时随着沙山的坡度加大和下滑速度的加快，顿觉两耳生风，转眼之间就冲到了山下，瞬间体味到了刺激与快感。

滑沙

宁夏花儿：“花儿”是回族人喜爱的一种民歌，它具有高亢、豪放、优美的特点，有着强烈的艺术魅力和浓郁的回族风格。

演唱宁夏花儿的歌手

沙湖娱乐：沙湖旅游区除了美丽的景观外，还开发了许多娱乐项目。在这里游客可以观鸟、观鱼、骑马乘驼、玩沙滩排球、乘坐旅游飞机俯瞰观光等。

节日和重大活动

节日	地点	时间
开斋节	宁夏回族自治区全境	伊斯兰教历十月一日
宰牲节	宁夏回族自治区全境	伊斯兰教历十二月十日
圣纪节	宁夏回族自治区全境	伊斯兰教历三月十二日
北武当庙重阳节庙会	石嘴山市北武当风景区	农历九月初九

索引

G

H

J

K

我们的理念

做发现者，才能走得更远。发现秀美景色、探寻历史痕迹、体验文化脉络、寻找地理起源等深层次的旅行知识，是我们不停脚步的动力。我们不仅是在做一本旅行指南，能为旅途上的行者做出一部内容丰富、态度严谨、值得边走边读的行囊书，是我们永恒不变的追求。

《发现者旅行指南》编辑部

总 策 划 丁海秀
执行策划 李荣强 安颖侠

项目统筹 周国宝 龚道军
内容编辑 刘 挺 王叶青 方明杨
刘秀红 丁天丰 张文齐
商子微 张亚飞 苏雪莹
沈 皓 魏建飞 张灵燕
许晨晨 杨康健 张 鑫
刘晓璐 刘慧慧 王春雪
刘智勇 李荣强
美术总监 左小文
美术编辑 侯心如 王春晓
图片编辑 朱盼盼 马志鹏
插图绘制 尚祖山 李秋红
排 版 水长流 赵媛媛

图片提供 微图网 汇图网
中国图库网 全景网
锐景创意 集成图像
站酷海洛 shutterstock
fotoe dreamstime
孙西国 马林宏 徐 行
高应胜 薛 冬
西部老马 钱多多

出炉过程

在编辑部成员的共同努力下，这套耗时两年有余的旅行指南终得以付梓。其间，我们亲历景点，翻遍资料，只为确保撰写的内容准确有效；我们实地考察，联系景区，只求绘得一幅精美的景区图；我们花尽心思，几易版式，只为呈现出前所未有的阅读体验。如今，这套精心打造的旅行指南，能放到您的行囊或书架，我们深感荣幸。我们期待与您一起走向远方，重新发现旅行的价值。

联系我们

我们的成长需要您的支持。您对本书的每一条意见我们都会珍视。同时也欢迎您与我们一起分享旅游体验，稿件一旦被采用，您将会获取相应稿酬。您可以将意见和稿件投递到我们的邮箱（tepfx@163.com）。

丛书策划　丁海秀
责任编辑　巨瑛梅

图书在版编目（CIP）数据

甘肃·宁夏／《发现者旅行指南》编辑部编. -- 北京：旅游教育出版社，2016. 6（2019.8）
（发现者旅行指南）
ISBN 978-7-5637-3389-7

Ⅰ. ①甘…　Ⅱ. ①发…　Ⅲ. ①旅游指南—甘肃省 ②旅游指南—宁夏　Ⅳ. ①K928.94

中国版本图书馆CIP数据核字（2016）第088680号

甘肃·宁夏（第2版）

《发现者旅行指南》编辑部／编

出版单位　旅游教育出版社
地　　址　北京市朝阳区定福庄南里1号
邮　　编　100024
发行电话　（010）65778403　65728372　65767462（传真）
本社网址　www.tepcb.com
E-mail　tepfx@163.com
印刷单位　北京华联印刷有限公司
经销单位　新华书店
开　　本　905毫米×1100毫米　1/32
印　　张　14
字　　数　556千字
版　　次　2019年8月第2版
印　　次　2019年8月第1次印刷
定　　价　78.00元

图书如有装订差错，请与发行部联系

特别提醒

本书信息在出版前已经认真核实过。但由于现实发展太快，旅游信息随时可能发生变化，我们无法承诺保证本书信息的准确性和完整性，并只能在法律规定范围内承担责任。如因此给读者带来不便，我们深表遗憾。

中国地图

审图号：GS(2016)1582号